HONGKONG

Inhalt

Hinweise zur Benutzung 6
Tourenvorschläge 7
Was man unbedingt wissen sollte 8

Hongkong verstehen **9**

Land und Natur 10
Staat und Politik 13
Mensch und Gesellschaft 27

HongKong Island **45**

Überblick 48
Stadtspaziergang 49
Central, Western und SheungWan 52
CheKeiShan – HongKong Peak 59
WanChai 60
Causeway Bay 64
North Point/ShauKeiWan 66
ShekO 67
Stanley 67
Ocean Park 69
Repulse Bay und Deep Water Bay 71
Aberdeen 71
Der HongKong Trail 73
Der Wilson Trail 78

KowLoon **79**

Überblick 80
TsimShaTsui 81
HungHom 88
YauMaTei 90
MongKok 93
New KowLoon 94

Ungewöhnlicher Schrein im TinHau-Tempel (s. S. 65, 116hk Abb.: mb)

Inhalt

Die New Territories 97

Überblick 98
Die westlichen New Territories 99
Die zentralen New Territories 106
Die östlichen New Territories 112

Die Inseln 123

LamMa 124
CheungChau 130
PengChau 137
LanTau 139
TungLungChau 154
TapMunChau 156
TungPingChau 158
YimTinTsai 158
KiuTsuiChau 160
PoToi 160
Weitere Inseln 162

Macau 163

Macau verstehen 164
Macau entdecken 168
Macau erleben 195
Praktische Reisetipps Macau 206

Praktische Reisetipps 213

An- und Rückreise 214
Ausflüge und organisierte Touren 221
Ausrüstung 223
Barrierefreies Reisen 224
Bekleidung 224
Diplomatische Vertretungen 225
Ein- und Ausreisebestimmungen 226
Einkäufe 227
Elektrizität 234
Essen und Trinken – chinesische Küche 234
Essen und Trinken – Verpflegungstipps 239
Feste und Feiertage 248
Filme und Foto 252
Geldfragen 252

Gepäckaufbewahrung 253
Gesundheit und Hygiene 254
Informationsquellen 255
Kinder auf der Reise 257
Kosten 257
Maße und Gewichte 258
Medien 258
Notfälle 260
Öffnungszeiten 261
Orientierung 261
Postwesen und Telefon 261
Sicherheit 262
Sprache 263
Sprachaufenthalt und Studium 263
Sport 264
Uhrzeit 269
Unterhaltung 269
Unterkunft 275
Verkehrsmittel 285
Versicherungen 293

Anhang **295**

Sprachhilfe 296
Glossar 302
Literaturhinweise 313
Register 317
Der Autor 323
Impressum 323
Kartenverzeichnis, Zeichenerklärung 324

Exkurse zwischendurch

DengXiaoPing 16
Der Inhalt der Sino-British Joint Declaration 18
Die Orakelknochen (GuWen) 29
Praxisnaher Englischunterricht 86
MahJong-Karten 93
Das Svastik –
Symbolzeichen des Buddhismus 99
Die KowLoon-Kanton-Railway. 108
Der MacLehose-Trail 119
Das Brötchenfest. 134
Mini „Flug-Know-how“ 216
Smoker's Guide. 249
Chinesische Feiertage
nach dem Mondkalender. 251
Wechselkurse. 252
HongKong preiswert 258
HongKong
für Cineasten. 272
WanChai und Nancy Kwan
alias Suzie Wong 314

Hinweise zur Benutzung

Dieses Handbuch gliedert sich in drei Teile: das Hintergrundkapitel „Am Puls der Stadt“ zu Land und Leuten, Geschichte und Gesellschaft, Natur und Klima, die Beschreibung der einzelnen Stadtteile und Inseln mit ihren Sehenswürdigkeiten und Besonderheiten sowie einen allgemeinen Informationsteil bestehend aus praktischen Reisetipps.

HongKong gehört seit 1997 der Chinesischen Volksrepublik an. Natürlich ist es seit jeher Teil des chinesischen Kulturkreises, man verwendet daher **chinesische Schriftzeichen.**

In HongKong wird nicht das in China als Amtssprache verbreitete Mandarin, sondern **Kantonesisch** gesprochen, darüber hinaus ist eine völlig andere Umschrift verbreitet. In den Kapiteln zu HongKong wird daher die dort übliche Umschrift des Kantonesischen im Buch zuerst genannt und – sofern notwendig – die Mandarin/PinYin-Variante in Klammern ergänzt, z.B. HongKong (XiangGang), Kanton (GuangZhou) usw.

In HongKong kommt man sehr gut mit Englisch zurecht, auch im Straßenbild sind Straßenschilder, Behörden usw. immer auch in Englisch beschriftet.

Da jedoch manche Sehenswürdigkeiten nicht in Englisch ausgeschildert sind, gelegentlich auch einmal Englisch nicht verstanden wird, werden die Namen der Sehenswürdigkeiten auch in **chinesischen Zeichen** wiedergegeben.

In China werden nur die Schriftzeichen verwendet, daneben gelegentlich die internationale lateinische **Umschrift PinYin.** Die Sprachhilfe im Anhang, insbesondere für Reisen nach China konzipiert, verwendet diese einfach zu benutzende PinYin-Umschrift neben den Schriftzeichen.

Als Hilfe für den Leser beginnt die **Umschrift** jedes einzelnen chinesischen Zeichens im Buch mit einem Großbuchstaben, zusammengehörende Begriffe werden außerdem stets zusammengeschrieben, beispielsweise HongKong, KowLoon, XiFangSi usw. Der Benutzer kann so erkennen, dass der Ort *XiAn* aus zwei, der Begriff *Xian* dagegen nur aus einem Zeichen besteht. Außerdem wird *XiAn* anders gesprochen (zweisilbig, etwa: „shii-ann“) als *Xian* (einsilbig, „shjänn“). Manchmal kann in Gegenden mit Wegweisern, die nur aus Schriftzeichen bestehen, so der Weg durch Abzählen der Zeichen eher erkannt werden.

Abkürzungen

a/c	air-con, Klimaanlage
Bbhf.	Busbahnhof
Bldg.	Building (Gebäude)
Do.	Dormitory (Schlafsaal)
DZ	Doppelzimmer
EZ	Einzelzimmer
HK-Island	Insel HongKong, Hauptinsel
HK$	HongKong-Dollar
HKTB	HongKong Tourism Board (Touristeninformationsstelle)
CE	Chief Executice (Oberster Verwalter); höchstes Amt in HongKong
LRT	Straßenbahnsystem in HongKongs New Territories
MTR	U-/S-Bahnsystem in HongKong
NT	New Territories (Neue Territorien, s. S. 97)
SAR	Sonderverwaltungsgebiet (Special Administrative Region = HongKong)
TST	TsimShaTsui, Zentrum in KowLoon
VR (C)	Volksrepublik (China)

Tourenvorschläge

Vorschläge für individuelle Programme hängen natürlich vorwiegend von den Interessen und Plänen der einzelnen Reisenden ab. Wer speziell zum **Shopping** nach HongKong fährt, wird gänzlich anders planen wollen als jemand, der sich besonders für **Kunst und Kultur** interessiert.

Die nachfolgenden Vorschläge sollen denjenigen Besuchern, die vielleicht zum allerersten Mal in HongKong sein werden, eine ausgewogene Hilfestellung sein. Nach der Lektüre des Buches kann man dann entsprechend den eigenen Interessensschwerpunkten das eigene geplante Programm erweitern oder ersetzen.

Ab 5 bis 6 Tagen Aufenthalt wird gerne ein **Tagesausflug nach Macau** eingeplant (s. S. 163).

Um alle in diesem Buch beschriebenen Sehenswürdigkeiten und Wanderungen wirklich zu erleben, benötigt man allein für HongKong etwa drei Wochen. Die nachfolgenden Tourenvorschläge dienen lediglich der organisatorischen Hilfe für den Leser und sollen zeigen, was in einer bestimmten Zeit gesehen werden kann.

Kurzaufenthalte/Stopover (2–3 Tage):

- **1. Tag:** Rundgang KowLoon, Uferpromenade, Space Museum, KowLoon-Park, Science Museum, abendliches TsimShaTsui und Promenade
- **2. Tag:** HongKong Island, Western/Central Rundgang, HongKong Park, Botanischer Garten, The Peak, Kneipenbummel in LanKwaiFong
- **3. Tag:** YauMaTei, MongKok, SiKSiK Yuan, Einkäufe

Kurzurlaub (4–6 Tage):

Die **ersten beiden Tage** können wie oben geplant werden, danach empfehlen sich folgende Zusatzprogramme:

- **3. Tag:** Tagesausflug auf eine Insel (LamMa, LanTau oder CheungChau), wobei LanTau mit dem PoLin-Kloster und dem LanTau-Peak (934 m) die meisten Besucher anzieht.
- **4. Tag:** Tagesausflug nach Macau (s. S. 163)
- **5. Tag:** Tagesausflug in die New Territories. Je nach Interesse entweder Geschichte und Kultur (dann Westroute) oder Wanderungen und Natur (dann Plover Cove oder SaiKung, Ostroute)
- **6. Tag:** YauMaTei, MongKok, Einkäufe

117hk Abb.: mb

Was man unbedingt wissen sollte

Visum

In **HongKong und Macau** ist für Deutsche, Österreicher und Schweizer ein visafreier Aufenthalt von 90 Tagen möglich.

Geld

HongKong-Dollar (HK$) und **Macau Patacas** (MOPs oder M$) sind frei konvertierbar. Grundsätzlich empfiehlt sich der Tausch bzw. Rücktausch vor Ort. Gewechselt wird bei allen Banken, Wechselstuben sowie an den Flug- und Fährhäfen. Anfang 2019 lag der Wechselkurs bei
1 EUR = 8,85 HK$, 1 HK$ = 0,11 EUR
1 SFr = 7,85 HK$, 1 HK$ = 0,13 SFr

Der Macau Pataca ist fest an den HK$ gekoppelt (100 HK$ = 103 MOP). In Macau kann durchweg mit HongKong-Dollar gezahlt werden, sodass ein Geldwechsel nur bei längeren Aufenthalten zu empfehlen ist. Zudem sollte man darauf achten, eventuelle Reste an MOP auszugeben oder in Macau zu wechseln – andernorts ist dies nicht oder nur gegen horrende Gebühren möglich.

Zeitverschiebung

Gegenüber der mitteleuropäischen Zeit (MEZ) + 7 Stunden, bei mitteleuropäischer Sommerzeit + 6 Stunden.

Klima

Subtropisches Klima mit heißen Sommern, regenreichen Übergangsphasen und feuchtkühlen Wintern. HongKong ist ein ganzjährig attraktives Reiseziel.

Impfungen

Wegen des in HongKong relativ hohen Hygienestandards sind keine speziellen Impfungen erforderlich. Zu empfehlen sind Tetanus-, Diphtherie- und Hepatitis-Impfungen sowie die Mitnahme eines Malariamittels (zur Einnahme im Falle einer Infektion ausreichend). Wer außerdem Gebiete der Volksrepublik China bereist, sollte sicherheitshalber auch die Polio- und Typhus-Impfungen rechtzeitig vor der Reise bei seinem Hausarzt vornehmen lassen.

Reisegepäck

Leichte Baumwollhemden/-blusen im Sommer, leichte Jacke oder wattierte Weste im Winter. Lange Hose/Rock ist außer an Stränden oder auf Inselwanderungen kulturell obligatorisch. In gehobenen Restaurants oder bei geschäftlichen Terminen Anzug/Kostüm.

Versicherungen

Reiserücktrittsversicherung und Gepäckversicherung können, eine Auslandskrankenversicherung sollte unbedingt abgeschlossen werden.

Vorwahlen

Die **Vorwahlnummern** nach Europa lauten für Österreich 00143, für Deutschland 00149 und für die Schweiz 00141. Die Null vor der Ortsvorwahl muss anschließend weggelassen werden.

HongKong gehört zwar zu China, hat aber seine eigene **Ländervorwahl**. Bei Anrufen vom Ausland (auch aus der Volksrepublik China und aus Macau) nach HongKong ist an 00852 (Macau: 00853) die achtstellige Teilnehmernummer direkt anzuhängen.

Hongkong verstehen

033hk Abb.: wl

Land und Natur

Geografie

HongKong, Sonderverwaltungsgebiet der Volksrepublik China (*Special Administrative Region*, SAR), liegt an der südchinesischen Küste am Delta des Perlflusses, der hier ins südchinesische Meer mündet. Die einzige Landgrenze verbindet HongKong mit der chinesischen Provinz GuangDong (Kanton). Traditionell ist HongKong kulturell, sprachlich und auch wirtschaftlich eng mit dieser Provinz verbunden.

Die (man muss wegen der Landaufschüttungen im Meer sagen: *derzeit*) 1104 km^2 **Landfläche** verteilen sich auf vier Regionen: KowLoon (22 km^2) und die New Territories (750 km^2) an der Südspitze der Provinz GuangDong, HongKong Island (84 km^2) sowie 234 weitere vorgelagerte Inseln (248 km^2). Die vier Regionen setzen sich aus jeweils mehreren Stadtteilen oder Bezirken zusammen.

Höchste **Erhebungen** sind der TaiMoShan (957 m) in den New Territories, FungWongShan (LanTau-Peak) auf LanTau (934 m) sowie der ebenfalls auf LanTau gelegene Sunset Peak (869 m). Nennenswerte **Flüsse** gibt es keine, die Trinkwasserversorgung wird durch große Reservoirs sichergestellt.

Über sieben Millionen Menschen leben in HongKong, was einer **Bevölkerungsdichte** von über 6500 pro km² entspricht. Allerdings konzentriert sich die Besiedlung besonders auf die Stadtteile KowLoon und die Nordseite von HongKong Island. Teile der New Territories wie auch etliche Inseln sind sehr dünn oder gar nicht besiedelt.

Das administrative und **wirtschaftliche Herz** liegt im Central-District (früher auch Victoria, Hauptstadt HongKongs genannt) auf HongKong Island, wo sich, gleichauf mit KowLoon, die meisten Läden, Kaufhäuser, Restaurants und Sehenswürdigkeiten befinden.

Unter HongKong stellt man sich häufig nur die dicht besiedelte Innenstadt vor. Mit den vielen **Inseln** und den eher ländlichen New Territories zeigt HongKong auch ein ganz anderes Gesicht, welches Pauschaltouristen aber, die sich nur im Zentrum und vielleicht auf ein oder zwei Hauptinseln aufhalten, nie erfahren.

Klima und Reisezeit

HongKong liegt im **subtropischen Klimagürtel** und ist geprägt von heißen, feuchten Sommern und trockenen, sonnigen, aber kühlen Wintern.

Ungewohnt sind für Mitteleuropäer die **feucht-heißen Sommermonate**, in denen an Nachmittagen Spitzenwerte von bis zu 97 % Luftfeuchtigkeit nicht selten sind.

HongKong (wie auch Macau und die Provinz GuangDong) liegt im Einflussgebiet zweier höchst unterschiedlicher Monsunströmungen. Der **Nordwestmonsun** (Oktober–März) entsteht durch Luftströmungen über dem zentralasiatischen Festland (überwiegend der chinesischen Wüstenregion), ist zunächst eher trocken

Durchschnittstemperatur in °C

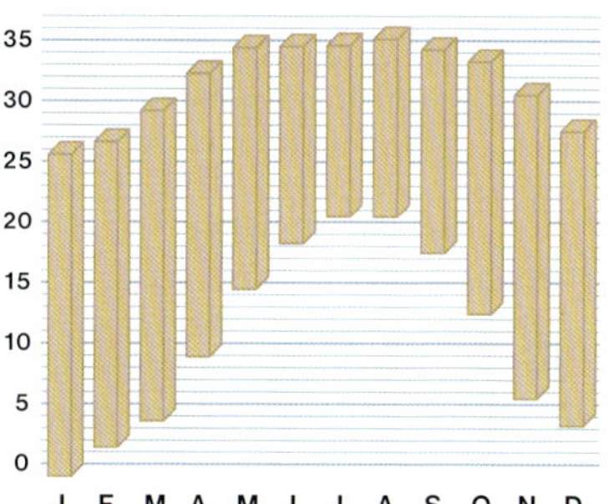

Luftfeuchtigkeit in Prozent

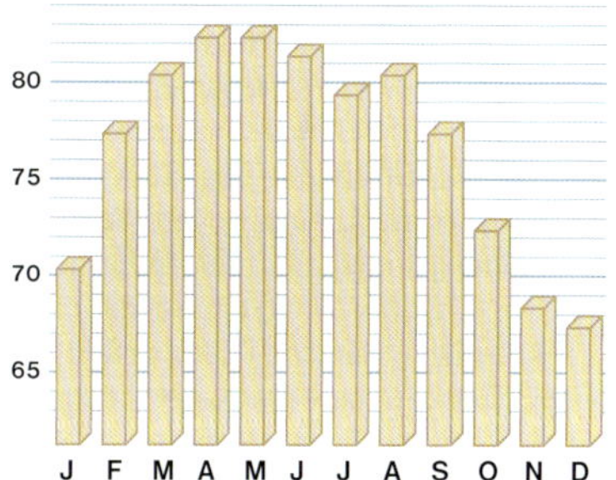

Mittlere Regenmengen pro Monat in mm

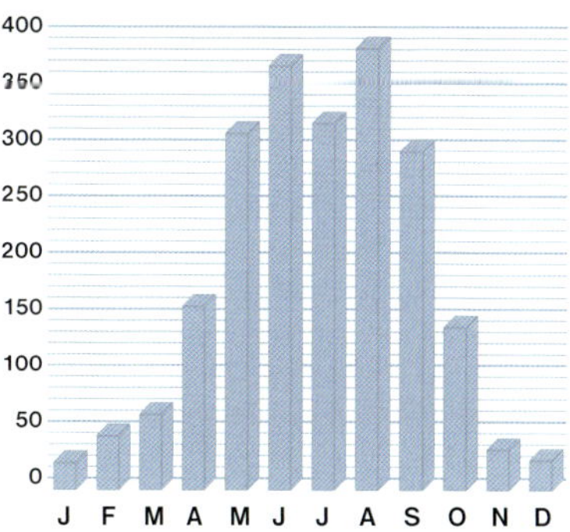

und nimmt erst auf seinem Weg nach Süden Feuchtigkeit auf, die er über Südchina abregnet, und im Norden bringt er oft rapide Temperaturschwankungen binnen weniger Stunden mit sich; er beeinflusst hauptsächlich die Monate November bis Februar. Der subtropische „Nordregen" ist gemäßigt, kann aber ganztägige Schauer bedeuten.

Anders der **Südostmonsun** (April–September), der aus dem tropischen Süden heraufzieht und große Regenmengen mitbringt. Es regnet dann meist nachmittags für rund eine Stunde wolkenbruchartig, anschließend herrscht strahlender Sonnenschein. Das dann verdampfende Wasser verursacht insbesondere in den Bergen den tückischen Nachmittagsnebel. Die größten Niederschlagsmengen gehen in den Monaten Juni bis August nieder.

Mit der Strömung des SO-Monsuns kann aber noch eine weitere Wettererscheinung entstehen, der **Taifun** (chin: TaiFeng, großer Wind, ein Begriff, der in die deutsche Sprache übernommen wurde). Diese unberechenbaren, orkanartigen Regenstürme entstehen im Südwestpazifik und ziehen regelmäßig in den Sommermonaten mit der Monsunströmung zum asiatischen Festland. Besonders betroffen sind während der Monate Juli bis September immer wieder die Philippinen, TaiWan, Japan und Südchina.

Als Reisender darf man einen Taifun keinesfalls unterschätzen, auch wenn i.d.R. bei entsprechendem Verhalten keine Gefahr für Leib und Leben besteht. Der Wetterdienst gibt frühzeitig voraussichtliche Ankunft und Zielregion in Funk, Fernsehen und Presse (auch den englischsprachigen) bekannt, die jeweilige Taifunstufe wird auch in der Innenstadt (vor Kaufhäusern usw.) ausgehängt. Bei Taifunwarnung können vor allem Verkehrsmittel kurzfristig storniert werden; Berufs- und Schulverkehr sind oft besonders betroffen, auch wenn sich die Kinder und Jugendlichen über „taifunfrei" natürlich genauso freuen wie bei uns über hitzefrei. Jeder Aufenthalt im Freien während eines Taifuns ist unbedingt zu vermeiden. Interessant am Rande: Nach der Übergabe HongKongs am 1.7.1997 ging einen Tag später (!) ein verheerendes Unwetter einhergehend mit sintflutartigen Überschwemmungen über HongKong nieder – nach chinesischer Interpretation ein unheilschwangeres Vorzeichen für die neue Ära!

HongKong ist prinzipiell ganzjährig eine Reise wert, am ungewohntesten sind klimatisch die Monate Juni bis August, während des chinesischen Neujahrsfestes (Januar/Februar) sind Tickets und Unterkünfte mitunter schwer zu bekommen.

Allgemein dürfte der Herbst (Oktober/November) mit sonnigen, klaren und nicht zu schwülen Tagen für Europäer die angenehmste Reisezeit sein.

KURZ & KNAPP

HongKong in Zahlen

- **Gegründet:** 1841
- **Einwohner:** 7.450.000
- **Einwohner pro km²:** 6450
- **Fläche:** 1106 km²
- **Stadtbezirke:** 18
- **HongKong** besteht aus einer Halbinsel und 262 weiteren Inseln.

Die Folge des Abholzens: eine Hügellandschaft mit karger Vegetation

008hk Abb.: wl

Flora und Fauna

Im Zuge der Besiedlung und Modernisierung HongKongs wurde der ursprünglich üppige Monsunwald nahezu völlig abgeholzt oder niedergebrannt. Erosionen trugen außerdem dazu bei, dass heute rund zwei Drittel der Gesamtfläche von kargem, steilem Hügelland sowie Mangrovensümpfen bedeckt werden. Die Bergregionen sind überwiegend grasbewachsen, bekannteste Gewächse sind hier die **rosa Azalee** und die **Bauhinia** („HongKong-Orchidee"), die sich auch in der SAR-Landesflagge wiederfindet.

Bedingt durch die eher karge Vegetation sind wildlebende **Säugetiere** nur in den entlegenen Regionen der New Territories sowie der Inseln zu finden. Wer viel wandert (und Glück hat), kann auf Wildkatze, Otter, Affe oder Stachelschwein treffen.

Staat und Politik

Geschichte

Archäologische Grabungen zeigen, dass die Region des heutigen HongKong schon vor 8000 Jahren besiedelt wurde. Im Gegensatz zu der Region um GuangZhou (Kanton) spielten die überwiegend **von Fischern bewohnten Siedlungen** in der ereignisreichen Geschichte Chinas nur eine untergeordnete Rolle. Die „Geburtsstunde" HongKongs schlug erst, als die europäischen Handelsnationen feste Stützpunkte in Fernost errichteten.

Handel Chinas mit Europa

Mitte des 16. Jh. hatten nur die Portugiesen die Erlaubnis vom Kaiserhof erhalten, eine feste Basis auf chinesischem Gebiet zu errichten, namentlich Macau. Von einigen für ihre wissenschaftlichen Kenntnisse berühmten Jesuitenpriestern abgesehen durfte kein Ausländer in China wohnen. Da sich der wechselseitige Handel aber auch für das Kaiserreich als lukrativ erwies, wurde 1685 die Stadt GuangZhou (Kanton) dem Freihandel geöffnet. Die **British East India Company** errichtete als erste Lagerhäuser und Faktoreien in Kanton und begründete so den schwunghaften Handel mit Tee und Seide. Dennoch durften Ausländer nur während der Handelssaison in Kanton wohnen, ihre Familien mussten in Macau bleiben, auch durften die Ausländer kein Chinesisch lernen. Zu jener Zeit glaubte China fest daran, dass Einflüsse von außen nur schaden könnten. Dennoch wurden europäische und amerikanische Händler von den immensen Gewinnaussichten in Kanton zunehmend angelockt, umso mehr, als Anfang des 19. Jh. der Handel mit jenem Stoff aufkam, der China um 100 Jahre zurückwerfen und die Geburt HongKongs bedingen sollte – Opium.

Opiumhandel und die Gründung der britischen Kronkolonie

Nach etwa 200 Jahren mehr oder weniger partnerschaftlicher Handelsbeziehungen wurde der mandschurische Kaiserhof Mitte des 19. Jh. von den europäischen Kolonialmächten, vor allem England, immer stärker bedrängt, der Errichtung von Freihäfen und Handelsstützpunkten auf chinesischem Territorium zuzustimmen. Während Holland vorwiegend mit Gewürzen handelte und daher die tropischen Regionen (Indonesien) bevorzugte, spezialisierten sich die Engländer auf den Verkauf indischer Textilien sowie Wolle, Zinn und Blei aus England nach China. Da dies nicht ausreichte, um den importierten Tee zu bezahlen, war die britische Handelsbilanz in China negativ. Silber floss ins Kaiserreich, und England brauchte eine Ersatzware, um die Bilanz auszugleichen. So wurde **Opium** aus Bengalen (Hinterindien, heute Bangla-Desh) eingeführt, dieser lukrative Handel von privaten Handelshäusern, allen voran der British East India Company betrieben. Das Kaiserreich wurde durch den Opiumhandel gleich dreifach getroffen: einmal flossen erhebliche Silbermengen aus dem Land, zum zweiten führte die Opiumabhängigkeit vieler Chinesen – Schätzungen zufolge gab es 1835 zwei Millionen Abhängige in China – zu erheblichen Arbeits- und Ernteausfällen, und schließlich führten die damit einhergehenden Gewinnaussichten in China selbst zu Korruption in der Beamtenschaft. Gerade die Korruption sollte dazu führen, dass China den Engländern im Opiumkrieg keinen Widerstand leistete: Viele Beamte wollten die „Geschäftspartner" nicht verlieren.

Vorerst wehrte sich das Kaiserreich jedoch. Chinas Mandarin von Kanton, *LinZeXu,* belagerte 1839 sechs Wochen lang die ausländischen Lagerhäuser und zwang die Europäer zur Herausgabe allen Opiums sowie zur Unterzeichnung einer Erklärung, dass in Zukunft nicht mehr mit Opium gehandelt werde.

Der britische Außenminister *Lord Palmerston* nahm dies zum Anlass, ein Expeditionsheer nach China zu entsenden und so den **Ersten Opiumkrieg** (1840–42) zu beginnen. England forderte, entweder einen umfassenden Freihandelsvertrag oder eine Insel als Kolonie zu erhalten. *LinZeXu* trat die Insel HongKong an England ab, die *Captain Charles Elliot* am 26. Januar 1841 offiziell für Ihre Majestät in Besitz nahm.

Doch die jeweiligen Machthaber waren unzufrieden: sowohl *Lin* als auch *Elliot* wurden abgelöst – der eine hatte China Schande bereitet, der andere England einen **„wertlosen Steinhaufen im chinesischen Meer"** *(Palmerston)* eingehandelt. *Elliots* Nachfolger, *Sir Henry Pottinger,* erhielt den Auftrag, einen guten Handelsvertrag anstelle des „nutzlosen" HongKong herauszuholen. *Pottinger* war 1842 vor Ort von den Fortschritten der neuen Siedlung so beeindruckt, dass er seine Anweisungen umging, bis NanJing (NanKing) vorstieß und so den ersten Opiumkrieg mit dem Frieden von NanJing beendete. England erhielt sowohl „Steinhaufen" als auch Handelsrechte (Öffnung von fünf Freihäfen für ausländische Händler). Von „Krieg" im engeren Sinne kann dabei allerdings kaum die Rede sein. Das aus 80 Schiffen bestehende Expeditionsheer besetzte vier Städte an der Südküste, fuhr den ChangJiang (YangTseKiang) hinauf und hätte durchaus geschlagen werden können. Hohe Beamte aber bewegten Kaiser *DaoGuang* aus den genannten Gründen zum Nachgeben, sodass es lediglich zu ein paar Scharmützeln kam.

Dispute über die ausgehandelten Verträge gipfelten im **Zweiten Opiumkrieg**, 1856–1858, der mit einem erneuten Erfolg Englands im Frieden von TianJin (TienTsin) endete. England erhielt nun die Halbinsel **KowLoon** auf dem Festland (bis zur heutigen Boundary Street im Norden MongKoks) hinzu.

Nachdem China Ende des 19. Jh. zunehmend innerlich zerfiel und zahlreiche Großmächte Fetzen aus dem wankenden Giganten rissen – selbst Deutschland sicherte sich das Überseegebiet QingDao (TsingTau, Nordost-China) – erzwang England einen weiteren Landgewinn. Im **Pachtvertrag** von Peking im Juni 1898 wurden die **New Territories** und 234 Inseln rund um HongKong für 99 Jahre von China für die bescheidene Summe von jährlich 5000 HK$ dazugepachtet. Während also HongKong Island und KowLoon ewige britische Kolonie geworden waren, war die Masse der Fläche HongKongs, die New Territories sowie die Outlying Islands, von Anfang an nur bis 1997 gepachtet. Dieser letzte Vertrag von 1898 sollte schließlich die Ursache dafür werden, dass ganz HongKong 1997 an China zurückfiel.

Von Anfang an war es auch Chinesen gestattet, in der neuen britischen Besitzung Handel zu treiben, im Laufe der Zeit nahmen sie auch Verwaltungsfunktionen ein. Die gegenseitigen Abhängigkeiten – die Chinesen mussten ihre nominellen Herren akzeptieren und in ihre Geschäfte einbeziehen, die Engländer wussten, dass höchste Gewinne im Chinahandel nur mit Hilfe der Chinesen HongKongs möglich waren – führten bald zu einer Art „multikultureller Handelsharmonie" in der **Kronkolonie.** Handel und Wirtschaft boomten, die Bevölkerung wuchs von 33.000 (1851) auf 880.000 (1930) an, wobei jeweils etwa 97 % Chinesen waren. Große Binnenprojekte waren die Gründung der China Gas Company (1861), Peak Tram (1885), China Light and Power (1903), die Electric Tram (1904) sowie die KowLoon-Kanton Railway (1910). Der natürliche Hafen zwischen HongKong Island und KowLoon erwies sich als derart vorteilhaft, dass der Umschlag von Chinawaren nicht nur von Engländern, sondern auch von chinesischen Händlern der Provinz GuangDong (Kanton) zunehmend über HongKong ablief. Die Anzahl der abgefertigten Schiffe stieg von 2900 (1860) auf 24.000 (1939) jährlich.

Der Zweite Weltkrieg

Mit dem Beginn des **Zweiten Weltkrieges** in Fernost (1937) und der Besetzung Südchinas durch Japan (1938) strömten Flüchtlinge in die Kronkolonie, wo Schätzungen zufolge eine halbe Million Menschen in den Straßen nächtigten.

Als Japan am 7.12.1941 Pearl Harbour bombardierte und den Krieg gegen die westlichen Alliierten aufnahm, wurde auch das britische HongKong nur einen Tag später von japanischen Truppen überrannt und für knapp vier Jahre besetzt. Die Bevölkerungszahl sank während der **japanischen Besetzung** auf 500.000.

DengXiaoPing

Deng (22.8.1904–19.2.1997) stammt aus einer gutbürgerlichen Familie der oberen Mittelschicht der Provinz SiChuan. Von 1920 an studierte Deng in Frankreich, hatte hier enge Kontakte mit dem späteren Premier ZhouEnLai und schloss sich der kommunistischen Bewegung an. Croissants und Bridge sollten seine lebenslangen, in Frankreich erworbenen Leidenschaften sein. Nach kurzem Besuch in Moskau (1926) kehrte er nach China zurück, führte während des langen Marsches (1934–35) die 1. Armee und hatte später durchschlagende militärische Erfolge gegen die Nationalisten im Bürgerkrieg (1945–49). An der Seite MaoZiDongs baute Deng (1952 Vizepremier) das kommunistische Nachkriegschina auf, erlebte mehrere Höhen und Tiefen und entwickelte im Laufe der Jahrzehnte einen wesentlichen Unterschied zu Mao in der Politik: Die Wirtschaft kommt vor allem anderen. Für seine geradezu konterrevolutionären Ideen wurde er von Mao mehrfach abgesetzt, konnte sich aber am Ende des zu verheerenden Hungersnöten führenden „großen Sprungs nach vorn" (1960, katastrophale wirtschaftliche Fehlentscheidungen Maos) durchsetzen und durch seine raschen Maßnahmen Millionen von Menschenleben retten. Auch die große politische Säuberungswelle Maos unter dem Deckmantel „Kulturrevolution" (1966/67) überlebte Deng mit einer Mischung aus Glück und Geschick. Der Mann, der mit Weisheiten wie „egal ob die Katze weiß oder schwarz ist, Hauptsache sie fängt Mäuse" oder „reich werden ist ruhmreich" über Chinas Grenzen hinaus bekannt wurde und mit starren sozialistischen Dogmen à la Mao brach, war in den 1970er- und frühen -80er-Jahren die Schlüsselfigur für wirtschaftliche Erfolge. Stellvertretend für seine Ideen steht die Sonderwirtschaftszone ShenZhen bei HongKong, Dengs Lieblingskind. Nirgends werden noch heute so hohe Wachstumsraten erzielt wie gerade dort – das ShenZhen der 1990er-Jahre wirkt beinahe moderner als HongKong.

Deng kennt man im Westen aber weniger als Retter von Millionen vor dem Hunger oder als Architekten des Wirtschaftswunders, DengXiaoPing erlangte unrühmliche Ehre als Verantwortlicher bei der Niederschlagung der Studentenunruhen auf dem TianAnMen 1989, wo Deng als Vorsitzender der zentralen Militärkommission maßgeblich an der gewaltsamen Eskalation beteiligt war.

Es war Deng nicht vergönnt, die Rückgabe HongKongs noch mitzuerleben. Er starb am 19.2.97 im Alter von 92 Jahren in BeiJing (Peking).

Nach Ende des Krieges (August 1945) verfünffachte sie sich binnen drei Jahren wegen einer erneuten Flüchtlingswelle im Zuge des **Bürgerkrieges in China** (1945–49) zwischen Nationalisten *(ChiangKaiShek)* und Kommunisten *(MaoZiDong)*. Noch heute gibt es zahllose Spekulationen, warum das kommunistische China 1949 HongKong nicht einfach mit „übernahm" – militärisch eine lösbare Aufgabe. Eine Erklärung scheint die Tatsache zu sein, dass (auch das kommunistische) China so kurz nach 12 Jahren Welt- und Bürgerkrieg kein Interesse an einem sofortigen Konflikt mit den ehemaligen westlichen Alliierten hatte. Vielmehr musste die erfolgreiche Revolution im Inneren gefestigt werden.

In den **Nachkriegsjahren** begann in der Kronkolonie ein allmählicher Wiederaufbau, unterbrochen vom amerikanischen Handelsembargo gegen China im Koreakrieg (1950–53), welches auch HongKong empfindlich traf. Die Tatsache, dass der Hafen blockiert wurde und HongKong somit Alternativen im Handel brauchte, führte zu einer massiven Industrialisierung der 1960er-Jahre in den Bereichen Textil, Fasern und Uhren, die bald 40 % des Handelsvolumens ausmachten.

Seit der chinesischen Revolution

Direkte politische Bedrohung erfuhr HongKong noch einmal am 8. Juli 1967, als die **Kulturrevolution** von China in die Kronkolonie überzuschwappen drohte und pro kommunistische Aufstände eskalierten. Bewaffnete Rotarmisten überquerten sogar die Grenze, nahmen einen 3 km breiten Streifen ein, zogen sich aber wieder zurück. Am Jahresende war der Spuk vorüber, HongKong setzte seinen friedlichen Entwicklungsprozess fort.

Während die 1970er von zunehmender **Industrialisierung** geprägt waren, setzte in den 1980er-Jahren eine Hinwendung zum **Dienstleistungssektor** (Bank, Versicherung, Fracht) und eine Verlagerung der Industrie in grenznahe Städte auf chinesischer Seite ein, und HongKong wurde wichtigstes Börsen- und Finanzzentrum in Fernost. Der Tourismus wurde neben dem Dienstleistungsgewerbe die wichtigste Einnahmequelle der Kolonie, die Stadt zur **verkehrstechnischen Drehscheibe** zwischen Ost- und Südostasien. Die enge Bindung an das chinesische Mutterland führte besonders in den 1980er-Jahren zu erheblichen Kapitalflüssen in beide Richtungen und zu starken Verflechtungen.

Rückgabe HongKongs an China

In den frühen 1980er-Jahren gab es nur noch ein Hauptthema: den **1.7.1997.** Zwar sahen Menschen in HongKong ihre Hauptbetätigung traditionell im *making money,* weniger in politischen Freiheiten oder Aktivitäten; eine gewisse Furcht aber vor dem unbekannten Mutterland, dessen Einheitspartei und der stets unberechenbaren Führung (Stichwort: TianAnMen 1989) ließen die Menschen unsicherer werden, je näher der Tag X rückte. Überhaupt, sagten sich viele, warum konnte es denn nicht so bleiben, wie es sich bewährt hatte? Beide Seiten machten gute Geschäfte, außerdem sei HongKong doch „auf ewig" britisch, warum also die vollständige Rückgabe?

Der Grund dafür lag in den Verträgen von 1898, in denen England die New Territories ab Boundary Street sowie die 234 Inseln für 99 Jahre lediglich pachtete. Zwar waren HongKong Island und KowLoon eigentlich ewig britisches Territorium, aufgrund des Zusammenwachsens wären die Gebiete HongKongs logistisch jedoch nicht teilbar. Strom, Wasser, Kanalisation usw., alles war miteinander verflochten, ferner hätten auf „britischem" Gebiet die Verwaltung, auf „chinesischem" die Wohngebiete gelegen – ein unlösbarer Zustand. Und so wusste auch Großbritannien, dass HongKong Island mit KowLoon alleine nicht lebensfähig gewesen wäre.

Die Regierung Thatcher willigte daher im September 1984 in die sogenannte **Sino-British Joint Declaration** (gemeinsame chinesisch-britische Erklärung) ein, in der nach zähen Verhandlungen die Übergabemodalitäten festgelegt wurden. Die Rückgabe auch der eigentlich ewig britischen Teile ermöglichte es den britischen Parlamentären immerhin, einen erheblichen Einfluss auf die Zeit nach 1997 zu nehmen.

Die von *DengXiaoPing* und *Margaret Thatcher* eingefädelte Vereinbarung ließ von Anfang an zumindest auf dem Papier keinen Zweifel daran, dass China in keiner Weise an wesentlichen Änderungen interessiert war. Dass ein kommunistisches System ein kapitalistisches Geschwür im eigenen Leib duldet, ist für China nichts neues. Die einfache Formel *DengXiaoPings* für dieses Kunststück lautete schlicht und ergreifend **„ein Land, zwei Systeme“** und wurde bereits auf TaiWan (zumindest in Verhandlungen), Macau und in wirtschaftlicher Hinsicht auch die Sonderwirtschaftszonen (Special Economic Zone, SEZ) wie ShenZhen oder ZhuHai angewandt.

Die Frage, ob Präsident **JiangZiMin** nach *Dengs* Tod weiter der starke Mann in China blieb, war schnell geklärt. Das Militär stärkte ihm den Rücken, und er entwickelte in Anlehnung an Deng die „Ein Land, zwei Systeme, drei Stufen“-Theorie. Die dritte Stufe bezieht sich dabei indirekt auf TaiWan, welches *Jiangs* (bislang unerreichtes) Lebensziel wurde. Immerhin bot er dem dortigen damaligen Präsidenten *LiDengHui* den Vizepräsidentenstuhl im Nationalen Volkskongress an (was etwa einer Vizepräsidentschaft *Angela Merkels* in den USA gleichkäme)!

Der Inhalt der Sino-British Joint Declaration

Anstatt einer einfachen Rückgabe wurde in der Joint Declaration im Wesentlichen Folgendes festgelegt:

- HongKong fällt als Ganzes und vollständig am 1.7.97 an China.
- HongKong wird nominell für 50 Jahre Sonderverwaltungsgebiet (Special Administrative Region, SAR).
- Wirtschafts-, Verwaltungs-, und Rechtssystem bleiben für 50 Jahre unverändert.
- Die Währung (HK$) bleibt einzig gültige Währung in HongKong (für weitere 50 Jahre).
- Die Sozialgesetzgebung bleibt 50 Jahre unangetastet.
- HongKong hält seine Grenze zu China aufrecht, alle Einreisebestimmungen bleiben unverändert.
- Außen- und Sicherheitspolitik werden von der VR China wahrgenommen.
- HongKong darf eine eigene Flagge neben der chinesischen hissen, eigene Sportteams unter dem Namen „HongKong, China“ sind erlaubt.
- Verträge behalten umfassende Gültigkeit auch über 1997 hinaus.
- Grundrechte wie Versammlungs-, Rede-, Presse-, Streik-, Reise- oder Berufsfreiheit bleiben erhalten.
- Peking darf nur bei Gefährdung der öffentlichen Ordnung oder der nationalen Sicherheit eingreifen.

Diese Vereinbarungen dienten als Vorbild für die Rückgabe Macaus durch Portugal im Dezember 1999.

Dennoch trauten zahlreiche HongKonger – insbesondere die Wohlhabenderen – dem Frieden nicht und verließen die Kronkolonie noch vor dem Stichtag 1. Juli. Kanada, USA und England nahmen bereitwillig die fleißigen, teilweise millionenschweren Antragsteller auf – doch was passierte mit den Durchschnittsbürgern? Viele rümpften die Nase bei dem Gedanken, Horden ärmlicher Chinesen kämen über die Grenze und könnten den Wohlstand quasi plündern. Diese dramatisierende Grundhaltung zeigte sich noch **kurz vor der Übergabe**, als HongKonger Professoren, angesprochen auf mögliche „illegale Einwanderer vom Festland", öffentlich die Formulierung „Flüchtlinge" wählten.

Der Alltag vor der Übergabe änderte sich kaum, jeder ging seiner gewohnten Tätigkeit nach und harrte der Dinge, die da kommen sollten. Lediglich einigen Peking gegenüber sehr kritisch eingestellten Journalisten und Karikaturisten war klar, dass ihre Tage (beruflich) gezählt waren.

Die Tageszeitungen druckten den **Countdown** der letzten 100 Tage auf der Titelseite, in Peking wurde schon 1996 eine große Uhr aufgestellt, die sogar die verbleibenden Sekunden anzeigte. Einig war man sich allenthalben: ein großer Tag für China sollte es werden, Änderungen im System seien unnötig.

Allen Unkenrufen zum Trotz war die eigentliche **Übergabe** genau das; ein großer Tag für China, als der Union Jack vor dem zu Tränen gerührten Prinz Charles am 30. Juni 1997 um 23.59 Uhr eingerollt und die chinesische Flagge im neuen Convention Centre gehisst wurde. Ein großer Tag für die Volksbefreiungsarmee, die ruhig und leise wie eine Geisterarmee in der gleichen Nacht in HongKong einrückte – diszipliniert und unbewaffnet als positives Zeichen an die Bürger. Ein großer Tag für die (nun eigentlich verbotene) Opposition um *Martin Lee,* die entgegen aller Warnungen bereits um 1 Uhr des 1. Juli am alten Legislative Council eine ungehinderte Demonstration abhielt. Und natürlich auch ein großer Tag für *JiangZeMin,* Chinas damaligen Präsidenten, der nicht nur seinen Namen mit der „Heimholung" HongKongs verbinden durfte, sondern auch die innere Eigenentwicklung HongKongs in seiner Rede während der Zeremonie bestätigte.

HongKong als Teil Chinas

Fast wie ein modernes Märchen, möchte man meinen – doch eben nur fast, wie die folgenden Ereignisse zeigen sollten. In der chinesischen Geschichte deuteten sich einschneidende Ereignisse durch Naturkatastrophen an, so geschehen beispielsweise vor dem Tod *Maos.* Viele Chinesen, sehr viele, glauben fest an einen Zusammenhang zwischen Naturkatastrophen und politischen Umwälzungen. Nur wenige Stunden nach den Zeremonien brach ein **verheerender Taifun** über HongKong herein, der zahlreiche Überflutungen und sogar Todesopfer mit sich brachte. HongKong war wie gelähmt, nicht wegen der Flutschäden, sondern weil dies für ein schlechtes Omen für die neue Ära gehalten wurde.

Und tatsächlich: nach 1997 brach der Tourismus – einer der wichtigsten Wirtschaftszweige der SAR – geradezu ein. Noch schlimmer traf es die Börsianer, die bei der **Asienkrise** 1997 Kursverluste von bis zu über 50 % hinnehmen mussten.

Auch die ersten Jahre des neuen Jahrtausends waren von brisanten und höchst unterschiedlichen Animositäten zwischen der SAR und Peking geprägt: Zunächst machte die **Sekte FaLunGong** (eigentlich: FaLun DaFa) – eine Meditationsbewegung mit mehr Anhängern als die KPC – mit mehreren friedlichen Versammlungen in Peking und anderen Großstädten auf sich aufmerksam. Den Konservativen missfielen diese liberalen Versammlungen, die Sekte wurde verboten und ihre Mitglieder drastisch verfolgt. HongKong, das eine friedliche Versammlungsfreiheit gewährt, wurde somit zur Fluchtburg vieler FaLunGong-Anhänger und erweckte in der SAR zahllose Proteste gegen den Pekinger Verfolgungswahn. Man achte einmal auf Bildtafeln vor den Star-Ferry-Eingängen. An Wochenenden werden dort von FaLun-Anhängern Folterungen angeprangert und Broschüren ausgeteilt. HongKongs tolerante Politik steht natürlich im Konflikt zu Peking.

Dann begannen Alltagsprobleme, die das skurrile „ein Land zwei Systeme"-Gebilde am Perlfluss vor ernste Zerreißproben stellten: die HongKonger höchstrichterliche Instanz des *Court of Final Appeal* (CFA) entschied, dass volksrepublikanische Verwandte von HongKongern das Recht hätten, zu ihren Verwandten nach HongKong zu ziehen (permanentes Aufenthaltsrecht). Das **Problem** war, dass man dabei mit rund **zwei Millionen Neubürgern** zu rechnen hatte, was weder logistisch noch sozial verträglich sein dürfte. Nun suchte man händeringend nach einem Ausweg aus dem Dilemma, dass man einerseits diese Zahl auch beim besten Willen nicht aufnehmen konnte, andererseits aber auch nur höchst ungern – man will schließlich größtmögliche Unabhängigkeit bewahren – den Nationalen Volkskongress in Peking anrufen wollte, der als letzte Instanz ein Änderungsrecht hätte, wenn HongKong darum bitten würde. Doch das war eben genau die Crux: wieviel wäre die innere Autonomie noch wert, wenn man bei unliebsamen (HongKonger) höchstrichterlichen Entscheidungen Peking um Änderung aus „überregionalem Interesse" bittet? So biss *Tung* in den höchstsäuerlichen Apfel, bat den Nationalen Volkskongress um eine „Reinterpretation aus Gründen der nationalen Sicherheit" (was dieser auch tat) und handelte sich einen lupenreinen Präzedenzfall für nachfolgende Problematiken im Reich des gelben Drachen mit zwei Köpfen ein.

Wenig später verbot der Nationale Volkskongress – wieder aus übergeordneten Gründen – die eigentlich im SAR-Vertrag/Basic Law vereinbarten freien Wahlen für 2007, da HongKong „für Demokratie noch nicht reif sei"! *Donald Tsang,* ein echter HongKonger Musterknabe aus der britischen Verwaltung, übernahm das Amt des *Chief Executive* zunächst bis zum Ende der regulären Amtszeit *Tungs* und wurde im März 2007 für eine zweite Amtszeit (bis 2012) wiedergewählt.

2011 wurde nach einer gesamtwirtschaftlichen Erholung wieder ein neues **Superprojekt** beschlossen: Eine 50 km lange Brücke soll HongKong mit Macau (ehem. portugiesische Kolonie und Sonderverwaltungsgebiet wie HongKong) und ZhuHai (Sonderwirtschaftszone der VR China) verbinden. Die Eröffnung erfolgte 2018, die Kosten beliefen sich auf knapp 6 Milliarden US-Dollar. Dabei wurde das Konzept der Chesapeake-Bay-Bridge im US-Bundesstaat Virginia nachgeahmt, welches teilweise Unterwasserkonstruktionen vorsieht, um Supertanker nicht zu Umwegen zwingen zu müssen.

Ein wichtiges wiederkehrendes Thema war und ist seit 1997 eine gewisse Demokratiebewegung in HongKong.

Nachdem eine für 2017 eigentlich geplante freie Wahl zum Stadtparlament (Legislative Council = LegCo) seitens der Pekinger Zentralregierung Ende August 2014 widerrufen worden war und nur ausgewählte Kandidaten zur Wahl zugelassen werden sollten, demonstrierten zahllose Studenten unter dem Schlagwort „Regenschirm-Bewegung“ und besetzten mehrere Monate lang einige Straßenzüge HongKongs, ehe das oberste Gericht im Dezember die Räumung anordnete. Im September 2016 konnten die „Rebellen“ sogar drei Parlamentssitze erringen, die demokratische Opposition verfügte damit (kurzzeitig) über eine Sperrminorität. Dessen ungeachtet erhöht Peking den Druck immer dann, wenn das Wort „unabhängig“ auch nur symbolisch auftaucht – zuletzt beim Verbot der (harmlosen, da ohne Abgeordnete) Hong Kong National Party (HKNP) Ende 2018.

Politik

Name und Symbole

Offiziell heißt HongKong seit dem 1.7.1997 „HongKong, China – Special Administrative Region“ (Sonderverwaltungsgebiet), doch mit einfach nur „HongKong“ weiß jeder, was gemeint ist. Neben der chinesischen Flagge darf HongKong die Bauhinia-Flagge gleichberechtigt hissen. Die Bauhinia, eine Orchideenart und gleichzeitig Nationalblüte HongKongs, löste die vormalige Kolonialflagge (britische Flagge im oberen linken Viertel auf blauem Grund) ab. Prinzipiell blieben alle Namen und Bezeichnungen auch nach der Übergabe erhalten, nur allzu koloniale Reminiszenzen mussten entfernt werden. So wurden schon seit einigen Jahren keine Münzen mehr mit dem Porträt *Elizabeths* geprägt, aus dem vornehmen „Royal Jockey Club“ musste das „Royal“ verschwinden und Ähnliches mehr.

Verwaltung und Innenpolitik

Nach dem Abtritt *Chris Pattens*, dem letzten britischen Gouverneur HongKongs, traten die neuen Machtverhältnisse des nunmehr chinesischen Sonderverwaltungsgebietes in Kraft. *Patten* führte 1995 gegen heftigen Einspruch Pekings noch rasch demokratische Wahlen des **Legislative Council** (LegCo, gesetzgebendes Organ) durch. Nachdem sich die Briten 140 Jahre Zeit ließen, um eine Wahl zuzulassen, wäre Peking moralisch durchaus berechtigt gewesen, nach dem 1. Juli 1997 diese Änderungen vollständig rückgängig zu machen. So wurde der gewählte LegCo von Peking nie anerkannt, ein „Gegen-LegCo“ aus den heute aktiven Mitgliedern vorab in ShenZhen zusammengestellt, wo schon seit Januar 1997 Gesetze für die Zeit nach der Übergabe ausgearbeitet wurden.

Dennoch blieb die gewohnte innere Eigenständigkeit im Wesentlichen erhalten. Liefen die Fäden bisher beim Gouverneur zusammen, so steht nun der **Chief Executive** (CE, oberster Beamter) an der Spitze. Der Gouverneur wurde von der Queen entsandt, der Chief Executive von einem Wahlkomitee, in dem 800 vom Nationalen Volkskongress (Peking) ausgewählte HongKonger Bürger sitzen.

101hk Abb.: mb

Dies bedeutet, dass der CE indirekt ein von Peking bestimmter Gouverneur ist.

Auch im LegCo werden 30 der 60 Sitze von jenem Wahlkomitee bestimmt und nur 30 in freier Wahl gewählt. Selbstredend gelten dessen Gesetze nur für innere Angelegenheiten, die Außen- und Sicherheitspolitik obliegt nun Peking.

Der CE ernennt auch die **Ressortleiter** (quasi Minister) für Zentralbereiche wie Sozialwesen, Finanzen, Wohnungsbau oder Erziehungswesen.

Zusätzlich werden in den einzelnen Stadtteilen **Verwaltungsleitungen** gewählt bzw. ernannt. Sie entsprechen etwa einem Gemeinderat.

Die wesentliche Änderung war also jenes von Peking zusammengestellte **Wahlkomitee** der 800 (heute 1200) HongKonger. Dieses – nicht Peking – wählt und ernennt den CE wie auch zwei Drittel des LegCo; ein erheblicher indirekter Einfluss Pekings auf die zu wählenden oder zu ernennenden Personen ist dabei aber unübersehbar.

TungCheeHwa *(DongJiHua),* erster Chief Executive des neuen HongKong, wurde schon vor seinem Amtsantritt als „Marionette Pekings“ bezeichnet. *Tung,* Reeder von Beruf, geriet in den 2000er-Jahren in die Schlagzeilen, als seine Reederei vor dem Ruin stand und nur ein Großkredit Rettung versprach. Eine der schillerndsten Persönlichkeiten HongKongs, der Milliardär *Henry Fok,* der sich exzellenter Kontakte zu höchsten Stellen in Peking rühmen konnte, arrangierte ein Darlehen – die Geldgeber kamen nicht etwa aus HongKong, sondern aus Peking! Die Tatsache, dass *Tung* damit sein wirtschaftliches Überleben der Volksrepublik zu verdanken hat, legte den Verdacht nahe, er sei Peking nunmehr verpflichtet.

Eine in HongKong sehr medienwirksame innenpolitische Angelegenheit war der **spektakuläre Rücktritt** von *Anson Chang,* der stellvertretenden „Chief Executive“ und seinerzeit zweiten Kraft nach *Tung CheeHua* (den sie intern gern als „Dong JiWa = Hühnerfroschsülze“ bezeichnete). Sie vertrat deutlich liberalere Positionen als ihr Chef und schreckte auch vor offener Kritik an Peking nicht zurück. Tung, der alles tat, um in keinen Zwist mit dem Mutterland zu geraten, legte ihr den Rücktritt nahe, was diese im Februar 2001 auch mit einer aufsehenerregenden Rede im LegCo tat. Sie nahm dabei kein Blatt vor den Mund und sprach von **Marionettenregime**, dem **Ausverkauf der Freiheit** und der klaren Gefahr der dauerhaften **politischen Bevormundung** durch Peking. Als Nachfolger *Changs* wurde *D. Tsang* benannt, der dann bis zum 1.7.2012 der Chief Executive war.

Die SAR versucht also eine **politische Gratwanderung** zwischen Bekenntnis zum chinesischen Mutterland und einer eigenständigen, historisch gewachsenen gesellschaftspolitischen Entwicklung. Obwohl Peking HongKong mit einem funktionierenden „ein Land – zwei Systeme"-Modell locken möchte und innenpolitisches Aufsehen am Vorabend internationaler Großereignisse (Olympische Spiele 2008/BeiJing) eigentlich vermeiden wollte, griff es zusehends in das innere Gefüge der ehemaligen Kronkolonie ein: Mandarin wurde forciert, die demokratische Bewegung um *Martin Lee* heftigst (politisch!) angegriffen und nicht zuletzt die im *Basic Law* festgelegten freien Wahlen in HongKong durch den Ständigen Ausschuss in Peking verboten; die politische Schraube wird spürbar angezogen.

Die Jahre seit 2012 unter Chief Executive *LeungChunYing* waren innenpolitisch von der **„Regenschirmbewegung"** *(Occupy Central Movement)* geprägt, die sich 2014 massiv der Wahlrechtseinschränkung für 2017 widersetzte, letztlich aber doch in ihre Schranken verwiesen wurde. Seit 2017 lenkt CE Carrie Lam als erste Frau in diesem Amt die Geschicke der ehemaligen Kronkolonie.

Alt und neu im Kontrast: Hochhaus hinter dem LegCo (s. S. 54)

Wirtschaft und Handel

HongKong hat sich vom reinen Warenumschlagplatz des 19. Jh. zum Wirtschafts- und Handelszentrum Ostasiens entwickelt. Heute nutzen Banken und Handelshäuser den Standort HongKong weniger aufgrund etwaiger geringerer Lohnkosten, sondern vielmehr als Basis für den gesamten Chinahandel. Niedrigere Steuern, eine hochmoderne Infrastruktur, freier Kapitalverkehr und keinerlei Ein- oder Ausfuhrbeschränkungen machen HongKongs Attraktivität als **Wirtschaftsstandort** aus. Das Pro-Kopf-Bruttoinlandsprodukt lag in der jüngeren Vergangenheit weltweit mit an der Spitze. Die großen europäischen Flächenstaaten sind längst kein Vorbild mehr in Sachen Wohlstand und Wachstum.

Die armen EU-Chaoten, die sich mit überladener Bürokratie selbst behindern und durch Tonnen von Regelwerken einem wirtschaftlichen Vorankommen kontraproduktiv entgegenstehen, werden in HongKong geradezu belächelt. *Klaus Krüger,* deutscher Unternehmensberater vor Ort zur **Flexibilität** wörtlich: „Morgens hat man die Idee, mittags die Firma gegründet und am Abend bereits die ersten Kunden".

Daran änderte sich auch nichts Wesentliches durch die Rückgabe am 1.7.97. Langfristige Verträge behielten Gültigkeit, der HongKong-Dollar blieb erhalten, selbst die Pferderennbahnen mit ihren Wettbetrieben (eigentlich ein Grundübel in China) blieben. Auch in Zukunft kann weiter munter investiert und verdient werden.

HongKong im wirtschaftlichen Vergleich

HongKong hat den Wandel von der Industrie- zur **Dienstleistungsgesellschaft** längst vollzogen. Lediglich Bauwirtschaft, Fischerei und Landwirtschaft florieren noch im Primärsektor. Textilien, Elektrotechnik, Kunststoffe, Metallerzeugnisse – alles ist zu haben, wird aber häufig von Partner- oder Tochterfirmen in der Volksrepublik produziert. In HongKong selbst liegen heute vor allem Schlüsselbereiche wie Telekommunikation, Warenumschlag, Versicherung und Bankwesen. Auch der Tourismus spielt als zweitwichtigster Devisenbringer eine zentrale Rolle. Rund 75 % der insgesamt 3 Mio. Beschäftigten sind in Dienstleistungsbranchen tätig, lediglich rund 5 % in Landwirtschaft und Fischerei. Vergleichsweise abhängig ist HongKong vom Mutterland in den Bereichen Energie, Maschinen, Nahrungsmittel und Rohstoffe, da HongKong über wenig eigene Ressourcen verfügt.

HongKong bezieht weit mehr Waren aus China als umgekehrt nach China geliefert wird. Die Abrechnung unter den Handelspartnern erfolgt immer noch in **Devisen** (erst seit 2006 ist die bargeldlose Zahlung zwischen HongKonger und chinesischen Unternehmen überhaupt möglich), und so erklärt sich, warum China rund ein Drittel der Devisen über HongKong verdient – und den goldenen Vogel nicht rupfen wird.

Die ehemalige Kronkolonie wurde am 1.7.97 als ökonomische Schatzkiste an China übergeben. Trotz des von China aus Angst vor Überschuldung heftig kritisierten Flughafenprojektes wurden im Haushaltsjahr 1996/97 15 Mrd. HK$, ein Jahr später 32 Mrd. HK$ **Überschuss** erwirtschaftet. Auch die Bevölkerung sah nach *Dengs* Tod und nach der Rückgabe optimistisch in die Zukunft: 80 % erwarteten eine durchaus positive Weiterentwicklung.

Donald Tsang, damals Finanzminister der SAR und später Chief Executive, stoppte die heimische Talfahrt des Aktienmarktes während der Asienkrise Ende der 1990er-Jahre mit einer spektakulären Aktion: Er kaufte mit 15 Mrd. US$ der Devisenreserven fallende Aktien und stoppte so den Kursverfall, das Vertrauen kehrte zurück.

Nach einem Zwischenhoch um die Jahrtausendwende herum gingen in den Folgejahren Verbraucher- und Grundstückspreise sogar zurück (im Durchschnitt um 1,3 %), was sich auch aus den deutlich gestiegenen **Direktinvestitionen** HongKonger Unternehmen in der Volksrepublik erklärt: Die Grundstückspreise jenseits

Makroökonomische Eckdaten HongKongs

	2017	2018
Arbeitslosigkeit	3,1 %	3,1 %
Inflation	1,5 %	2,2 %
Wirtschaftswachstum	3,8 %	3,6 %

(Quelle: https://de.statista.com, Dezember 2018)

der Grenze sind einfach viel günstiger. Wandern die Unternehmen ab, werden Grundstücke in HongKong frei, die Preise sinken.

Die **globale Wirtschaftskrise** von 2009 wurde zumindest außerhalb der Börse vergleichsweise gut gemeistert. Nach einer kurzen Schwäche im Jahr 2015 rechnen die Verantwortlichen für die kommenden Jahre wieder mit Wachstumsraten von 3 bis 4 %.

Problempunkte bleiben die hohen Wohnraumkosten sowie die zu geringe soziale Grundabsicherung. Das sind die Folgen einer rein kapitalistischen „Spielwiese" mit einer maximalen Einkommenssteuer von 15 % und einer Gewinnsteuer von höchstens 16,5 %.

In HongKong werden heute Waren hauptsächlich umgeschlagen, nicht produziert; rund 80 % der exportierten Güter sind Re-Exporte. Wichtigste Abnehmer sind die VR China und die USA, wichtigste Lieferländer die VR China und Japan.

Wer sich speziell für wirtschaftliche Zusammenhänge HongKongs interessiert, sei auf die Websites www.hkeconomy.gov.hk (offizielle Statistiken der SAR-Verwaltung), www.hktdc.com/econforum (Seite der örtlichen „Handelskammer" Trade & Development Council) sowie www.budget.gov.hk (Informationsseite des Finanzministeriums) verwiesen. Auf letztgenannter Seite sind insbesondere die Einkommenssteuerplanungen (www.budget.gov.hk/2018/eng/rb.html) für den europäischen Durchschnittsbürger extrem frustrierend.

011hk Abb.: wl

HongKong ist einer der bedeutendsten Warenumschlagsplätze in Asien

Tourismus

Der Tourismus ist nach dem Export der zweitwichtigste **Wirtschaftsfaktor** HongKongs, der mit 28 Millionen Besuchern jährlich meistbesuchten Stadt der Welt! Der Anteil des Tourismus am Bruttoinlandsprodukt beträgt immerhin rund 16 %. Die größten Besucherströme kommen aus Taiwan (2 Mio.), Südkorea (1,5 Mio.), Japan (1,2 Mio.), den USA (1,2 Mio.), Macau, den Philippinen (0,9 Mio.), Singapur (0,6 Mio.), Australien (0,6 Mio), Thailand (0,5 Mio.) und vor allem aus der Volksrepublik. Im Durchschnitt bleibt jeder Besucher drei Tage in HongKong und gibt dabei die stattliche Summe von etwa 6500 HK$ aus.

012hk Abb.: wl

Verkehr und Umwelt

Nach einer Erhebung zum **Umweltverhalten** unter 49 Städten lag HongKong noch in den 1990er-Jahren an letzter Stelle. Es wurde rasch reagiert und eine sehr umfangreiche Kampagne à la Singapur gestartet. So ist das Essen und Trinken in öffentlichen Verkehrsmitteln nun bei hohen Geldstrafen verboten, Zigarettenpreise wurden verdreifacht, in Fernsehspots wird die Bevölkerung zu bewusstem Umweltverhalten aufgerufen, die Industrie – selbst jene in China, die nur mittelbaren Einfluss auf die Umwelt in der SAR hat – wird kritisch begutachtet.

Gerade das „Essverbot“ hat durchaus seinen Sinn, wenn man bedenkt, dass nirgendwo sonst auf der Welt so viel Fast Food verzehrt wird wie in HongKong. Ein spürbares Umweltbewusstsein konnte so geweckt werden, und die Stadt wirkt im Vergleich zu früheren Jahrzehnten sehr sauber. Insbesondere die Müllbewältigung überrascht – überquellende Mülltonnen, Plastikabfälle auf den Straßen oder Ähnliches sucht man vergebens. Auch Mülltrennung wurde eingeführt und wird weiter ausgebaut.

Mit knapp 300 Fahrzeugen pro Straßenkilometer weist HongKong die weltweit höchste **Fahrzeugdichte** auf. Zwar wird das Autofahren künstlich teuer gehalten (hohe Importzölle, hohe Steuern, Benzinpreis 20 HK$/L.), der Pkw gilt aber noch heute als unbedingtes Statussymbol.

Bei diesem hohen Verkehrsaufkommen überrascht es, dass etwa 40 % der Landfläche HongKongs **Naturschutzgebiet**, verteilt auf 20 Parks sind. Hier liegen die Wasserreservoirs der SAR, Erholungssuchende werden nicht durch Verkehrslärm belästigt, eine beginnende Wiederaufforstung lässt die arg ausgebeutete Natur allmählich wieder zur Erholung kommen. Die meisten dieser „Country Parks“ liegen in den New Territories sowie den Outlying Islands und erfreuen sich bei Einheimischen wie Touristen zunehmender Beliebtheit. Wichtig – und durchaus vorbildhaft – sind in diesem Zusammenhang die ausgezeichneten öffentlichen Verkehrsmittel, die sowohl außerordentlich preiswert als auch extrem effizient sind.

Alltägliches Verkehrsgewusel

Mensch und Gesellschaft

Bevölkerung

Rein rechnerisch ergeben 7,45 Mio. Menschen auf 1106 km² eine **Bevölkerungsdichte** von über 6550 Einwohnern pro km² (zum Vergleich: Deutschland rund 230 Ew./km²). Diese Zahl ist allerdings wenig aussagekräftig, da 34 % der Menschen im nur 22 km² großen Kow-Loon, 20 % auf der Nordseite von Hong-Kong Island (84 km²), 44 % in den New Territories (750 km²) und nur 2 % auf den Outlying Islands mit 248 km² leben.

98 % der Bevölkerung HongKongs sind ethnische **Chinesen**, deren Vorfahren bis in die Elterngeneration überwiegend aus der Provinz GuangDong (Kanton) stammen. Die übrigen sind Chinesen anderer Herkunft, Eurasier sowie etwa 1 % Weiße.

In HongKong leben rund 300.000 **Ausländer**, nicht gezählt die vielen Tausend illegalen Einwanderer vom Festland – so noch immer die offizielle Bezeichnung. Innerhalb der ausländischen Gemeinde nehmen die Filipinos, überwiegend weibliche Hausangestellte *(maids)*, den größten Anteil ein.

Glaubensrichtungen

Konfuzianismus

KungFuTzu *(KongFuZi)* wurde am 28. September 551 v. Chr. im Fürstentum Lu (Provinz ShanDong) geboren und wirkte mit seinen Lehren als Berater an verschiedenen Fürstenhöfen. Seine fundamentalen Begriffe waren u.a. Harmonie, Tao (s.S. 28), Himmel, Humanismus, Kindesgehorsam, Weisheit, Liebe, Pflichterfüllung, Respekt. *Konfuzius* – so die Latinisierung – machte den Humanismus zum wichtigsten Element seiner Philosophie. Güte, Mitmenschlichkeit, Mildtätigkeit und Liebe waren Elemente des Individuums seiner Lehre. Wer diese Attribute verinnerliche und umsetze, sei ein weiser und gütiger „Edler" *(ChünZi)*, der auch zum Regieren geeignet sei und nehme Vorbildfunktion ein. Ein Regent könne nicht lange an der Macht bleiben, wenn er dem Volk kein geeignetes Vorbild sei. Ein guter Herrscher müsse für Nahrung sorgen, angemessen für Verteidigung sorgen und stets um das Vertrauen im Volk bemüht sein. Auf Verteidigung könne eher verzichtet werden als auf Vertrauen. *Konfuzius* erkannte durchaus, dass die politische Praxis anders verlief, mühte sich dennoch unerlässlich um Verbreitung seiner **Grundsätze.** Einige seiner Prinzipien fanden auch im Westen Anklang, so sein Ausspruch „Was du selbst nicht willst, dass es dir angetan werde, das füge auch niemandem anderen zu" oder „Was du an den Oberen hassest, dass biete auch keinem Unteren." *Konfuzius* war einer der herausragenden chinesischen Denker mit nachhaltiger Wirkung bis in die Gegenwart.

Dennoch sah er sich selbst weder als unfehlbar („dass manches keimt und nicht blüht, ach, das kommt vor") noch war er ein überirdischer Heiliger. So rechtfertigte er den „Besuch bei einer Frau" vor seinen Schülern mit dem Hinweis auf „himmlische Zwänge", einen gebrochenen Eid entschuldigte er mit dem Hinweis, dass dieser unter Zwang abgegeben worden sei.

Für die weitere Verbreitung der Lehren sorgten nach dem Tod des *Konfuzius* (479 v. Chr.) viele seiner **Schüler**, die bekanntesten *MengZi* (*Mencius*, 372–289

v. Chr.) und *XunZi* (313–238 v. Chr.). Im elften nachchristlichen Jahrhundert griffen die sogenannten „Neo-Konfuzianer“ die Lehren des Konfuzianismus auf und erweiterten sie. *ChouDunYi* (1017–1073) integrierte Elemente der **Yin-Yang Schule** (die beiden Gegenpole Yin und Yang sowie die Grundelemente Feuer, Wasser, Erde, Holz und Metall). *ChuXi* (1130–1200) erweiterte die Lehre um den Gedanken des Naturprinzips (es gebe unendlich viele Naturgesetze, sobald eine Erscheinung auftrete, sei sie als Naturprinzip erkannt). Seit *WangYangMing* (der YangMingShan bei TaiBei wurde nach ihm benannt) setzen sich auch buddhistische Tendenzen im Konfuzianismus fest, wie die Meditation als Mittel zur Erkenntnis oder die bestehende Einheit zwischen Erkenntnis und Handeln.

Zahllose **Umgangsformen** und Riten für das Miteinander im Alltag basieren auf dem Konfuzianismus, wie auch die teilweise bis in unsere Tage gültige Beamtenprüfung. Was dem Europäer oft als übertriebene Höflichkeit oder Ritual vorkommt, ist nichts anderes als eine Befolgung der Lehren des *Konfuzius*. Auch bei uns gibt es ähnliche Rituale, wie etwa das Tabu des Wäschewaschens am Sonntag („am siebenten Tage...“). Dabei weist der Konfuzianismus **jedem einen konkret definierten Platz** zu (daraus resultieren auch die exakten Verwandtschaftsbezeichnungen in China für den dritten Schwager mütterlicherseits, den vierten Onkel väterlicherseits etc.). Um dieses große Netz harmonisch zusammenhalten zu können, gelten Basisregeln wie *Li* (Rituale), *Ren* (Menschlichkeit), *Yi* (Gerechtigkeit), *He* (Harmonie), *Te* (Tugend) usw.

Interessant ist, dass diese aufgrund ihres **Vorschlagscharakters** größere Wirkung hinterlassen als die christlichen oder islamischen „du sollst – sonst“-Anweisungen. *Konfuzius* hätte, wenn er das christliche Gebot „du sollst nicht töten“ hätte darlegen müssen, wohl gesagt „der wahrhaft Weise vermeidet, wo immer es ihm möglich ist und die Umstände es erlauben, das Töten“. Auf den ersten Blick meint man, hier würden zahlreiche Hintertürchen offengelassen, aber genau das ist der zentrale Unterschied zwischen Ost und West: Es wird nicht Klartext gesprochen, man „wurschtelt“ sich irgendwie heraus, man vermeidet klare, unzweideutige Formulierungen etc. Im Alltag wird dies spürbar und bereitet vor allem Geschäftsleuten große Probleme.

Der Geburtstag des *Konfuzius* (28. September) wird in Macau, HongKong und TaiWan als **Teacher's day** zelebriert, weniger dagegen in GuangZhou. Voller Respekt vor der Institution des Lehrers bringen die Schüler ihren Lehrern Geschenke und Glückwunschkarten mit.

Taoismus

Der geistige Vater des Taoismus ist **LaoTzu** (*LaoZi*, das alte Kind), der um 604 v. Chr. im Staate Chu/Provinz HeNan geboren wurde. Enttäuscht von den Menschen und dem Leben, zog er im hohen Alter nach Westen und verfasste auf der Reise das **TaoTeChing** (*DaoDeJing*, etwa: Der Weg zur höchsten Erkenntnis).

Zentrales Thema ist der **Einklang mit der Gesamtheit des Kosmos** und der Natur und das umfassende Erkennen des Ganzen. Dabei lernen einfacher Mensch wie auch Fürst nicht durch aktive Verbesserung und Einmischung in weltliches Geschehen, sondern durch einen völli-

Die Orakelknochen (GuWen)

Wie in vielen Kulturen war es auch in China zunächst den Glaubensführern vorbehalten, schriftliche Dokumente der Nachwelt zu hinterlassen. So waren es schamanistische Priester, die schon vor mehr als 5000 Jahren in Tierknochen Symbole und Schriftzeichen einritzten, um diese vor sich zu werfen und anschließend das Schicksal oder die Zukunft zu deuten. Die Tradition des Orakelstäbchenschüttelns vieler taoistischer und gemischt taoistisch-buddhistischer Tempel geht auf diese frühe Form der Wahrsagerei zurück. Aus Gründen der Handlichkeit wurden die Schriftzeichen im Laufe der Zeit nicht mehr auf Knochen, sondern auf schmale Bambusstäbe geschrieben. Diese Stäbchen werden in einem blumenvasenähnlichen Bambus- oder Holzbehälter aufbewahrt, vom Tempelbesucher wird das Behältnis geschüttelt, bis ein Stäbchen allmählich herausfällt. Dieses reicht man dann einem Tempeldiener, der sich meist hinter einer kleinen Theke nahe des Eingangsbereiches der Tempel aufhält. Anhand traditioneller Schriften deutet er dann das Stäbchen für den Gläubigen gegen eine geringe Gebühr. Die Zeichen auf dem Stäbchen selbst stellen noch keine Botschaft dar, erst im Zusammenhang mit dem aktuellen Datum, dem Alter oder dem Geschlecht des Tempelbesuchers kann das vom Zufall gewählte Schicksal dann bestimmt werden. Neben dieser traditionellen Form der Zukunftsdeutung hat sich vor allem in den taoistischen Tempeln Südchinas (einschließlich HongKong, Macau und TaiWan) eine vereinfachte Form der Schicksalsbestimmung entwickelt. So findet man neben den Orakelstäbchenbehältern auch zwei nierenförmige Holzstücke, die einer kleinen, in Längsrichtung zerschnittenen Banane oder Cashew ähneln. Diese werden vom Tempelbesucher aufgenommen und vor dem Hauptgott kniend vor sich geworfen. Je nach Auftreffen auf den Boden werden dazu bestimmte Gebete gesprochen. Dieses Ritual dient nicht der Vorhersage des eigenen Schicksals, sondern soll helfen, ein Anliegen mit den rituell korrekten Gebeten den Gottheiten vorzutragen.

gen Rückzug von jedem Handeln (*WuWei* = nicht Handeln) und passives Beobachten und Erkennen. Zu erkennen galt es jenes Tao, welches mal Ruhe, Vernunft, Gott, Leben, Prinzip und anderes bedeuten kann.

Der edle Menschen (der nach *Konfuzius* aktiv Menschlichkeit walten lassen muss) wird im Taoismus durch das **„nicht tun, aber dabei nicht untätig sein“** definiert. Gemeint sind damit gleichmütiges und freiwilliges Zurücktreten vor dem Willen anderer. „Wer andere überwindet, ist zwar stark, doch wer sich selbst überwindet (andere nicht zu besiegen), zeigt wahre Tapferkeit“, oder „wer andere kennt, ist klug, wer sich selbst kennt, ist erleuchtet“ sind zentrale Lehren des Taoismus. In der Praxis bedeutete dies, dass sich der Taoist schon im Diesseits von allem Irdischen verabschiedete und ein meditatives Leben als Eremit oder Wandermönch führte, um irgendwann das Tao zu erkennen.

Der eher spirituelle Taoismus hatte es stets schwer, neben dem leichter verständlichen und praxisnäheren Konfuzianismus zu bestehen. Er spaltete sich ab dem dritten Jahrhundert nach Christus in zahlreiche Untergruppierungen auf, die alle **meditativen und spirituellen Charakter** hatten. Einige verschmolzen mit dem Buddhismus und bereicherten dessen Lehren.

Im heutigen China ist der **taoistische Tempel** mit seinen farbenfrohen Ritualen weit von der ursprünglichen theoretischen Ausrichtung entfernt. Zahlreiche Götterstatuen wurden aufgenommen und toleriert, der Tempel dient auch nicht als Stätte zur Suche nach dem Tao, sondern vielmehr als Mischform schamanistischer Götterverehrung und taoistischer Philosophie. Der Besucher wird daher stets den „taoistischen" Tempel besuchen, der tatsächlich aber bestimmten Gottheiten gewidmet ist und meist von Taoisten, aber auch von Konfuzianern und gelegentlich sogar von Buddhisten aufgesucht wird. Umgekehrt sind buddhistische oder Konfuziustempel fast ausnahmslos auf die eigene Richtung beschränkt.

Eine der bedeutendsten Gottheiten dieser Richtung ist **TinHau** (auch: *TienHou* oder *MaZi/MaTzu*), die **Göttin des Meeres,** die aufgrund der Küstenlage der südchinesischen Metropolen für Fischer und Seefahrer eine herausragende Bedeutung hat.

Wichtigste **Symboltiere** an und vor taoistischen Tempeln sind Drache und Tiger.

Goldene buddhistische Figuren am Tempel der 10.000 Buddhas

Buddhismus

Eine der großen drei Weltreligionen neben Islam und Christentum, der Buddhismus, nimmt wie überall in Ost- und Südostasien auch in China eine wichtige soziale und teilweise sogar politische Stellung ein. Der Buddhismus entstand in Indien durch den historischen Buddha, Prinz **Siddharta Gautama.** Er wurde 563 v. Chr. in Lumbini (heute im südlichen Nepal) geboren. Ein Hofastrologe am Hofe des Vaters sagte ihm ein großes Schicksal voraus, weshalb er vom Vater besonders geschützt und von Leid und Elend ferngehalten wurde. Im jugendlichen Alter wurde er mit einer Prinzessin verheiratet und wurde Vater eines Sohnes. Als er einmal außerhalb der Palastmauern einen kranken, alten Mann erblickte, war er so vom Elend auf der Welt erschüttert, dass er beschloss, heimlich den Hof mit all seinen Reichtümern wie auch seine eigene Familie zu verlassen und als Asket die wesentlichen Dinge des Lebens meditativ zu erfahren. Unter einem Feigenbaum sitzend wurde er erleuchtet, erkannte also das Wesentliche, und verkündete dies in den sogenannten **Heiligen vier Wahrheiten** (Leben = Leiden, Ursache = menschliche Gier, Lösung = Überwindung der Gier, Mittel dazu = der heilige achtgliedrige Pfad).

Zentrale Themen bei der Umsetzung sind die Gleichheit aller sowie der **Zyklus der Wiedergeburt.** Demzufolge ist jeder Mensch mit jedem irgendwie verwandt und muss allen gegenüber tolerant, mitfühlend und mildtätig sein. Um aus dem ewigen Kreislauf der Wiedergeburt herauszutreten, muss man während der irdischen Lebenszeit gute Taten realisieren. Hierzu zählen Opfergaben, das Errichten von Tempeln oder das Beachten

der fünf Grundregeln (Schonung aller Lebewesen, Aufrichtigkeit, nichts erschleichen, kein Alkohol, kein Ehebruch). Die Pflicht zur „Schonung allen Lebens" ist Ursache dafür, dass strenge Buddhisten ausschließlich vegetarische Nahrung zu sich nehmen. Das ständige gute Handeln (Karma) beeinflusst die Art der Wiedergeburt (ob als Mensch oder z. B. Insekt) oder ob der ewige Kreislauf (Samsara) beendet wird und man ins Nirwana (Paradies der Erleuchteten) einzieht.

Nach dem Tode *Gautamas* im Jahr 483 v. Chr. breiteten sich seine Ideen quer durch Indien aus. Streng dem Ideal des *Arhat* (asketischen Weisen) folgend, entwickelte sich im Süden die Theravada- oder **Hinayana-Richtung**, während sich im Laufe der Zeit im Norden (also dem Ursprungsgebiet) die **Mahayana-Richtung** durchsetzte, die den Boddhisatva (eine Art Halbgott, der für Menschen als Schützer zur Verfügung steht) als Ideal anerkennt und sich in liturgischen und rituellen Details von der alten Schule unterscheidet. Die südliche Hinayana-Richtung verwendet die Pali-Schrift und breitete sich überall in Südindien, Sri Lanka und Südostasien (Hinterindien bis Bali) aus. Die Mahayana-Schulen schrieben im altindischen Sanskrit und verbreiteten sich nach Norden (Tibet, China, Japan).

Der **Buddhismus** war **in China** vermutlich schon in der frühen Han-Dynastie (zweites vorchristliches Jahrhundert) bekannt, kam aber offiziell erst unter Han-Kaiser MingDi um das Jahr 65 n. Chr. ins Land. Da die Lage der einfachen Bauern sehr schwer war und sie andere, existenziellere Probleme hatten als den philosophischen Disput zwischen Konfuzianern und Taoisten, fand der Mildtätigkeit verheißende und zumindest für das Jenseits vielversprechende Buddhismus leicht Anklang. Vieles in seinem Gedankengut fand sich ferner auch im Konfuzianismus oder Taoismus, sodass die Buddhisten nicht als störende Fremdkörper empfunden wurden.

Regionale Strömungen und Einflüsse der chinesischen Philosophien führten zu nicht weniger als 13 buddhistischen Richtungen in China, deren bekannteste die **Chan-Schule** (in Japan: Zen-Buddhismus) wurde. Sie stellt eine vollkommene Vermischung taoistischer und buddhistischer Gedanken dar. Wie auch der Islam kam der Buddhismus erst am Ende der Ming-Zeit (1642) mit den Flüchtenden nach Südchina, wo er sich zur führenden religiösen Strömung entwickelte.

Buddhistische Einrichtungen nehmen auch unterschwellig Anteil an **politischen Entscheidungen.** So lassen sich taiwanesische Politiker regelmäßig vor Wahlen in buddhistischen Tempeln beim Gebet oder beim Spenden pressewirksam filmen oder fotografieren. Das Wohlwollen der buddhistischen Kirche ist diesem Personenkreis sehr wichtig, da die Meinung der buddhistischen Führer sehr viel zählt (vergleichbar dem Einfluss der katholischen Kirche in Polen).

Neben den **Statuen** des historischen Buddha (meist entweder auf Lotusblüte im Schneidersitz oder liegend in der Nirwana-Position) sind noch zwei weitere buddhistische Figuren sehr oft zu sehen. *KwanYum (KuanYin/GuanYin),* die Gottheit der Barmherzigkeit, existiert entweder hundertarmig oder zweiarmig stehend mit einer Vase in der Hand. *KuanYin* war ursprünglich ein Zwitterwesen, wird aber heute nahezu ausschließlich als weibliche Gottheit verstanden. Anders der *Maitreya Boddhisatva,* die zweithöchste Halbgottheit nach Buddha. Er wird als dickbäuchig, freundlich, gemütlich und stets lächelnd dargestellt und ist in den Eingangsbereichen vieler buddhistischer Anlagen zu sehen. Symboltiere der Buddhisten sind der Löwe und der weiße Elefant.

Andere

Das **Christentum** hielt mit der Gründung HongKongs Einzug. Der anglikanisch-protestantischen Gemeinde (begründet von den Engländern) gehören heute rund 250.000 Menschen an, die von Macau aus ebenfalls seit 1842 in der damaligen Kronkolonie missionierende katholische Kirche hat heute 220.000 Mitglieder. Auch wenn die christliche Gemeinde insgesamt immerhin etwa 7 % der Bevölkerung umfasst, erlangte das Christentum in HongKong nie jene hohe Bedeutung wie im seinerzeit portugiesisch-katholischen Macau.

Der **Islam** spielt nur eine untergeordnete Rolle. Ende der Ming-Dynastie (ab 1640) kamen mit den Flüchtlingen auch einige Moslems, während der britischen Epoche kamen weitere aus dem westlichen Britisch-Indien (heute Pakistan). Die moslemische Gemeinde mit ihren fünf Moscheen beläuft sich heute auf etwa 50.000 Mitglieder.

Anders verhält es sich mit anderen chinesischen Philosophien, die sich noch heute großer Beliebtheit erfreuen, wie der Yin-Yang Schule, welche die traditionelle Medizin (s. S. 39) beeinflusst hat.

Die **Yin-Yang-Schule** und ihre Idee der zwei Gegenpole sowie der Tendenz zum

▷ Die St. John's Cathedral stammt aus der Gründerzeit der ehemaligen Kronkolonie

102hk Abb.: mb

Einklang des Menschen mit der Natur wurde von vielen anderen Philosophen (u.a. LaoZi) aufgegriffen und verarbeitet. Yin steht für das Dunkle, Weibliche, Passive, Yang für das Männliche, Helle, Aktive. Alle Dinge sind entweder Yin oder Yang zuzuordnen. Sind beide Elemente ausgewogen vertreten, herrscht das angestrebte Gleichgewicht. Gemeinsam mit den fünf Grundelementen (Holz, Metall, Wasser, Erde, Feuer) und den fünf Himmelsrichtungen (N, O, S, W, Mitte) wurden alle Zusammenhänge der Welt und des Kosmos erklärt. Dabei wurden die Elemente nicht als Material betrachtet, sondern als Kräfte oder Prinzipien mit jeweils unterschiedlicher Wirkung. Diese Idee entnahm man dem berühmten *YiJing* (*I Ching* oder *I-Ging*, Buch der Wandlungen), einer etwa 3000 Jahre alten Anweisung für die Interpretation von Trigrammen oder Hexagrammen (zusammengesetzte Blöcke aus geschlossenen oder unterbrochenen Linien).

Mentalität, Brauchtum und Verhaltenshinweise

An erster Stelle muss auf eine (auch für den Besucher wichtige) Umgangsform der Chinesen (wie der meisten ostasiatischen Völker auch) hingewiesen werden: *loosing face.* Der **Gesichtsverlust** ist das Schlimmste, was einem Chinesen passieren kann. Also tut er in jedem Bereich alles, um dies zu verhindern. Dies wird der Tourist ebenso feststellen können wie der Geschäftsmann oder der Politiker. Welche Unannehmlichkeiten auch immer passieren – wer seinen Ärger zeigt, eventuell sogar lautstark wird, hat sein Gesicht und Respekt verloren und erreicht dann noch weniger. Richtig ist es, immer höflich und leicht lächelnd (nicht auslachend), aber unbedingt beharrlich zu sein.

Visitenkarten

Die bei uns sprichwörtliche „Visitenkarte" wird in HongKong sehr wörtlich genommen. Jeder Berufstätige, selbst Studenten oder Garküchenbesitzer, zieren sich damit. Für die Geschäftswelt ist sie unverzichtbar, auch als Tourist ist es ratsam, sich mit genügend Visitenkarten auszustatten. Die Präsentation einer Karte, die traditionell – wie alle Gegenstände – mit zwei Händen überreicht und entgegengenommen wird (Höflichkeitsbezeugung), ist unbedingt notwendig, da sie den Menschen nach außen repräsentiert. Keine Visitenkarte zu besitzen, hieße, das Gesicht zu verlieren!

Telefonieren

Das mobile Telefon ist längst auch in HongKong des aufstrebenden, dynamischen, jungen chinesischen Managers

Der chinesische Tierkreis/Geburtsjahr									
Ratte	1924	1936	1948	1960	1972	1984	1996	2008	2020
Ochse	1925	1937	1949	1961	1973	1985	1997	2009	2021
Tiger	1926	1938	1950	1962	1974	1986	1998	2010	2022
Hase	1927	1939	1951	1963	1975	1987	1999	2011	2023
Drache	1928	1940	1952	1964	1976	1988	2000	2012	2024
Schlange	1929	1941	1953	1965	1977	1989	2001	2013	2025
Pferd	1930	1942	1954	1966	1978	1990	2002	2014	2026
Schaf	1931	1943	1955	1967	1979	1991	2003	2015	2027
Affe	1932	1944	1956	1968	1980	1992	2004	2016	2028
Hahn	1933	1945	1957	1969	1981	1993	2005	2017	2029
Hund	1934	1946	1958	1970	1982	1994	2006	2018	2030
Schwein	1935	1947	1959	1971	1983	1995	2007	2019	2031

Bis Ende Februar Geborene fallen möglicherweise in das Tierkreiszeichen des Vorjahres.

liebstes Spielzeug. Überall sieht man hier beinahe jeden, vom Banker bis zum Straßenkehrer, das Handy eng an die Wange gepresst, durch die Straßen eilen. Der Hauptzweck der Handys besteht in Hong-Kong noch weit mehr als bei uns darin, dass fast alle Werktätigen rund um die Uhr und überall erreichbar sind und ein Unternehmer im Bedarfsfall unverzüglich sein Personal disponieren kann. Ein mittlerweile typisches Merkmal der modernen asiatischen Wirtschaftskultur, über welches Touristen bisweilen (noch) schmunzeln.

Lebhaftigkeit (RiNao)

Die Menschen in den Lokalen Hong-Kongs unterhalten sich lautstark, selbst kleine Geschäfte werben mit Leuchtreklame und lauter Musik. In den Stadtparks sieht man selten jemanden einmal alleine sitzen, fast immer sitzen die Einheimischen in kleineren oder größeren Gruppen zusammen. All dies erzeugt ein Gefühl der Geborgenheit, welches aus dem Bedürfnis heraus entstand, nicht allein und einsam, sondern bevorzugt im Schutz einer Gruppe zu leben. Reisen, essen, einkaufen, lernen – alles geschieht in Gruppen, Einzelgängern steht man eher misstrauisch gegenüber. Daraus resultiert für den Besucher ein Bild der Lebhaftigkeit und eine Geräuschkulisse, die selbst europäische Städter in Erstaunen versetzt.

Alterszählung und chinesischer Kalender

Die chinesische **Astrologie** teilt in einen Zwölfjahresrythmus ein, wobei jedem Jahr ein bestimmtes Tierkreiszeichen zugeordnet wird. Einem bestimmten Tierkreiszeichen-Jahrgang werden dann entsprechende Eigenschaften zugeordnet und das ideale Partner-Tierkreiszeichen ermittelt. Dabei kommt es allerdings nicht nur auf das Geburtsjahr an sich, sondern im weiteren Detail auf die genaue Geburtsstunde an. Dieser chinesische astrologische Kalender spielt bei der weitverbreiteten Wahrsagerei und Handleserei eine wichtige Rolle.

Auch das berühmte chinesische **Neujahrsfest** richtet sich nach dieser auf dem Mondkalender basierenden Zählweise, die Umstellung von einem Tierkreiszeichenjahr auf das nachfolgende findet im Zeitraum vom 21. Januar bis 28. Februar statt.

In der **Alterszählweise** zählt das Tierkreiszeichenjahr der Geburt bereits als „eins", der erste Geburtstag (westlicher Rechnung) als „zwei", sodass bei einer Altersangabe ein Jahr im Vergleich zu unserer Zählweise abzuziehen ist.

Vor Eheschließungen wird stets das auf den Tierkreiszeichen basierende **chinesische Horoskop** befragt, ferner übrigens auch die Blutgruppe, an der Temperament, Zuverlässigkeit, Treue usw. abgelesen werden.

Farben und Zahlen

Rot ist eine der wichtigen Glücksfarben der chinesischen Kultur. Glückssprüche an den Haustüren zum chinesischen Neujahrsfest, Einladungen zu großen Festen wie einer Hochzeit oder Jubiläen werden auf roten Karten geschrieben. Einzige wichtige Ausnahme ist, dass es nur Lehrern gestattet ist, mit rotem Stift zu schreiben. Nachrichten und Briefe dürfen nicht mit roter Tinte geschrieben werden, da dies als unhöflich gilt.

Falls man zu einer Beerdigung eines wichtigen Bekannten oder Freundes eingeladen wird, erwartet die Familie des Gestorbenen ein Geldgeschenk in einem weißen Umschlag, denn **Weiß** ist die Farbe der Trauer in weiten Teilen Asiens. Einer Chinesin, die nicht mit der westlichen Kultur vertraut ist, sollte man daher auch auf keinen Fall weiße Blumen schenken.

Orange spielt nicht nur als Farbe des Buddhismus, auch als Symbolfarbe des Goldes (= Wohlstand) eine große Rolle. So ist der Goldfisch der wichtigste (unverzehrbare!) Zierfisch, Karotten und Orangen ein geeignetes Mitbringsel, um symbolisch „Wohlstand" zu wünschen.

Auch die **Zahlensymbolik** spielt in HongKong eine wesentliche Rolle. Gute Zahlen sind drei (z.B. im Buddha-Dreigestirn) oder acht (acht Unsterbliche), unangenehm dagegen die vier (*si*, lautgleich mit „sterben"). Für den chinesischen Markt wäre daher eine Tafel Schokolade mit 3 x 8 Stücken am besten geeignet, *Ritter Sport* (4 x 4 Stücke) dagegen nicht verkaufbar! Für glücksbringende Telefonnummern oder Autokennzeichen werden Unsummen bezahlt. Im Grunde kann man die Preisklasse eines Hotels schon an der Telefonnummer erkennen – Tophotels haben viele 8er oder 3er in ihren Nummern.

Geschenke und Ablehnung

Unverzichtbarer Bestandteil chinesischer Höflichkeit ist das Mitbringen von Geschenken zu Einladungen aller Art. Dabei müssen sowohl die Stellung zwischen Schenkendem und Beschenktem, der Symbolgehalt des Geschenkes wie auch der Anlass berücksichtigt werden.

Wird man als Tourist zu einem **zwanglosen Besuch** eingeladen, ist eine Schachtel Tee oder Süßigkeiten völlig in Ordnung. Ist man **zum Essen** eingeladen, bietet sich eine Flasche westlichen Cognacs oder Pralinen für die Dame des Hauses an. Die Orange nimmt wegen ihrer positiven symbolischen Farbe (sowohl goldfarben für Wohlstand als auch leuchtorange für buddhistisch) einen ohnehin sehr hohen Stellenwert ein, generell kann man mit **Obst als Geschenk** keinen Fehler begehen. Mit Blumen

015hk Abb.: wl

sollte man vorsichtig sein, insbesondere Schnittblumen sind den Ahnen – am Grab – vorbehalten, auch wenn die Jüngeren dies nicht mehr so streng sehen.

Es gehört zu den Spielregeln, dass der Wert des Geschenks je nach Beziehung und Anlass erheblich zunimmt. Zu einer **Hochzeitsfeier** muss der Eingeladene damit rechnen, mindestens 1000 HK$/M$ in verschlossenem roten Umschlag zu überreichen, Sachgegenstände nur mit Rücksprache der Eltern des Brautpaares – überflüssige oder doppelte Geschenke würden Gesichtsverlust bedeuten!

Außerhalb solch ernster Anlässe werden Geschenke meist **rituell abgelehnt**, der Schenkende muss dann ebenso rituell auf der Annahme bestehen, oft mit dem Hinweis, das Gegenüber möge es doch bei Nichtgefallen weiterverschenken.

Geschenke können verpackt oder unverpackt überreicht werden, dürfen aber in verpacktem Zustand vom Beschenkten **nicht sofort geöffnet** werden, da dies gierig wäre.

Geselligkeit

Einladungen, Geschäftsessen oder Feierlichkeiten können leicht und übergangslos zu heftigen **Trinkgelagen** ausarten. Alkohol fließt dann reichlich, dem Gastgeber oder Ehrengast – und zu einem solchen kann auch der Tourist leicht werden – kommt dann die schwierige Aufgabe zu, mit nahezu jedem am Tisch ein Glas „auf die Freundschaft", „auf die Gesundheit" oder ähnlichem auf ex, *Gan-Bei,* zu leeren. Trinkfestigkeit, Durchhaltevermögen und hohe Disziplin auch zu fortgeschrittener Stunde sind unerlässliche Voraussetzungen nicht nur für Geschäftsleute, auch für den normalen Menschen heißt Schwäche zu zeigen Gesichtsverlust und kann zum baldigen Abbruch der Beziehungen führen. Dies ist auch ein Grund, warum Frauen selten in repräsentative Funktionen aufsteigen – es ziemt sich nicht für die chinesische Frau zu rauchen oder Alkohol zu trinken. Immerhin entwickelt HongKong den Trend, das sonst in China weitverbreitete Kettenrauchen einzudämmen.

Wenn es schließlich ans **Bezahlen** geht, wird jeder am Tisch geradezu vehement auf den Kellner einstürmen und darauf bestehen, die Rechnung für alle zu begleichen. Dies ist ein offen zur Schau gestelltes Zeichen des persönlichen Wohlstandes und der Wertschätzung allen Anwesenden gegenüber. Als Ausländer kann man getrost ein wenig mittun, die Gastfreundschaft der Chinesen gestattet es schlichtweg nicht, dass man tatsächlich einmal die Rechnung einer solchen Veranstaltung übernehmen

Chinesen bevorzugen runde Tische beim Essen

müsste. Man beachte aber, dass im Falle eines Gegenbesuches in Europa ähnliches erwartet wird, was oft ein Problem des kulturellen Missverständnisses mit sich bringt, wenn sich eine Firma in Europa „ungenügend" um ihre Geschäftspartner kümmert!

Lächeln

Es wurde bereits darauf hingewiesen, dass ein Chinese sein Gegenüber nicht in Verlegenheit bringt oder ihn das Gesicht verlieren lässt. Unbekannten gegenüber muss stets der **Schein gewahrt** sein, wozu auch eine optische Höflichkeit in Form eines schier immerwährenden Lächelns gehört. Der Tourist ist gut beraten, gleiches zu tun und eine für unsere Begriffe vielleicht übertriebene Freundlichkeit und Höflichkeit an den Tag zu legen. Selbst in weniger angenehmen Situationen zeugt ein solches Verhalten von **Respekt und Akzeptanz** und kann oft Wunder wirken.

Geomantik (FengShui)

Die traditionelle Wissenschaft vom Finden des idealen Platzes und der Ausrichtung beim Bau eines Hauses oder Gebäudes (**FengShui**, Wind und Wasser), die Geomantik, spielt im chinesischen Kulturkreis nach wie vor eine große Rolle. Selbst im hochmodernen HongKong sieht man gelegentlich Wolkenkratzer mit Löchern in der Mitte – nicht als architektonischer Gag, sondern weil das FengShui verlangt, den Geistern dürfe Blick und Durchgang nicht verstellt werden! Der Geomantiker ist ein immer noch wichtiger Beruf, beim Bau von Häusern und Ahnenschreinen ist er mindestens so wichtig wie der Architekt. Selbst moderne Großunternehmen wählen ihren Standort nach den Vorgaben eines Geomantikers, gehen die Geschäfte schlecht, wird er ebenso häufig wie ein Wirtschaftsberater gerufen. Selbst die Bezeichnung eines Ortes oder einer Stadt ist von großer Bedeutung und symbolhaftem Charakter. So wird man feststellen, dass es keine Ortsnamen gibt, die irgendwelche extrem negativen Bezeichnungen wie „Teufelshöhle", „Galgenberg" oder ähnliches tragen.

TungCheeHwa, erster Chief Executive nach dem 1.7.97, weigerte sich übrigens, in den ehemaligen Gouverneurssitz umzuziehen – schlechtes FengShui, wie man damals mutmaßte.

Persönliche Fragen

Während einer Bahnfahrt in Europa beschränken sich die Gespräche der (miteinander nicht bekannten) Reisenden meist auf das Reiseziel, die Krankheitsgeschichte der besuchten Person, die letzten Ligaergebnisse und die politische Allwetterlage. In China werden auch dem Touristen in öffentlichen Verkehrsmitteln oder auf der Parkbank kurz nach dem Vorstellen sehr schnell eine ganze Reihe aus unserer Sicht recht persönlicher Fragen gestellt. So sind Fragen nach Beruf, Verdienst, Ehe und Kindern, wieviel man während der Reise so ausgebe und ähnliches völlig normale Gesprächsthemen, die in aller Offenheit besprochen werden. Man sollte auf Fragen dieser Art einigermaßen vorbereitet und keinesfalls brüskiert sein. Auf keinen Fall darf man erwidern, dieses oder jenes gehe den Fragenden nichts an, vielmehr sollte man sich, wenn man die Fragen nicht beantworten will, bereits im Voraus eine gute Geschichte einfallen lassen, um das Gegenüber nicht zu brüskieren.

Material aus JingDeChen (Provinz JiangSu) stammt. Die eigentliche Kunst lag in der Verarbeitung des Rohmaterials: Die Porzellanerde (Kaolin) wurde zunächst sehr fein gemahlen und anschließend mehrere Jahre lang in Wasser gelagert, wodurch sie klebrig und formbar wurde. Erst dann konnten auf der Töpferscheibe jene weltberühmten filigranen Porzellanservices geschaffen werden.

Bronzen

Gefäße aus Bronze wird der Besucher in nahezu allen Museen antreffen. Wegen ihrer Haltbarkeit sind sie ein ausgezeichnetes Zeugnis der Kulturen. In China sind Bronzegefäße schon aus dem zweiten vorchristlichen Jahrtausend bekannt, die ursprünglich vier Zwecken dienten: als Kochgefäß, als Trinkgefäß, als Behälter bei der Ausübung ritueller Bräuche sowie als Musikinstrumente. Chinesische Bronzen gelten als besonders fein und symmetrisch gearbeitet. Hauptmotive und Randmuster wurden stets sorgsam aufeinander abgestimmt und verleihen auch der filigranen Musterung oft einen dreidimensionalen Charakter. Noch heute finden große dreibeinige Bronzekessel zum Beispiel für Räucherstäbchen vor Tempeln Anwendung.

Jade

Für wohl keine andere Kultur spielt die Jade in der Symbolik und im Kunsthandwerk eine so große Rolle wie für die chinesische. Als flache, eckige Scheibe, poliert und mit einem runden Loch versehen galt sie schon den chinesischen Frühkulturen als Ausdruck der Kosmologie zu Ehren der Himmels- und Erdgeister. Noch heute besagt ein Sprichwort, dass die „Moral eines Herren wie Jade" ist. Aufgrund ihrer Seltenheit und Kostbarkeit wurden Ziergegenstände aus Jade nur von Reichen oder hohen Würdenträgern getragen. Auch zu **rituellen Zwecken** fand die Jade Verwendung, so als symbolische Befehlstafel des Kaisers an ins Ausland Gesandte. Die Entwicklung zum reinen **Kunsthandwerk** für Schmuckgegenstände setzte unter der Sung-Dynastie (960– 1276 n. Chr.) ein, nur am Kaiserhof wurden fortan Jadegegenstände in Zeremonien eingesetzt.

Jade gilt heute als bevorzugtes Geschenk für Ehepartner untereinander und zur Hochzeit, sie gilt als Symbol des Wohlstandes und als Schutz vor Unglück. Jade nimmt neben Gold die wichtigste Stellung auf dem **Schmuckmarkt** des heutigen Südchina ein.

Volkskünste

An Festtagen werden in den Städten Südchinas die sehr populären und durch das Fernsehen auch bei uns bekannten **Drachen- und Löwentänze** aufgeführt. Der Drachentanz, seit der Sung-Dynastie (960–1279 n. Chr.) weit verbreitet, wird von Laientänzern mit einem Pappmachédrachen aus 9 bis 24 je etwa 2 m langen Teilen an nationalen Feiertagen aufgeführt. Die größten Drachen erreichen in HongKong bis zu 120 m Länge. Nahezu an jedem Festtag sind Löwentänze beteiligt, die weniger Personen benötigen und daher einfacher zu koordinieren sind. Ursprünglich soll der Löwe als Symbol der Stärke am chinesischen Neujahrsfest böse Einflüsse vom neuen Jahr fernhalten.

So beliebt wie etwa bei uns das Jojo ist im chinesischen Kulturkreis das von einer Person zu spielende **Diabolo.** Der Spieler hält ein an zwei Handgriffen befestigtes dünnes Seil in beiden Händen (ähnlich einem Hüpfseil) und bewegt einen hantelförmigen Gegenstand damit artistisch hin und her oder schleudert ihn hoch und fängt ihn nur am gespannten Seil auf. Das Diabolospiel soll die geistige Disziplin trainieren und ist bei Jung und Alt sehr beliebt.

Ein beliebter Sport für zwei Spieler auf Pausenhöfen oder in Parks ist das **Federballkicken.** Ein absolutes Muss für jedes chinesische Kind (und sehr oft auch für Erwachsene) ist das **Kreiseldrehen**, wobei Größe und Gewicht des Drehkreisels zwischen Miniatur- und 50-kg-Kreiseln variieren.

Namensstempel

Viel wichtiger als die Unterschrift war und ist in China der Namensstempel. Gleichgültig, ob auf offiziellen Dokumenten, auf privaten Briefen oder auch Gemälden – überall prangt ein rotes Quadrat mit kunstvollen Schriftzeichen. Jeder Chinese nennt einen Namensstempel sein eigen, Stempelmacher ist ein hochangesehener und weitverbreiteter Beruf.

Als Ausgangsmaterial diente früher Kupfer oder Jade, heute wird meist Speckstein genommen, ein sehr häufiger und (sofern grün) der Jade ähnlicher Stein. Hat der Kunde dem **Stempelgraveur** seinen Namen genannt, entwirft dieser zunächst eine einmalige Komposition auf dem Papier in traditioneller Siegelschrift. Anschließend graviert er dem polierten, manchmal am oberen Ende mit einer Figur verzierten Rohling als Skulptur (die Zeichen treten von der Oberfläche hervor, alles übrige ist weggraviert) oder als Freske (die Zeichen sind vertieft, erscheinen also weiß im Druck) den Namenszug ein.

Der **Namensstempeldruck** wird noch heute bei Behörden oder der Bank hinterlegt, als Beweis der Authentizität bei späteren „Unterschriften". Gedruckt wird mit einer sehr festen, in kleinen Porzellandöschen gelagerten roten Tintenpaste. Auch wenn es unzeitgemäß erscheinen mag – für Chinesen ist es auch heute noch üblich, seltener in HongKong, neben die Unterschrift auf Verträgen oder bei Geldgeschäften den Namensstempel hinzuzufügen. Die Kunst des Stempelgravierens wird auf allen Kunsthochschulen gelehrt und gilt als außerordentlich schwierig. Der Namensstempel war ein Vorläufer des Buchdrucks in China.

Lackwaren

Die Kunst der Lackverzierung bei Möbeln, Figuren, Geschirr und Zierrat ist eine rein chinesische Kunstform mit einer jahrtausendealten Geschichte.

Vor rund 7000 Jahren entdeckten die Bewohner des gelben Flusses, dass der **Saft des Lacksumach-Baumes** nach dem Trocknen sehr fest und glänzend wird. So überzog man Alltagsgegenstände wie Töpfe und Krüge aus Ton oder Metall damit, um sie sowohl haltbarer als auch schöner zu machen. Bis zum ersten Jahrtausend vor unserer Zeitrechnung verwendete man den Lacksumach-Saft dann auch zum Lackieren von Waffen, Ritualgeräten, Dosen, Götterbildern und anderem.

Die **Lackkunst** erlebte zu dieser Zeit in China eine Blüte, und sogar in andere Regionen Asiens wurden Stücke geliefert. Bis ins 19. Jh. hinein erreichte dieses Kunsthandwerk in China immer größere Vollendung, ehe schließlich billigere und leichter zu verarbeitende Öllacke aus Europa nach China kamen. Nach dem Zweiten Weltkrieg wurden auch diese von den immer günstigeren chemischen Kunstfarben verdrängt. Die traditionelle Methode, das Übereinanderlegen von bis zu 20 verschiedenfarbigen Lackschichten und anschließendem Herausschnitzen der Motive, hat sich dennoch als optisch schönste und auch haltbarste Form erwiesen.

Heute werden Lackarbeiten überwiegend als **Zierstücke** (Schmuckschatullen, traditionelle Möbel) oder besondere Geschirrformen (große, flache Dose mit mehreren Einsätzen) in China verwendet.

Knoten

Eine der ersten Erfindungen der Menschheit war der Knoten, der das Alltagsleben erheblich erleichterte. Tierfelle konnten mit Lederriemen am Körper befestigt werden, Kleingegenstände aufgereiht werden und vieles andere mehr.

Im Laufe der Zeit entwickelte sich in China der Knoten auch zum **Schmuck- und Ziergegenstand**, der es vor allem den einfacheren Menschen erlaubte, Alltagsgegenstände wie Spiegel, Götterstatuen, Amulette, Fächer und anderes ohne Kosten zu verzieren. Selbst Figuren, Blumen oder symbolisches Geld wurden gänzlich aus Hanf-, Baumwoll-, Seiden- oder Lederbändern geknotet. Noch heute spielt die Symbolik des Knotens eine große Rolle bei Glücksanhängern, Geschenkverpackungen und selbst an Gürteln.

Fünf **Merkmale** unterscheiden den chinesischen Knoten von westlichen oder japanischen: Sie sind stets sehr fest geknüpft, sind symmetrisch aufgebaut, sehr kompliziert, dreidimensional und entstehen in den drei Arbeitsgängen Knüpfen, Ziehen, Vollenden. Oft werden für Schmuckanhänger oder Tempelglücksbänder Perlen und Jadefiguren eingearbeitet, beides beliebte Mitbringsel für Touristen.

TaiJiQuan (Schattenboxen)

Wenn der Besucher in den frühen Morgenstunden durch die Parks chinesischer Innenstädte spaziert, wird er viele jüngere und ältere Menschen bei seltsam ruhig und im Zeitlupentempo vorgetragenen Leibesübungen beobachten können. Dies ist das in ganz China weitverbreitete traditionelle *TaiJiQuan* **(Schattenboxen)**, eine Sonderform der *GuoShu* (Nationalkunst). Der Grundgedanke basiert auf dem auch in Medizin und Glauben enthaltenen System der Ausgewogenheit von Yin und Yang. Sind diese Elemente im Körper harmonisch und ausgewogen, kann die nicht physisch existente Lebensenergie *(Qi)* fließen und Gesundheit wie auch ein langes Leben fördern. Die Übungen verlangen äußerste Körperbeherrschung und Disziplin, entscheidend ist, dass alle Bewegungsabläufe rund und sanft ablaufen.

Anders als das koreanische Taek-Won-Do und das japanische Karate basieren die chinesischen Kampfsportarten auf buddhistischen Yogaübungen. Der indische Pilger *TaMo* (4. Jh.) lehrte derartige Techniken in China zur Stärkung des Geistes und zur Aufnahme des *Qi*, nicht als Kampftechnik. Dies kam auch den Ideen von Yin-Yang-Schule (s. S. 28) und Taoismus (s. S. 28) entgegen, so konnten sich die Übungen rasch weit verbreiten. Regelrechte Schulen entstanden in den Klöstern, wobei schon in der Tang-Dynastie (618–907 n. Chr.) die Körperbeherrschung auch für den Kampf zur

Verteidigung von Leben und Gesundheit gegen Banditen und Tyrannen eingesetzt wurde. Dies ist die chinesische Schule TangShouTao, deren Hauptidee aber immer noch auf dem Fluss des eigenen Qi besteht. Die Grundidee im Kampf besteht darin, kurze, zackige Bewegungen zu vermeiden und jede Bewegung rund und weich bis zu Ende durchzuführen. Dies spart Energie und ist am Ende ausschlaggebend.

Selbstverständlich entwickelten sich auch „harte" Schulen, wie die berühmte ShaoLin-Schule (siehe TaiO, S. 149, LanTau, S. 151), die überwiegend aggressive Techniken lehrt, welche weniger auf der Grundidee des Qi-Flusses basieren.

016hk Abb.: wl

⊡ *Die chinesische Oper wirkt auf westliche Besucher zuweilen befremdlich*

Musik und chinesische Oper

Die traditionelle Musik ist für den westlichen Besucher sicherlich gewöhnungsbedürftig. Bei Beerdigungen, in den Tempeln, in der chinesischen Oper oder auch in Parks begegnen dem Besucher Klänge, die wenig mit Musik westlicher Prägung zu tun zu haben. Die Ursprünge der klassischen chinesischen Musik reichen einige tausend Jahre zurück, und schon damals traten in China eine umfassende Musiktheorie und hochentwickelte Instrumente auf, welche hauptsächlich von ritueller Bedeutung waren.

Bis heute besteht ein **klassisches Orchester** meist aus etwa sieben Musikern mit Laute *(BiBa)*, Bambusflöte *(TiZi)*, Wölbbrettzither *(GuCheng)*, Kniegeige *(ErHu)*, Schalmei *(SoNa)* und verschiedenen Rhythmusinstrumenten. In ländlichen Regionen auf den Reisfeldern und Teeplantagen wurde gesungen oder erzählte Liedertexte wurden musikalisch begleitet. Durch Kontakte mit anderen Kulturen wurde die traditionelle chinesische Musik mit klassischen und modernen Elementen angereichert. Trotzdem stellt sie immer noch eine der ursprünglichsten Musikrichtungen dar.

Eine Sonderform in der Musik nimmt die berühmte chinesische Oper (*GuoJu*, auch **Peking-Oper** genannt) ein. Tang-Kaiser *TaiZong* gründete 626 n. Chr. die erste kaiserliche Schule für Hofmusik. Gesang, Musik, Akrobatik, Pantomime und Rezitation vereinigten sich hier zu einer vollkommen neuen Kunstform. Mythen, Legenden und historische Ereignisse bildeten den Themenkern für Darbietungen dieser Opernkunst, die sich im Laufe der Zeit regional weiter- und auseinanderentwickelte.

Die **Ausbildung** der Darsteller gehört bis heute zu den schwierigsten und langwierigsten überhaupt, da jede Geste und Bewegung bis ins kleinste Detail einschließlich Maske und Garderobe ausgefeilt ist. Alle Rollen, auch Frauenrollen, wurden ausschließlich von Männern gespielt. Der bekannte Film „Lebewohl, meine Konkubine" gibt zu diesem Thema einen ausgezeichneten Einblick.

Der Schauspieler der Peking-Oper spielt weniger eine Rolle als einen **Charakter**, der durch die farbige Maske und das Kostüm festliegt und für den Zuschauer sofort erkennbar ist (vergleichbar mit dem europäischen Puppentheater). Die wichtigsten Charaktere sind der alte (weise) und der junge (kämpferische) Sheng, die ältere und die schöne Tan, der je nach Schminke gute oder böse Ching sowie der Spaßmacher und Kommentator Chou.

Architektur

Der Besucher des Fernen Ostens wird neben einer Vielzahl moderner Gebäude zahlreiche Tempel, Paläste und ältere Privathäuser (in ländlichen Gebieten) sehen, deren Architektur typisch chinesische Elemente aufweisen.

Oft sind es gerade die **klassischen Bauwerke**, die dem Besucher die chinesische Geschichte und Kultur näherbringen. Ein markanter Unterschied besteht bei den älteren Privathäusern, Tempeln, Herrscherpalästen und Schreinen in der symmetrischen und ausgewogenen Achse, der nachgeordnete Flügel rechts und links angefügt sind. Dieses Prinzip liegt nahezu allen Bauwerken zugrunde, wobei in den Wohnhäusern die Familienmitglieder entsprechend ihrer Stellung innerhalb der Familie untergebracht werden. Der Hausherr erhält den Hauptraum, die älteren Mitglieder den hinteren Abschnitt des Hauptraumes, die jüngeren Angehörigen schließlich die Seitenflügel. Grundbestandteil eines solchen Gebäudes ist ein Holzgerüst mit querliegenden, ineinandergesteckten (nicht genagelten) Balken und mehreren freistehenden, verzierten Tragsäulen. Die Wände wurden mit Lehm aufgefüllt (später auch mit Ziegeln). Dieses klassische Baumuster wurde auch in TaiWan, Korea, Japan und Vietnam angewandt. Die wichtige Bausubstanz Holz, die in der chinesischen Symbolik auch Leben bedeutet, musste gegen Verfall geschützt werden, weshalb die hölzernen Bestandteile in leuchtenden Farben (oft rot als Glücksfarbe) lackiert wurden. Oft wurden Teile des inneren Holzgerüstes mit Schnitzereien verziert und lackiert. Außerdem wurden auch die Innenwände mit Abbildungen religiöser oder philosophischer Themen, gelegentlich auch reinen Landschaftsmalereien verziert. Ein weiteres auffallendes Merkmal ist das meist nach innen gebogene Dach mit farbigen, röhrenförmigen Ziegeln. Dessen äußere Enden sind zudem mit Tierkreiszeichen (bei konfuzianischen Tempeln) oder grellbunten Drachen- und Phoenixfiguren (taoistische Tempel) geschmückt.

Wohlhabende Kaufleute und Würdenträger konnten es sich zudem leisten, einen **chinesischen Garten** mit Teichen, Spazierwegen und Pavillons zwischen den Wohngebäuden anzulegen.

HongKong Island

002hk Abb.: Fotolia.com © leungchopan

Übersichtskarte HongKong Island

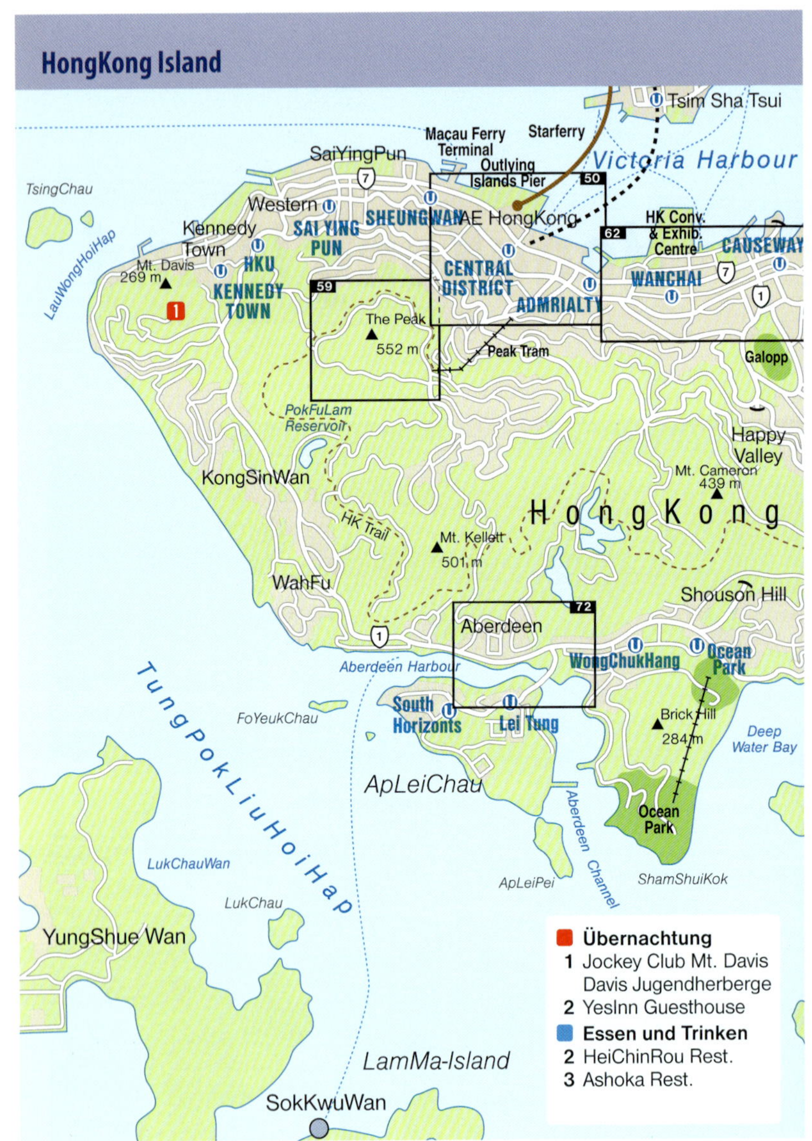

0 2 km
© Reise Know-How 2019
LEIYUEMUN
NORTH POINT
FORTRESS HILL
QUARRY BAY
TAIKOO
LeiYueMun
BAY
TINHAU
TaiHang
SoKonPo
SAIWANHO
SHAUKEIWAN
HENGFACHUEN
Wilson Trail
Mt. Butler 436 m
Mt. Parker 531 m
Jardine's Lookout 411 m
CHAIWAN
Hak KokTau
Mt. Nicholson 431 m
Island
NganWan
Pottinger Peak 312 m
Wilson Trail
Violet Hill 433 m
HK Trail
TaiLongWan (Big Wave Bay)
TaiTam Reservoirs
TaiTam Harbour
Dragon's Back
Repulse Bay
RepulseBay
The Twins 385 m
Red Hill
TongPoChau
TaiTauChau
South Bay
TauChau
ShekO Peak 284 m
ShekO
NgFanChau
ChungHomKok
TaiTamBai
ToTeiWan
D'Aguilar Peak 325 m
ChungHomWan
Stanley
NganChau
Stanley Bay
PoToi

Überblick

Das eigentliche HongKong, jener „wertlose Felsbrocken im südchinesischen Meer“ (so das damalige Außenministerium), den die Briten 1841 als Kolonie erwarben, wurde im Zuge der ausgelaufenen Pachtverträge über die New Territories 1997 an China zurückgegeben. In HongKong liegt das ökonomische Nervenzentrum der SAR, sitzen Banken, Dienstleister, Kaufhäuser und ausländische Repräsentanzen, hat die reiche Oberschicht die höhergelegenen Hügel zum exklusiven Nobelwohngebiet ausgebaut.

017hk Abb.: wl

Die **Skyline** und die **Straßenschluchten** sind auch der erste und sicherlich unvergessliche Eindruck, den der Reisende beim Übersetzen mit der berühmten Star Ferry gewinnt – und so sollte man unbedingt nach HongKong Island übersetzen! Die Skyline von HongKong Island ist eine der beeindruckendsten auf dem Globus. Unübersehbar werden neue Hochhäuser zur Meeresseite hin gebaut, nicht weil man vorher vergessen hätte, diese bevorzugten Grundstücke zu bebauen, sondern weil laufend durch Aufschüttung neues Land gewonnen wird *(Land Reclamation).*

Bei klarem Wetter erkennt man deutlich den sagenhaften, 552 m hohen **HongKong Peak** (früher Victoria Peak), dessen Besuch wohl für jeden einen Höhepunkt eines HongKong-Aufenthaltes darstellt.

Hinter den Bergen, an der Südseite, liegen **Strände,** günstige Einkaufsmöglichkeiten sowie der schönste Freizeitpark Asiens, der **Ocean Park/Water-World.**

Die nicht bebauten, dicht bewachsenen **Berge** der Insel sind nur zu Fuß zu durchqueren: entweder auf dem 13 km langen Wilson Trail oder dem faszinierenden, 50 km langen HongKong Trail.

HongKong Island ist gerade einmal 82 km^2 groß, alle wichtigen Punkte rund um die Insel sind ausgezeichnet **mit öffentlichen Verkehrsmitteln** oder sogar zu Fuß (Nordseite) zu erreichen. Hier verkehren vier traditionelle Verkehrsmittel der SAR: die alte Tram (Straßenbahn), die Peak-Tram (Bergbahn zum Peak), die Doppeldecker-Busse englischen Vorbildes sowie die Star Ferry, welche HongKong Island mit KowLoon verbindet.

☐ Karte Seite 50

103hk Abb.: mb

Stadtspaziergang

Im Norden von HongKong-Island

Ausgangspunkt des Spaziergangs ist das **ShunTak-Center** (Macau Ferry-Pier, MTR SheungWan). Über den Fußgänger-Überweg am Ausgang West erreicht man unmittelbar den alten **Western Market** sowie wenige Meter weiter den New Western Market mit Frischfisch- und Geflügelverkauf. Vom Südausgang aus folgt man nun der Queens Road Central etwa 250 m bis zu den (beschilderten) Stufen, die zum **Cat Street Flohmarkt** und dem rauchgeschwängerten daoistischen **ManMo-Tempel** führen. Der Hollywood Road folgt man dann etwa 300 m Richtung Zentrum, um im **Dr.-SunYatSen-Museum** Näheres über den Gründer der ersten chinesischen Republik zu erfahren.

Wenige Meter weiter die Caine Road entlang rollt man dann bequem auf der längsten Rolltreppenkonstruktion der Welt, den Mid Level Escalators (dabei nicht vergessen, den Octopus-Bonus aufzuladen), durch das **Kneipenviertel Soho** hinunter zum **Central Market**. Hier quert man per Überführung die große De Voeux Road und wendet sich rechts. Parallel zu der für den HangSeng-Index bekannten Börse – die beiden Wasserbüffel stehen für die bei uns üblichen Bären und Bullen – und dem **IFC II Tower** geht es bis zum Statue-Square und dem **LegCo**, dem ehemaligen Parlament HongKongs.

Daran schließt sich der Chater Garden an, wo eine Überführung zur **St. John's Cathedral** sowie zum Asia Pacific Finance Center und dem dahinter liegenden **HongKong Park** mit dem Tee-Mu-

☐ Riesen aus Glas und Beton im Zentrum

☐ Beeindruckend – die Straßenschluchten auf HongKong Island

Karte: Western/Central/SheungWan

100 m
© Reise Know-How 2019
Fähren nach Discovery Bay
Fähren nach LamMa
Fähren nach Cheung Chau
Fähren nach LanTau
Star Ferry, Fähren nach TST
Hafenrund-fahrten
Man Kwong St.
Bus 629 Ocean Park
Bus 15C/Peak Tram
Busse 3A, 4, 7, 11, 12, 25, 29R, 71, 91, 94, 681
IFC I
Airport Railway-Hong Kong Station
IFC II und HongKong Monetary Authority
AE City Check In
Harbour View St.
Man Yiu St.
The Hongkong Observation Wheel
AIA Fitness-Park
Neue Promenade
LungWo Rd.
Exchange Square
GPO
Alle wichtigen Busse im UG
World Wide House
Jardine House
Connaught Pl.
CENTRAL
City Hall
Edinburgh Place
Prince of Wales Bldg. (HQ d. VBA)
New LegCo und Gouvernment-Building
TimWah Ave.
Gloucester Tower
The Landmark
Edinburgh Tower
Icehouse St.
Prince's Bldg.
Chater Road
Statue Square
Legis. Coun. Bldg.
Jackson Rd.
Hutchinson House
Bank of American Tower
Harcourt Rd.
The Galleria
Standard Chatered Bank
HK & Shanghai Bank
Bank of China
Chater Garden
Murray Rd.
Planning and Infrastructure Exhibition Center
Drake St.
Bus 629 Ocean Park
ADMIRALTY
Bank of China Tower
Garden Road
Lippo Centre
ehem. Gebäude der frz. Mission
St. John's Cathedral
Cotton Tree Drive
Flagstaff House
Queensway Plaza
United Centre
Harcourt Garden
HK Information Service Dptm.
Asia Pacific Finance Centre
Murray Bldg.
Supreme Court
Gouvernment Publication Centre
Queensway
Pacific Place
Peak Tram
HK Squash Centre und Haupteingang HK-Park
HongKong Park
Rolltreppe
Cathay Pacific (City Check In)

019hk Abb.: wl

Die Mid-Level-Escalators (s. S. 292), *die längste Rolltreppe der Welt*

EXTRATIPP

Geldmuseum im IFC II

Wer kostenlos einen tollen Rundumblick aus dem 55. Stock genießen und gleichzeitig Interessantes zum Thema Geld erfahren möchte, dem sei ein Besuch der **HongKong Monetary Authority** (HKMA, IFC II, Tel. 28781111, www.hkma.gov.hk, Mo–Fr 10–18, Sa bis 13 Uhr, Eintritt frei) empfohlen. Erforderlich ist die persönliche Registrierung mit Personalausweis/Identitätskarte/Reisepass am Concierge Desk (G/F) des IFC II.

seum führt. Hier lohnt es sich, etwas länger zu verweilen, die riesige Vogelvoliere und den Aussichtsturm zu besuchen, das Stadtpanorama zu genießen oder einfach in der grünen Oase inmitten des Bankenviertels umherzuschlendern und sich in einem der Snacklokale zu erfrischen. Über den Nordausgang des Parks gelangt man zum noblen **Einkaufszentrum Pacific Place.** Eine weitere Überführung führt zum **United Center** mit MTR Anschluss (Admiralty) und zur alten Tram, mit der man gemütlich zurück zum **ShunTak Center** zuckelt.

Alternativ kann man vom **HongKong Park** aus auch zur Peak-Tram-Talstation gehen, von dort zum **Peak Tower** fahren, um den Spaziergang an einem der schönsten Aussichtsplätze zu beenden.

Central, Western und SheungWan

中區，西區，上灣

Diese drei Bezirke wurden von den Briten ab 1842 als erste besiedelt. Heute erinnern nur noch wenige Zeugnisse an diese Epoche. Die alten Kolonialbauten wichen modernen Kaufhallen und Bürogebäuden, überhaupt scheint auf den ersten Blick jegliche chinesische Tradition vom schnöden Geschäftsglamour verschluckt worden zu sein.

Die folgenden Punkte bilden einen etwa **halbtägigen Rundgang** und berücksichtigen besonders das traditionelle Erbe der Briten und Chinesen. Einige der genannten Straßenmärkte befinden sich in scheinbar zwielichtigen Gassen, außer gelegentlichen Langfingern hat man aber nichts zu befürchten.

Von der Star Ferry (Central) aus geht man direkt auf die „Rasierapparate“ **One-IFC** und **Two-IFC** zu. Das International Finance Center Two sieht in der Skyline recht harmlos aus, ist aber mit 415,8 m das zweithöchste Gebäude HongKongs (das höchste der Stadt ist derzeit das ICC/KowLoon mit 490 m). Es erlangte bereits während der Bauphase (2003 fertiggestellt) Einzug in die Filmgeschichte, als im Film „Tomb Raider – Wiege des Lebens“ die von *Angelina Jolie* gespielte Lara Croft per Gleitschirm aus dem 88. Stock sprang. Eigentlich sind es nur 86 Etagen, denn der 14. und der 24. Stock wurden ausgelassen, da es sich um besonders negative Zahlen im Chinesischen handelt. Das Two-IFC oder IFC II beherbergt reihenweise Boutiquen, Kinos, Cafés und einen Delikatessen-Supermarkt am Ausgang zum Übergang zu den Fähren. Im IFC II befindet sich auch die Endstation des Airport-Express-Schnellzuges, City-Check-In-Schalter etlicher großer Fluggesellschaften und der (gelben) LanTau-MTR Linie.

Das gesamte Meeres-Areal zwischen Star-Ferry-Pier und HK Convention Center wurde 2017 in eine **gigantische Uferpromenade** umgewandelt.

Aus der Star Ferry kommend nach links gehend, kann man über die neue Promenade in wenigen Minuten bis WanChai flanieren. Dort steht das Riesenrad **The Hong Kong Observation Wheel** (20 HK$, tgl. 9–22 Uhr), im benachbarten **AIA-Fitnesspark** kann man an kostenlosen Übungsstunden teilnehmen (https://hkow.hk/classes).

An der Hauptpost (GPO) und am Jardine House (ehemals Connaught Centre, erkennbar an den runden Fenstern) vorbei gehend, gelangt man gleich an die Chater Rd. und den **Statue Square** (ehemals Victoria Square), wo 1886 eine Bronzestatue der *Königin Victoria* enthüllt wurde, die hier bis zur japanischen Besetzung stand. Seit dem Zweiten Weltkrieg befindet sie sich im Victoria-Park

Übernachtung
2 Four Seasons HongKong
22 Mandarin Oriental
29 Mini Hotel
32 Island Shangri-La HongKong
33 JW Marriott HongKong
34 Hotel Conrad

Essen und Trinken
4 Cafés und Bäckereien
7 DimSumSquare Rest.
8 TimHoWan DimSum
10 Maxim's und Café de Coral
11 KauKee Rest.
12 Lin Heung Tea House
17 SerWongFun Rest.
18 Maxim's Palace City Hall
20 LukYu Teahouse
21 Hard Rock Cafe (Swire House)
23 Dot Cod Seafood Rest. & Oyster Bar
28 FangFang
30 LokCha Teahouse
31 HeiChinRou
32 Nadaman Rest.
34 Rest. Brasserie of the Eighth

Einkaufen und Sonstiges
1 Western Market
3 Western Exchange Market
5 Urban Council SheungWan Complex
6 ManWa Lane (Stempelhändler)
9 WingKut Street (Schmuck)
13 Central Market
14 Zeitungen und Buchhandlung
15 Dr. ToHinBau (deutschspr.)
16 LiYuan East und West-Streets (Straßenmarkt)

Nachtleben
19 Drop
24 Havanna Bar
25 Dragon-I
26 Employees Only
27 Club Qing

104hk Abb.: mb

(s.S.65). Die heutige Statue im Park zeigt *Sir Thomas Jackson,* einen ehemaligen Leiter der *HongKong & ShangHai Bank.*

Auf der Ostseite steht der alte **LegCo** (Legislative Council, gesetzgebende Kammer). Das Gebäude im spätviktorianischen Stil stammt aus dem Jahr 1912 und diente bis zum Februar 1997 dem LegCo als Versammlungsort.

Unmittelbar daneben liegt der **Chater Garden**, eine Oase zwischen den Wolkenkratzern. An Sonntagen werden hier oft Versammlungen oder Demonstrationen abgehalten, meistens aber versammeln sich hier und auf allen Gehwegen des Zentrums sonntags Tausende und Abertausende von Philippinas, die ihren freien Tag gemeinsam in Form des größten Freiluftpicknicks der Welt verbringen.

An der De Voeux Rd. sieht man etliche, die Skyline prägende Hochhäuser, links jene markante hochkantige „Toblerone-Schachtel", der Hauptsitz der **Bank of China** in HongKong. Das 74 Etagen hohe Gebäude wurde vom chinesisch-amerikanischen Stararchitekten *I. M. Pei* entworfen und war seinerzeit bis zum Bau des Central Plaza (1994) das höchste Gebäude HongKongs. Wie überall wurde auch hier neben dem Architekten ein FengShui-Experte (s.S.37) zu Rate gezogen. Es heißt bis heute, die Bank verheiße den umliegenden Gebäuden wegen eines schlechten „FengShui" nichts Gutes.

Halbrechts ragt der durchsichtige, gläserne Riese der **HongKong & ShangHai Bank** hervor, welchen der Brite *Norman Foster* in den 1980er-Jahren baute. Der Wolkenkratzer war mit ca. 7.000.000.000 HK$ Baukosten seinerzeit das teuerste Gebäude der Welt.

Die **De Voeux Rd.**, auf der auch die alte Tram fährt, ist auch die Haupt-Einkaufsstraße auf HongKong Island.

Nach wenigen Metern in westlicher Richtung liegt linker Hand das prestigeträchtige **Landmark** – hier sind die namhaften Markenboutiquen der Welt versammelt, und die Gäste des *Peninsula* (Nobelhotel auf der Kowloon-Seite) werden im Rolls Royce zur „Schnäppchenjagd" hierher chauffiert.

Am entgegengesetzten Ende der Preisskala kauft man auf dem **LiYuan Kleidermarkt**, der aber erst am Abend richtig interessant wird. Er liegt ein Stückchen weiter westlich zwischen LiYuan-East- und -West-Sträßchen.

Der **Central Market** ein kurzes Stück die DeVoeux Rd weiter dient heute als kleine Ausstellungshalle, interessanter ist aber der im 1. Stock des Central Market beginnende **Mid-Level-Escalator,** eine Kombination aus Treppe und Rolltreppe zu den 800 m entfernten Wohnhäusern der höher gelegenen Midlands. Rund 30.000 Arbeiter und Angestellte kommen per Escalator in wenigen Minuten von den oberen Straßen der Insel zu ihren Arbeitsplätzen. Der Escalator wurde 1993 in Betrieb genommen und kostete rund 200 Millionen HK$. Im Einzugsbereich der Escalators liegt in der 7 Castle Rd. (Caine/Ecke Aberdeen) das recht neue **Dr.-SunYatSen-Museum,** wo anhand von Fotos und Gebrauchsgegenständen das Leben des Begründers der Republik China auf vier Etagen dargestellt wird. Ein Teil der Räumlichkeiten ist für Workshops, Videoabteilungen und spielerisches Lernen zum Thema *Dr. Sun* reserviert. Eintritt frei. Geöffnet tgl. 10–18 Uhr, Sa/So/Fe 10–19 Uhr, Do geschl.

Gegenüber vom HongKong Trade Centre geht es nun links in die **WingKut St.,** in der Silberschmuck und Schmuckimitate preiswert angeboten werden.

Dann folgt man der Queens Rd. nach rechts, bis auf der linken Seite eine Union Bank zu sehen ist. Gegenüber liegt die kleine, dunkle und unscheinbare **ManWa Lane,** scheinbar Heimat aller Siegelmacher Chinas, denn hier gibt es die berühmten Namensstempel (s. S. 41) in mannigfaltiger Ausführung zu sehen und zu kaufen.

Am Ende der Gasse, auf der De Voeux Rd. links abbiegend, gelangt man zum **Western Market.** Der rote Ziegelbau mit einem Haupttor aus Granit stammt aus dem Jahre 1912 und wurde bis 1989 als Stadtmarkt genutzt. Heute sind hier kleine Kunsthandwerk-Fachgeschäfte der gehobenen Preisklasse untergebracht. Im Obergeschoss befindet sich ein ebenso hochpreisiges chinesisches Restaurant, unten die (einst deutsche) Bäckerei „Das Gute".

Der **Urban Council SheungWan Complex** umfasst ein Bürgerzentrum, einen Markt (der früher im Western Market untergebracht war) sowie eine ganze Etage mit chinesischen Garküchen, die auch DimSum anbieten. Hier kann man noch Lebendware wie Schildkröten, Frösche, lebend filetierte halbe Fische usw. sehen und zusehen, wie Geflügel vor dem rupfen „heiß gebadet" wird.

In der **Bonham Strand West** liegen reihenweise kleinere Läden, die chinesische Heilkräuter, Medizin und Gewürze vertreiben.

Auf der De Voeux Rd. hält man sich nun wieder links, passiert dabei zahlreiche kleine Läden mit getrockneten Lebensmitteln wie Fisch, Obst, Wurstscheiben (die getrockneten Platten aus Schweinefleisch und Leber gelten als kantonesische Spezialität und sind auch bei uns unter dem Namen „Jerky" gelegentlich in Feinkostgeschäften zu haben) und anderen Köstlichkeiten. Bei Haus 108 biegt man links in die KoShing St. ein, dann gleich wieder rechts in die LiSing Gasse bis zur Queens Rd. mit etlichen **Glückspapier- und Räucherstäbchenläden.** Folgt man der Queens Rd. nun ein kleines Stück Richtung Zentrum und biegt dann nach rechts in die **Hollywood Street** ein, so trifft man auf der rechten Seite auf recht seltsam anmutende Holzmöbel. Diese dienen der letzten Ruhe, ihre seltsame Form erklärt sich aus dem chinesischen Sprichwort, Särge würden aus genau viereinhalb gleich lan-

☐ *Ein Schrein im Man-Mo-Tempel*

gen Brettern gemacht: vier für jede Seite, zwei Viertel je für Kopf- und Fußseite, die daher zur Zierde überstehen.

Auf der linken Straßenseite liegt der hübsche **Hollywood Road Park** mit Pavillons und Teichen im chinesischen Stil.

Wenige Meter weiter liegt die **Possession Street** – genau an dieser Stelle rammte Captain *Charles Elliott* 1841 den „Union Jack" in den Boden und nahm HongKong im Namen Ihrer Majestät in britischen Besitz.

Schräg gegenüber rechts führt die kleine Pound Lane ab. Geradeaus liegt die kleine Grünanlage Blake Garden, gleich links die Stufen hinauf geht es zum **PakShing-Tempel.** Auf dem Altar sind die Statuen der beiden Gottheiten *TsuiTsing-Pak* und *TinHau* zu sehen, die eigentliche Bedeutung des Tempels aber liegt in den rund 3000 hier aufbewahrten Ahnentafeln verstorbener Taoisten.

Das Flagstaff House war das erste britische Gebäude in HongKong

Die Hollywood Rd. führt weiter entlang etlicher kleiner Möbel-, Kunsthandwerk- und Statuengeschäfte zum **ManMo-Tempel.** Alle Sehenswürdigkeiten wurden für Fußgänger mit blauen und pinkfarbenen Schildern sehr gut ausgewiesen. Dieser Taoistentempel ist einer der bedeutendsten und sicher einer der belebtesten HongKongs. Überall wird gebetet, Räucherstäbchen entzündet und symbolisches Totengeld für die Ahnen verbrannt. Durch den Qualm erkennt man auf dem ersten Altar *Man* (mit Pinsel in den Händen), Gottheit der Literatur, dahinter auf dem zweiten Altar steht *Mo,* Gott des Krieges, Schutzpatron der Beamten und – Gangster. Rechts daneben wacht der schwarzgesichtige *PaoKung,* Gott der Justiz. Am Eingang sind die 10 Gottheiten der Unterwelt zu sehen. Die Tempelglocke mit der Inschrift „27. Regierungsjahr des Kaisers TaoKuang, Qing-Dynastie" wurde 1847 in Kanton (GuangZhou) gegossen. Unter der Decke hängen riesige Räucherspiralen, in denen Botschaften an die Ahnen und Götter auf rotem

105hk Abb.: mb

Papier hängen und durch den Rauch ins Jenseits aufsteigen sollen.

Gegenüber vom Tempel liegt die **Ladder Street**, keine Straße im eigentlichen Sinne, sondern eine Treppe. Sie ist eines der letzten Beispiele des alten Straßenbildes HongKongs in die Midlands – nach oben führten nur Treppen, keine Wege oder gar Straßen.

10 m hinab und gleich wieder links von der Ladder Street liegt die kleine LokKu Rd., besser bekannt unter dem Namen **Cat Street Flohmarkt.** Hier findet man an Ständen und in Läden Trödel und gebrauchte Waren aller Art – so manches Schnäppchen ist hier möglich, hauptsächlich vormittags am Sonntag.

Auf der **Queens Rd.** geht es nun zurück Richtung Zentrum, vorbei an den Stufen der Aberdeen Street (Obstmarkt) und anderen Seitenstraßenmärkten und dem HongKong Chinese Medicine auf der rechten Seite, dem größten Produzenten traditioneller Medizin, der hier einen großen Laden hat. Der größte Frischmarkt für Obst und Gemüse liegt in der nahen Graham Street, wo auch zahlreiche Garküchen leckere Kleinigkeiten zubereiten.

Nun wendet man sich wieder zum Landmark-Building und biegt nach rechts in die **Duddell St.** ein. Die Treppe am Ende stammt aus den Jahren 1875–1889 und beherbergt die vier letzten originalen Gas-Straßenlampen HongKongs.

Oben rechts liegt in der Ice House St. der **Foreign Correspondents Club**, ein 1943 gegründeter, exklusiver Klub für ausländische Reporter in einem der wenigen verbliebenen kolonialen Bauwerke.

Exakt einhundert Jahre älter ist die alte sogenannte **französische Gesandschaft** am Battery Path (auf der Ice House Street zurück bis zur Queens Rd.), die vom ersten britischen Gouverneur HongKongs, Sir *Henry Pottinger*, 1843 bezogen wurde. Sie wurde 1915 an Frankreich abgetreten und 1953 zurückgekauft.

In der Riesenvoliere im HongKong Park (s. S. 58)

Gegenüber liegt **St. John's Cathedral,** die 1847 unter Verschmelzung gotischer und britischer Baustile des 13. Jh. errichtet wurde. Während der japanischen Besatzung diente die Kathedrale als Offiziersklub.

Hinter der Kathedrale führt die Garden Rd. zur Peak Tram Station (s. S. 59) und links daneben (unter der Brücke hindurch) zum **HongKong Park.** Der größte und empfehlenswerte Stadtpark HongKongs bietet neben einem TaiJiQuan-Garten, einem Pflanzenkonservatorium, Teichen und Spielplätzen auch ein begehbares Aviarium (großes Vogelzelt mit einem kleinen tropischen Regenwald, tägl. 9–17 Uhr) sowie das **Flagstaff House** („Tea Museum"). Dieses war das erste britische Gebäude in HongKong überhaupt und stammt aus dem Jahre 1844 mit *General Georges Charles d'Aguillar* als erstem Kommandeur der britischen Truppen vor Ort. Ursprünglich hieß das Gebäude Headquarters House, der Name wurde aber mit Beginn des Zweiten Weltkriegs geändert.

106hk Abb.: mb

Heute ist hier ein **Teemuseum** (tgl. außer Di 10–17 Uhr) untergebracht, um 11.30, 13.30 und 15.30 Uhr finden Videovorführungen zum Thema Tee statt. Der Lok-Cha Teashop nebenan bietet Montag, Mittwoch und Freitag jeweils um 16 Uhr die kostenlose Teilnahme an einer klassischen Teezeremonie an, Dauer ca. 1 Std., Tel. 28017177. Der Park ist von 6 bis 23 Uhr geöffnet, alle Besichtigungen sind kostenlos.

In der Nähe des Flagstaff House befindet sich eine Überführung über die Cotton Street zum Asia Pacific Finance Centre. Nach dessen Durchquerung gelangt man entlang der Garden Street wieder zum Statue Square und der Star Ferry. Eine bequemere Transportmöglichkeit besteht mit dem **Peak Tram Shuttlebus,** einem oben offenen Doppeldeckerbus, der regelmäßig zwischen Star Ferry und Peak Tram Station verkehrt.

Etwa 300 Meter weiter die Garden Rd. hinauf liegt der sehenswerte **Zoologische und Botanische Garten** (geöffnet tgl. 6–22 Uhr, Eintritt frei), in dem neben zahlreichen subtropischen Pflanzen ca. 300 Vogelarten sowie ein Affenhaus, ein Jaguargehege und sogar Zwerghirsche zu sehen sind.

Unmittelbar östlich der Star Ferry erstreckt sich die neue Uferpromenade bis zum Tamar Park mit dem neuen LegCo-Building und Verwaltungsgebäuden. Die Promenadenwege ermöglichen tolle Blicke hinüber nach KowLoon. Der Promenadenbereich dient auch als Open-Air-Veranstaltungsstätte, etwa des jährlichen Wine & Dine Festivals im Herbst.

◁ *Vom Peak hat man einen sagenhaften Blick*

CheKeiShan – HongKong Peak

山頂

Wenn man die fünf schönsten Panoramaansichten von Großstädten der Erde auswählen sollte – die Aussicht auf HongKong vom HongKong- oder **Victoria Peak** wäre garantiert dabei. Nur wer hier oben stand, hat HongKong wirklich gesehen. Seit die Engländer den Fuß auf die Insel setzten, galt der Peak als die Nobeladresse der oberen Zehntausend – die Mietpreise bis zu 15.000 HK$, pro Tag wohlgemerkt, sprechen für sich. Schon 40 Jahre nach dem Hissen der englischen Fahne in HongKong war der Peak so beliebt, dass die schmalen Wege für den Transport der Kolonialherren in den von chinesischen Kulis getragenen Sedanstühlen nicht mehr ausreichten.

1885 wurde die weltberühmte **Peak-Tram,** eine steile Bergschienenbahn, von der Garden Rd. in Central bis kurz vor den Gipfel erbaut. Die Fahrt mit der Tram lohnt sich unbedingt, wobei die Hinfahrt

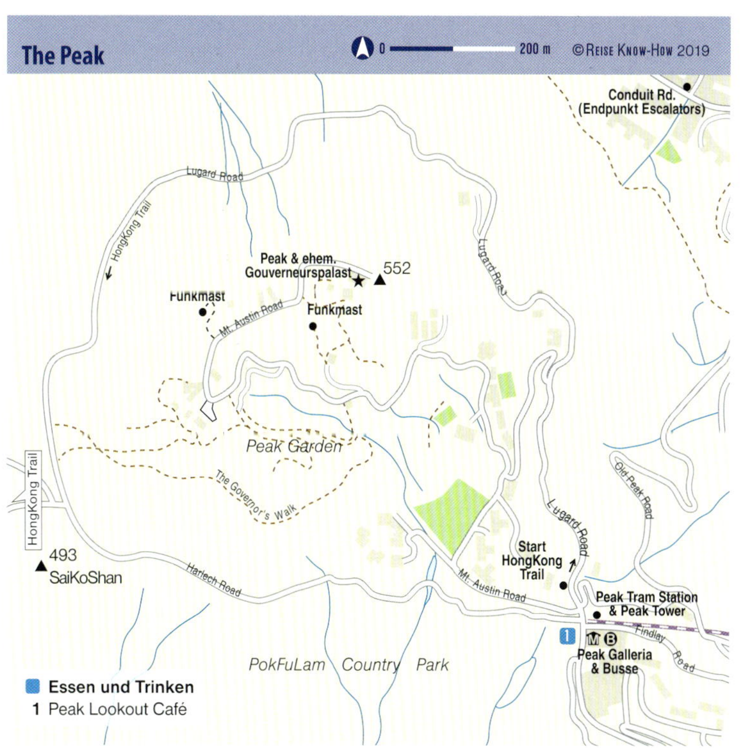

(rechts sitzen!) weitaus interessanter ist als die Rückfahrt.

Als aktuelle Endstation wurde 1997 der **Peak-Tower** fertiggestellt, ein futuristisches Gebäude mit diversen Restaurants, zahlreichen Geschäften und einer Zweigstelle von **Madame Tussauds Wachsfigurenkabinett** (geöffnet tgl. 10–22 Uhr, Eintritt 280 HK$, zahlreiche Pakete mit oder ohne Tram, Onlinebuchung usw. unter www.madametussauds.com/hong-kong/en/tickets-offers) im Hauptgebäude. Hierzu gehören ziemlich kitschige Touristen-Shops (Peak Galleria) und ein Hard Rock Café. Hier wie auch im gegenüberliegenden Gebäude mit der Bushaltestelle im Untergeschoss locken Duty Free Shops, doch stellt sich die Frage, ob es nicht günstiger wäre, den regulären Zoll zu zahlen statt der Aufpreise für das Prädikat „gekauft am Peak". Die Aussichtsplattform „Sky Terrace 428" ganz oben kostet 52 HK$ extra, für Kinder 26 HK$.

Die meisten Besucher verweilen hier rund um die – zugegeben faszinierende – Bergstation, tatsächlich aber liegt der eigentliche **Gipfel** noch eine halbe Stunde Fußweg (1,6 km) entfernt die Mt. Austin Rd. aufwärts. Der Victoria Peak Garden, alleine schon wegen der Aussicht einer der schönsten Gärten Asiens, lädt zum Spaziergang am Gipfel oder einfach nur zum Genießen der Umgebung ein. Hier stand bis zum Zweiten Weltkrieg eine Residenz des Gouverneurs, von der aber außer den Gärten nichts mehr zu sehen ist.

Markant: das HongKong Convention & Exhibition Centre (s. S. 61)

Anfahrt zum Peak

Die Hinfahrt ist der halbe Spaß – mit der **Peak Tram** (52 HK$ hin und zurück; 37 HK$ einfach, Kinder 38 bzw. 23 HK$, Kombikarte mit „Sky-Terrace 428" hin und zurück 99 HK$, Kinder 47 HK$; alle 10–15 Minuten von 7 bis 24 Uhr). Täglich von 10 bis 22.40 Uhr pendelt alle 20 Minuten ein Doppeldecker-Shuttlebus (4,20 HK$, nennt sich „15c", oben offen) zwischen Star Ferry (Höhe Pier 6–7) und der Peak Tram.

Von der Star Ferry/Central und Exchange Square fährt **Bus No. 15** (9,80 HK$, 40 Minuten, tgl. 10.15–0.15 Uhr, Haltestelle etwa auf Höhe Pier 5, letzte Rückfahrt ab Peak 1 Uhr) hinauf zur Bergstation der Peak-Tram, und man sollte durchaus auch einmal eine Strecke mit dem Bus zurücklegen, da man hier einige fantastische Ausblicke, vor allem auf Happy Valley hat. Außerdem kostet der Bus deutlich weniger.

Tipp: bereits am Spätnachmittag mit der Peak-Tram hinauffahren und am Gipfel spazierengehen, nach Sonnenuntergang per Bus hinunter – die Schlangen an der Tram erreichen ab 17 Uhr 100 Meter und mehr. Weitere Infos und aktuelle Veranstaltungen auf dem Peak siehe www.thepeak.com.hk.

WanChai

灣仔

Im früher wildesten Nachtklub-Viertel HongKongs, WanChai (wo auch der berühmte Roman „Suzie Wong" spielt), liegen heute Büro- und Verwaltungsräume der Stadt.

Markant ist hier das – schon von der Star Ferry aus imposante – **Central Plaza**, mit 78 Stockwerken eines der höchsten Bauwerke in HongKong – auch hier sitzt die Bank of China.

Auf der anderen Seite der Fleming Rd. liegt das **HongKong Arts Centre**, in dem temporäre wie auch einige Dauerausstellungen nationaler und internationaler Künstler besichtigt werden können (geöffnet tgl. 10–20 Uhr). Die Museums-Hotline unter Tel. 28230200 informiert über die aktuellen Ausstellungsthemen, im Internet findet man unter http://hkac.org.hk Informationen.

Von hier aus über die Überführung seewärts erreicht man das **HongKong Convention & Exhibition Centre**, in dem internationale Tagungen und Konferenzen abgehalten werden und einige der Tophotels HongKongs liegen (Grand Hyatt, New World Harbour View). Auf dem seeseitigen Vorplatz (Golden Bauhinia Square) steht ein **Denkmal der Nationalblüte Bauhinia**, die auch in der HongKong-Flagge abgebildet ist. Es erinnert an die Übergabe HongKongs an China im Jahr 1997.

KURZ & KNAPP

Hong Sheng Ye (洪聖爺)

Der hohe Beamte Hong Sheng Ye (auch HongXing, HungShing o. ä.) alias Tai Wong (DaWang, 大王) diente zu Zeiten der Tang-Dynastie (618–907) im südchinesischen GuangDong als Verwalter. Er förderte insbesondere Naturwissenschaften und Mathematik, ließ eine Wetterbeobachtungsstation errichten und erlangte so besonders bei Fischern und Seefahrern hohes Ansehen. Nach seinem Tod wurde ihm der Ehrentitel „König der südlichen Meere" verliehen. Die fortwährende Verehrung von Hung Shing äußerte sich vor allem in Südchina/HongKong im Bau mehrerer ihm gewidmeter Tempelanlagen. Taoistische Festivitäten ihm zu Ehren finden am 13. Tag des zweiten Mondes statt, z. B. im HongSheng-Tempel (s. S. 64).

119hk Abb.: mb

Karte: Wan Chai/Causeway Bay

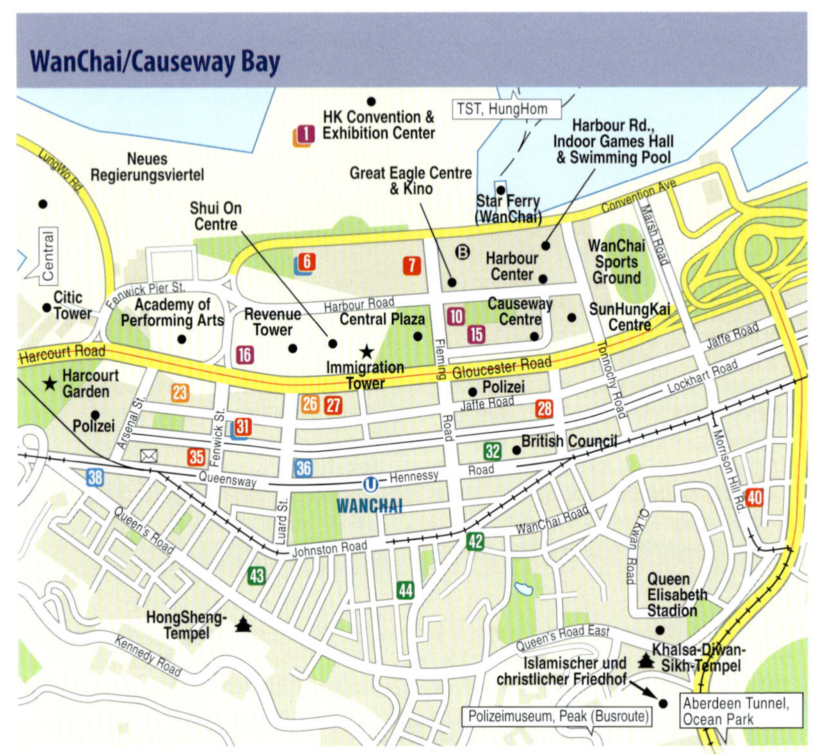

Übernachtung
- 4 Excelsior Hotel
- 6 Grand Hyatt Hotel
- 7 Renaissance Harbour View
- 8 Pay Less Guesthouse
- 22 YesInn Guesthouse
- 27 LukKwok Hotel
- 28 Novotel Century Hotel
- 30 New Cathay Hotel
- 31 Wharney Hotel
- 34 Phoenix Centre
- 35 Empire Hotel
- 39 Emerald House Guesthouses
- 40 South Pacific Hotel
- 41 Causeway Bay Guesthouse

Essen und Trinken
- 3 Fairwood Fastfood
- 5 CheeKee WonTon Rest.
- 6 Grissini Rest.
- 12 Café de Coral
- 14 TaiWoo Rest.
- 17 günstige Nudel- und Suppenlokale
- 21 Jardines's Crescent (Bar und Rest. Gasse)
- 29 Aladin Mess Restaurant
- 31 Carnegie's Bar
- 36 Delaney's Pub
- 37 Theatre Plaza
- 38 Yoshinoya Restaurant
- 45 Amigo Rest.

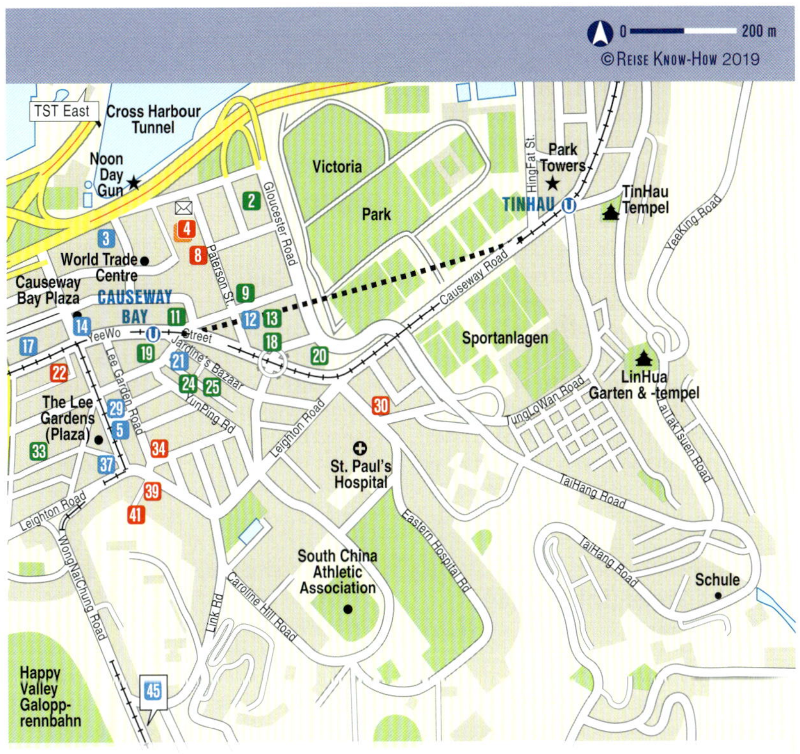

Einkaufen

2 Daimaru Plaza
9 Wellcome Supermarkt
11 Sogo Kaufhaus
13 Matzukaya Kaufhaus
18 Buchladen
19 Mitsukoshi Kaufhaus
20 CRC Kaufhaus
24 Caroline Centre Kaufhaus m. Oliver's
25 Jardine's Bazaar Nachtmarkt und Straßenlokale / Garküchen
32 Straßenmarkt
33 Time Square Plaza Kaufhaus, Kino und Le Champagne Bar
42 YueHwa China-Kaufhaus

Fortsetzung Einkaufen

43 Buchladen
44 Tai Yuen Straßenmarkt

Nachtleben

1 The Lounge
4 Dicken's Bar
23 The Wanch
26 Delaney's Bar

Diverses

1 HK Convention and Exhibition Centre
10 WanChai Exhibition
15 Centre; Lifte f. China-Visa China Resources Bldg; Museum of Chinese Historical Relics
16 HongKong Arts Centre

Auf dem Platz findet täglich um 8 Uhr ein Fahnenappell (Hissen der chinesischen Flagge) statt, bei Schaulustigen besonders am 1., 11. und 21. eines jeden Monats beliebt, wenn um 7.45 Uhr eine Polizeikapelle aufmarschiert.

Die wichtigsten aktuellen **Messeveranstaltungen** des HKCEC können unter www.hktdc.com/info/trade-events/EX/en/Exhibitions.htm eingesehen werden.

› WanChai erreicht man mit der MTR (Station WanChai), per Tram oder auch direkt mit der Star Ferry ab KowLoon/TST.

Sehenswerte Tempel, die man teilweise auch bei der Busfahrt zur Südseite der Insel durch den Aberdeen-Tunnel passiert, sind der **Khalsa-Diwan-Sikh-Tempel** am Ostende der Queens Road sowie der daoistische **HongSheng-Tempel** (129–131 Queen's Road East) aus dem Jahr 1847.

Khalsa-Diwan-(Kalsadiwan-) Sikh-Tempel 锡克廟

Es war ein Markenzeichen der britischen Kolonialpolitik, loyale (indische) Sikhtruppen als lokale Armeeangehörige in den Kolonien einzusetzen. Nachdem die muslimischen Inder (aus dem späteren Bangladesch und Pakistan) einen Tempel im Herzen Kowloons (s. Kowloon-Park, S. 81) errichtet hatten, bauten auch die Sikhs 1901 eine Gurudwara („Tor zum Guru"), eine Andachtsstätte auf HongKong Island. 1930 und in den 1980er-Jahren mehrfach erweitert, bietet der Tempel heute eine spirituelle Heimat für rund 10.000 in HongKong ansässige Sikhs. Khalsa Diwan ist kein Personen- oder Göttername, sondern die organisatorische Bezeichnung der Sikh-Vereinigungen. Die Organisation verfügt über einen eigenen Kindergarten und bietet Pilgern freie Kost und Logis.

› 371 Queen's Rd. East, Tel. 25724459, www.khalsadiwan.com

Causeway Bay 銅鑼灣

Noon Day Gun 干炮

Die Geschichte der ehemaligen Jardines Gun geht zurück auf die Gründertage HongKongs, als das Handelshaus *Jardines* das Hauptkontor von Kanton (GuangZhou) und Macau nach HongKong verlegte. Es war damals Brauch, den jeweiligen *TaiPan* (etwa: Inhaber, Vorstandsvorsitzender) des Handelshauses bei Abfahrt und Ankunft zu See mit Salutschüssen zu begrüßen bzw. zu verabschieden. Wie es dann zu einem täglichen Mittagssalut kam, ist unklar, man vermutet aber, dass es zum Streit zwischen den Gouverneuren Ihrer Majestät und dem Hause *Jardines* kam, ob einem einfachen Händler diese Ehre zuteil werden darf – dem Gouverneur dagegen nicht. So scheint man sich auf einen symbolischen **Salutschuss täglich um 12 Uhr Mittags** für alle geeinigt zu haben. Das Grundstück auf der anderen Straßenseite war das erste, welches auf der von den Briten 1842 in Macau durchgeführten Grundstücksauktion verkauft wurde – es wird noch heute als Grundstück No. 1 im Grundbuchamt von HongKong geführt.

Die **Noon Day Gun** liegt in Sichtweite des Victoria-Parks und ist über eine Unterführung unterhalb des Excelsior Hotels erreichbar.

› MTR Causeway Bay

Victoria Park 維多利亞公園

Anders als der HongKong Park ist der Victoria Park sehr schlicht und eher im Stil der Parks der VR China gehalten. Allmorgendlich exerzieren vor allem ältere Anwohner der umliegenden Wohnblocks TaiJiQuan-Übungen, an Sonntagen spielt auch der eine oder andere Pensionär auf der *ErHu* (einseitiges Streichinstrument) auf. Sehr beliebt sind hier auch eigens angelegte Joggingpfade und das öffentliche Schwimmbad am Ostrand. Im Park liegt auch der **Urban Council Victoria Park Centre Court**, bekannt durch internationale Tennisturniere (u.a. HongKong Open).

› Täglich von 7 bis 23 Uhr geöffnet.

TinHau-Tempel 天后廟

Von der MTR Station TinHau südöstlich des Victoria Park zweigt auf der anderen Straßenseite der Causeway Rd. nach einigen Metern die TinHau Temple Road ab – hier liegt der Tempel nach ca. 50 Metern auf der rechten Seite. Er besteht aus drei Flügeln, im linken sind an der Wand der Tiger, ein wichtiges taoistisches Symboltier, sowie ein kleiner Schrein mit vielen kleinen Porzellanfiguren des buddhistischen Boddhisatva *GuanYin* (Gottheit der Barmherzigkeit) zu sehen. Der Hauptflügel mit dem Hauptaltar ist *TinHau* (*TienHou* oder *MaZi*, Meeresgöttin) gewidmet, hier geschmückt mit einer Kopfbedeckung aus zahlreichen farbigen Kugeln. Diese Darstellungsart ist bei traditionellen taoistischen Tempeln in Südchina und an der Südwestküste TaiWans sehr häufig vertreten. In der Tempelmitte ragen zwei spitz zulaufende Kegel mit zahlreichen leuchtenden Buddha-Figuren empor. Hier im TinHau-Tempel wird deutlich, dass Anhänger verschiedener Glaubensrichtungen (Taoisten, Buddhisten) durchaus gemeinsam in einem Tempel friedlich koexistieren können. Im kleinen rechten Tempelflügel ist an der Wand ein weiteres Symboltier des Taoismus, der Drache, angebracht und steht ein kleiner Ofen, in dem Totengeld und Briefe an die Ahnen symbolisch verbrannt werden.

› MTR TinHau

026hk Abb.: wl

TaiYuen-Straßenmarkt

Auf dem Weg mit dem Bus zum Peak oder per MTR (WanChai) lohnt ein Gang über den TaiYuen-Straßenmarkt zwischen Queens Rd. und Johnston Rd. Neben Gewürzen, getrockneten Spezialitäten und Kleinkram aller Art kann man dort Textilien, Souvenirs und Gebrauchs-

Die Tram im Norden von HongKong Island ist eine preiswerte Attraktion

gegenstände erwerben. Der vergleichsweise kleine Straßenmarkt ist insbesondere bei Einheimischen sehr beliebt und wird selten von Touristen besucht.

Happy Valley 跑馬場

Happy Valley ist das gesellschaftliche Ereignis der Schickeria HongKongs schlechthin – das berühmte Turf-El-Dorado. Beim **Pferderennen** (s. S. 275) haben sich britische Wett- und chinesische Spielleidenschaft gesucht und gefunden. Während der Rennsaison (September bis April) werden ganze Tageszeitungen mit genauem Rennverlauf und Kommentaren von jedem Zucken der armen Gäule gedruckt. An den Renntagen (meist Mittwochabend und einmal am Wochenende) kann man morgens beobachten, wie in den Cafés und Schnellimbiss-Restaurants Chinesen eifrig diese Zeitungen studieren und Wettscheine dutzendweise ausfüllen – mit den Tischnachbarn wird dann schon einmal heftig über Stärken und Schwächen der Wettfavoriten diskutiert. Die Mindesteinsätze sind recht gering, sodass man auch vielen einfachen Menschen in Happy Valley begegnet, die ihre Hoffnung auf eine bessere Zukunft in ihren Wettschein stecken – schon so mancher hat sein ganzes Hab und Gut verwettet. Auch hat schon mancher Turfschwindel-Skandal die Stadt empört, die berüchtigsten Wettbetrügereien wurden 1989 („ShangHai-Konsortium") und 1997 (Verhaftung von zwei Dutzend Jockeys, Trainern und Wettbüroangestellten des Jockey-Klubs) aufgedeckt. An der Haupttribüne befindet sich auch der **HK Jockey Club** sowie ein **Racing Museum**, welches aber nur unregelmäßig (meist an Renntagen) geöffnet ist.

› Die Renntage sind in den englischsprachigen Tageszeitungen abgedruckt, Happy Valley ist am besten per Tram (Happy Valley) von Central aus zu erreichen. Eintritt 10 HK$.

North Point/ShauKeiWan 北角, 筲箕灣

Der Nordosten HongKong Islands war lange ein ruhiges und untouristisches, wenngleich dicht besiedeltes Gebiet. Mittlerweile schwören einige Reisende auf North Point als alternativen **Unterkunftsort** (Hotels der mittleren bis gehobenen Preisklasse sind hier etwas günstiger als im Zentrum. Mit der MTR Linie North Point – Quarry Bay – Ost-KowLoon kommt man zudem fast genau so schnell nach Nord-KowLoon und in die New Territories wie von Central aus.

In der Quarry Bay (MTR TaiKoo, Ausgang „Cityplaza") kann man eine der größten **Einkaufspassagen** außerhalb von KowLoon bewundern. Neben einer offenen Kunsteisbahn in der Mitte lockt eine komplette Etage mit günstigen Schnellgerichten diverser asiatischer Küchen.

In ShauKeiWan (Tram und MTR) wurde 2006 das **Coastal Defence Museum** eröffnet. Es zeigt die Geschichte der militanten Verteidigungskämpfe des Territoriums seit der Ming-Dynastie (14. Jh.) mit zahlreichen Ausrüstungsgegenständen.

› MTR ShauKeiWan, Ausgang B-2, der Beschilderung Main Str. / East gut 10 Min. folgen; 175 TungHei Rd., Tel. 25691500. Geöffnet täglich außer Do 10–17 Uhr, Eintritt frei. Sehr schön ist auch die Tramfahrt („ShauKei-Wan" bis zur Endstation) mit der Möglichkeit, mehrere kleine Tempel auf dem beschilderten Weg zum Museum zu besuchen.

ShekO
石澳

Die Siedlung ShekO im Osten HongKong Islands liegt nicht an den Hauptverbindungswegen, vielleicht kommen daher nur wenige Touristen in diese schöne Ecke.

Direkt vor der Siedlung liegen zwei nette Badestrände; die abgelegenere **Big Wave Bay**, Endpunkt des berühmten HongKong Trails (s. S. 73) wird dagegen seltener besucht. Zur Big Wave Bay fahren keine Busse, man muss an der Spitzkehre vor dem Golfplatz aussteigen und 400 m zu Fuß gehen. Die Küste von ShekO, früher eine kleine Fischersiedlung, präsentiert sich heute als ein Nobelviertel mit verstreut liegenden, millionenschweren Anwesen.

Empfehlenswert ist auch ein kurzer Spaziergang zum Inselchen **TaiTauChau**, welches mit dem Festland durch eine Fußgängerbrücke verbunden ist.

› **An-/Abfahrt:** MTR-Station ShauKeiWan, Ausgang 3A, vom Vorplatz Bus No. 9 (6,80 HK$) zur Endstation. Anstatt MTR kann man auch die Tram (ShauKeiWan) nehmen; kurz vor deren Endstation unterquert sie eine Schnellstraße; hier links in die Aldrich Street zu Bus 9.

Stanley
赤柱

In keinem Bezirk HongKongs wird man so vielen Europäern und Amerikanern begegnen wie in Stanley.

Schnäppchen, vor allem Textilien, macht man auf dem teils sensationell günstigen **Straßenmarkt** (täglich 10–19 Uhr), der nur noch vom Ladies' Market in MongKok (s. S. 93) übertroffen wird.

An der Uferstraße liegen einige kleine gemütliche **Kneipen** und **Restaurants.** Am Ende der Bucht steht das kolonialistische **Murray-House** mit der berühmten bayerischen Bierkneipe *King Ludwig,* wo Weißwurst, dunkles Brot und Haxe kredenzt werden, sehr beliebt ist bei der ausländischen Gemeinde auch *Lucy's* (Tel. 28139055). Zwischen Murray House und Pier (PoToi) lohnt auch ein Spaziergang durch den MaHang-Park mit dem interessanten PakTai-Tempel.

☐ *Die Promenade in Stanley bietet einen schönen Blick auf das Meer*

107hk Abb.: mb

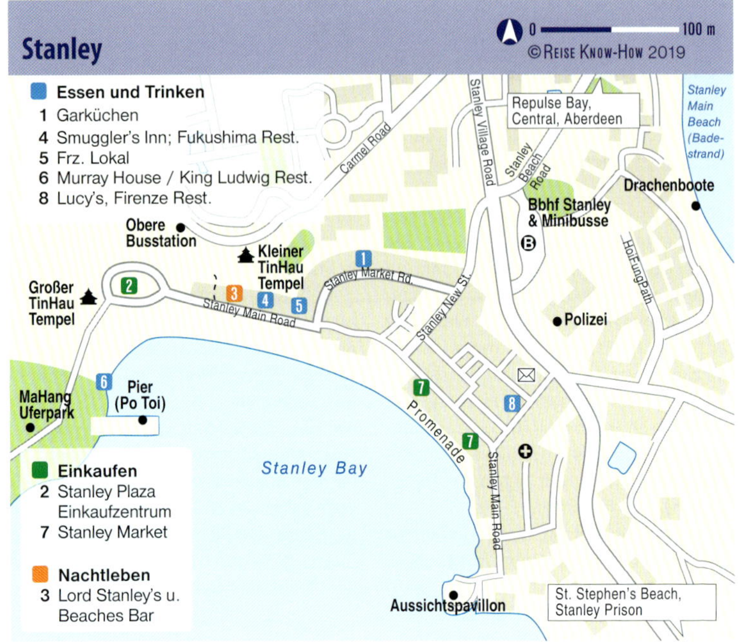

Am Ende des Vorplatzes liegt der interessante **TinHau-Tempel**, gewidmet der Meeresgöttin *MaZi*. Der Hauptaltar dieses 1767 errichteten taoistischen Tempels erstreckt sich entlang der gesamten Tempelwand, an der rechten Seite ist ein größerer *GuanYin* (Boddhisatva der Barmherzigkeit) zu sehen. An der linken Tempelwand hängt das Fell eines Tigers, den ein britisch-indischer Kolonialbeamter 1942 hier in Stanley erlegte.

Vom Tempel aus erkennt man den im Hügel vor der heutigen Wohnsiedlung errichteten **GuanYin-Pavillon** mit einer sechs Meter hohen Statue des Boddhisatva. Vor dem Tempel liegt linker Hand unübersehbar das Einkaufszentrum Stanley Plaza mit Boutiquen, Fachgeschäften, Fastfood-Tempeln und Supermarkt (geöffnet tgl. 9–22 Uhr).

„Mal was anderes" ist ein Besuch in einem der sechs **Hochsicherheitsgefängnisse HongKongs.** Ein Teil wurde zur Filmkulisse und zum Museum (Dauerausstellung) umgebaut und kann tgl. außer Mo. von 10 bis 17 Uhr kostenlos besucht werden (Stanley Prison, 45 Tung Tau Wan Road, Tel. 21473199, www.csd.gov.hk).

Stanley verfügt auch über zwei **Badestrände**, einen Stadtstrand (Stanley Main Beach mit vielen Drachenboot-Klubs) 100 Meter östlich der Bushaltestelle sowie den St. Stephens Beach mit Grill- und Rastplatz rund 500 Meter südlich.

› Busse 6, 6A von/nach Central/Exchange Square, 23 Uhr letzter Bus zurück (7,90–8,40 HK$). Bus 973 von/nach Aberdeen (6 HK$ bzw. 13,60 HK$ bis Mody/Salisbury Rd./Kowloon), hält auch am oberen Zugang zum Stanley-Plaza-Einkaufszentrum.

Ocean Park

海羊公園

HongKong rühmt sich des vielleicht **spektakulärsten Vergnügungsparks der Welt.** Nicht so sehr wegen seiner Fahrgeschäfte oder Karussells – was den Ocean Park auszeichnet, ist seine Vielseitigkeit und vor allem seine **einmalige Lage** rund um den Brick Hill an der Südküste Hong-Kong-Islands. Eine attraktivere Lokalisierung kann es für einen Vergnügungspark nicht geben! Seit Ende 2018 ist der Park zudem an das Metronetz angebunden.

Der Park gliedert sich in acht (man beachte die chinesische Glückszahl!) weiträumig verstreute Einzelabschnitte, die per Seilbahn sowie mit einem kleinen Zug („Ocean Express") miteinander verbunden sind.

Aqua City

Gleich hinter dem Haupteingang befindet sich das „Grand Aquarium" – ein **Haifischaquarium**, das durch eine durchsichtige Unterwasserröhre begehbar ist. Ein künstliches Atoll mit riesigen Schnappern und Napoleonfischen kann auf drei gläsernen Ebenen unterirdisch betrachtet werden und gewährt eindrucksvolle Einsichten in die verschiedenen Tiefenregionen der einzelnen Fischarten im Atoll.

Amazing Asian Animals

Die Alligatorenabteilung reißt vermutlich keinen Besucher vom Hocker, sehr hübsch angelegt wurde aber der **Goldfischgarten**, in dem zahlreiche Goldfischaquarien mit sehr seltenen Prachtexemplaren der Blasenaugengoldfische oder Froschköpfe zu sehen sind. Am zentralen Waterfront Plaza befindet sich auch der Zugang zum Abschnitt „Old HongKong" („Restaurants & Shops") sowie zur Seilbahn.

Whiskers Harbour

Daran schließt sich der auch für kleinere Kinder sehr gut geeignete Bereich „Whiskers Harbour" an. Ein **Show-Theater, ein Spielplatz und kleine interaktive Spielanlagen** bieten den jüngeren Gästen vielfältige Beschäftigungsmöglichkeiten.

Thrill Mountain

Mit dem Minizug Ocean Express oder der etwa 1,5 km langen Seilbahn gelangt man über einen in die Hecke geschnittenen Drachen hinauf zum **Hauptteil des Ocean Park**, wo der „Thrill Mountain" zunächst mit **Bungee** und **Karussell** lockt. Höhepunkt ist hier der **„Hair Raiser"**, eine Hochgeschwindigkeitssteilkurvenachterbahn mit bodenfreien Sitzreihen.

Polar Adventure

Schon in der Entstehungsphase wurde dieser Teil nicht nur **bei Ökologen heftig hinterfragt.** Zum einen werden hier Unmengen von Energie benötigt, um den Tieren die Temperaturen einigermaßen erträglich zu gestalten, zum anderen sind **Polarfuchs und Pinguin** in HongKong zwar Attraktion, aber eben nicht beheimatet. Angeschlossen ist eine recht kitschige, in eine Pseudo-Schneelandschaft eingebettete **Klein-Achterbahn.**

Rain Forest

Nach diesem haarsträubenden Erlebnis kann man sich auf dem Regenwald-Expeditionstrail etwas erholen und die **kleine Auswahl tropischer Flora und Fauna** bestaunen. Die Fahrt im Rundboot die „Stromschnellen" hinunter ist bei schönem Wetter eine nasse, bei Touristen wie Einheimischen aber sehr beliebte Riesensause!

150hk-as ©Tatiana Morozova - stock.adobe.com

Im Ocean Park wird einem garantiert nicht langweilig

Marine World

Im „Marine World" genannten Bereich des Parks wird eine **Show mit Killerwal, Delfinen und Seehunden** gezeigt. Seehunde balancieren einen Ball auf ihrer Vorderflosse und Ähnliches. Außerdem kann man hier die spektakuläre **Doppellooping-Achterbahn** und den freien Fall mit 9,81m/s² im **Freefall Tower** erproben.

Adventure Land

Das Adventure Land mit **Wasserbahn und Turbo-Western-Achterbahn** bildet den letzten Höhepunkt des Parks. Angeschlossen ist das Middle Kingdom, ein **Restaurantbereich im Stil einer chinesischen Burg.**

› www.oceanpark.com.hk/en, tägl. 10–19.30 Uhr, ein Faltblatt mit Plan und Showzeiten liegt am Eingang aus; 480 HK$, bis 11 Jahre 240 HK$, im Eintritt sind alle Fahrten und Shows enthalten. Zusätzlich kann man ein „Ocean Fast Track"-Ticket (150 HK$) erwerben, das dazu berechtigt, an sieben Attraktionen sofort einsteigen zu dürfen, anstatt sich (gerade an Wochenenden) lange anstellen zu müssen. Wer früh unter der Woche startet, kann darauf verzichten.

› **Verpflegung:** Im Park verstreut sorgen Dutzende von Snackbuden (empfehlenswert: Old HongKong) und Restaurants für das leibliche Wohl.

› **Park-Apps:** Auf der Website (s. o.) findet man mehrere Smartphone-Apps zum Download (Plan, Attraktionen etc.).

› **Anfahrt:** am Einfachsten mit der MTR („Ocean Park") oder per Bus mit Linie 629 ab Central (Star Ferry) oder Admiralty (MTR) direkt zum Haupteingang, 10,60 HK$, Kinder 5,30 HK$

Repulse Bay und Deep Water Bay

淺水灣，深水灣

Diese beiden Buchten im Süden von HongKong Island eignen sich hervorragend zum **Schwimmen und Sonnenbaden,** beide sind von den besseren Wohngegenden der Insel umgeben. Deep Water Bay ist etwas attraktiver, da ein Fußweg beiderseits der Bucht einige Hundert Meter die Steilküste entlang führt.

› Busse 6 und 6A verkehren zwischen Central (Ex. Square) und Repulse Bay, Bus 6X zwischen Stanley und Deep Water Bay (8,40–10,60 HK$). Auch der grüne Minibus No. 40 (10,60 HK$) fährt von der TangLung St. (Canal Rd./Henessy Rd., Causeway Bay) via Repulse Bay und Deep Water Bay bis Stanley.

Blick auf die Repulse Bay

Aberdeen

香港仔

Der **Hafen von Aberdeen** mit seinen endlosen **Wohnbooten** dürfte das zweite Wahrzeichen HongKongs neben dem Peak sein. Rund 3000 Familien leben und arbeiten noch heute ausschließlich auf dem Wasser und gehen nur zum Einkaufen oder Ausladen ihres Fanges an Land. Die Hausboote gleichen schwimmenden Bretterhäusern, oft fragt man sich, ob diese überhaupt manövrierfähig sind. Zum Teil leben auf ihnen sogar Haustiere wie Hunde, Hühner oder sogar Schweine, oft in Käfigen am Heck hängend – so entfällt das Ausmisten!

Es lohnt sich, hier mit mehreren Personen eine **Sampan-Rundfahrt** im Hafen zu machen. Ein Sampan ist eine kleine motorbetriebene Holzdschunke, die früher als Zubringerfähre für größere Schiffe diente, heute aber fast ausschließlich für Touristen 20–30-minütige Hafen-

029hk Abb.: wl

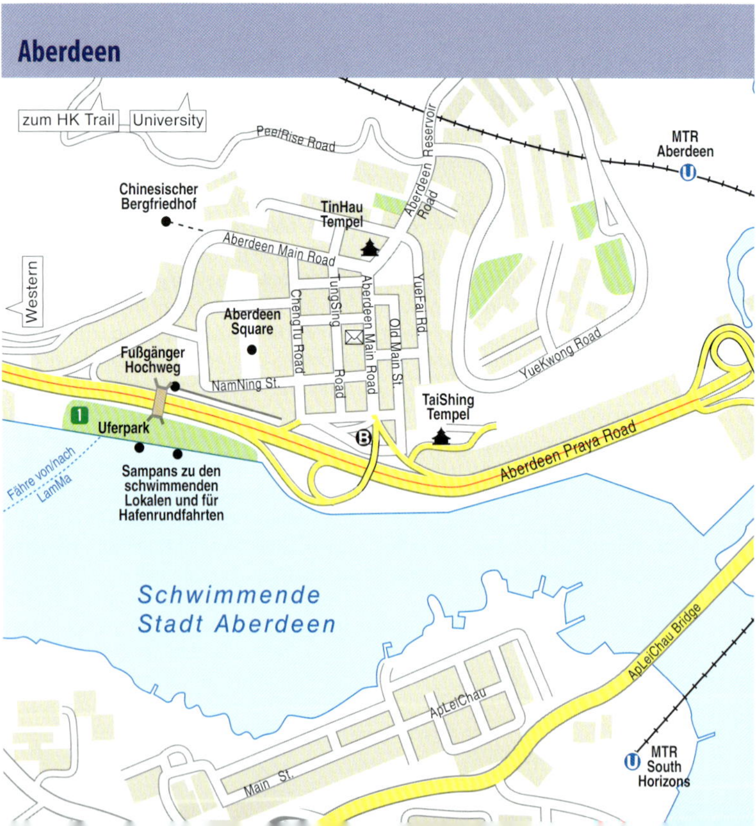

Aberdeen

zum HK Trail
University
PeelRise Road
Reservoir
Aberdeen Road
MTR Aberdeen
Chinesischer Bergfriedhof
TinHau Tempel
Aberdeen Main Road
Western
TungSing Road
Aberdeen Main Road
YueFai Rd.
Old Main St.
ChengTu Road
Aberdeen Square
Fußgänger Hochweg
NamNing St.
YueKwong Road
TaiShing Tempel
1 Uferpark
Aberdeen Praya Road
Fähre von/nach LamMa
Sampans zu den schwimmenden Lokalen und für Hafenrundfahrten
Schwimmende Stadt Aberdeen
ApLeiChau Bridge
ApLeiChau
Main St.
MTR South Horizons

rundfahrten (je nach Verhandlungsgeschick ab 100 HK$/Erwachsener, Kinder ab 50 HK$) anbietet. Auch wenn man allein reist – irgendwo kann man sich immer anschließen; Abfahrt laufend von der Promenade oder der Sampan-Anlegestelle, wo man von den Sampan-Schifferinnen angesprochen wird.

In Aberdeen, früher Fischersiedlung, heute wie ganz HongKong modernes Wohngebiet, ist neben dem größten städtischen Bergfriedhof HongKongs der kleine **TinHau-Tempel** sehenswert. Er wurde von den Fischern Aberdeens traditionell der Meeresgöttin *TinHau* (oder *MaZi)* geweiht, geschwärzt durch die vielen Räucherspiralen kann man allerdings kaum etwas erkennen.

0 200 m

Essen und Trinken
2 schwimmende Lokale (Jumbo)
3 Aberdeen Yachtclub

Einkaufen
1 Fischgroßmarkt (morgens)

MTR LeiTung
WongChuk Road
Central, Ocean Park
Sampans zu den schwimmenden Lokalen
Ocean Park
ShumWan Rd.

Interessant ist ein Bummel durch den **Aberdeen Market** und das kleine Einkaufszentrum Aberdeen Square.

› **An-/Abfahrt** (vom Ufer aus betrachtet) nach Central: seeseitig der Fußgängerbrücke mit der Linie 7, landseitig der Fußgängerbrücke 150 m rechts mit der Linie 70. Von Central kommend mit der 70 am Fischmarkt (Fußgängerbrücke) aussteigen, mit der 7 kommend nach der Brücke links in die WuPak St. fahren und sofort aussteigen.

Stanley: von Stanley kommend (Bus 73) Haltestelle Fischmarkt/Fußgängerbrücke, nach Stanley in der Aberdeen Main Rd./ St. Peter's Church im kleinen Zentrum; max. 5,80 HK$. Aberdeen bietet sich auch nach einem Besuch der Insel Lamma (Fähre s. S. 127) an.

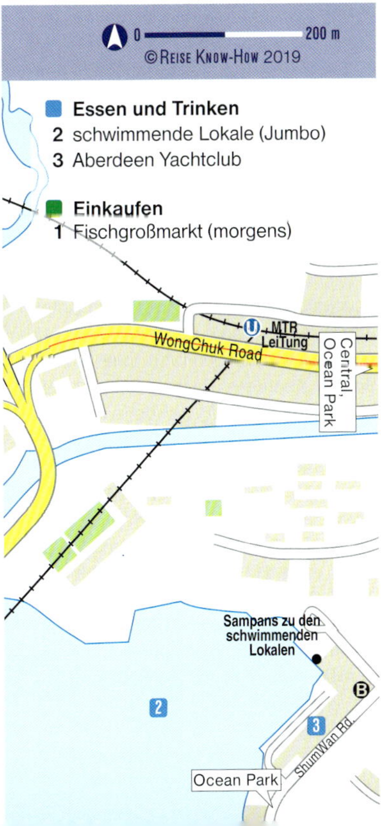

Der HongKong Trail

港島徑

Vom Peak bis nach ShekO an der Ostküste HongKong Islands erstreckt sich ein 50 (!) km langer Wanderweg, der auf einmalige Weise die Größe der Insel verdeutlicht und von den Höhen Ausblicke über die gesamte Insel ermöglicht.

Als einziger Trail der „big three" (McLehose-, LanTau- und HongKong Trail) ist diese Tour, wenn auch mit viel Mühe, an einem Tag zu schaffen. Und das auch nur, wenn man früh am Peak startet (am besten mit der ersten Tram um 7 Uhr), fit und ausgeruht ist und den Weg von West nach Ost geht – nicht umgekehrt.

Hausboote in Aberdeen, der schwimmenden Stadt

Jeder marschiert natürlich unterschiedlich schnell, doch sollte man die ersten Abschnitte sehr zügig angehen, damit man genug **Zeitreserven** für die schwereren Abschnitte im Mittel- und Schlussabschnitt hat.

Der große Vorteil des HongKong Trails besteht in den verschiedenen Möglichkeiten zum Ausstieg für den Fall, dass man sich überschätzt hat oder abzusehen ist, dass man nicht mehr vor Einbruch der Dämmerung (gegen 19 Uhr) das Ziel ShekO erreicht.

Vom Peak (s. S. 59) startet man auf der Lugard Rd., einem befestigten Wanderweg, und folgt dem **Symbol mit den beiden Wanderern,** welches den Trail bis zum Ende kennzeichnet. Leider gibt es ein paar kritische Abzweigungen, auf die im Folgenden hingewiesen wird – weitere **Karten** sind dann nicht zwingend notwendig. Eine weitere Orientierungshilfe sind die alle 500 Meter entlang des Trails aufgestellten **Entfernungspfähle** (mit dem Doppelwanderer-Symbol), welche von 0 bis 100 durchnumeriert sind.

Die erste Etappe – mit herrlicher Aussicht auf die Nordseite HongKongs bis nach KowLoon – zieht sich an der Nordseite um den Peak herum bis zur Harlech Rd., in die man rechts einbiegt. Der befestigte Weg endet nach etwa 500 Metern, kurz darauf überquert man einen kreuzenden Weg und geht nach Süden Richtung **PokFuLam** um den 493 Meter hohen SaiKoShan herum. Hier überblickt man die Westseite HongKongs sowie die nahegelegene Insel LamMa. Nach etwa 3 km ist die PokFuLam Reservoir Rd. (Forststraße) erreicht, der man weiter abwärts zu einem Picknickplatz folgt; hier endet schließlich auch die erste Etappe.

Der Trail setzt sich nun nach links *(ChiFu)* fort und passiert ein kleines Reservoir *(PokFuLam 2),* ca. 100 Meter dahinter führt linker Hand eine Treppe aufwärts an einem Rastplatz vorbei bis zu einer Abzweigung (links, *Peel Rise).* Der Weg führt südlich des 501 Meter hohen Mount Kellet hinunter bis nach **Aberdeen,** wo man vom Höhenweg aus den Bewohnern der obersten Stockwerke einiger Hochhäuser quasi beim Frühstück zusehen kann.

An der nächsten Abzweigung folgt man dem Schild „WanChai-Gap", dem Zielpunkt der dritten Etappe (wer nicht weiter laufen möchte, kann dem Schild „Aberdeen" folgen und dort einen Bus nehmen). Hier ist bereits ein Viertel des Trails geschafft, die schweren Brocken kommen aber erst noch. Die ersten zwei Etappen führen fast ausschließlich bergab, sodass man hier noch nicht rasten und den Schwung mit auf die dritte und vierte Teilstrecke nehmen sollte.

Nach kurzem, steilen Anstieg ändern sich das Panorama und der Weg völlig: Der bislang überwiegend betonierte Untergrund wird nun zum Lehmpfad, statt überwältigender Rundblicke taucht man hier in zunehmend dichteres Grün ein. An den Abzweigungen führt zunächst das Schild „Aberdeen Reservoir Rd." (nicht Aberdeen Reservoir) auf dem Trail weiter. An dieser befestigten Forststraße angekommen (Ende Sektion 3) wendet man sich nach links, 30 Meter weiter gleich wieder nach rechts in den Wald („Blacks Link" Richtung WongNaiChung Gap). Nach etwa 1500 Metern erreicht man einen Rastplatz mit einem alten japanischen Bunker aus dem Zweiten Weltkrieg – frühestens hier empfiehlt sich die erste Rast. Hierauf folgen einige Abzweigungen, bei denen immer den Wegweisern „Blacks Link“ und „Middle Gap Rd.“ zu folgen ist. Der Weg wird zu einem schmalen Betonpfad entlang einer schmalen Wasserrinne bis zu einer Treppe linker Hand – hier oben liegt die Forststraße Middle Gap Rd. Nach einem schweren Anstieg von 500 Metern Länge, auf denen 110 Höhenmeter zu bewältigen sind, führt rechts ein Betonweg weiter (hier nicht geradeaus „WanChai Gap“ gehen!). An dessen Ende führt der schmale Blacks-Link-Pfad hoch oberhalb des Aberdeen Tunnels auf dem **Mt. Nicholson** entlang mit Blick zum Ocean Park. Der Untergrund ist hier wieder betoniert, kurz darauf endet Abschnitt 4. Man sollte (bei Start um 7 Uhr) nicht nach 12.30 Uhr diese Etappe beendet haben, sonst könnte die Zeit am Ende eng werden. Hier in **WongNaiChung** kann man gegebenenfalls die Wanderung beenden, am Ende der Blacks Link Rd. fahren Busse.

Man muss nun ein kurzes Stück durch die Siedlung die Straße hinunter, unten an der Hauptstraße links, dann gleich wieder rechts („TaiTam Reservoir Rd.“) und folgt der steilen Straße, vorbei am WongNaiChung Reservoir, etwa 500 Meter aufwärts. Kurz vor der weithin sichtbaren Nobelsiedlung HongKong Parkview zweigt rechts ein Waldweg ab, gegenüber führen HongKong und Wilson Trail ein Stück gemeinsam nach links in den Wald hinauf – dies ist der richtige Weg. Ein Schild warnt, dass dieser Abschnitt sehr schwierig sei – ist er auch, wenn man den halben HongKong Trail zu diesem Zeitpunkt bereits hinter sich hat, oder wenn man per Rolls Royce mit Lackschuhen und Zwergpudel vorfährt. Unbestreitbarer Höhepunkt dieser Etappe ist das sogenannte **Jardines Lookout** (432,5 m) mit einem mindestens ebenso interessanten Ausblick auf Nord-HongKong und ganz KowLoon wie vom Peak, aber auch auf Happy Valley und die Südseite der Insel (TaiTam Reservoir, Stanley, Deep Water Bay) – und das hat nicht einmal der Peak zu bieten! Gottlob gibt es keine Tram oder sonstigen Verkehrsmittel hier hinauf – im Gegensatz zum Peak hat man die Höhe hier für sich. Allein dieser Aussichtspunkt ist alle Mühen des Trails wert.

Der schmale Pfad setzt sich weiter durch die karge Hügellandschaft fort und führt vorbei an den ehemaligen Steinbrüchen von Quarry Bay und über die höchste Erhebung des Trails, den bambusbewachsenen **Mt. Butler** (436 m) mit seinen japanischen Bunkern, ehe diese famose Etappe an der Schutzhütte „Boa Vista“ des Quarry Gap endet.

184hk Abb.: wl

Die Trails sind ausgezeichnet beschildert

Hier könnte man der Mt. Parker Rd. nach Norden (gleich links) bis zur MTR-Station TaiKoo in Quarry Bay folgen (knapp 3 km bergab), doch durchhalten lohnt sich! Die folgende sechste Etappe dient ausschließlich der „Erholung“ – es geht gemächlich abwärts („TaiTam Reservoir“) zum Stausee **TaiTam.** Hier überquert man den Damm und folgt dem Schild „TaiTam Rd.“. 300 Meter hinter diesem oberen Stausee muss man etwas aufpassen: Der Hauptweg führt geradeaus weiter zum TaiTamTuk Reservoir, an einer Lagekarte führt aber links ein schmaler Waldweg ostwärts Richtung TaiTam Rd. – diesem Weg folgen. Nach einem Kilometer durch nun wieder üppige Vegetation endet der sechste Abschnitt; an der TaiTam Rd. kann man im Notfall einen Bus oder ein Taxi anhalten, es gibt hier allerdings keine offizielle Haltestelle.

Die siebente Etappe von der TaiTam Rd. zur ToTeiWan Bucht erstreckt sich über eine Gesamtlänge von 7,5 km und zieht sich zunächst an einer Wasserrinne entlang. Die kleinen Schleusen werden bei starken Regengüssen in verschiedene Richtungen geöffnet, damit das Wasser möglichst ohne Schaden anzurichten von den Bergen abfließen kann. Der kleine Betonweg steigt unmerklich oberhalb der Küste aufwärts und führt dabei um die kleine, malerische LanNaiWan-Bucht herum. Hier leben noch einige Fischer in Holzhäuschen wie seit Generationen. Die Wasserrinne endet schließlich abrupt, von hier aus geht ein schmaler Pfad abwärts zur noch 500 Meter entfernten **ToTeiWan-Bucht.** Der kleine, sehr hübsche Sandstrand lädt zum Faulenzen ein, doch es ist noch eine Etappe bis zum Ziel zu überwinden.

An der Bucht folgt man nicht der verlockenden Getränkewerbung, sondern der steilen Treppe aufwärts zur ShekO Rd. Hier beginnt die achte und letzte Etappe, die es noch einmal gewaltig in sich hat. Bis zum Ziel sind es noch gut zwei Stunden. Wer glaubt, nicht mehr durchhalten zu können, kann direkt an der ShekO Rd. Bus No. 9 nach ShauKeiWan und von dort einen Bus/MTR/Tram Richtung Central nehmen. Doch nach sieben Etappen möchte man natürlich auch noch die letzte schaffen. Zunächst geht es auf der anderen Straßenseite weiter aufwärts. Der dünne Bambus deutet an, dass wenige Meter höher nur noch karger Pflanzenwuchs herrschen wird. Am Höhenweg geht es links weiter zum ShekO-Peak

185hk Abb.: wl

(284 m) und dann auf **Dragon's Back**, einem etwa 270 m hohen Höhenzug, weiter durch den ShekO Country Park. Der Wind kann hier extrem stark sein, man ist gut beraten, zumindest ein Stirnband mitzuführen. Auf dem gesamten Höhenweg hat man einem fabelhaften Blick hinunter auf ShekO, den Strand, den Golfplatz sowie die kleinere Big Wave Bay – und im Nordwesten erkennt man die Spitzen der Hochhäuser des HongKong Parkview-Luxuswohngebietes, das etwa auf halber Strecke des Trails lag. Ca. auf Höhe des Nordendes des Golfplatzes von ShekO passiert man nun einen unbenannten Gipfel von 275 m. Gleich darauf scheint der Pfad verschwunden, gleicht einem Erdrutsch. Darauf folgt eine Abzweigung, der man links folgt. Geradeaus kommt man zwar auch zum Ziel, doch der Pfad ist kaum sichtbar und steigt zudem über den Mount Collinson auf 342 m an. Der reguläre Trail umgeht den Berg dagegen. Nach 1,5 km verlässt man den Bergpfad und erreicht einen betonierten Forstweg (Schild „Big Wave Bay"), dem man bis zum Ende (Rastplatz) folgt. Rechts blickt man dabei auf Mount Collinson, linker Hand kann man ShauKeiWan erspähen.

Am Rastplatz wurde doch tatsächlich eine kleine Falle aufgebaut, und das nach 49 Kilometern! Der Weg verzweigt sich hier in drei Richtungen (zusätzlich zum Betonweg), es gibt aber nur zwei Wegweiser. Der wichtige wird offenbar von Scherzbolden gerne verdreht, auch fehlt hier das HK-Trail-Symbol. Egal wie das Schild („TaiLungWan") gerade weisen mag, man gehe geradeaus und lasse dabei die Rasthütte rechts liegen. Nach 150 Metern führt dann eine Treppe rechts durch den Wald hinunter zur **Big Wave Bay** und dem Ende des HongKong Trails. Am anderen Ende der kleinen Siedlung beginnt eine asphaltierte Straße, der man 500 Meter bis zu einer Straßengabel folgt. Links sind es noch einmal knapp 500 Meter bis ShekO und dem Bushalteplatz, rechts liegt 30 Meter weiter eine Bushaltestelle. Bus No. 9 fährt nach ShauKeiWan (Endstation NamOn Street, Parallelstraße = Tram/Busstrecke), von wo aus Tram, Busse und MTR den Wanderer zur wohlverdienten Dusche bringen.

Notküche aus der japanischen Besatzungszeit auf dem Wilson Trail

Der HongKong Trail ist grundsätzlich relativ einfach, die einzige **Schwierigkeit** besteht in der Länge und dem Zeitdruck, vor der Dämmerung den „Drachensattel" der letzten Etappe zu verlassen, sonst kann man **im Dunkeln leicht abrutschen** oder den Weg verfehlen. 50 Kilometer sind kein Sonntagnachmittags-Spaziergang, nur wer sich fit genug fühlt, zehn Stunden lang stramm zu marschieren, sollte es versuchen. Es bedarf keiner speziellen **Ausrüstung**, außer guten Laufschuhen, nahrhaften Snacks und viel Flüssigkeit (mind. 3 Liter/Person).

Übrigens: Die vorgegebene Richtzeit für alle Abschnitte beträgt nach Angaben der örtlichen Wandervereine 15 Stunden. Möglich sind bei guter Verfassung und entsprechender milder Witterung 12 Stunden. Den Rekord soll ein indischer Gurkha-Elitesoldat in den 1960er-Jahren mit etwas mehr als 5 Stunden aufgestellt haben!

Für den **HongKong Trail**, ebenso wie für den nachfolgenden **Wilson Trail**, gilt die **Warnung**, diese Strecken keinesfalls im Hochsommer in Angriff zu nehmen!

Der Wilson Trail
衛奕信徑

Gewissermaßen als „kleiner Bruder“ zum HongKong Trail, der nahezu die gesamte Insel zu Fuß erschließt, verläuft der rund 13 Kilometer lange Wilson Trail **von Nord nach Süd.** Streng genommen handelt es sich hierbei um die (in umgekehrter Richtung) gelaufenen ersten beiden Abschnitte des eigentlich 75 km langen „kompletten“ Wilson Trails, der sich über HongKong Island (bis zum unten genannten Startpunkt) und dann nach einer U-Bahn-Fahrt weiter über die zentralen und östlichen New Territories bis fast zur chinesischen Grenze erstreckt.

Der Wilson Trail („HongKong Section“) ist von den zu überwindenden Höhenmetern her wesentlich schwieriger als der HongKong Trail (dort fährt man zum Peak hinauf zum Startpunkt, hier beginnt man auf Meereshöhe!), dafür aber auch deutlich kürzer. Verlaufen kann man sich kaum, der Weg ist gut ausgeschildert (Symbol: *ein* Wanderer mit Rucksack), alle 500 Meter sind Entfernungsposten ähnlich wie beim HongKong Trail aufgestellt. Auch hier ist keine besondere Ausrüstung außer guten Laufschuhen und ausreichend Flüssigkeit notwendig.

Der erste Kilometer verläuft flach in die Ausläufer des TaiTam Country Parks hinein bis zur Mount Parker Rd., einer Forststraße. Dieser folgt man 100 m nach rechts, dann führt links der Pfad leicht ansteigend zur etwa 1500 Meter entfernten Forststraße Sir Cecile's Ride. Hier hält man sich 100 Meter nach links, ehe an einem Pavillon der steile Anstieg zum SiuMaShan (424 m, Frischwasserquelle kurz vor vor der Brücke) beginnt. Nur wenig später erreicht man einen Höhenpfad, dem man nach rechts erst abfallend, dann wieder steil hinauf zum 432 m hohen **Jardines Lookout** (s. S. 75) folgt. Die Aussicht von hier ist mindestens ebenso phänomenal wie die vom Peak (s. S. 59).

Der Pfad führt nun stetig abwärts zum Parkplatz an der TaiTam Reservoir Rd., wo er sich schräg rechts auf der anderen Straßenseite wieder fortsetzt. Hier geht es beständig aufwärts bis zum TszLoLanShan (**Violet Hill**, 435 m), der wiederum einen famosen Rundblick über die Südseite der Insel ermöglicht.

Der Pfad fällt dann – noch steiler – ab bis auf 150 m, um dem Wanderer beim Anstieg zum MaKongShan (Zwillingsgipfel, 386 und 375 m) noch einmal eine letzte Kraftanstrengung abzuverlangen. Der letzte Kilometer führt nur noch abwärts zum Endpunkt des Wilson Trails an der **Stanley Gap Rd.**, wo die Busse 6 und 260 zwischen Central und Stanley sowie Bus 73 zwischen Repulse Bay und Stanley verkehren (direkt links von der Treppe Richtung Stanley).

› **Anfahrt:** MTR Station TaiKoo (exit B), 200 Meter die Hauptstraße nach links Richtung Central, links in die Greig Rd., an deren Ende der Trail (rechts, Unterführung) startet.

› Wer sich für **Trails in HongKong** interessiert, der sei auf www.hkoutdoors.com/hiking-and-biking-in-hong-kong/hiking-in-hk.html und www.hkwalkers.net/eng (letztere mit Downloadmaterial) verwiesen.

KowLoon

003hk Abb.: wl

Überblick

Die Halbinsel KowLoon (international gängigste Wiedergabe des kantonesischen KauLung, Mandarin JiuLong = neun Drachen), ursprünglich mit HongKong Island auf ewig britisches Territorium, stellt sich heute für viele Besucher vorwiegend als brodelnde, allgegenwärtige **Freiluft-Kaufhalle** dar.

KowLoon umfasst mehrere **Bezirke** und reicht bis in die New Territories hinein; unter dem eigentlichen Zentrum versteht man die Bezirke **TsimShaTsui** und **TsimShaTsui East**, im erweiterten Sinne auch **HungHom**, **YauMaTei** und **MongKok**.

Hauptschlagader ist die **Nathan Rd.**, die sich von der Südspitze KowLoons bis zur Boundary St. im Norden MongKoks über etliche Kilometer erstreckt. Jene Boundary St. (Grenzstraße) grenzte früher das eigentlich dauerhaft britische KowLoon von den Pachtgebieten nördlich davon ab. Die zentrale Nathan Rd. diente in vielen Filmen als Hintergrundkulisse (z. B. „James Bond 007 – Der Mann mit dem goldenen Colt“ aus dem Jahr 1974) und steht mit ihrer glitzernden Neonpracht auch einem Broadway in nichts nach.

TsimShaTsui

尖沙咀

TsimShaTsui ist das Herzstück des alten HongKong, dessen emsige Geschäftigkeit wie auch der Urwald von chinesischen Neonreklameschildern in allen Filmen und Reportagen über HongKong gezeigt wird.

Zu den Hauptreisezeiten sieht man hier mehr Touristen auf den Straßen als Einheimische, meist bei einer einzigen Beschäftigung: **einkaufen** und schleppen. Auch wenn es in den Seitensträßchen durchaus Schnäppchen gibt (Krawatten, T-Shirts u. Ä.), scheint das Preisniveau in TsimShaTsui doch erheblich über dem Durchschnitt zu liegen – ansehen ja, kaufen nein.

Nachtschwärmer werden in TsimShaTsui immer noch etwas finden, wenn anderswo alle Kneipen bereits geschlossen haben – doch **Achtung:** die Bars hier wissen genau, wie man dem unbedarften Touristen das Geld aus der Tasche zieht.

Übernachtung
- 4 YesInn Apartments
- 7 Fortuna Hotel
- 8 ICC / Ritz Carlton Hotel
- 10 Novotel Nathan Rd
- 11 Shamrock & Bangkok Royal Hotels
- 12 ChungKing Mansions

Einkaufen
- 1 Stoffe und Kleider
- 2 Uhren, Elektro und EDV
- 3 ShamShuiPo Straßenmarkt
- 5 Kleidermarkt MongKok
- 9 YueHwa Chinesisches Kaufhaus

Essen und Trinken
- 6 Kowloon-City & LeiYueMun Restaurantgassen
- 8 Ozone Rest.

KowLoon-Park 九龍公園

Der große Park an der Nathan Rd. gleicht einer Oase der Ruhe. Er beherbergt eine ganze Reihe von Gärten, Spielplätzen, ein Schwimmbad und ein Museum – und eine unvermeidliche Filiale von McDonald's. Der Park ist sehr gut beschildert und von 6 bis 24 Uhr geöffnet. An einem Sonntagnachmittag monatlich findet ein (kostenloses) Konzert im Park statt.

Optisch überrascht der Zugang zum Park von der Nathan Rd. aus zunächst mit einer großen **Moschee.** Das ursprüngliche Bauwerk wurde 1896 von britischen Truppen für die moslemischen Armeeangehörigen des Empire errichtet, 1986 aber durch die jetzige Moschee mit vier Minaretten ersetzt. Sie dient den rund 70.000 Moslems von HongKong als geistliches Zentrum.

Zur Abkühlung bietet sich ein Sprung ins (bei Bedarf geheizte) **Schwimmbad** am Nordende des Parks an.

› 22 Austin Road, Tel. 27243577, geöffnet 6.30–22 Uhr, Eintritt: 18–22 HK$ (ermäßigt 9–12 HK$).

TsimShaTsui
Macau
Direktbus-haltestellen
KowLoon MTR/AE Station
GuangZhou
Jordan
KowLoon Kricket Club
TakShing St.
Cox's Road
Shanghai St.
Temple St.
Woosung St.
Parkes St.
Pilkem St.
Austin Road
Hillwood Road
Nathan Road
KowLoon Park Schwimmbad
Kimberley Cinema
Kimberley Road
China Ferry Terminal
KowLoon Park
Granville Road
HK Consumer Council
Gateway Towers
Cameron Road
World Finance Centre
KowLoon Mosque
Prat Ave.
Chatham Road South
Silvercord Cinema
Haiphong Road
Humph. Ave.
KowLoon Park Drive
Hankow Road
Lock Road
Ashley Road
Canton Road
World Commerce Centre
Silvercord Shopping Centre
Tsim Sha Tsui
Cornwall Av.
Hanoi Rd
Mody Road
World Shipping Centre
Lyton Building
Sun Plaza
Peking Road
East TST Station
Ocean Centre
Post und Telekom
Middle Road
Signal Hill Garden
Ocean Terminal
Star House
Salisbury Road
HK Cultural Centre
Space Museum
New World Centre
Star Ferry Pier
HKTB
Clock Tower
Museum of Art
Promenade
Avenue of Stars
Central
WanChai
Central

0 200 m
© Reise Know-How 2019
Gun Club Hill Kaserne
HoManTin
HongKong Polytechnic University
HongChong Road
KowLoon Station (East Rail)
CheongWan Road
HungHom
HongKong Coliseum
Harbor Crystal Centre
Sc. Mus. Path
Science Museum Road
HK Science Mus. und Mus. of History
Granville Road
Energy Plaza
East Ocean Centre
Chinachem Golden Plaza
International Mail Centre
Whampoa Garden
Peninsula Centre
Auto Plaza
Mody Sq.
Mody Road
Empire Centre
Mirror Tower
Houston Centre
TST-East Promenade
HungHom Promenade
Salisbury Road
Cross Harbour Tunnel
North Point (HK Island)
8
12
13
14
15
26
32
35

118hk Abb.: fo © Wilding

KURZ & KNAPP

Legende zur Entstehung des Namens KowLoon

„Und es begab sich, dass Kublai, Führer der barbarischen Mongolenhorden, Ping-Ti, den Sohn des Himmels und Kaiser von Kathai, im Jahre 1279 zur Flucht zwang. Auf der Suche nach einem Refugium erreichte er mit seinen Getreuen die Südküste der Provinz GuangDong. Der gestürzte Kaiser befragte einen Fischer nach dem Namen der Siedlung, dieser erwiderte, sie habe keinen Namen. Darauf blickte PingTi um sich und zählte acht Hügel, welche er für steinerne Drachen hielt, und wollte die Siedlung PaLung (acht Drachen nennen). Ein Gefolgsmann erinnerte ihn daran, dass auch er, der Kaiser, ein Drache sei – so wurde der Ort KauLung (neun Drachen) genannt."

Promenade, Star Ferry und Clock Tower 天星碼頭, 鐘樓

Die Frage, welcher Panoramablick der schönere sei – vom Peak oder von der KowLoon-Promenade – muss jeder für sich selbst beantworten; unvergesslich sind beide. Vom Star-Ferry-Gebäude an der Südspitze KowLoons erstreckt sich die Promenade knapp 2 km am Ufer entlang fast bis zum Hauptbahnhof in TsimShaTsui East. Der schönste Teil freilich liegt am Clock-Tower, der ehemaligen Endstation der Bahn. Hier werden HongKong-Postkartenmotive fotografiert, Brautbilder und touristische Erinnerungsfotos in Millionenauflage geknipst.

Die Promenade sollte man auf keinen Fall auslassen, ein mehrfacher Besuch lohnt sich zu jeder Tages- und Nachtzeit mit immer neuen und wechselnden Eindrücken. Aufs Meer blickend immer links 5 Minuten die Promenade entlang kann man HongKongs **Avenue of Stars** bewundern, wo zahllose Filmstars in Anlehnung an L.A. bleibende Handabdrücke in den Bodenplatten hinterließen (u.a. *Jet Li, Jackie Chan*).

HongKongs Gigantomanie zeigt sich nirgends so eindrucksvoll wie in der **„Symphony of Lights"-Show**, die allabendlich 20–20.15 Uhr stattfindet und am besten von der Uferpromenade zu beobachten ist. Allenfalls Hollywood-Science-Fiction kann da mithalten: Zahlreiche Wolkenkratzer auf der Island-Seite bieten aufeinander abgestimmt eine einzigartige, futuristische Laser-Lightshow, gelegentlich mit instrumentaler Begleitmusik. Sensationell, kostenlos, unbedingt empfehlenswert!

1881 Heritage 前水警總部

Der Name dieser Anlage („Erbe des Jahres 1881") weist darauf hin, dass die vergleichsweise junge Stadt sich bemüht, historisch angehauchte Gebäude nicht nur zu bewahren, sondern auch bewusst

Legende zur Karte TsimShaTsui

Übernachtung
1 Prudential Hotel
2 Shamrock Hotel
5 Stanford Hillview Hotel
9 Prince
12 New World Millennium
14 Harbourfront Horizon Hotel
15 Intercontinental Grand Stanford HongKong
16 GuangDong Hotel
21 Apple Inn GH
23 Marco Polo
25 Eaton Astor Hotel
29 Mirador Arcarde
32 KowLoon Shangri-La Hotel
34 Hyatt Regency Hotel
37 HK Langham Hotel
39 ChungKing Mansions
41 Imperial Hotel
45 KowLoon Hotel
46 Peninsula Hotel
47 Salisbury YMCA
48 Sheraton Hotel
50 New World Renaissance
53 Intercontinental Regent Hotel

Nachtleben
19 Delaney's Pub
31 Ned Kelly's Last Stand
37 Bostonian American Bar
41 Mad Dogs Bar
44 Mariners Club
50 Catwalk
53 Club Shanghai

Essen und Trinken
3 Hillwood Soho Restaurantgasse
4 TaiWoo Rest.
6 Knutsford Terrace Bar und Restaurant
10 Garküchengasse
11 Wendy's
17 McDonald's / Spaghetti House
18 KFC / DimSum Lokal
20 Nishimura Rest.
24 Macau Rest.
26 Outback Rest.
27 HsinLe Restaurant
28 Ashley Road Restaurantgasse
33 Tang Court Rest.
36 McDonald's
42 Spaghetti House
51 Jade Garden Rest.
52 Peking Garden Restaurant

Einkaufen
7 Miramar Shopping Center
8 New Mandarin Plaza
13 Intercontinal Plaza
22 Times Bookshop
30 Swindon Buchladen
35 Wing On Plaza
38 YueHwa chin. Kaufhaus
40 Park'n'Shop Supermarkt
43 CD + Video Fachgeschäft
49 1881 Heritage

☐ Der Clock Tower zählt zu den bedeutendsten Sehenswürdigkeiten von KowLoon

Praxisnaher Englischunterricht

Es ist beinahe zum Verzweifeln: das Stativ ist an der Uferpromenade aufgestellt, die neu erworbene japanische Superkamera justiert, die Sonne sinkt unaufhaltsam und taucht die wundersame Skyline von HongKong Island auf der gegenüberliegenden Seite in ein faszinierendes, funkelnd-rötliches Abendlicht. Nur noch wenige Augenblicke bis zum Erinnerungsfoto des Jahres - da tönt es hinter einem höflich, aber bestimmt: „Excuse us, Sir, we're English students and would like to ask you a few questions about your impressions here." Da man sich gründlich auf die Reise vorbereitet hat, weiß man, dass Höflichkeit und Lächeln die gebotenen Tugenden auf einer Chinareise sind und fügt sich als braver Europäer demütig in sein Schicksal. Nach einem guten Dutzend mehr oder minder spannender Fragen wird man entlassen und wendet sich wieder dem eigentlichen Grund seines Promenadenbesuches zu - die Sonne ist jetzt verschwunden, Essig ist's für heute mit dem Jahrhundertfoto.

Mit dem ebenso einfachen wie genialen Trick, Englischschüler mit einem Fragebogen bewaffnet auf wehrlose Touristen loszulassen, schlagen HongKongs Fremdsprachenlehrer gleich zwei Fliegen mit einer Klappe: Zum einen erfährt der Nachwuchs einen praxisnahen Sprachunterricht, zum anderen werden die Ergebnisse an die HongKong Tourist Association weitergeleitet und dort ausgewertet. Man kann also als Tourist auch auf diesem Wege Kritik und Verbesserungsvorschläge an kompetente Stellen weiterleiten.

Der Besucher sollte sich also nicht wundern, wenn sich am Abend an der Promenade plötzlich mit Papier und Stift oder sogar mit Recorder bewaffnete Schüler um ihn scharen - das ist ist kein Überfall, sondern praktischer Englischunterricht!

das koloniale Erbe herauszustreichen. Allerdings ist die Anlage erst im ersten Jahrzehnt des 21. Jahrhunderts entstanden und wurde aufwendig rekonstruiert.

Das **Hauptgebäude** - heute Hotel und Nobelmarken-Shops - enstand tatsächlich 1884 und diente der örtlichen britischen Marinepolizei als Dienstsitz sowie als Gefängnis. Auch nach dem Zweiten Weltkrieg hatte lange Jahre die Polizei ihren Sitz in diesem Gebäude, ehe 2003 eine Investorengruppe das Gelände übernahm, um es touristischen Zwecken zuzuführen.

Auf dem Gelände findet man auch einen sogenannten **„Time Ball Tower"**, der früher dazu diente, täglich um 13 Uhr durch seine weithin sichtbare fallende Kugel den Schiffen im Hafen die genaue Zeit anzugeben. Weitere Gebäude, die heute jedoch nicht mehr existieren, waren die Feuerwehr, Ställe sowie ein Taifun-Signalmast. Wer sich näher mit der Geschichte der Anlage befassen möchte, findet in der Exhibition Hall historische Bilder und eine Videopräsentation, gegen Voranmeldung (s. u.) sind kostenlose, geführte Informationsrundgänge möglich.

› 2A Canton Rd., TST, Tel. 29268000 (Anmeldung für Rundgänge), www.1881heritage.com, MTR TsimShaTsui, Ausgang E oder von der Star Ferry aus keine 5 Minuten zu Fuß.

HongKong Cultural Centre Complex

HongKong Cultural Centre
香港文化中心

HongKongs größtes Kulturzentrum direkt neben dem Clock-Tower umfasst eine Konzerthalle, einen Theatersaal und eine Studiobühne. Im Nebengebäude befindet sich eine Kunstgalerie mit Ausstellungen chinesischer und europäischer Kunst. Die Gebäude bieten auch allgemein zugängliche Aussichtsgalerien und Restaurants.

› HongKong Cultural Centre Complex, 10 Salisbury Rd.; geöffnet tgl. 9–21 Uhr. Telefonische Anfragen zu aktuellen Veranstaltungen beantwortet die HKTB-Hotline oder das Cultural Centre unter Tel. 27342009 sowie online unter www.lcsd.gov.hk/en/hkcc/index.html.

HongKong Museum of Art
香港藝術館

Ein Großteil der rund 10.000 qm großen Ausstellungsflächen zeigt Werke der klassischen und modernen **chinesischen Malerei** und **Kalligrafie.** Ferner werden Freunde traditioneller chinesischer Kleinkünste wie **Lackwaren, Stickereien** usw. hier ihre helle Freude haben.

In zwei Hallen stellen ausschließlich internationale Künstler aus, während eine komplette Galerie der berühmten sogenannten XiuBaiZhai-Sammlung vorbehalten bleibt, die dem Museum von Herrn *LowChuckTiew* als Spende vermacht wurde.

› Mittwoch Eintritt frei, geöffnet 10–18 Uhr, Sa/So/Fe 10–19 Uhr, Do geschlossen, Eintritt frei. Informationen zu aktuellen Ausstellungen findet man auch im Internet unter http://hk.art.museum. **Bis Mitte 2019 wegen Umbaus geschlossen.**

HongKong Space Museum 香港太空館

Das Museum erleichtert den Einstieg in **Astronomie** und moderne **Luft- und Raumfahrt** durch umfangreiche Informationen, aber auch übersichtlich und einfach nachvollziehbare Modelle und Experimente – insgesamt ein lohnenswertes Museum zum Anschauen und Anfassen.

EXTRATIPP

Die „Leisure and Culture Department"-Initiative und der Museum-Pass

Die Freizeit- und Kulturabteilung HongKongs hat beschlossen, die ohnehin schon sehr günstigen (eigentlich mit i.d.R. 10 HK$ nur symbolischen) Museumspreise für die unter der „Leisure and Culture Department Initiative" zusammengeschlossenen Museen ganz bzw. teilweise abzuschaffen. In den folgenden Museen ist daher der Eintritt frei: Museum of History, Heritage Museum, Museum of Art, Coastal Defense Museum, SunYatSen-Museum. Studenten (Ausweis!) haben ferner im Science Museum und im Space Museum freien Eintritt. Für die genannten insgesamt sieben Museen ist nur noch ein **HongKong Museum Pass** zu 50 HK$ (Familien 100 HK$, Senioren/Kinder 25 HK$) für ein Jahr erhältlich. Er kann bei den Filialen der HongKong Tourism Board (s. S. 255) und an den Tageskassen erworben werden.

Neben beliebig vielen Besuchen in den genannten Museen werden 10 % Rabatt auf Käufe in den Souvenirshops der Museen eingeräumt. Ferner erhält man ebenfalls 10 % Nachlass auf besondere Angebote der Museen wie z. B. EDV-Kurse und andere Weiterbildungsseminare.

Ein besonderer Abschnitt des Space Museum ist dem **Space-Theatre** mit Spezialeffekt-Filmen vorbehalten.

› 10 Salisbury Rd., MTR TsimShaTsui (Ausgang J) oder Star Ferry, tgl. außer Di 13–21, So/Fe 10–21 Uhr, Eintritt 10 HK$ (mit Museumspass, für Kinder und Senioren 5 HK$), Mi. Eintritt frei. Die Sondervorführungen des Space-Theatre (Skyshow und Omnimax Show) kosten 40/20 HK$ (nicht im Museums-Pass inbegriffen), http://hk.space.museum.

Museum of Science u. Museum of History 香港科學館 歷史博物館

Das Wissenschaftsmuseum *(HongKong Museum of Science & Technology)* ist eine Ausstellung zum Anfassen und Mitmachen zu den Themen Biologie, Physik, Transport, Kommunikation, Meteorologie, Energie und Computer – nahezu alles kann direkt ausprobiert werden.

Wohl einmalig und alleine schon das Eintrittsgeld wert ist die über vier Etagen quer durch das Gebäude verlaufende **Riesenkugel-Rutschbahn**, deren Kugeln die Größe von Bowlingkugeln haben.

Wechselausstellungen umfassen z. B. die Themen **chinesische Raumfahrt** oder **Dinosaurier**, die auch ein sehr seltenes Modell eines erst 1992 in den USA entdeckten UtahRaptors, des gefährlichsten Raubsauriers aller Zeiten zeigte.

› 2 Science Museum Rd., TsimShaTsui East; geöffnet Mo–Fr 10–19 Uhr, Sa/So/Fe 10–21 Uhr, Do geschlossen; Eintritt 20 HK$, erm. 10 HK$, mittwochs und Museumspass frei, Studenten generell frei. Sonderausstellungen kosten extra. Infos auch unter http://hk.science.museum.

Das historische Museum bietet eine gute Einführung in die **Geschichte HongKongs.** Angefangen bei den ersten Besiedlungen werden das **Alltagsleben**, die **frühe britische Phase** und als lebensgroßer Nachbau einer kleinen Straße das **Stadtbild des frühen 20. Jh.** dargestellt und erläutert. Sehr informativ und lohnenswert, um einen Einblick in die Geschichte der Stadt und des Umlandes zu gewinnen.

› 100 Chatham Rd, TsimShaTsui East, geöffnet Mo u. Mi–Sa 10–18 Uhr, So/Fe 10–19 Uhr, Eintritt frei; http://hk.history.museum

Auf der anderen Seite der Granville Rd. liegt eines der neuesten und modernsten **Einkaufsviertel** HongKongs mit einer Vielzahl moderner Plazas rund um den Centenary Garden.

HungHom
紅磡

Östlich der Chatham Rd. lag noch vor wenigen Jahrzehnten das Meer, dann wurde durch Dämme und Aufschüttungen ein neuer Stadtteil geschaffen – HungHom. Hier liegt **HongKongs Bahnhof** (**KowLoon-Station**, nicht zu verwechseln mit „KowLoon" der MTR/Flughafen-Expressbahn in der Jordan Rd.) und das Einkaufsviertel Whampoa Garden.

Whampoa Garden 萬埔花園

Wenn der Prophet nicht zum Berg kommt ..., müssen die Verantwortlichen der einst mächtigen Handelsflotte *Whampoa* gedacht haben. Wenn der Kunde nicht zum Schiff kommt, muss das Schiff eben zum Kunden. Nachdem der Handel immer weniger direkt von den Schiffen aus, sondern in den großen Einkaufsarkaden und Märkten ab-

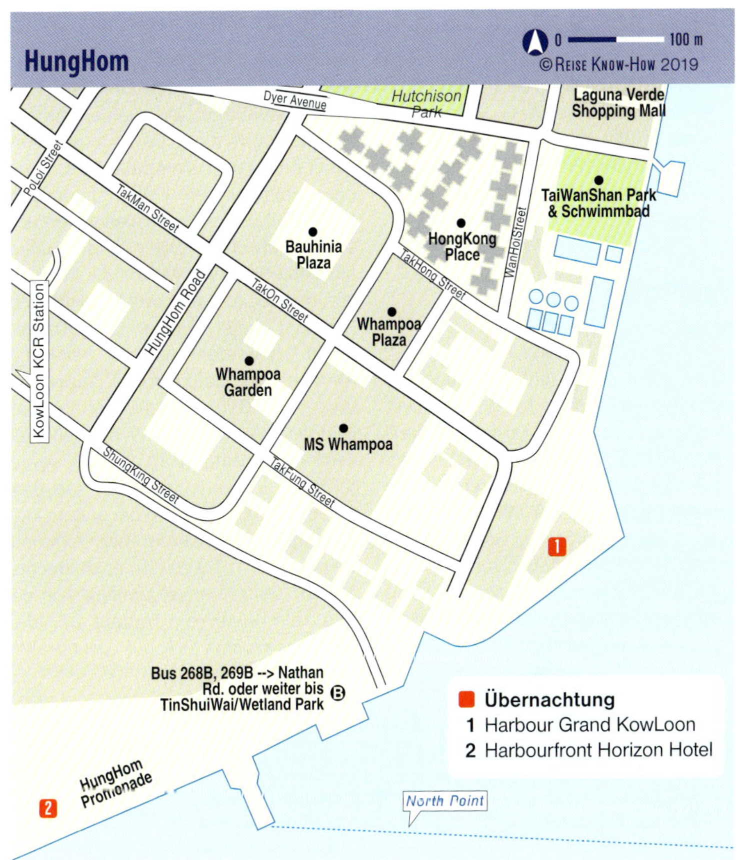

lief, errichtete die *Whampoa-Gruppe* ein über 100 m langes Schiff mitten im Stadtteil HungHom. „An Bord" befinden sich zahlreiche Boutiquen, das House-of-Canton-Restaurant, ein Café und sogar ein Schwimmbad. Hinter dem Heck der „Whampoa" liegen zahlreiche Kaufhäuser, insbesondere *Book World* bietet die vielleicht reichhaltigste Auswahl an Büchern, Lexika und EDV-Software in HongKong. Wegweiser für Fußgänger an den Straßenkreuzungen helfen, die Fachkaufhäuser für Brautkleider, Möbel, Mode usw. zu finden. Das öffentliche Schwimmbad kostet 18–22 HK$ Eintritt (www.lcsd.gov.hk/en).

- Nach Whampoa Garden kommt man direkt mit der MTR (Whampoa), Bus: 8P, 8A (4,30 HK $) vom/zum Star Ferry Pier. 268 B und 269 B fahren zur Nathan Rd., TST.
- Zu Fuß von/nach TsimShaTsui kann man immer am Ufer entlang via Avenue of Stars und TsimShaTsui Promenade Extension bis HungHom schlendern (Dauer: ca. 30 Minuten).

YauMaTei
油麻地

Gleich nördlich der Jordan Rd. und des touristischen Bezirkes TsimShaTsui liegt YauMaTei (auch *YauMaTai* oder *YaoMaTi* geschrieben), eine der ältesten rein chinesischen und ursprünglicheren Siedlungen HongKongs, in der man auf extrem engem Raum ein breites Spektrum des älteren HongKong erleben kann.

- YauMaTei liegt keine 20 Gehmin. von der Star Ferry entfernt und kann mühelos zu Fuß erkundet werden; von Central mit der MTR (Stationen Jordan, Exit A bzw. YauMaTei, Exit C).

TinHau Temple 天后廟

Der TinHau-(MaZi-)Tempel von YauMaTei erfreut sich bei den Einheimischen großer Beliebtheit. Der kleine Park am Tempel dient nicht so sehr der Verschönerung der Tempelanlage, sondern vielmehr dem Zusammentreffen zu Spiel und Schwatz insbesondere der älteren Anwohner. Der zentrale Flügel birgt drei Schreine, zentral die Meeresgöttin *MaZi*, in der Provinz GuangDong (Kanton) meist *TinHau* (s. S. 30) genannt. Links steht der Fürst *PaoKung* (Gottheit des Justizwesens) und rechts *KwanYum (GuanYin),* die Gottheit der Barmherzigkeit. Der linke Tempelflügel zeigt den Stadtgott *ShingWong* sowie taoistische „Gerichtsszenen“ an den Seitenwänden, während der äußere Flügel ganz links wiederum *KwanYum* und dem Erdgott *ToTei* gewidmet ist. Rechts an den Zentraltempel schließt sich erneut ein KwanYum-Tempel an, die Halle ganz rechts außen ist dem Orakel vorbehalten.

Übernachtung
- 2 Hotel Grand Tower
- 4 Apple Inn GH
- 6 The Cityview
- 9 YesInn Guesthouse

Essen und Trinken
- 3 Pizza Hut und McDonald's
- 7 Imbissstände / ManMing Lane
- 14 WooSung Street: Hanoi Rest. und chin. Kräuterläden
- 15 Light Vegetarian Restaurant
- 16 WongChunChun Rest.

Einkaufen
- 1 TungChoi Kleider- und Straßenmarkt (Ladies' Market)
- 5 Ko's House, YueHwa China-Kaufhaus
- 8 Shanghai Street: traditionelle Läden (Haushalt, Möbel)
- 10 Jade-Markt
- 11 Schmuckgeschäfte / Canton Rd.
- 12 Temple Street - Nachtmarkt
- 13 Obst- u. Fischmarkt / Reclamation St.
- 17 YueHwa Chinawaren-Kaufhaus

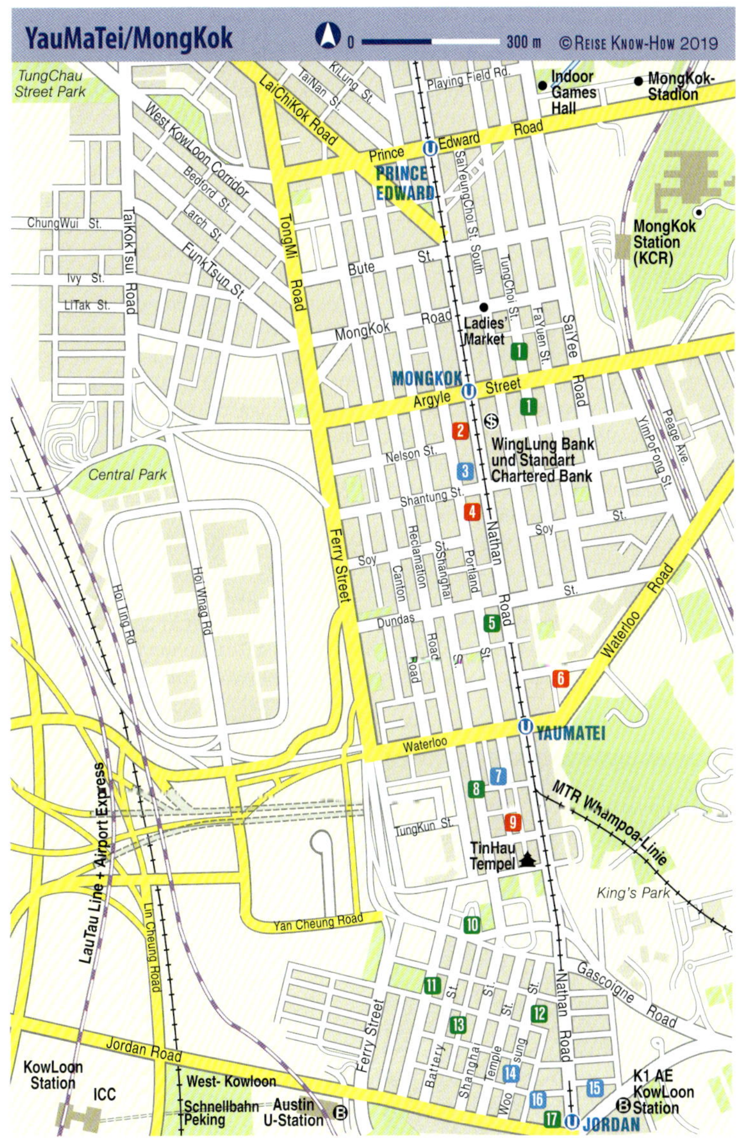
YauMaTei/MongKok
0
300 m
©Reise Know-How 2019
TungChau Street Park
Indoor Games Hall
MongKok-Stadion
MongKok Station (KCR)
Prince Edward Road
PRINCE EDWARD
Ladies' Market
MONGKOK
Argyle Street
WingLung Bank und Standart Chartered Bank
Central Park
YAUMATEI
MTR Whampoa-Linie
TinHau Tempel
King's Park
LauTau Line + Airport Express
Jordan Road
KowLoon Station
ICC
West-Kowloon Schnellbahn Peking
Austin U-Station
K1 AE KowLoon Station
JORDAN
Waterloo Road
Nathan Road
Ferry Street
Gascoigne Road
Yan Cheung Road
Lin Cheung Road

Traditionelle Geschäfte und Märkte

Kurzweilig ist ein Bummel durch die ShangHai St. mit vielen **kleinen Läden** für urige Haushaltsartikel, Gewürze und Statuen. Obst, Gemüse und Fisch bietet der **Straßenmarkt** der Reclamation St., wohingegen der **Jademarkt** an der KanSu St. (nur 10–15 Uhr) oder die Schmuckgeschäfte der Canton Rd. so manches Schnäppchen bergen können.

In YauMaTei befindet sich HongKongs spektakulärster Nachtmarkt, der **Temple-Street Night Market.** Die Straßen beleben sich erst nach Einbruch der Dämmerung und lassen dann bis Mitternacht keinen Pkw-Verkehr mehr zu. Sehr gute Garküchen, Wahrsager, Verkaufsstände mit allen erdenklichen Waren – sogar Straßensänger, die inmitten der Menschenmenge ihre Stücke zum Besten geben. Hier sind noch Schnäppchen möglich, da Überproduktionen oder Ware mit kleinen Mängeln äußerst preiswert abgestoßen werden. Nichts für Besucher mit Platzangst oder Angst vor Taschendieben!

032hk Abb.: wl

West-KowLoon, KowLoon-Station & ICC

Seit dem Bau des Airport Express und der damit einhergehenden Erschließung des durch Landaufschüttung neu gewonnenen Distriktes **West-Kow Loon** (rund um die KowLoon-Station westlich von YauMaTei) ist auch die Ehre des höchsten Gebäudes HongKongs nach vielen Jahrzehnten vorübergehend wieder nach KowLoon gefallen: Direkt über der KowLoon- Station wurden Ende 2007 die Arbeiten am 490 m hohen **ICC/Sky 100** (International Commerce Centre) abgeschlossen. Das Gebäudedesign stammt von dem Architekturbüro *Kohn-Pedersen-Fox Associates,* umfasst 118 Etagen, im 100. Stockwerk in einer Höhe von 393 m die Aussichtsplattform Sky 100 (geöffnet tgl. 10–20.30 Uhr, Eintritt 168 HK$, 396 HK$ für 2 Pers. inkl. Foto, www.sky100.com.hk) und beherbergt in den obersten 15 Etagen das **Ritz-Carlton HongKong**, welches als eines der „höchsten Hotels der Welt“ firmiert.

In der Station KowLoon halten der Airport Express und die LanTau-Linie (Tung Chung Line) der MTR, es gibt dort Taxis und eine Fußwegverbindung zur Ende 2018 eröffneten Schnellbahnstation **HK West-Kowloon** (Bahnhof für China-Schnellzüge) sowie weiter bis zur **MTR Austin.**

◁ *Köstliches auf dem Temple-Street-Nachtmarkt*

MongKok

旺角

Bird Garden

In der Yum Po Street liegt der Bird Garden, besser bekannt als sauberer und moderner Nachfolger des legendären „**bird-market**“ (Vogelmarkt) aus der HongLok-Gasse. Hier bekommt der Vogelfreund alles, was er und der zwitschernde Hausgenosse benötigen: Bambuskäfige, Heuschrecken, Würmer, Vogelatrappen und selbstredend lebende Exemplare aller Gattungen, vor allem Singvögel. Wegen der geringen Wohnungsgrößen in China sind vor allem die Rentner von Hund und Katze abgerückt und haben sich als Haustier kleine Singvögel zugelegt. In vielen Parks und Gärten kann man in den Morgenstunden insbesondere ältere Männer mit Vogelkäfigen sehen, die ihre Vögel dort gemeinsam singen lassen.

Anfahrt: MTR Prince Edward, dort über die Flower Market Rd (**Blumenmarkt**) zur YumPo Street.

TungChoi Street 通菜街

In einer Parallelstraße östlich der Nathan Rd. liegt **HongKongs größter Straßenmarkt (Ladies' Market)** für Damenbekleidung und Textilien. Über mehrere Blocks erstreckt sich ein Gewirr von Ständen, vollgestopft mit Überschussproduktionen, Waren zweiter Wahl, Billigimporten usw. Hier sollte man alles genau unter die Lupe nehmen. Kleine Löcher, Verschnitte, klemmende Reißverschlüsse und Farbfehler sind an der Tagesordnung – dennoch sind tolle Schnäppchen möglich. Die Kleidung weist zwar oft westliche Markenlabel auf, ist aber fast ausnahmslos „made in China“. Auch für Schuhe und Fotozubehör ist MongKok eine gute, wenn nicht sogar bessere Adresse als KowLoon. Geöffnet ist der Markt ab nachmittags bis ca. 23 Uhr.

› Zum Viertel MongKok kann man die Busse 1, 1A, 2, 6, 6A, 6S, 9 die Nathan Rd. bis zur Argyle St. hinauf nehmen (max. 4,80 HK$) sowie die MTR zur Station MongKok.

MahJong-Karten

Während das klassische MahJong-Spiel überwiegend in den eigenen vier Wänden gespielt wird, gibt es gerade im Bezirk YauMaTei vor dem TinHau-Tempel eine einfache Variante mit schlanken, kleinen Karten zu sehen. Überwiegend Rentner setzen hier ein paar HK$ und spielen dann – anders als im echten MahJong – lediglich darum, wer als Erster durch Bildung von Figuren mit allen seinen Karten das Spiel beenden kann. Die Straßen und Figuren werden (im Gegensatz zum „echten“ MahJong) hierbei nicht einzeln bewertet, es bekommt also nur der „Beender“ von jedem Spieler 20 HK$. Auch wenn ein anderer wesentlich bessere Figuren hat, sie aber nicht beenden kann, nützt dies nichts – im echten Spiel kann dies oft ganz anders in der Abrechnung aussehen.

Auch wenn man vom Spiel selbst nichts versteht, ist die Geschwindigkeit imposant, mit der ein Spiel abläuft und die Scheinchen ihre Besitzer wechseln.

New KowLoon
新九龍

SikSikYuan-(Yuen-)Tempel 墻色園黄大仙祠

Dieser **taoistische Tempelkomplex** ist der bedeutendste und beliebteste in ganz HongKong. Täglich kommen Tausende von Menschen, um in dichten Räucherstäbchenwolken zu opfern und das Orakel zu befragen. Die eigentlichen Schreine sind leider nicht zu sehen – vor lauter Rauch, und weil man nicht allzu nahe an die Altäre heran darf. Die heutige Haupthalle ersetzt seit 1973 den ursprünglichen Hauptschrein des taoistischen Stadtteilgottes *WongTaiSin*. Ob die regen Besucherströme etwas damit zu tun haben, dass *WongTaiSin* angeblich Tipps für Pferderennen gibt?

An den Tempelkomplex ist der **Good Wish Garden** angeschlossen, der für eine mehr symbolische Spende von 2 HK$ von 9 bis 17 Uhr jedermann offensteht. Hier tummeln sich Goldfische und Schildkröten, Symboltiere Chinas für Wohlstand bzw. langes Leben. Ursprünglich wurde der Tempel 1915 in WanChai gebaut und 1921 aus Platzgründen an die heutige Stätte verlegt. Bis in die späten 1950er-Jahre durften nur Mitglieder des Tempels, die sich in einer kleinen privaten Sekte organisiert hatten, den Komplex betreten. Seit 1924 bietet die SikSikYuan-Sekte mittellosen Bürgern kostenlose medizinische Hilfe an, 1968 errichtete sie Schulen für die Kinder aus ärmeren Schichten und seit 1980 existiert in Clearwater Bay auch ein eigenes Altenheim.

Die ChiLin Nunnery

- 1 Mauer der neun Drachen (= JiuLong = KowLoon)
- 2 Good Wish Garden (Garten der guten Wünsche)
- 3 Hauptaltarhalle
- 4 Three Saints Hall (Tempel der drei Heiligen)
- 5 bronzener Pavillon
- 6 Gedächtnishalle
- 7 Bibliothek
- 8 Konfuziustempel
- 9 FungMing-Halle
- 10 Klosterspital
- 11 Schrein des YueHung
- 12 Wahrsager und Handleser

› MTR Station WongTaiSin. Der Tempel liegt exakt über der MTR, den B-2-Ausgang nehmen. Der Tempelkomplex liegt nach 30 Metern linker Hand.

ShamShuiPo Straßenmarkt und SanTaiZi-Tempel 深水埔,三太子廟

Wenig bekannt ist der Straßenmarkt von ShamShuiPo. Hier gibt es nordchinesische Pelzjacken (ab 1000 HK$), einfache Armbanduhren aus GuangDong (100 HK$ für 4 Stück!), CDs, Armeeuniformen und Kleinkram.

Hier liegt auch der taoistische SanTaiZi-Tempel. *TaiZi* war ein Prinz, der auf einem Holzrad das Übel mittels eines Feuerringes in der Hand bekämpfte. Er wird auf dem Hauptaltar in drei Altersstufen dargestellt. Der rechte Altar ist *PaoKung* (Justizgott), der linke *KwanYum* (Boddhisatva der Barmherzigkeit) gewidmet.

Han-Gräber 漢朝古墓

Im Jahr 1955 entdeckten Arbeiter während der Straßenerweiterung der TonKin Street eine **antike Grabstätte,** welche kurz darauf von Experten der University of HongKong freigelegt und als vollständiges Grab aus der Zeit von 25 bis 220, also der späten Han-Dynastie, datiert wurde.

Neben den gut erhaltenen, vollständig aus Ziegeln gebauten Grabkammern des Edelmannes *Xue* wurden etliche Grabbeigaben wie Kochutensilien, Nahrungsbehältnisse und anderes gefunden. Sie geben Aufschluss über das Alltagsleben während der späten Han-Zeit.

› 41 TonKin St., ShamShuiPo; das Museum ist tägl. außer donnerstags von 10 bis 18 Uhr geöffnet, Weihn./1.1. bis 17 Uhr, Eintritt frei.
› Zu erreichen direkt mit Bus No. 2 ab Star Ferry in die TonKin-Street/PoOn Rd., Haltestelle PoHei Court (4,90 HK$), oder per MTR von Station CheungShaWan, Ausgang A, dann dem Schild LeiChengUk folgen (gut 5 Minuten). Vor dem Museum liegt ein kleiner Stadtpark mit zwei Löwen davor, das Museum ist der unscheinbare Bau nebenan.

ChiLin Nunnery 吉林尼姑庵

Dieses junge Kloster wurde 2001 im klassischen chinesischen Stil der Tang-Dynastie komplett aus Holz erbaut, angeblich handelt es sich um den **größten Holzkomplex der Welt.**

Das Kloster selbst besteht aus sieben Hallen, alle im Baustil der Tang (618–907) gehalten. Trotz der vergleichsweise niedrigen Bauanlage wirkt der Gesamtkomplex monumental und wird als eine der schönsten Attraktionen Chinas propagiert. Statuen und Gebrauchsgegenstände aus dem Klosteralltag sind glücklicherweise ausführlich auf Englisch beschildert.

2011 wurde die Anlage über die Hauptstraße hinweg (Fußgängerüberweg) erweitert und ein **weitläufiger traditioneller Garten** (NanLian Garden) mit Kantine, traditionellen Handwerksgebäuden und einer farbenfrohen klassischen Bibliothek im Rundtürmchenstil angelegt.

› **Anreise:** MTR Diamond Hill, Ausgang C2, von dort (beschildert) durch ein Einkaufszentrum, dann über die Ampel und gleich rechts liegt der neue Zugang zum Gartenareal. Alternativ Bus 91 von/nach Clearwater Bay, Bus 92 von/nach SaiKung, Bus 11 von/nach Jordan Rd. (Endstation ICC/AE, hält auch nahe MTR Jordan), KowLoon. Eintritt frei, tgl. 10–18 Uhr.

KowLoon Walled City Park 九龍寨城公園

Von den ehemaligen „ummauerten Städten" innerhalb HongKongs, die eine rechtliche Sonderrolle unter britischer Herrschaft spielten, sind zwei recht unterschiedliche erhalten geblieben: **KamTin** in den nordwestlichen New Territories und **KowLoon Walled City** in New KowLoon. Während KamTin bewohnt wird und daher originärer erscheint, wurde KowLoon Walled City zu einem öffentlichen Park umgebaut mit Relikten der Qing-Dynastie, Bonsai-Anlagen, Spazierwegen. Der Sitz der Verwaltung war übrigens früher die Militärkommandantur und ein Almosenhaus. Eintritt frei, tgl. 6.30–23 Uhr; Bus 1 von/nach Star-Ferry-Pier/TST (Haltestelle Kowloon Walled City Park, 5,80 HK$) oder MTR LokFu, Exit 2, und dann ungefähr 500 m die Junction Rd. nach links/Süd. Unmittelbar südlich schließt sich der KowLoon Food District an.

Die New Territories

004hk Abb.: wl

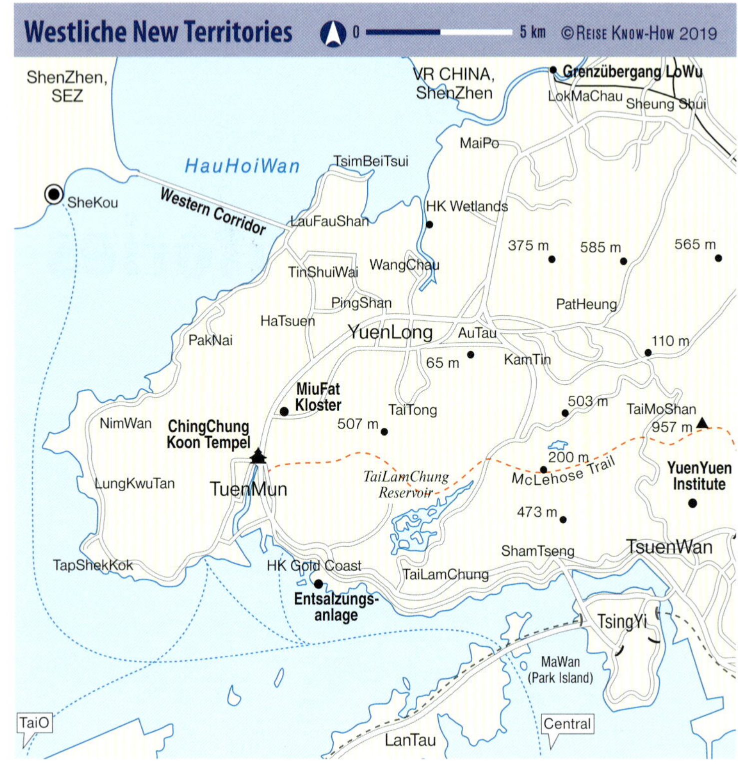

Überblick

Kaum ein Tourist macht sich die Mühe, abseits der brodelnden Metropole KowLoon ins direkte Umland HongKongs zu reisen. Wenn überhaupt, dann steht vielleicht eine Insel wie LamMa oder LanTau auf dem Programm, aber die New Territories? Dabei bieten sie mindestens ebenso große Abwechslung vom Rummel im Zentrum wie die Inseln – wenn nicht sogar mehr. Die New Territories sind, wie alle Teile HongKongs, hervorragend mit öffentlichen Verkehrsmitteln zu erreichen, und schon nach gut einer halben Stunde Fahrt ab KowLoon wähnt man sich in einem anderen Land.

England hatte die New Territories mit den Outlying Islands nur für 99 Jahre gepachtet. Ohne diesen Lebensraum und seine wichtige Infrastruktur wäre das eigentlich „ewig" britische HongKong mit KowLoon nicht lebensfähig gewesen, sodass eine komplette Rückgabe erfolgte.

Die westlichen New Territories 西新界

Die Bezirke westlich der Hauptschlagader KowLoon-Kanton-Railway umfassen eine ganze Reihe sehenswerter Punkte, insbesondere Tempel und Klöster, die einen Einblick in die ältere Kultur Hong-Kongs ermöglichen.

Die hier im Uhrzeigersinn beschriebene Route deckt alle wichtigen Punkte ab, und wer nicht gerade den TaiMo-Shan besteigen, den 100 km langen MacLehose Trail (s. S. 119) erwandern oder Beobachtungsposten im MaiPo-Vogelbeobachtungspark beziehen will, kann die kulturellen Sehenswürdigkeiten von TsuenWan bis KamTin an nur einem Tag mit öffentlichen Verkehrsmitteln bewältigen.

TsuenWan

Im Bezirk TsuenWan bemerkt man noch nicht, dass man KowLoon schon verlassen hat. Dieses moderne **Wohngebiet** (immerhin führen von hier aus zwei Brücken zum neuen Flughafen) ist hervorragend mit Bussen und MTR (TsuenWan-Linie) ans Zentrum angebunden. Es ist damit zu rechnen, dass die Bezirke TsuenWan und TuenMun touristisch weiter entwickelt werden, insbesondere was den Bau neuer Hotelanlagen betrifft. Die nächsten Jahre wohnt man aber sicherlich noch bevorzugt in KowLoon oder auf HK-Island, und nicht allzu viele Touristen werden sich auf den Weg hierher machen.

In TsuenWan liegen zwei sehr bemerkenswerte Tempelanlagen, die zudem durch einen angenehmen Fußweg im Grünen (CheungLung-Trail, s. S. 101) verbunden sind.

Das Svastik – Symbolzeichen des Buddhismus

Besucher buddhistischer Tempel wundern sich zuweilen oder sind empört: „Du, die benutzen ja das ***Hakenkreuz!*** *" Mitnichten. Schon vor rund 7000 Jahren verehrten asiatische Naturvölker die Sonne als Energie- und Lebensspender und stellten sie vereinfacht als* ***Sonnenrad*** *dar. Durch Handelsverbindungen kam dieses Symbol nach Indien und ging als Sonnenzeichen in den Hinduismus ein. Später verwendete es der indische Prinz Gautama Buddha als Symbol der Reinheit in der von ihm gegründeten Lehre, und das Svastik, so die altindische Sanskritbezeichnung für das Sonnenrad, fand weite Verbreitung.*

Buddhas Schüler zogen in die Welt, um den Buddhismus zu verbreiten und kamen vor ungefähr 400 Jahren auch nach Österreich. Ein katholischer Priester versuchte die Buddhisten zu bekehren, wurde aber seinerseits vom Buddhismus überzeugt. Er errichtete eine Gebetsstätte, an der auch er das Svastik einmeißeln ließ.

An jene Kapelle in seiner Heimat erinnerte sich im 20. Jh. dann der Österreicher Adolf Hitler, als er ein Symbol für die von ihm geführte NSDAP in Deutschland suchte. Um nicht an eine kirchliche Sekte zu erinnern, spiegelte man einfach das ursprüngliche Svastik, und so ging es als Hakenkreuz unrühmlich in die Geschichte ein.

Klosterschule YuanYuan (YuenYuen) 圓玄學院

Die **Haupthalle**, genannt „Halle der drei Lehrer“ in Form einer dreistöckigen Pagode weist eine völlige Vermischung von Elementen der YinYang-Schule, des Taoismus sowie des Buddhismus auf, obwohl es sich rein äußerlich (die Ziegel der Haupthalle sind an den Enden außen rundum mit Svastikas, dem buddhistischen Sonnenrad, verziert) um einen buddhistischen Komplex zu handeln scheint. Der Hauptschrein im oberen Teil zeigt die drei wichtigsten geistigen Führer Chinas: *Buddha* (mitte), *Konfuzius* (links) und *LaoZi,* den Lehrmeister des Taoismus (rechts). An der Decke ist das Symbol der YinYang-Schule, umrahmt von den dazugehörigen Trigrammen (drei unterbrochene und geschlossene Linien), dargestellt. Im unteren Teil befindet sich eine „hundertarmige“ (daher taoistische) Darstellung der *KwanYum (GuanYin),* des Boddhisatvas der Barmherzigkeit. Der Dreifachkopf soll Allwissenheit, die Arme Allmacht darstellen. Ringsum stehen 60 große taoistische Heiligenfiguren, deren Anzahl 5 chinesische Mondjahre zu je 12 Monden symbolisiert.

036hk Abb.: wl

Oberhalb des Hauptgebäudes liegt eine **Kantine**, die Mo–Sa von 11 bis 18 Uhr, So/Fe von 10 bis 18 Uhr auch für Besucher geöffnet ist und sehr günstig einfache, aber gute Gerichte zubereitet. In den Seitenflügeln sind Lehrsäle und Unterkünfte untergebracht, welche der Öffentlichkeit aber nicht zugänglich sind.

Werktags wird der Komplex, auch von Touristen, kaum besucht, an Sonn- und Feiertagen dagegen kommt Volksfeststimmung auf.

› Man erreicht die Anlage am besten mit Minibus No. 81 nahe der MTR-Station TsuenWan; Ausgang B-1, dort Hinweistafel (6,80 HK$, knapp 10 Minuten).

Westliches Kloster (XiFangSi) 西方寺

Gleich unterhalb der YuanYuan-Klosterschule liegt das wegen seiner Lage im Westen HongKongs „westliches Kloster“ genannte buddhistische XiFangSi.

Hinter dem Eingangstor steht die buddhistisch-zweiarmige Reinkarnation des KwanYum Boddhisatvas, der aus seiner Vase Mildtätigkeit über die Menschheit vergießt. Die Haupthalle birgt lediglich einen kleineren Schrein des *MiLoFu* (Maytreya-Boddhisatva). Ferner steht auf dem Gelände eine neunstöckige Pagode – die Anzahl der Etagen buddhistischer Pagoden ist immer ungerade, die Wichtigkeit der Etagen nimmt nach oben zu. Das Kloster dient traditionell männlichen Klosterschülern als Studienort.

Gegenüber der beiden Anlagen liegt ein vom YuanYuan-Kloster gegründetes und unterhaltenes Altenheim.

CheungLung-Trail 中龍徑

Hinter dem YuanYuan-Kloster beginnt am Parkplatz (gelbes Geländer) ein Fußweg in die Berge der New Territories hinauf. Nach gut zehn Minuten erreicht man einen Pavillon und eine kleine Forststraße. Gegenüber führt ein Waldweg etwa 1500 Meter steil hinauf zur **CheungLung-Höhe**, wo man an klaren Tagen einen schönen Ausblick über die Inseln bis LanTau genießen kann.

Yuen Yuen Institut

ChukLamSinYuan 竹林禪院

Diesen großen buddhistischen Tempelkomplex aus dem Jahre 1927, der sich zu einem der bedeutendsten in HongKong entwickelte, betritt man über eine von zwei Löwen gesäumte Treppe. In der ersten Halle ist ein Doppelschrein zu sehen, vorne der dickbäuchige *MiLoFu,* auf der Rückseite *WaiTou,* ein Hüter des Buddhismus. In den vier Ecken stehen große, farbig bemalte Tempelwächter. Hinter der nächsten Treppe mit einem großen, bronzenen Räucherstäbchenkessel auf drei Beinen liegt die zweite Halle. Hier thront ein Buddha-Dreigestirn, die Wände zeigen farbige Szenen aus dem Leben des historischen *Gautama Buddha* (s. S. 30).

An den Seiten sind je neun Boddhisatvas zu sehen, eine Darstellung vieler buddhistischer Tempel. Die **Boddhisatvas** wurden, wie *Buddha* selbst, ebenfalls erleuchtet, lehnten es aber ab, ins Nirwana aufzusteigen. Sie zogen es vor, auf der Erde zu bleiben und die Menschen in den Lehren *Buddhas* zu unterweisen. Dritter von rechts ist der beliebte *KwanYum (GuanYin),* der erste auf der linken Seite beispielsweise *TaiZi,* der den Feuerring in Händen hält und dem im Stadtteil ShamShuiPo/KowLoon (s. S. 95) ein eigener Tempel gewidmet wurde. Auf der Rückseite des Hauptschreines dieser Halle ist eine große *KwanYum (GuanYin)* dargestellt. In der Haupthalle schließlich ist *Gautama Buddha* selbst zu sehen. An den Seitenwänden sind wieder – hier farbig – die 18 Boddhisatvas mit dem Heiligenschein als Zeichen der Erleuchtung abgebildet.

Rechts und links der Haupthalle schließen sich die Klosterschule und Unterkunftsbereiche an.

› ChukLamSimYuan ist täglich von 8 bis 16 Uhr geöffnet; man kann von TsuenWan aus per Minibus No. 81 (6,80 HK$) hinauffahren (es gibt keine Busverbindung vom YuanYuan-Kloster), oder als **Spaziergang** den ersten Teil des CheungLung-Trails gehen, der versteckt hinter dem Parkplatz am YuanYuan-Kloster beginnt (am gelben Geländer hoch). Sobald der Rastpavillon an der kleinen Forststraße erreicht ist, links halten, die zweite Treppe dann wieder links hinunter und stetig abwärts, vorbei an mehreren kleinen Tempeln und Wohnanlagen bis zum ChukLamSinYuan. Dort verkehrt Minibus 81 zur MTR.

SamTungUk-Heimatmuseum
三棟屋博物館

Das kleine Heimatmuseum in unmittelbarer Nähe der MTR Station TsuenWan ist eine kleine **Freilichtsiedlung,** die einen Einblick in Alltag und Lebensweise der frühen ländlichen Siedler HongKongs bietet.

Eine kleine Ausstellungshalle behandelt das Thema **Porzellangewinnung** im alten China.

› Das Museum ist täglich außer Dienstag von 10 bis 18 Uhr geöffnet, Eintritt frei.

TuenMun 屯門

Fahrt nach TuenMun

Die **Busfahrt** von TsuenWan nach TuenMun ist sicherlich die schönste Verbindung zwischen beiden Orten, da sie an der Küste entlang führt und eine beeindruckende Aussicht auf die längste Brücke HongKongs zum neuen Flughafen über die Inseln TsingYi und MaWan ermöglicht.

Kurz vor TuenMun liegen linker Hand eine der größten **Meerwasser-Entsalzungsanlagen** der Welt und die „Modellstadt“ **Goldcoast,** eine moderne, saubere Wohnanlage mit eigener Fährverbindung nach Central (HK-Island). Der Unterschied zu anderen Wohngegenden ist sehr augenfällig, es gibt sogar „Starenkästen“, um Rotlichtsünder zu überführen. Die typisch chinesische „Garagenbauweise“ (unten arbeiten, oben wohnen) oder zusammenhängende Geschäftsreihen in einer Straße sucht man hier vergebens. Hier wohnen dennoch weniger die Reichen, sondern Bürger der Mittelschicht.

Bus No. 60M oder 68M (letzterer verkehrt zwischen TsuengWan und YuenLong) fahren unterhalb der TsuenWan MTR-Station nach TuenMun (TownHall,

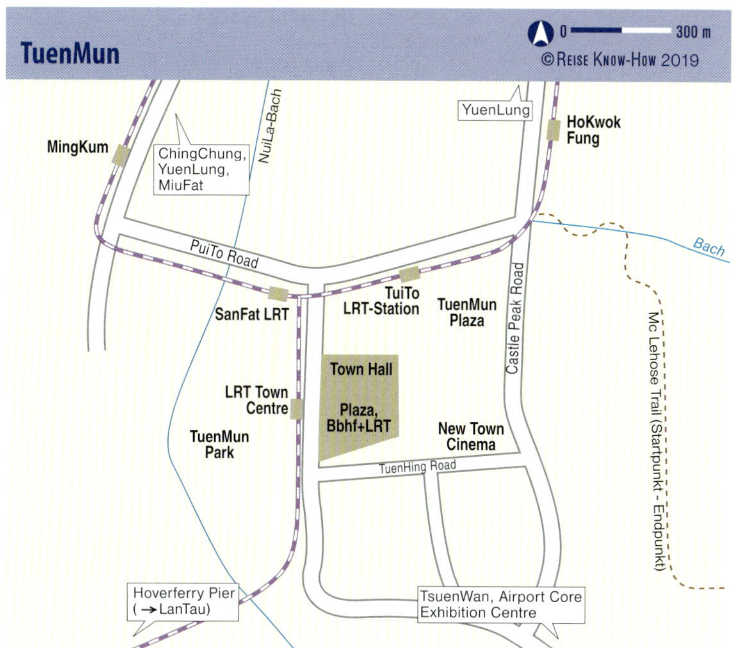

8,40–10,10 HK$). Bus 234B fährt ab Ho-Ping Rd./TsuenWan (5,40 HK$) und Bus 53 ab Pier/TsuenWan die Castle Peak Rd. entlang nach TuenMun (10,80 HK$). Hier liegt auf etwa halber Strecke das **Airport Core Exhibition Centre,** in dem das gesamte Flughafenprojekt vorgestellt wird und die längste Hängebrücke Asiens in ganzer Länge bewundert werden kann (MTR TsuenWan und ab dort Bus 234B zum Exhibition Center, Tel. 24919202, Di–Fr 10–17 Uhr, Eintritt frei).

- In TuenMun fahren die LRT-Trams 506, 507, 610, 614, 615 zur TuenMun-Anlegestelle.
- Von/nach KowLoon (Jordan Rd.) fahren Busse 60M und 68M ab „Town Hall" (LRT/Busstation), 8,40–10,10 HK$

ChingChung-Koon-Tempel 青松宮

Von der Town Hall (Bbhf. im UG) in TuenMun nimmt man die LRT 505 zur Haltestelle ChingChung. Kommt man per Fähre von Central, mit LRT 615 ab Pier bis ChingChung. Der Tempel liegt auf der gegenüberliegenden Straßenseite.

Die taoistische Anlage ist eine typische **Ahnengedenkstätte** mit mehreren Hallen voller Gedenktafeln. In der mit riesigen Lampions geschmückten Haupthalle steht ein Dreifachschrein mit dem taoistischen Gelehrten *LuSunYeung* und seinen Schülern *WongCheongYeung* (rechts) und *ChiuChangChün*. Der Tempel ist berühmt für seinen **Bonsai- und Blumengarten** und dient auch als Seniorenheim.

MiuFat-Kloster 妙法寺

Das dreistöckige Kloster, an welches sich auch eine buddhistische Schule anschließt, ist sehr prunkvoll errichtet. Am Eingang grüßt der dickbäuchige *MiLoFu* (Maytreya-Boddhisatva), das schmuckvolle Treppenhaus zeigt farbenfrohe Szenen aus dem Leben des *Gautama Buddha* sowie die chinesischen Tierkreiszeichen unter der Decke im ersten Stock. Hier liegen auch die für Besucher geöffnete Kantine sowie ein kleiner Andenkenstand.

Das eigentliche Heiligtum liegt im Obergeschoss, dessen Wände mit Tausenden von Buddha-Kacheln bedeckt sind. Ein riesiges Buddha-Dreigestirn nimmt den Platz am Hauptaltar ein, umrahmt von zwei großen Kegeln mit Hunderten kleiner, leuchtender Buddhafiguren. Auch hier ist das Leben des indischen Prinzen *Gautama Buddha* unter der Decke in farbigen Szenen dargestellt. An den Seitenwänden sind Boddhisatvas, also Buddha ähnliche Figuren des Buddhismus zu sehen. Am Eingang befindet sich traditionsgemäß rechts eine große Glocke, links eine riesige Trommel. Man beachte die weißen Löwen und Elefanten vor dem Eingang – beides sind Symboltiere des Buddhismus. Gegenüber, in einer kleinen künstlichen Felsnische mit Goldfischteich ist eine hundertarmige *KwanYum (GuanYin)* zu sehen.

› Man erreicht das MiuFat-Kloster per LRT, Station LamTei, und geht über die Überführung, wo man die Anlage schon linker Hand sieht.

☐ *Im HongKong Wetland Park*

Der Nordwesten

HongKong Wetland Park 香港濕地公園

Das ehemalige *MaiPo Vogelschutzgebiet* an der Grenze zur Volksrepublik wurde in ein sehr interessantes **interaktives Freilandmuseum** umgestaltet und ermöglicht es Besuchern nunmehr, auch ohne Führungen oder aufwendige Organisation, das Marschland HongKongs zu besuchen. Drei Ausstellungsgalerien und 60 Hektar Freiland ermöglichen mannigfaltige Begegnungen mit zahllosen Wasservögeln, Pflanzen und Kleinlebewesen der teilweise mit Holzstegen begehbar gemachten Marschlandschaft im Nordwesten des Sonderverwaltungsgebietes.

› Mi.–Mo. 10–17 Uhr, 30 HK$ (Kinder 15 HK$). Bis zur MTR-Station MeiFoo fahren, in die MTR West Rail umsteigen, bis zur Station TinShuiWai; von dort fahren LRT 705 und 706 zur Haltestelle Wetland Park. Bus 967 fährt ab Admiralty/Exit B direkt hierhin (Haltestelle 11, Wetland Park, 10,70 HK$).

LokMaChau 落馬洲

Früher war die Aussicht am Grenzpunkt LokMaChau eine echte Attraktion, als die Bewohner HongKongs einen ungefährdeten Blick auf die andere Seite der Grenze in die ländliche SEZ ShenZhen werfen konnten. Heute unterscheidet sich die Szenerie kaum noch voneinander, im Gegenteil, das Hügelland der New Territories erscheint sogar ländlicher als „Boomtown" ShenZhen. Mittlerweile wurde eine Autobahn von GuangZhou (Kanton) nach HongKong via LokMaChau, dem wichtigsten Grenzübergang für Pkw-, Lkw- und Busverkehr gebaut, ebenso eine Bahnstation der East Rail Line.

KamTin 錦田

Die Gemeinde KamTin in der ländlichen Umgebung der New Territories birgt ein echt chinesisches Relikt der britischen Epoche in HongKong. Das mag auf den ersten Blick paradox erscheinen, hat jedoch seine Logik, wenn man auf die Gründertage der ehemaligen Kolonie zurückblickt.

HongKong war ursprünglich kaum besiedelt, und wenn, dann meist von Großfamilien, deren Siedlungen in größerer Entfernung voneinander lagen. Zum Schutz gegen Überfälle bauten die Clans eine Mauer mit Schießscharten und Verteidigungswall beinahe im Stile einer kleinen europäischen Stadt des Mittelalters. So entstand auch die **walled city (ummauerte Stadt) KatHingWai** (吉慶圍) in KamTin, die aus dem 17. Jahrhundert stammt. Als die Briten die New Territories vom chinesischen Kaiserreich zur Pacht erhielten, wanderten viele Clans aus oder machten es zur Bedingung, nicht unter das britische Recht zu fallen und innerhalb ihrer Mauern unabhängig zu bleiben. So entzogen sich einige Flecken der Kolonie dem Zugriff der britischen Behörden in einer Art rechtsfreiem Raum. Überfälle und Vergehen innerhalb dieser *walled cities* fielen somit nicht in den Aufgabenbereich der Kolonialbehörden. KatHingWai ist heute die sehenswerteste **Clansiedlung**, in welcher der Besucher einen hervorragenden Einblick in die Bau- und Lebensweise der frühen Siedler bekommt.

Natürlich versuchen die heutigen Bewohner das Optimum aus dem ihnen entgegengebrachten touristischen Interesse zu ziehen. Eine „Spende" von 10 HK$ bei Betreten der Mauern gilt als obligatorisch, Fotos von älteren Frauen in traditioneller Hakka-Kleidung müssen mit einer auszuhandelnden Gebühr bezahlt werden. Wird heimlich geknipst, ist das Geschrei groß, also Obacht!

› Vom MiuFat-Kloster per LRT zur Endstation YuenLung, dort auf der Rückseite der Station Bus No 77K (günstigste Verbindung), 54 oder 64K nehmen. Nach knapp 10 Minuten Fahrt liegt die dunkle Mauer KatHingWais auf der rechten Seite.

Von Central/Kowloon aus: MTR KamSheung, Ausgang B, dort rechts die KamPo Rd. entlang, dem Fußgängerweg nach links in die KamSheung Rd. folgen bis zu deren Ende, dort rechts bis zum Schild „KatHingWai" und rechter Hand in die Gasse einbiegen (ab MTR ca. 30 Minuten).

Am Busplatz/YuenLung fahren folgende nützliche Linien: 32, 37 (MongKok & Olympic, 5,80–7 HK$), von/nach TsuenWan die 53 (11,20 HK$).

037hk Abb.: wl

Die zentralen New Territories 中新界

FanLing 粉嶺

Das Gebiet zwischen KamTin und FanLing liegt eingebettet zwischen zwei Bergketten und ist kaum besiedelt. Während im Norden bereits die Grenze erspäht werden kann, liegen südlich die Gipfel und Höhen des MacLehose-Trails (s. S. 119). In FanLing ist man an das Schienennetz zurück nach KowLoon angebunden.

Der taoistische **Tempel FungYin SinKwun** (gelegentlich auch FungYin SeenKoon geschrieben) ist dem taoistischen Gelehrten *LuSunYeung* sowie seinen Schülern *WongCheongYeung* (rechts) und *ChiuChangChün* (links) gewidmet, die als Dreigestirn in der Haupthalle zu sehen sind. Dahinter liegen Hallen mit Ahnengedenktafeln, Urnenhallen und ein kleiner Friedhof. Die Anlage stammt aus dem Jahre 1929 und entwickelte sich zum Zentrum der taoistischen Sekte Kwun (Koon), deren Hauptanliegen im Studium der traditionellen taoistischen Lehren und in Gemeinnützigkeit besteht. 1972 wurde die religiöse Vereinigung in eine GmbH umgewandelt, die von einem ehrenamtlichen Direktorium, bestehend aus Persönlichkeiten aus Gesellschaft und Lehre, geleitet wird.

› Der Tempel ist tgl. von 8 bis 18 Uhr geöffnet. Zu erreichen ab den nordwestlichen New Territories mit Bus No. 77K ab KamTin bzw. YuenLung-MTR/Ausg. B – Bhf in der FungCheung Rd. (7,60 HK$; den Fahrer bitten, auf FanLing-Station aufmerksam zu machen) oder ab KowLoon bzw. HungHom mit der East Rail Line, Station FanLing. FungYin SinKwum liegt direkt am Westausgang der East-Rail-Station (Schild WoHopShek) auf der anderen Straßenseite.

TaiPo 大埔

Der Bezirk ist eine der älteren Wohnsiedlungen der New Territories und wurde durch die frühe Anbindung an die KCR (heutzutage East Rail Line) zum attraktiven Standort für Industrieunternehmen. Der alte Kern ist noch sehr ursprünglich geblieben und steht in starkem Kontrast zu dem modernen TuenMun. Die interessanten Punkte liegen nur wenige Minuten von der East Rail-Station entfernt.

Ein Muss für Eisenbahn-Nostalgiker ist das kleine **Eisenbahnmuseum**, welches in der alten TaiPo-Market-Station von 1910 eingerichtet wurde. Diese Station ist die einzige, welche im traditionellen chinesischen Baustil errichtet wurde. Zusammengetragen wurden zahlreiche Informationen zur alten KowLoon-Kanton-Railway, Eisenbahnmodelle wie das 1:10-Modell der heute noch in der Volksrepublik eingesetzten QJ-Serie, die alte preußische T18 von 1890 oder die deutsche Sonderlok „blaue Messebahn/Klasse 96" von 1925. Einige ältere Originalwaggons der KCR sind ebenfalls zu sehen.

› 13 Shung Tak Street, MTR TaiPoMarket, Ausgang A2, ausgeschildert, geöffnet tgl. außer Dienstag und nationalen Feiertagen von 10 bis 18 Uhr; Eintritt frei.

200 Meter weiter in der YanHing Rd. liegt auf der rechten Seite der **ManMo-Tempel.** Auf dem Vorplatz kann man oft den Rentnern der umliegenden Straßen beim Kartenspiel mit den schlanken, fast stäbchenartigen chinesischen Spielkärtchen zusehen. Beim Eintreten achte man darauf, nicht durch das zweite Tor mit der

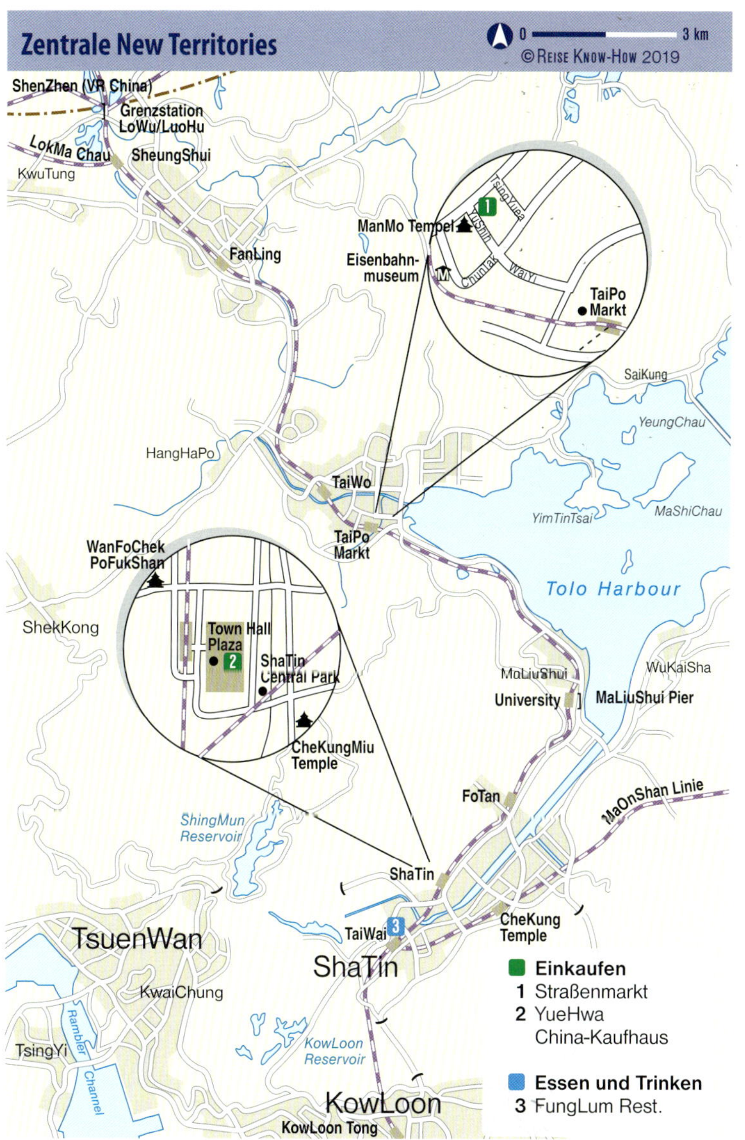
Zentrale New Territories
0 3 km
© Reise Know-How 2019
ShenZhen (VR China)
Grenzstation LoWu/LuoHu
LokMa Chau
SheungShui
KwuTung
FanLing
ManMo Tempel
Eisenbahn-museum
TaiPo Markt
SaiKung
YeungChau
HangHaPo
TaiWo
TaiPo Markt
YimTinTsai
MaShiChau
Tolo Harbour
WanFoChek PoFukShan
ShekKong
Town Hall Plaza
ShaTin Central Park
CheKungMiu Temple
MaLiuShui
University
MaLiuShui Pier
WuKaiSha
FoTan
MaOnShan Linie
ShingMun Reservoir
ShaTin
TsuenWan
TaiWai
CheKung Temple
ShaTin
KwaiChung
TsingYi
Rambler Channel
KowLoon Reservoir
KowLoon
KowLoon Tong
Einkaufen
1 Straßenmarkt
2 YueHwa China-Kaufhaus
Essen und Trinken
3 FungLum Rest.

038hk Abb.: wl

hohen Schwelle zu gehen – diese ist den Tempeldienern bei taoistischen Ritualen und Wohlhabenden vorbehalten. Hinter dem kleinen Innenhof mit den von Räucherspiralen behangenen Seitengängen folgt der Hauptschrein mit den taoistischen Gottheiten *Man* (rechts, mit Pinsel in den Händen), Gottheit der Literatur, und dem rotgesichtigen *Mo,* Gott des Krieges, Schutzpatron der Beamten.

Nahe dem Museum am ManMo-Tempel liegt der **Straßenmarkt** TaiPos, auf dem es neben Obst, Gemüse und Fleisch alles zu kaufen gibt, was die kantonesische Küche zu bieten hat, manchmal sogar Hundefleisch oder lebende Schlangen.

› East Rail-Station „TaiPo Market" oder Busse 64K (YuenLung/westl. NT – TaiPo Market, 8,40 HK$), 75K (TaiPo M. – TaiMeiTuk, 5,80 HK$)

Die KowLoon-Kanton-Railway (KCR)

1898 überzeugte die britische Kolonialverwaltung die chinesischen Mandarine von Kanton, zwischen beiden Städten eine Bahnlinie zur Verbesserung von Handel und Personenbeförderung einzurichten. Man verständigte sich darauf, dass jede Seite ihren eigenen Abschnitt bis zur Grenze baut. HongKong begann 1905/06 mit den Arbeiten, die chinesische Seite von ShumChun (ShenZhen) nach Kanton (GuangZhou) im Jahre 1907. Die britische Sektion wurde 1910 mit den Bahnhöfen Clock-Tower (Star Ferry), YauMaTei, ShaTin, TaiPo, TaiPo-Market, FanLing fertiggestellt und am 15. Oktober 1911 offiziell eröffnet. Aus politischen Gründen wurde LuoHu (kantonesisch LoWu) 1949 Endstation der Strecke und der Verkehr nach Kanton eingestellt. Erst 30 Jahre später (1979) wurde diese traditionsreiche Strecke wieder durchgehend in Betrieb genommen. 1982 wurde sie elektrifiziert und dient heute als MTR East Rail neben der direkten Verbindung zwischen KowLoon und Kanton (Schnellzüge) gleichzeitig auch als elektrifizierte S-Bahn zwischen KowLoon und der Grenzstation LoWu.

Der ehemalige KowLoon-Hauptbahnhof lag direkt neben der Star Ferry, 1916 ergänzt durch den noch heute augenfälligen Clock-Tower. Mit dem zunehmenden Passagieraufkommen wurde der Hauptbahnhof nach HungHom verlegt und die alte TaiPo-Market-Station zum Railway-Museum umgestaltet. Die Schnellbahn KowLoon-BeiJing wurde Ende 2018 eröffnet.

University und MaLiuShui
大學，馬料水

Unter dem lateinischen Motto *Sapientia et virtus* (Wissenschaft und Tugend) entwickelte sich die Universität von HongKong zu einem der bedeutendsten wissenschaftlichen Zentren Asiens. Für Ausländer sind insbesondere die **Sprachkurse** von Interesse (Mandarin, Kantonesisch; s. S. 263).

Für den Touristen lohnt ein Besuch der universitätseigenen **Art Gallery** (Tel. 26952218). In Dauer- und Wanderausstellungen werden Malerei und Kunsthandwerk aus allen Epochen der chinesischen Geschichte gezeigt.

› Geöffnet täglich 9.30–16.30 Uhr, an Sonn- und Feiertagen 12.30–16.30 Uhr, Eintritt frei. Das Universitätsgelände liegt direkt an der East Rail-Station University.

Von der MTR rund 10 Gehminuten entfernt (ausgeschildert), liegt die kleine **Anlegestelle MaLiuShui** mit Bootsverbindung nach TapMunChau (s. S. 156) und anderen Zielen im Nordosten der SaiKung-Halbinsel und in der Tolo-Bucht. Abfahrtszeiten ab MaLiuShui/University sind 8.30 und 15 Uhr, 11 und 17.30 Uhr ab TapMun täglich (18 HK$ einfach, an Wochenenden und Feiertagen 28 HK$).

› Informationen und eventuelle Änderungen zum aktuellen Fährplan können unter www.td.gov.hk eingesehen werden (dort „transport", „ferries", „kaito" und auf der Karte MaLiuShui anklicken).

◁ *Der ManMo-Tempel in der YanHing Road*

ShaTin 沙田

Der Bezirk ShaTin war ursprünglich eines der ersten besiedelten Gebiete der New Territories. Nachdem an der Küste durch Aufschüttungen Land gewonnen wurde und moderne Wohngebäude entstanden waren, erfuhr auch der alte Kern ein „Lifting", sodass ShaTin heute zu den bevorzugten Wohngegenden in HongKong zählt.

Hier liegt auch HongKongs zweite **Pferderennen-Hochburg:** Seit 1980 finden auf neu aufgeschüttetem Land im Wechsel mit Happy Valley (s. S. 66) auf HongKong Island Renntage statt.

› Veranstaltungsauskünfte erteilt das HKTB und sind in den Tageszeitungen nachzulesen. An Renntagen fahren Sonderzüge der East Rail Line (direkt bis zum Eingang). Sehr beliebt ist auch die komplette „Come Horse-racing Tour" mit Büfett und Wett-Voucher (www.grayline.com.hk).

WanFoShek (Tempel der 10.000 Buddhas) 萬佛寺

Die mehrfach umgestaltete und vor wenigen Jahren aufwendig restaurierte Anlage besteht aus zwei Teilen. Zunächst erreicht man die große buddhistische **Friedhofsanlage PoFukShan.**

Links hinter dem Eingangstor steht ein bunter Pavillon, gewidmet einer – eigentlich taoistischen hundertarmigen *KwanYum (GuanYin),* dem Boddhisatva der Barmherzigkeit.

Man kann, um sich die über 400 Stufen bis oben zu sparen, entweder eine Rolltreppe benutzen oder aber per Miniaturausgabe der Peak-Tram nach oben gleiten *(inclined elevator).*

Das eigentliche Ziel aber erreicht man vor PoFukShan rechts (nicht auf dem Po-

FukShan-Gelände!) zwischen Zaun und Gebäude entlanggehend nach 15 sehr schweißtreibenden Minuten aufwärts durch grünen Bambus: den **Tempel der 10.000 Buddhas.** Die sanft in die umgebenden Hügel der New Territories eingebettete Anlage dürfte einer der am häufigsten von Touristen besuchten buddhistischen Tempelkomplexe der New Territories sein.

Die Zahl 10.000 *(wan)* spielt in Fernost eine große Rolle. *WanSui,* „10.000 Jahre", wünscht man bei Festen und Geburtstagen und wurde traditionell im Kaiserreich der Regentschaft eines neuen Kaisers gewünscht. Eben dies *WanSui* wurde auch als Schlachtruf gebraucht, die japanische Version *BanZai* aus Literatur und Fernsehen weltbekannt.

Der Name der Anlage erklärt sich quasi von selbst: In der Haupthalle und entlang des Weges stehen zahlreiche lebensgroße Statuen diverser **Boddhisatvas** (buddhistische Heiligenfiguren).

Der eigentliche **Haupttempel** steht gleich rechts neben der Erfrischungshalle und beherbergt ein Dreigestirn (Buddha zentral flankiert von zwei Schülern) mit ca. 10.000 kleinen Buddhafiguren an den umliegenden Wänden. (Es sollen rund 13.000 sein, sodass im Volksmund vom „Tempel der sehr vielen Buddhas" gesprochen wird.) Auch der einbalsamierte, vergoldete Leichnam des Tempelgründers ist hier ausgestellt.

Nach seinem Tod 1965 wurde YuetKai zunächst erdbestattet, ehe sein Nachfolger ein Jahr darauf im Traum die Eingebung hatte, der Leichnam liege unverwest im Erdboden. Daraufhin öffnete man das Grab und stellte tatsächlich fest, dasss der Körper keinerlei Verwesungsspuren aufwies. Dieser wurde daraufhin vollständig mit Blattgold überzogen und ruht seither – sicherheitshalber in einem luftdichten Glaskasten eingeschlossen – in sitzender Haltung in der Haupthalle. Auf dem Platz vor dem Haupttempel steht eine neunstufige Pagode.

Vor wenigen Jahren wurde die Anlage erweitert. Vor dem Hauptschrein die Treppen weiter hinauf befinden sich eine kleine Pagode, diverse andere Schreine und eine Statue eines meditierenden Buddha.

› Orientierung: Von der East Rail-Station ShaTin (Exit B) kommend geht man gleich links die Fußgänger-Rampe hinunter und unten an der ersten Abzweigung (IKEA) wieder links zum PoFukShan Cemetery (3 Min.). Der Tempel kann nur von 9 bis 17 Uhr besichtigt werden. Eine kleine Cafeteria beim Haupttempel bietet Erfrischungen und Snacks.

ShaTin-Park 沙田公園

Direkt über der East-Rail-Station ShaTin liegt die riesige **New Town Plaza Shopping Mall,** die es beinahe mit dem „Ocean Centre" in KowLoon aufnehmen kann. Wie in vielen anderen Einkaufsar-

Jede Figur des WanFoShek wurde individuell gestaltet

039hk Abb.: wl

kaden HongKongs gibt es auch hier eine musikalische Wasserfontäne.

Man läuft hier durch zum Südausgang (New Town Plaza 3) und erreicht draußen den auf der anderen Straßenseite gelegenen ShaTin-Park. Dieser schöne **Park im chinesischen Stil** mit Teichen, klassischen Brücken, Pavillons und einem Abenteuerspielplatz für Kinder ist täglich 6–23 Uhr geöffnet – offenbar locken die Angebote im New Town Plaza mehr.

HongKong Heritage Museum 香港文化博物馆

Eines der jüngsten Museen HongKongs verquickt das kulturelle Erbe der Metropole mit Informationsabteilungen, Galerien und Aufführungen aller Art. Auf über 7.500 m² findet man Abteilungen über die New Territories, zur kantonesischen Oper, zur chinesischen Kunst, eine Entdeckungsgalerie für Kinder sowie Säle für Wechselausstellungen.

› 1 Man Lam Road, Sha Tin, New Territories, Tel. 21808188. Geöffnet tgl. außer Di. 10–18 Uhr, an Wochenenden/Feiertagen bis 19 Uhr, Eintritt frei. MTR CheKung Temple, Ausgang A (beschildert).

CheKungMiu 車公廟

Der Tempelkomplex wurde vor mehr als 100 Jahren von den Bewohnern der damaligen dörflichen Siedlung TinSam errichtet und nach General *CheKung* aus der Sung-Dynastie (960–1279) benannt. Die aktuelle Tempelanlage stammt aus dem Jahre 1993, das ältere Originalbauwerk aus dem 19. Jh. steht hinter dem Hauptgebäude.

CheKung galt als besonders hilfreich für das Volk, bekämpfte eine Flutwelle sowie eine Plage erfolgreich. Diese Taten brachten ihm die Reputation eines Glücksbringers ein, sodass auch aus anderen Distrikten Betende diesen Tempel besuchen.

Die Portalinschriften weisen auf die göttliche Rolle des Verteidigers von ShaTin hin, eine Besonderheit im Innenhof sind die Messingwindmühlen, die den Pilgern des Tempels Glück bringen sollen. Außerdem säumen zwei Viererreihen mit Würdenträgern den Hof, die Haupthalle selbst ist General CheKung mit einer zentralen riesigen Statue gewidmet.

› Vom ShaTin-Park aus (Unterführung „ShunShek Estate") die CheKungMiu Rd. entlanggehen oder East Rail Line (TaiWai, Umsteigen bis Station CheKung, Ausgang B, rechts 400 m, Tempel linker Hand).

Von ShaTin kommt man per East Rail Line zurück nach KowLoon (in KowLoon-Tong in andere MTR-Linien umsteigen). **Tipp:** Die Festival Walk Shopping Mall direkt über MTR K-Tong besuchen!

Die östlichen New Territories 東新界

Plover Cove und PatSinLeng Parks

Wer sich nicht auf eine Seefahrt zu den Outlying Islands einlassen, aber trotzdem einmal das ruhige und unberührte Hinterland HongKongs erleben möchte, sollte unbedingt den Nordosten der New Territories besuchen.

Startpunkt ist die kleine Siedlung **TaiMeiTuk**, die außer zwei Restaurants noch keine touristischen „Annehmlichkeiten“ bietet. Es gibt auch keine Geschäfte dort, sodass man sich mit Getränken und Snacks eindecken sollte. TaiMeiTuk erreicht man mit öffentlichen Verkehrsmitteln von KowLoon aus mit der MTR nach KowLoonTong, dort per East Rail Line bis TaiPo-Market und schließlich von dort mit Bus 75K (letzter Bussteig unter der Station, 5,80 HK$; nur an Sonn- und Feiertagen fährt zusätzlich die 275R (10,60 HK$) nicht nur bis TaiMeiTuk, sondern noch ein Stück weiter bis zum Startpunkt des Bride's Pool Nature Trail) zur Endstation.

Nach gut fünf Minuten Fahrt passiert man HongKongs größten Teppichhersteller, die **TaiPing Carpet-Factory** (Tel. 26565161), die man nach Voranmeldung besichtigen kann. Nach weiteren fünf Minuten kommt man durch ein kleines Industriegebiet (u.a. *Carlsberg-Brauerei)* – insgesamt nicht viel größer als das Industriegebiet einer europäischen Kleinstadt. Man fragt sich, wo denn HongKong sein schier endloses Repertoire an Handelswaren herstellt – die Antwort ist einfach: Zum einen spielt der kleine Familienbetrieb, der sogenannte „sweat shop“, wie man ihn in schier unendlicher Anzahl z.B. in den ChungKing-Mansions sieht, nach wie vor eine zentrale Rolle, zum anderen wurden Betriebe mit großem Platzbedarf über die Grenze in die Volksrepublik ausgelagert.

040hk Abb.: wl

◁ *Feuerlöscher entlang des Wanderwegs: genial einfach!*

Plover Cove Reservoir 船灣淡水湖

Nach der Beseitigung der Weltkriegsschäden und dem ersten bescheidenen Aufschwung der 1950er-Jahre wuchs auch der Wasserbedarf der Kronkolonie, sodass der Bau eines Reservoirs notwendig wurde. Da es in HongKong

Östliche New Territories
0
5 km
©Reise Know-How 2019
Crooked Island
LaiChiWo
LukKeng
SamATsuen
Double Island
TaiPangWan
WuKauTang
Port Island
TaiMeiTuk
Plover Cove Reservoir
Tolo Channel
TapMunChau (Grass Island)
TaiPo
HoiHa
KoLauWan
LaiChiChong
ToLo Harbour
ShamChung
Bate Head
MaLiuShui Pier
WongShek
YungShuAu
WuKaiSha
GhekKeng
TaiChanKoi
HamTin
HangOn
408 m
Fung Head
702 m
MaOnShan
PakTamChung
Startpunkt Mc Lehose Trail
SaiWan
FoTan
TaiMongTsai
577 m
ShaTin
TaiLoShan
SaiKung
YimTin Tsai
PakTamChung Nature Trail
Lions Nature Education Centre
High Island Reservoir
KCR MaOnShan Linie
602 m
Kiu Tsui
McLehose Trail
KowLoon Shan
KauSai Chau
PikUk-Zentral-gefängnis
HK University of Science and Technology
ShunLee
Tseung KwanO
Shelter Island
TiuChung Chau
KowLoon
KwunTong
Basalt Island
TaiAuMun
LeiYueMun
Clear Water Bay
HongKong Island
Ninepin Group
TungLung Chau
Übernachtung
1 Bradbury Hall Youth Hostel

keine Flüsse und geeigneten Täler gab, kam man 1960 auf die Idee, quer über die gesamte Bucht von TaiMeiTuk einen **Damm** zu bauen und somit ein künstliches Meerwasserbassin zu errichten. Der Bau war 1967 abgeschlossen, das Salzwasser im Becken wurde über Monate hinweg abgepumpt, anschließend das leere Bassin von Tankschiffen mit Frischwasser aufgefüllt. Im Laufe der 1970er-Jahre stieg der Wasserbedarf erneut, sodass eine Erhöhung der Mauern um drei bis fünf Meter vorgenommen wurde. Seither ist einer der Wanderwege unter Wasser gesetzt. Der heutige Damm ist bis zu 28 Meter hoch und 2100 Meter lang, das Reservoir fasst 230 Millionen Kubikmeter Wasser.

Der **Family-Trail** ist ein einfacher Rundweg von etwa 30–40 Minuten Dauer mit erklärenden Hinweistafeln. Er bietet einen guten Überblick über die Gesamtanlage. Von der Bushaltestelle geht man die Promenade entlang zur unübersehbaren Jugendherberge Bradbury Lodge (s. S. 277), wo links der Rundweg mit Blick über den Damm beginnt.

Geradeaus kann man über den Damm **rund um das Reservoir** bis Bride's Pool (gut 18 km) wandern.

Die „**Plover Cove Country Trail“-Langstreckenwanderung** dauert wegen der

Anstiege und der Wegqualität mindestens 6,5 Std. und ist nur bei gutem Wetter zu empfehlen. Sie ist famos, aber gilt auch als eine der schwierigsten in HongKong (Beschreibung siehe http://hikehongkong.blogspot.de/2014/01/plover-cove-country-trail.html).

PatSinLeng-Country-Park 八仙嶺郊野公園

Die hier vorgeschlagene und wärmstens zu empfehlende **Rundwanderung** kombiniert Teile der Wilson/NT-, PatSinLeng- und Bride's-Pool-Trails und dauert für ausdauernde Wanderer rund fünf Stunden plus Pausen. Man steigt auf einer Strecke von 3 km von Null auf 511 Höhenmeter – überflüssig zu erwähnen, dass dies nicht jedermanns Sache ist. Feste Schuhe und Getränke (wichtig!) müssen unbedingt mitgebracht werden. Es ist außerdem zu empfehlen, die Tour auf einen Wochentag zu legen – dann ist man nahezu alleine unterwegs.

Anstatt zur Promenade/Family-Trail geht man von der Bushaltestelle aus die Straße noch 250 Meter weiter entlang zum **Nature Park Visitor Centre** (geöffnet tgl. außer Di 9.30–16 Uhr). Dort beginnt der PatSinLeng Nature-Trail.

Nicht umsonst stehen bei allen Parks – wie auch hier beim Visitor Centre – Hinweisschilder mit der aktuellen Waldbrandgefahr bei Trockenphasen.

Nach einem kurzen Anstieg erreicht man den **Spring-Pavillon**, vom letzten britischen Gouverneur, *Chris Patten*, in Angedenken an zwei bei einem Waldbrand hier ums Leben gekommene Lehrer eingeweiht. Die traurige Geschichte jenes verhängnisvollen Schulausfluges wurde im Pavillon dokumentiert und ist dort nachzulesen.

Nach einem weiteren steilen Anstieg mit schönen Ausblicken erreicht man eine Abzweigung, an der es rechts hinunter zur Bride's Pool Rd. geht – man kann also „abkürzen". Der eindeutig schönste Teil kommt aber erst noch, wenn man links hinauf (Schild WanShanKeuk) dem immer steiler und holpriger werdenden Pfad folgt. Ab hier findet man zudem ein ganz seltenes Gut HongKongs – ohrenbetäubende Stille. Ein gutes Stück weiter erreicht man erneut eine Abzweigung nach links (PatSinLeng/Wilson Trail), der man sehr steile 600 Meter zum höchsten Punkt dieses Rundweges, dem **SinGuFeng**, auf 511 Höhenmeter folgt. Die **Aussicht** spricht für sich: Direkt unter dem Aussichtspunkt liegt das Clover Cove Reservoir, gegenüber der Bucht, gerade im Süden der MaOnShan (702 m), im Südwesten der höchste Berg HongKongs, der TaiMoShan (957 m). Die Hügel im Norden sind schon Grenzgebiet zur Provinz GuangDong.

Von hier aus kann man auf dem **Wilson Trail/PatSinLeng** (der Wilson Trail der New Territories bildete früher eine Einheit mit dem Wilson Trail auf HK-Island, s. S. 78), der von hier oben aus der chinesischen Mauer ähnelt, immer auf und ab 9,5 km am kleinen HokTau-Reservoir vorbei bis zum HokTau Visitor Centre wandern, von dort 20 Minuten der Straße nach Norden folgen, um an der ShauTauHok Rd. wieder Busanbindung (78K zur East-Rail-Station FanLing/SheungShui zu haben. Da es stetig auf und ab geht und die höchste Erhebung mit knapp 650 Metern erst noch erreicht werden muss, ist dieser Weg **nur sehr guten Wanderern** zu empfehlen (insgesamt sollte man ab TaiMeiTuk etwa 6 Stunden Dauer veranschlagen).

Auf dem hier vorgeschlagenen Rundweg geht man von PatSinLeng 600 Meter zurück zur Abzweigung und folgt den Hinweisen Richtung Bride's Pool. Der Abstieg ist fantastisch und anstrengend, nach 2,5 km ist dann die Bride's Pool Rd. erreicht.

Etwa 500 Meter vor der Bride's Pool Rd. gehen zwei weitere Abzweigungen zum **NamChung/LukKeng Trail** (6 km), der an der ShaTau KokHoi Bucht endet. Auch dieser Weg ist sehr empfehlenswert, allerdings muss aufgepasst werden. Es gilt wie für den Wilson/PatSinLeng-Trail, dass ab NamChung noch gut 1500 Meter zur ShaTauKok Rd. zur Busanbindung (78K) zu laufen sind. Nur wenige Meter weiter beginnt bereits das schmale und für Touristen abseits der Straße zum Grenzübergang gesperrte Grenzgebiet. Wird man hier unerwartet von blauuniformierten Soldaten angehalten, hat man ein kleines Problem, trifft man dagegen auf grüne Uniformen, hat man ein größeres ...

Direkt gegenüber beginnt dann der bereits zum Clover Cove Country Park gehörende **Bride's-Pool-Trail**, der an zwei Kaskaden vorbei oberhalb des Baches entlang hinunter zum Reservoir führt (Wegweiser „ChungMei" folgen). An der Brücke kann man mit etwas Glück Wasservögel wie Enten und Reiher beobachten. Kurz darauf fällt der – früher begehbare – Weg im wahrsten Sinne des Wortes ins Wasser, da er bei der Dammerhöhung geflutet wurde. Man sieht die Fortsetzung etwa 100 m weiter, kann aber nicht dorthin gelangen. Ganz rechts führt lediglich ein schmaler Trampelpfad hinauf zur Bride's Pool Rd., auf der man in gut 20 Minuten das TaiMeiTuk Visitor's Centre erreicht.

SaiKung 西貢

SaiKung umfasst die Halbinseln SaiKung und Clearwater Bay sowie rund 70 Inselchen vor der Ostküste. Mit nur 175.000 Einwohner ist SaiKung das am geringsten besiedelte Gebiet der SAR HongKong. Wassersport und Wandern sind die vorherrschenden Freizeitaktivitäten, die viele Bewohner HongKongs am Wochenende zum „Garten HongKongs" ziehen, wie die Halbinsel auch oft genannt wird.

SaiKung Stadt 西貢市

Am Busplatz liegt das neue **Sportzentrum**, in dem u.a. Squash, Tennis oder Schwimmen im Freibad möglich sind (18–24 HK$, 6.30–12, 13–18.30 und 19.30–22 Uhr, offen nur April bis Oktober).

Geht man ab Busbahnhof an der Promenade nach links, so endet der Weg nach etwa 400 Metern an einer kleinen Sandbucht. Rechts kommt man zu zahllosen Seafood-Restaurants, dem Fischereihafen und der **Altstadt**. Sie beginnt mit dem **TienHou-Tempel**, einem kleinen Taoistentempel zu Ehren der Meeresgöttin *MaZi* (im linken Flügel), im rechten Flügel wird *KwanTi*, dem Gott der Gerechtigkeit und des Krieges gehuldigt.

Links auf den Tempel blickend, beginnen die **Altstadtgassen**, in denen Kräuter, getrocknete Meerestiere und knusprige Enten (besonders empfehlenswert: No. 14 PoTung St.) angeboten werden. Wieder am Pier, kann man den Fischern beim Ausladen ihres Fanges über die Schulter blicken, außerdem warten hier die zahlreichen *kaidos* (kleine hölzerne Fährboote) auf Kundschaft. Auch wenn SaiKung viele Meeresfrüchte bietet, sei doch besonders auf das *Curry-House* an der SaiKung KungLu hingewiesen, das leckere

indische Küche zu erschwinglichen Preisen brutzelt.

› **An-/Abfahrt:** MTR Diamond Hill (Ausgang C1) mit Bus 92 (ca. 20 Min. Fahrt, 6,80 HK$) nach SaiKung (Endstation). Mit der MTR wird KowLoon schnell übersprungen, der gemütliche Doppeldecker dann aber im schöneren Landschaftsteil gemächlich dahinzuckelt. An Wochenenden und Feiertagen fährt zusätzlich zur 92 die 96R von Diamond Hill/ChoiHung über SaiKung bis WongShekPier (18,70 HK$), Bus 94 (6,80 HK$) täglich von SaiKung nach WongShekPier (Fähre nach TapMun).

Essen und Trinken

1 McDonald's
2 Starbucks
3 Duke of York Pub
4 Village Curry House Rest.
6 SaiHing Seafood Rest.
7 Dragon Boat Rest.
8 Steamers

Einkaufen

5 Supermarkt
9 städt. Markthalle
10 Fischgroßmarkt

041hk Abb.: wl

SaiKung-Country-Park
西貢東郊野公園

Etwa 15 Busminuten durch zunehmend einsamere Landschaft führen nach **PakTamChung**, dem Besucherzentrum des SaiKung-Country-Parks. Spätestens hier hat man alles Großstädtische hinter sich gelassen, und die Landschaft lädt zu kürzeren oder längeren Wanderungen ein.

Einen ersten Einblick gewinnt man im **Besucherzentrum** *(Visitor Centre)*, wo über Geografie, Flora und Fauna, ländliche Bevölkerung und Entwicklung sowie die Attraktionen des Parks informiert wird. Ein Kurzfilm zum Park rundet das Angebot ab. Es ist möglich, im nahegelegenen PoLeungKuk-Holiday-Camp zu übernachten (Tel. 2576 3386) oder Kajaks zu mieten. Das Besucherzentrum ist geöffnet tägl. außer Di 9.30–16.30 Uhr; Eintritt frei.

Man folgt der Straße über die Schranke hinweg etwa 200 m, bis auf der rechten Straßenseite (kurz vor einer Bushaltestelle) eine Brücke über einen Gezeitenbach (Chung) führt. Hier beginnt der **PakTamChung-Nature-Trail.** Der Weg führt zunächst den Bach entlang durch ehemalige Kräuter-, Obstbaum- und Bambusgärten bis hin zur ehemaligen Siedlung SheungYiu.

Erster erwähnenswerter Punkt ist der alte **Brennofen** der Hakka-Siedler, des-

◁ *Ehemaliger Ziegel-Brennofen der Hakka-Siedler im SaiKung-Country-Park*

Der MacLehose-Trail 麥理浩徑

Für Kurzurlauber kommt dieser Trail wohl weniger in Betracht, wer aber längere Zeit in HongKong bleibt, könnte durchaus Interesse am „Königsweg" unter HongKongs drei großen Wanderungen, dem MacLehose-Trail, finden.

100 km quer durch die New Territories von SaiKung über den höchsten Berg HongKongs (TaiMoShan, 957m) bis nach TuenMun ganz im Westen erstreckt sich der Wanderweg, genannt nach Lord MacLehose, dem langjährigen britischen Gouverneur von HongKong (1971–1982). Dessen Wanderlust und Naturverbundenheit machte ihn nicht nur zum „Patron" dieses Trails, er war auch maßgeblicher Initiator für die Errichtung zahlreicher Naturparks in der damaligen Kronkolonie.

Wie andere Trails auch wurde der MacLehose-Trail in 10 Teilabschnitte gegliedert, jeder mit einem Schwierigkeitsgrad von 1–3 versehen (s. Tabelle).

Zwar ist der gesamte Weg sehr gut beschildert und ein Verlaufen nahezu ausgeschlossen, dennoch empfiehlt es sich, diesen Trail nur in guter Kondition, mit genügend Getränken, Schlafsack/Zelt und entweder einer guten ***Karte*** *(Countryside Series, 1:25.000, SaiKung/Clearwater Bay, Central New Territories und North-West NT, je 50HK$, alternativ kostenlose Downloads unter www.hkwalkers.net) oder dem sehr guten* ***Wanderbüchlein*** *The MacLehose Trail von R. Peace (ca. 100HK$) durchzuführen. Beides gibt es in jedem HongKonger Buchladen.*

Wie bei einer Länge von 100 km auch nicht anders zu erwarten, passiert der Wanderer alle Höhenzonen und Vegetationsbereiche der ehemaligen Kronkolonie. Oft wird man allein unterwegs sein, nur wenige wagen sich an die Gesamtstrecke.

Wie beim HongKong Trail kann man auch bei dieser Wanderung unterwegs „aussteigen" und mit öffentlichen Verkehrsmitteln ins Zentrum fahren. Dies ist problemlos möglich nach Sektion 2 (Bus 94 nach SaiKung), nach Sektion 5 (TaiPo Rd., Bus 72), nach Sektion 8 (KamTin/Route Twisk, Bus 51 nach TsuenWan).

Vom ***Zeitbedarf*** *her sind zwei volle, sehr anstrengende Tage das Ziel ehrgeiziger Wanderer, die Regel sind allerdings zwei Übernachtungen.*

Die 10 Etappen des MacLehose-Trails

Abschnitt	*Schwierigkeit*	*Länge*	*max. Höhe*	*niedr. Punkt*
PakTamChung – LongKe Beach	*1*	*10 km*	*100 m*	*10 m*
LongKe Beach – PakTam Road	*2*	*4 km*	*300 m*	*10 m*
PakTam Road – KaiKongShan	*3*	*11,5 km*	*410 m*	*160 m*
KaiKongShan – Gilwell Campsite	*3*	*10,5 km*	*480 m*	*50 m*
Gilwell Campsite – TaiPo Rd.	*2*	*10 km*	*510 m*	*320 m*
TaiPo Rd. – ShingMun Reservoir	*1*	*5,5 km*	*280 m*	*130 m*
ShingMun Reservoir – Lead Mine Pass	*2*	*6 km*	*560 m*	*200 m*
Lead Mine Pass – Route Twisk	*2*	*10 km*	*957 m*	*400 m*
Route Twisk – TinFuTsai Campsite	*1*	*6,5 km*	*520 m*	*280 m*
TinFuTsai Campsite – TuenMun	*1*	*16 km*	*280 m*	*20 m*

sen Geschichte im wenige Meter dahinter liegenden **SheungYiu-Museum** in Wort und Bild erläutert wird. Im späten 19. Jh. kamen Hakka-Siedler nach SheungYiu und bauten das Wohnhaus für die Großfamilie, welches heute im Museum zu sehen ist. Diese Siedler lebten hauptsächlich vom Ziegelbau und errichteten mehrere Brennöfen. Das Museum besteht im wesentlichen aus einem restaurierten Wohnhaus für eine Großfamilie mit angeschlossenem Schweinestall. Es ist täglich außer Di und feiertags von 10 bis 17 Uhr geöffnet (der Eintritt ist frei).

Vom Museum kommt man entweder links zur TaiMongTsai Rd. oder geht geradeaus weiter zu den **Mangroven** und der **Geisterstadt.** Nach 350 Metern, an einem Strommasten vorbei, spaltet sich der Pfad: Links hinunter geht es in die Sümpfe (bei Regen & Flut), rechts geht es vorbei an mehreren gut erhaltenen, aber verlassenen Gehöften zur ebenfalls unbewohnten Siedlung WungYiChau. Ein weiterer Pfad führt aufwärts zum Bradbury-Campingplatz.

Wer sich an den **MacLehose-Trail** (s. S. 119) wagen möchte – der Startpunkt liegt am Visitor Centre.

› **Anfahrt** nur ab SaiKung mit Bus No. 94 (alle halbe Stunde, 6,80 HK$). Die Fahrt dauert 15–20 Minuten; an Sonn- und Feiertagen fährt auch die 96R ab MTR-ChoiHung via SaiKung und PakTamChung bis WongShekPier, man kann damit ohne Umstieg in SaiKung bis PakTamChung durchfahren. **Achtung:** Die Busse fahren unterwegs auf einen größeren Parkplatz, der oft mit dem Parkzugang verwechselt wird. Aussteigen erst am zweiten Parkplatz („PakTamChung“-Haltestelle), das Besucherzentrum liegt schräg links.

Lions Nature Education Centre und Naturlehrpfad

Der *Lions Club HongKong & Macau* errichtete 1991 dieses 34 Hektar große Erholungs- und Lehrgebiet, welches Ausstellungshallen (geöffnet tägl. außer Di 9.30–16.30 Uhr, Eintritt frei, Tel. 27922234) über Landwirtschaft und Fischerei sowie sehr hübsch angelegte Freiluftanlagen mit Geflügel, Steinen/Mineralien, Ranken, Kräutern, Gräsern, Gemüsen, Obst sowie einen ca. 650 m langen Naturlehrpfad und ein kleines Insektarium umfasst.

› **Anfahrt:** vierte Haltestelle ab SaiKung mit der 92 (96R an So/Fe) Richtung ChoiHung/Diamond Hill.

ToLo-Harbour/ nördliche Halbinsel SaiKung 吐露港，北西貢半島

Auf der Nordseite der SaiKung-Halbinsel liegt der fantastische ToLo-Harbour, der einem gigantischen Binnensee gleicht, das offene Meer ist nicht zu sehen. Von **MaLiuShui** („Pferdeurin“), einer jener Ortsnamen, der nicht ins Englische übersetzt wurde, läuft die Fähre eine Reihe interessanter Buchten wie auch die Insel TapMunChau (s. S. 156) an. Kurz hinter MaLiuShui (East Rail-Station University) passiert man mit dieser Fähre rechter Hand eines jener vietnamesischen Flüchtlingslager, welche durch die „boat people“ bekannt wurden, politische Flüchtlinge, die zu Zehntausenden in den 1980er-Jahren kamen und HongKong vor schier unlösbare Probleme stellten.

Am gegenüberliegenden Ufer ist der Damm des Plover Cove Reservoirs mit den dahinter gelegenen Bergen des PatSinLeng-Trails zu sehen, ehe steuerbord **ShamChung** und **LaiChiChong**, die ersten beiden Buchten im nördlichen Sai-

Kung angelaufen werden. Es ist möglich, von beiden Buchten aus den Wanderwegen bis HoiHa (hier nur Bus, kein Boot), ChekKeng (nur Fähranbindung) oder WongShek (No. 94 tgl., Bus 96R an Wo/Fe, sonst Fähre) zu folgen, man beachte den Fährplan zum ToLo-Harbour.

Die Fähre passiert anschließend eine **Polizeistation** mitten im Meer. Es werden Stichproben auf Schmuggelware und illegale Einwanderer gemacht, auch Touristen müssen eine Legitimation mit Bild vorweisen.

Nach dem nächsten Stopp auf der Insel TapMunChau (s. S. 156) wird das malerische **KoLauWan** angelaufen. Die kleine Siedlung wird von rund 50 Nachfahren der Piraten früherer Jahrhunderte bewohnt, noch heute wird nicht immer mit legalen Mitteln der Lebensunterhalt verdient: Eine 1997 durchgeführte Kontrolle förderte Hunderte originalverpackter TV Geräte aus der VR China zum Vorschein. Von KoLauWan kann man zu Fuß in wenigen Minuten eine Bucht erreichen, die allerdings nicht an die etwa 30 Gehminuten entfernte schönste Bade- und Surfbucht HongKongs im Südosten der Halbinsel heranreicht. Badesachen nicht vergessen.

› Die Fähre kostet zu allen Zielen Sa/So/Fei 28 HK$ einfach, Mo–Fr 18 HK$; Informationen zum aktuellen Fährplan unter Tel. 27711630 und www.td.gov.hk („public transport“, „ferries“, „kaito“, Fährpier auf Karte anklicken). Zusätzlich zu den in MaLiuShui/University genannten Verbindungen besteht die Möglichkeit, mit dem Boot zwischen TapMunChau (s. S. 156) und KoLauWan zu pendeln (5 Verbindungen täglich).

042hk Abb.: wl

Vor den spitzen Enden der Agave muss man sich hüten

043hk Abb.: wl

Manch ein Tempel im Hinterland wird von wilden Äffchen besucht

044hk Abb.: wl

Die New Territories zeigen im Frühsommer ihre Blütenpracht

Clearwater Bay 清水灣

Im äußersten Südosten der New Territories liegt die feine Badebucht Clearwater Bay, bestehend aus zwei Buchten, einer größeren (Bus-Endstation) und einer kleineren 200 m nördlich; verbunden sind beide durch einen kleinen Höhenpfad.

› Ab MTR Diamond Hill/Ausg. C1 oder MTR ChoiHung/Ausg. A1 jeweils Bus Nr. 91 (7,40 HK$) bis zur Endstation. Wer bis Diamond Hill fährt: unbedingt das ChiLin-Kloster (s. S. 96) besuchen!

Ebenfalls gut zum Schwimmen eignet sich **Silverstrand-Bay**, etwa 6 km vor Clearwater Bay; Bus 91 hält auf der Höhe (Schild zur Bucht), von dort geht man 500 Meter zu Fuß hinab.

Clearwater Bay – gut geeignet, um sich nach einer schweißtreibenden Wanderung zu erfrischen

Die Inseln

108hk Abb.: mb

LamMa 南丫島

Mit rund 13 km² Fläche ist LamMa keine große Insel, jedoch für einen Besuch wie auch als Wohngebiet im Hauptort YungShueWan außerordentlich beliebt – von den etwa 8000 Einwohnern LamMas sind beinahe die Hälfte Europäer und Amerikaner.

Der großen Beliebtheit LamMas, das als eines der ursprünglichsten Gebiete HongKongs bezeichnet wird, tat auch der Bau eines großen **Kohlekraftwerkes** sowie eines Zementwerkes keinen Abbruch. Beide wurden gegen großen Widerstand der Naturschützer HongKongs gebaut und sind heute für viele der jüngeren Bewohner LamMas der einzige Arbeitgeber.

Motorisierten Verkehr gibt es auf der Insel keinen, lediglich ein paar Lastdreiräder pendeln zwischen dem Kraftwerk und dem Hauptort YungShueWan. Mit Ausnahme des Mt. Stenhouse sind die Fußwege betoniert (teilweise steile Treppen) und daher für jedermann mehr oder minder einfach begehbar. Die meisten einheimischen Tagesbesucher, aber auch Touristen, fahren nach YungShueWan, essen in einem der zahlreichen Restaurants an der Hauptstraße und gehen dann – vielleicht – den 5 km langen Hauptweg nach SokKwuWan, um von dort mit der Fähre zurückzufahren. Dies ist sicherlich eine lohnenswerte Strecke, wenn man nicht allzu viel zu Fuß gehen möchte. Doch gerade der Südteil LamMas ist nahezu unberührt und lädt zu einer größeren Erkundung ein.

YungShueWan 榕樹灣

Da die meisten Fähren Central mit YungShueWan verbinden, hat sich das ehemalige Fischerdorf zu einer Ansammlung von Läden und Restaurants verwandelt. LamMa ist für seine exzellenten **Seafood-Restaurants** bekannt, die zudem weniger kosten als vergleichbare Lokale in HongKong oder KowLoon.

Eine Viertelstunde zu Fuß ab YungShueWan-Pier in südlicher Richtung am Weg nach SokKwuWan liegt die kleine **Sandstrandbucht HungShing-Ye**, wegen ihrer Nähe zum Hauptort LamMas allerdings auch die am häufigsten besuchte. Hier ist auch die touristische Erschließung am weitesten fortgeschritten (Concerto Inn Hotel & Restaurant), und weitere Hotels und Restaurants sind im Entstehen begriffen, sodass andere Strände ruhiger wirken.

Übernachtung
- **1** Bali Resort
- **2** Sun Hing
- **9** Concerto Inn Hotel
- **10** Youth Hostel u. Experimentalfarm

Essen und Trinken
- **3** Bäckerei; Sampan Seafood Rest.
- **4** LungWah Rest.
- **5** ManKee Rest., Lama Grill & Deli Café
- **6** Andy´s Seafood & Blue Goose Tavern
- **7** Carlos Tapas & TaiHing Seafood Rest.
- **8** Waterfront Bar/Rest. & Bookworm Café
- **9** Concerto Inn Restaurant
- **11** Fischlokal TaiYuan Seafood, Lamma Mandarin & Rainbow

LamMa
0 1 km
© Reise Know-How 2019
Pier
SokKwu Wan
1
2
3
4
5
6
7
8
Leuchtfeuer
PakKokSanTsuen
PakKok
LukChauWan
East LamMa Channel
Central
alte Steinbrüche (Quarry)
YungShue Wan
YungShueWan
Arbeitersiedlung
LoTikWan
LukChau
KoLong
9
HungShingYe
LukChauTsuen
Kraftwerk
Hung ShingYe Beach
Ahnengedenkhalle
10
Aussichtspavillon
Aberdeen
MoTatWan
SokKwu Wan
LoSoShing
11
SokKwuWan
MoTat
Hubschrauber-Plattform
LoShing Beach
LoShing Schule
TinHau Tempel
Cave Kamikaze
Friedhof
HaMeiWan
TungOWan
Rastpavillon
TungO
Mt. Stenhouse
353 m
HaMeiTsui
Sham Wan
YuenKok
TaiKok

- **An/Abfahrt:** Ab Central werden wechselweise YungShueWan und SokKwuWan angefahren (17,80 HK$, Sa/So 24,70 HK$, 35 Min.). Die TsuiWah-Ferries fahren für 19 (Sa/So/Fei 21) HK$ von YungShueWan von/nach Aberdeen (s. Fährplan rechts). Kaido s. SokKwuWan, S. 128.
- **Unterkunft:** Es besteht keine Notwendigkeit, auf LamMa zu nächtigen, da man alles Interessante an einem Tag erkunden kann.

  Das *Concerto Inn,* 28 HungShingYe Beach, Tel. 28363388, www.concertoinn.com.hk, bietet DZ ab 980 HK$ (Wochenende 1095 HK$). Wer länger in HongKong bleiben möchte, kann hier ein Zimmer ab drei Monaten mieten. Im Ort bieten zahlreiche Geschäfte ebenfalls Zimmer und Wohnungen für längerfristige Verträge an.

  Ebenfalls nicht schlecht, einfacher und praktisch direkt vor dem Pier bietet das *Bali Resort* in der 8 Main Street (Tel. 29824504, www.lammabali.com) eine Reihe unterschiedlich gestalteter DZ ab 400 HK$ und Studios mit Balkon und Meerblick bis 1800 HK$.

  Eine Alternative wäre das einfache *Sun Hing,* 17A, Yung Shue Wan Main Street, Tel. 29820405, mit kleinen Studios (inkl. Herd und Kühlschrank) mit Meerblick unter der Woche ab 650 HK$.
- Im Ortskern gibt es eine *HSBC-Bank* mit Maestro-Automat.
- **Restaurantauswahl:** Die Lokale liegen alle entlang der Main Street.

  Sampan Seafood (chinesisch), erstes großes Lokal beim Fährpier (16 Main Street, Tel. 29822388) mit den typischen Fischbassins zum Aussuchen.

  LungWah, chinesisch (Nr. 20 Main Street, nahe Pier, Tel. 28820791). Typisches lokales Fischrestaurant mit breiter Auswahl.

  Andy's Seafood (43 Main Street, Tel. 29820210) ist eines der weniger bekannten Restaurants vor Ort mit schöner Aussicht. Wenn erhältlich, ist der rote Zackenbarsch *(red grouper)* besonders zu empfehlen, dazu Brokkoli mit Knoblauch gedünstet – ein Gedicht!

  Waterfront Restaurant (Tel. 29821168, Nr. 58, tgl. 12–15 und 19.30–22.30 Uhr). Einer der Platzhirsche vor Ort mit faszinierender Mischung aus westlicher, indischer und kantonesischer Küche. Besonders empfehlenswert sind die Currys; es gibt auch etliche Kindergerichte.

  The Blue Goose Tavern, 47 Main Street, Tel. 29821688. Jüngeres Lokal im Ort mit (gelungenem) Mix aus westlichem Café (Frühstück, Burger...) und Fischlokal. Gelegentliche Live-Events (Musik, Comedy).

  Lamma Grill, 36 Main Street, Tel. 29821447. Amerikanisches Restaurant mit Steaks, Spearribs, Hotdogs, aber auch wechselnden Spezialmenüs und Events.

  Carlos Tapas, 54 Yung Shue Wan Main Street, Tel. 63445288, spanisches Tapa-Restaurant mit gelegentlichen Live-Events. Gilt als besonderer Tipp unter den ansässigen Expats, sehr gemütliche Atmosphäre – und natürlich mit Dutzenden diverser Tapas.

  Vegetarisch: *Bookworm Cafe,* 79 Main Street, Tel. 29824838. Köstliche, nahrhafte vegetarische Gerichte in einem Ambiente der etwas anderen Art. Wie eine kleine Bibliothek aufgemacht, kann man zum Essen in den zahlreichen Werken etlicher Sprachen stöbern.

  Eventgastronomie: *TaiHing* (Chinesisch), Tel. 29820339, Nr. 53 Main Street (eines der beliebtesten Lokale in YungShueWan). Hat einen Nachteil: Man muss telefonisch reservieren und ein Budget vereinbaren! Man kann z.B. 300 HK$ pro Person fix vereinbaren, dann wird entsprechend frisch eingekauft und zubereitet. Die Gerichte werden vorgestellt und erklärt, die Küche kann besichtigt werden.

ab SokKwuWan nach Aberdeen		ab Aberdeen nach SokKwuWan		ab Aberdeen nach YungShueWan		ab YungShueWan nach Aberdeen	
QuanKee-Gesellschaft				TsuiWah Ferry			
Mo-Sa	So&Fe	Mo-Sa	So&Fe	Mo-Sa	So&Fe	Mo-Sa	So&Fe
06.40	06.40	06.00	06.00	06.00	07.30	05.20	08.05
08.00	08.00	07.20	07.20	07.20	08.40	06.40	09.15
09.30	08.45	08.45	08.00	08.40	09.50	08.00	10.25
11.00	09.30	10.15	08.45	11.15	11.00	09.20	11.35
12.30	10.15	11.45	09.30	13.45	12.10	12.10	12.45
14.30	11.00	13.15	10.15	15.20	14.00	14.20	14.35
16.30	11.45	15.40	11.00	16.30	15.15	15.55	15.50
18.00	12.30	17.20	11.45	17.50	16.25	17.05	17.00
18.40	14.00	18.05	12.30	19.15	17.35	18.35	18.10
19.25	14.45	18.45	14.00	20.35	18.45	20.00	19.20
19.50	15.30	19.15	14.45	22.00	19.55	21.10	20.30
21.30	16.15	20.50	16.15				
22.50	17.00	22.10	17.00				
	17.45		17.45				
	18.30		18.30				
	19.15		19.15				
	21.30		20.50				
	22.50		22.10				

Central (Pier 4) nach YungShueWan		YungShueWan nach Central		Central (Pier 4) nach SokKwuWan		SokKwuWan nach Central	
HongKong & Kow Loon-Ferries (HKKF)							
Mo-Sa	So&Fe	Mo-Sa	So&Fe	Mo-Sa	So&Fe	Mo-Sa	So&Fe
06.30	07.30	06.20	07.30	07.20	07.20	06.45	06.45
07.00	08.00		08.00	08.35	08.35	08.00	08.00
07.30	08.30		08.30	10.20	10.20	09.35	09.35
				11.50	11.50	11.05	11.05
weiter	weiter	alle	weiter	13.50	12.50*	12.40	12.40
alle	alle	20 bis	alle	15.20	13.50	14.35	13.50*
30 Min.	30 Min.	50 Min.	30 Min.	16.50	14.35*	16.05	14.35
				18.45	16.05*	17.35	15.20*
23.30	23.30	23.30	18.30	20.20	16.50	19.35	16.05
00.00	00.00		19.00	21.50	17.35*		16.50
00.30	00.30		19.30	23.30	18.45		17.35
02.30 (nur Sa.)					19.20*		18.35
					20.20		19.35
					21.50		20.20
					23.30		21.05
							22.40
* bei Bedarf							

109hk Abb.: mb

PakKok 北角

Vom LoSoShing-Strand (sehr schöner Feinsand) führt der Weg stetig aufwärts Richtung Süden und passiert dabei zwei herrliche Aussichtspavillons. Zwischen den beiden führt ein Weg links vom Hauptweg zu einem Youth Hostel, das nur von Schulklassen für biologische Feldstudien genutzt wird. Rund um das Hostel liegen kleine Weiden und Experimentalfelder.

Der sehr reizvolle Weg quert dann das winzige **Fischerdorf PakKok**, das nur noch von einer Handvoll Menschen bewohnt wird. Am „Ortsende" verzweigt sich der Weg, man kann entweder direkt zu den Kamikaze-Höhlen gehen oder über den kleinen Strand der LoSoShing-Bucht, benannt nach der gleichnamigen Inselschule (Beschilderung beachten!), den Rundweg etwas verlängern. Werktags ist dieser sehr schöne Sandstrand völlig leer, der Kiosk hat nur in der Hauptsaison geöffnet.

Kamikaze-Höhlen und LoSoShing-Bucht

Dem Hauptweg folgend passiert man nach 300 Metern die bis zu 50 m in den Berg getriebenen sogenannten **„Kamikaze-Höhlen"**. Während des Zweiten Weltkrieges und der japanischen Besetzung HongKongs waren in den Höhlen Munitionsvorräte für die Küstengeschütze untergebracht.

SokKwuWan

Die 250-Seelen-Gemeinde lebt noch heute überwiegend von der Shrimp- und Austernzucht, aber auch von den **Restaurants** am Pier. Das **Fischlokal TaiYuan Seafood** (Nr. 15, Tel. 29828391) sieht aus wie eines der anderen in der Uferreihe, ist aber schon seit vielen Jahren gleichbleibend gut. Im Angebot stehen Menüs zum Festpreis. Ebenso empfehlenswert sind das etwas teurere **Rainbow** (SokKwuWan 1st St., Tel. 29828100)

mit eigenem Bootsshuttle und das **Lamma Mandarin** (Nr. 583, Tel. 29828128) mit u.a. vier Festpreismenüs.

Ferner gibt es ein paar kleine Läden und einen neueren **TinHau-Tempel** am Westende des Dorfes. Hier treffen der Südrundweg und der Hauptweg nach YungShueWan zusammen. Vor dem Pier liegen zahlreiche künstliche Inseln in der Bucht – hier werden Shrimps für die Restaurants und zum Verkauf nach HongKong gezüchtet. Die Fähre von/nach Central kostet 22 HK$ (Sa/So 31 HK$) einfach.

› Die Privatgesellschaft **QuanKee** (Infos unter www.ferry.com.hk) verbindet SokKwuWan 8–15 x tgl. (Sa/So/Feiertag öfter als werktags) für 12 HK$, So/Fei 18 HK$ (Octopus oder bar) mit Aberdeen (letzte Fähre: 18.45 bzw. So/Fe 22.10 Uhr). Es kann daher die tolle Tagestour LamMa (Yung-ShueWan, SokKwuWan), Aberdeen, Stanley (Direktbus) empfohlen werden!

MoTat

Vom Pier in SokKwuWan folgt man dem Weg nach links, wo er bald entlang steiler Klippen durch eine begrünte Felslandschaft nach MoTat führt. Die winzige Siedlung besteht aus etwa 25 Häusern überwiegend ausländischer Berufstätiger, die täglich nach HongKong Island pendeln. Rund um die Häuser wurden kleine Gemüsegärten angelegt, auch die Gardinen an einigen Fenstern zeugen vom angelsächsisch-europäischen Einfluss.

In der kleinen **Bucht MoTatWan** lässt es sich gut schwimmen, ferner legen hier in unregelmäßigen Abständen Kaidos (Fährboote) nach Aberdeen ab. Noch schöner zum Schwimmen und Schnorcheln ist allerdings die nächste Bucht, **ShekPaiWan**, die man meist für sich alleine hat, wie auch die sich anschließende **TungOWan-Bucht.**

110hk Abb.: mb

Von hier aus muss man ein paar Meter den Strand entlang gehen, ehe rechter Hand eine Treppe weiter zu der aus fünf Häusern bestehenden Siedlung **TungO** führt. Hier lebt heute nur noch ein knappes Dutzend vorwiegend älterer Einheimischer. Dahinter geht es aufwärts zur auf 132 Metern gelegenen Schutzhütte, wo auch der Aufstieg zum Mt. Stenhouse beginnt.

Industrie und Naturidylle finden sich auf LamMa in unmittelbarer Nachbarschaft

Blick auf SokKwuWan

Mt. „Sir Stan" Stenhouse 山地塘

Mit 353 Metern ist der Mt. Stenhouse die **höchste Erhebung** LamMas, gleichzeitig aber auch die sicherlich größte Herausforderung für Wanderfreunde. Der gesamte Südwestteil LamMas wird von der steilen Hügellandschaft des Berges geprägt, der schon manchen Wanderer zur Verzweiflung gebracht hat, der nicht denselben Weg **von Osten** her hin- und zurück nehmen wollte. Von der Schutzhütte könnte man geradeaus zum Tin-Hau-Tempel nach SokKwuWan gehen, links zweigt der deutlich sichtbare Pfad über einen Rastpavillon hinauf zum Gipfel ab. An- und Abstieg sind bei jedem Wetter schwierig; bei Sonne wegen des Flüssigkeitsverlustes, bei Regen wegen Rutschgefahr und bei diesigem Wetter wegen des heftigen Windes.

Außerdem ist der Pfad auf der Nordseite nur sehr schwer zu erkennen. Besteigt man Mt. Stenhouse **von Norden** her, geht man zunächst bis LoSoShing-Bucht und achtet vor der Treppe zum Strand auf eine ausgebrannte Hütte mit einem Drahtzaun. Davor geht ein Trampelpfad nach links, der sich nach 25 Metern wieder verzweigt; der linke Pfad führt zum Gipfel. Insgesamt ist dieser Aufstieg nur geübten Wanderern zu empfehlen, vom Pavillon zwischen TungO und SokKwuWan aus ist der Pfad deutlich einfacher zu finden.

Die **Aussicht vom Gipfel** allerdings lohnt alle Mühen – Aberdeen, Stanley und Ocean Park auf HongKong Island, SokKwuWan wie auch YungShueWan sind deutlich zu sehen. Der Spaziergang über CheungChau erfolgt am besten im Uhrzeigersinn, da die Sonne beim Fotografieren so etwas günstiger steht.

CheungChau 長洲

Trotz der geringen Größe von 2,5 km² wird CheungChau von mehr als 30.000 Menschen bewohnt, womit die kleine Insel die am dichtesten besiedelte der SAR ist. Die gelassene, geruhsame Lebensweise der Bewohner wurde nicht oder nur unwesentlich von den Entwicklungen in den anderen Teilen HongKongs beeinflusst, sodass Cheung Chau eines der **beliebtesten Ausflugsziele** für einheimische und auswärtige Touristen bleibt. Die Insel ähnelt in ihrer Form einem dreiblättrigen Kleeblatt, in dessen Zentrum das Hauptwohngebiet mit Geschäften und Lokalen liegt. Hier kann man noch die **traditionelle Arbeits- und Lebensweise** der Chinesen beobachten, die im Erdgeschoss ihr Geschäft betreiben und gleich darüber wohnen.

Wer nicht viel Zeit hat, kann an einem Tag sowohl das kleine CheungChau besichtigen als auch einen Besuch des Po-Lin-Klosters auf dem benachbarten LanTau anschließen. Die meisten einheimischen Touristen bleiben im Hauptort, um in den zahlreichen Lokalen **frischen Fisch und andere Meeresfrüchte** zu genießen. Es ist trotz der steilen Wege sehr einfach, wenn auch manchmal etwas anstrengend, die gesamte Insel zu Fuß bequem zu umrunden und dabei alle sehenswerten Punkte zu erreichen. Entlang der Uferpromenade werden auch Fahrräder vermietet – doch ist dies überflüssig und wegen der steilen Wege auch meist unnütz. Motorisierte Fahrzeuge gibt es auf der Insel keine, von einigen kleinen, dreirädrigen Lastkarren abgesehen. Am besten wendet man sich an der Fähre nach Norden (links) und umrundet CheungChau im Uhrzeigersinn.

CheungChau
0 500 m
© Reise Know-How 2019
HongKong
LanTau
Radarstation
Scenic Garden
Neubausiedlung
TaiKwaiWan
TungWanTsai
TungWanShan
Aussichtspavillon
PakTai Tempel
TungWan
Fahrrad-
verleih
Praya St.
PakShe Rd.
SanHing St.
(altes Zentrum)
Hauptpier
(Central, LanTau)
Kaido Pier
(von/nach SaiWan)
TungWan
Beach
Hubschrauber-
landeplatz
Caritas
Jugendzentrum
NamSheTong
KwanYum
Tempel
Marinestation
KwanTiKung
Pavillon
TinHau
Tempel
ChaungChau
Sportplatz
Menschenkopf-
Felsen
Kaido
TaiHing Tai Rd.
Peak Rd.
Schule
FaPeng Rd.
DonBosco Rd.
FaPengKnoll
SaiWan
Nam
TanWan
Meteorologische
Station
TinHau Tempel
Borg
ChungLok
Garten
CheungPoTsai Höhle
PoYueWan Beach
und „Kletterpartie“
friedhof
PoYue
Wan
Pak TsoWan Beach
PakTso
Wan
Essen und Trinken
1 New Baccarat Rest.
3 Morokkos Rest.
5 Mc Donald´s
6 Markthalle & Garküche
7 Chin. Fastfood
8 Thai Food Rest.
10 Fresh Bazil Pizzeria
Übernachtung
2 Cheung Chau B&B
8 Jolly Guesthouse
Nachtleben
9 Bingo Bar
Einkaufen
3 Wellcome Supermarkt
4 7/11 Minimarkt
5 Circle K Minimarkt
St. John’s

048hk Abb.: wl

TaiKwaiWan 大貴灣

Entlang der ChungKwai Rd. kommt man bald zu einer kleinen Sandbucht, an der das neuere kleine **Wohngebiet Scenic Garden** entstand. Hier kaufen oder mieten sich zunehmend auch ausländische Arbeitnehmer eine Wohnung – mit der Fähre erreicht man Central ebenso rasch wie die New Territories. An der CheungPak Rd. geht es rechts den Hügel hinauf, gleich links liegt ein kleiner Rastpavillon.

TungWanShan 東灣山

Weiter den steilen Weg hinauf erreicht man eine Abzweigung, der man links zum mit 100 Metern höchsten Punkt der Insel, dem TungWanShan folgt. Vom **Aussichtspavillon** aus bietet sich ein herrlicher Blick über CheungChau und die umliegenden Inseln: Im Nordwesten liegt LanTau, im Osten LamMa (zu erkennen an den Schornsteinen des Kraftwerkes), dahinter HK-Island und nach Südost blickt man hinunter auf die Ostseite CheungChaus.

PakTai-Tempel 北帝廟

Folgt man der Abzweigung nicht links zum Gipfel, sondern nach rechts, führt ein Höhenweg hinunter an den Ortsrand zum PakTai-Tempel, auch **YuHsuKung** genannt. Der Tempel stammt aus dem Jahre 1783 und wurde seinerzeit dem Meeresgott *PakTai,* Schutzpatron der Seefahrer, gewidmet. Nach einer chinesischen Legende brach im Jahre 1777 eine Seuche aus. Fischer brachten daraufhin vom Festland eine Statue des PakTai nach CheungChau – mit Erfolg: Die Seuche verschwand auf wundersame Weise. Um die Statue wurde dann ein Tempel errichtet. Die Krone auf dem Haupt des Gottes wurde während eines Besuches von *Prinzessin Margaret* und *Lord Snowdon*

1966 gestiftet. An der rechten Altarseite steht ein knapp 2 m langes Schwert, welches bereits zur Zeit der Sung-Dynastie, also einige Jahrhunderte vor dem Wunder geschmiedet wurde.

Die Einwohner widmeten es PakTai, dessen Statue mit dem Schwert auf der Sänfte des Tempels während des legendären *Bun Festivals* (engl: Brötchenfest; 3-tägig, im Mai) auf den Tempelvorplatz getragen wird. **Achtung:** Zu dieser Zeit gibt es ausschließlich vegetarische Speisen auf CheungChau.

TungWan 東灣

Vom Tempel geht man via PakShe und KwokMan Rd. Richtung Ostufer. Hier erstreckt sich in beide Richtungen die TungWan-Bucht, die bei den Einheimischen beliebteste **Badebucht**. Mittlerweile gibt es sogar Surfbrettverleiher, auch werden hier zuweilen Windsurf-Wettbewerbe ausgetragen.

KwanYum-Tempel 觀音廟

An der nächsten Bucht (KwanYum Bay) hinter dem Warwick-Hotel liegt an einer Gabelung links der KwanYum-Tempel, der dem gleichnamigen buddhistischen Boddhisatva der Barmherzigkeit geweiht ist. Der Tempel ist zwar im taoistischen Stil errichtet, Vermischungen der Glaubensrichtungen sind aber in Südchina keine Seltenheit.

080hk Abb.: wl

Löwenfigur vor dem PakTai-Tempel mit Kugel im Maul. Rollt man sie und bleibt sie links oben liegen, erwartet man Nachwuchs!

Farbenfroher Hafen von CheungChau

RenTouShi (Menschenkopf-Felsen) 人頭石

An der Gabelung geradeaus führt der Weg steil bergan am **Caritas-Jugendzentrum** auf der linken Seite vorbei. Diese Einrichtung wurde 1962 von dem deutschen Priester *Paul Koppelberg* gegründet, der mit Hilfe der im deutschen Kulturkreis bekannten Sternensänger den finanziellen Grundstein für die Anlage legte. Die Idee war die Schaffung einer Freizeitanlage mit sportlichen Aktivitäten, Grillabenden und sonstigen Freizeitbeschäftigungen insbesondere für die Kinder aus HongKongs ärmeren Familien.

Hinter dem Zentrum liegt eine fünffache Gabelung. Hier folgt man dem Wegweiser geradeaus Richtung FaPeng. Wenig weiter erreicht man erneut eine Abzweigung, an der es links hinunter zu den sogenannten „Menschenkopf-Felsen" geht. Die Felsen hier werden von den Einheimischen so genannt, weil sie,

Das Brötchenfest

Der Prinz PakTai soll vor 3000 Jahren ein beneidenswert tugendhaftes und edles Leben geführt haben. Nach seinem Tode wurde er in den Rang eines Kriegsgottes gehoben und befehligt seither die himmlischen Legionen im Kampf gegen die dämonischen Mächte. Um den dritten Tag des dritten Mondes (meist April) wird sein Geburtstag auf CheungChau mit einem großartigen Fest begangen. Tatsächlich wird der zeitliche Rahmen des Festes von einem Organisationskommitee ausgelost und in die Zeit ***zwischen dem letzten Tag des dritten und dem zehnten Tag des vierten Mondes*** *gelegt.*

Seit einer verheerenden Seuche, vermutlich der Pest, im späten 18. Jh. wird zum Dank an die wundersame Rettung der Insel durch den Gott dieses Fest gefeiert. Die Einwohner glauben, jene Seuche sei auf die toten Seelen der von den auf CheungChau ansässigen Piraten getöteten Fischer zurückzuführen. Um diese Geister zu besänftigen, werden ihnen traditionelle Geisterspeisen auf dem Tempelvorplatz angeboten. Die Statue des PakTai wird in einer Sänfte auf den Vorplatz getragen und drei Pappmaché-Bildnisse werden errichtet, welche SheungShang (Erdgöttin), ToTeiKung (Hausgott) und TaiSzuWong (Gott der Unterwelt) symbolisieren.

Spektakulärste Opfergaben sind drei knapp 20 Meter hohe ***Brötchentürme*** *(BaoShan,* 包山 *= Brötchenberg), die nicht eher angerührt werden dürfen, ehe nicht die Geister (in der Praxis die nächtlich umherstreunenden Hunde und Katzen) ihren Teil genommen haben. Anschließend langen auch die Einheimischen zu, vorzugsweise von den Spitzen der Türme, die für das Folgejahr das meiste Glück bringen sollen. Da es in der Vergangenheit zu regelrechten Schlachten um die besten Stücke kam, verteilt heute das Organisationskommitee die Brötchen an die Umstehenden.*

Besonders farbenfroh ist die ebenfalls während des Festes stattfindende sogenannte ***schwebende Prozession,*** *bei der in bunte historische und Fantasiekostüme gekleidete Schulkinder durch die Gassen getragen werden. Dies symbolisiert die Vertreibung der Seuche und Aussöhnung mit den Geistern.*

050hk Abb.: wl

◁ *„Schwebende Kinder" beim Bun Festival (Brötchenfest)*

einige Fantasie vorausgesetzt, aus der Erde ragenden Köpfen ähneln, die aufs Meer hinaus blicken. Immerhin hat man von hier aus einen schönen Ausblick bis nach HK-Island.

KwanTiKung-Pavillon 關公忠義亭

Von den Felsen geht man wieder hinauf zur Abzweigung, nun aber geradeaus weiter über die ruhige und hübsche Wohnanlage FaPengKnoll (geradeaus) und das 100 Meter weiter gelegene, unscheinbare Kloster KwaiYuan (nicht der Öffentlichkeit zugänglich) wieder hinunter in Richtung Hauptort. Man bleibe bis zum Ende auf dieser Straße und biege dann rechts ab, wo nach etwa 50 Metern der KwanTiKung-Pavillon aus dem Jahre 1973 rechts liegt.

KwanTi, eine historische Figur aus der Zeit der 3 Reiche (220–280), war ein mächtiger General aus dem Reich Shu. Er half seinem Fürsten *LiuBei*, die Macht in Shu zu übernehmen. KwanTi, nicht selten durch ein rotes Gesicht charakterisiert, ist für Taoisten ein Symbol für Gerechtigkeit, Macht und Loyalität. Sein Geburtstag am 24. Tag des 6. Mondes wird besonders in der SAR HongKong gefeiert. Die 2,50 m hohe Statue wurde aufwendig aus einem einzigen Stück Kampferholz geschnitzt und stammt aus dem Zentrum der KwanTi-Verehrung, dem gleichnamigen Tempel von TaiChung auf TaiWan.

PakTsoWan 白鯆灣

Wieder auf dem Weg zurück, folgt man diesem nach links aufwärts bis zur Middle School (hier wieder links, nicht Middle Hill Rd.). Nach der meteorologischen Station folgen der ChungLok Garden mit einem der chinesischen Dichterin *YanSze ChungTsoi* gewidmeten Pavillon und der große Friedhof mit Krematorium. Gleich hinter diesem erreicht man eine beschilderte Weggabelung. Dieser folgt man nach links hinunter zur PakTsoWan, der **schönsten Bucht von CheungChau.** Sauberer Sand, klares Wasser mit Felsboden, keine Menschenseele weit und breit (zumindest außerhalb der Saison), sattes Grün rundum – man kann hier leicht vergessen, in HongKong zu sein.

Von hier aus kann man entweder wieder hinauf und dann links zum Kaidoo-Anleger gehen oder, viel besser, dem Uferweg links folgen. Der letzere Weg hat nur einen Haken: In der nächsten Bucht, **PoYueWan**, endet er plötzlich nach 200 Metern und setzt sich auf der anderen Seite in altem Glanz fort. Man kann sehr vorsichtig über die rutschigen Felsen hinabsteigen und dann durch einen schmalen Spalt nahe am Wasser auf die andere Seite gelangen.

CheungPoTsai-Höhle 張保仔洞

Am Ende dieses Uferweges (Stufen) gabelt sich der Weg, links geht es hinunter zum sagenumwobenen Versteck des Piraten *CheungPoTsai*. Er machte Briten wie Chinesen das Leben schwer und befehligte über 40.000 Mann sowie rund 400 Schiffe. Der eigentliche Regent an den Küsten Südchinas war in der Tat *CheungPoTsai*, den chinesischen Legenden zufolge niemand an Grausamkeit und angehäuften Beutegütern übertraf. Die Höhle auf CheungChau war einer seiner Unterschlüpfe und ist begehbar, allerdings nur mit Taschenlampe. Die ersten Meter winden sich spiralförmig nach unten und sind so eng, dass „vollschlank“ gebaute Mitteleuropäer stecken bleiben.

SaiWan 西灣

Einst eine Armensiedlung wurde die Westbucht CheungChaus inzwischen mit einer Uferpromenade an den Hauptort angebunden. Am Ufer führt ein Weg direkt zum Hafen zurück (20 Min. Fußweg), man kann sich aber auch am Pier in ein Kaido setzen (motorisiertes Holzboot), das alle paar Minuten für 10 HK$ zum Haupt-Fährpier pendelt.

Unterkunft und Transport

- **Unterkunft:** Gegenüber der Anlegestelle steht eine Reihe kleiner Stände, an denen per Bildkatalog **private Zimmer** vermittelt werden. Man sucht sich einfach ein Zimmer aus und wird dann hingeführt. Die Preise bewegen sich zwischen 500 und 950 HK$, an Wochenenden bis zu 50 % mehr. Das einzige echte **Hotel** ist das *Warwick-Hotel*, Tel. 31766312, www.warwickhotel.com.hk, mit DZ zu 800–1400 HK$, während der Woche bekommt man ein luxuriöses Zimmer wegen Kundenmangels mit etwas Verhandlungsgeschick für etwa knapp 900 HK$! *CheungChau B&B*, 12–14 TungWan Rd., Tel. 29869990, www.bbcheungchau.com.hk, bietet Übernachtungen mit Frühstück in modernen, freundlichen Zimmern für 2 bis 8 Personen (diverse Standorte, vorher buchen). Abgesehen vom 8er-Zimmer (ab 1800 HK$) ziemlich teuer, da eher Nobelsuite denn B&B. Das kleine *Jolly Guesthouse*, TaiHingTai Rd./Ecke ChumSum Lane, Tel. 31884505, bietet acht moderne DZ mit Bad zu 450 bis 900 HK$ je nach Nachfrage.
- **An-/Abreise:** Von/nach Central (HK-Island): etwa 40 x täglich fast rund um die Uhr, tagsüber spätestens alle 30 Min. Die Fähre benötigt 55 Min., das Schnellboot 25 Min. Einfach 13,60 HK$ (1.-Klasse-Schnellboot 21,30 HK$), So/Fe 20,20 HK$ (Schnellboot 31 HK$). Außerdem pendelt 8–14-mal/Tag eine Fähre zwischen CheungChau und Aberdeen (30–32 HK$, http://marisferry.com.hk). Die Inter-Island Fähre kostet je nach Strecke 13,40–24,50 HK$.

Fährplan Central – CheungChau

Ab Central (Pier 5)		Ab Cheung Chau	
Mo–Sa	**So&Fe**	**Mo–Sa**	**So&Fe**
0.30, 1.30, 4.15, *6.10 7.00, *7.40, 8.00, 8.40, *9.15, 9.45, 10.15, 10.45, *11.15, 11.45, *12.15, 12.45, *13,15, 13.45, *14.15, 14.45, *15.15, 15.45, *16.15, 16.45, *17.20, 17.40, *18.00, 18.20, *18.45, 19.00, *19.30, 19.45, *20.15, 20.30, *21.00, 21.15, *21.45, 22.00, 22.30, 22.45, *23.15, 23.45	0.30, 1.30,4.15, *6.30, 7.00, *7.30, 8.00, *8.30 9.00, *9.30, 10.00, 10.30, 11.00, *11.30, 12.00, *12.30, 13.00, *13.30, 14.00, *14.30, 15.00, *15.30, 16.00, *16.30, 17.00, *17.30, 18.00, *18.30, 19.00, *19.30, 20.00, *20.30, 21.00, *21.30, 22.00, *22.30, 23.00, *23.30, 23.55	2.20, 5.10, *5.50, 6.20, *6.40, 7.00, *7.15, 7.45 *7.50, 8.00, 8.20, *8.40 9.00, 9.30, *10.15, 10.45, *11.15, 11.45, *12.15, 12.45, *13.15, 13.45, *14.15, 14.45, *15.15, 15.45, *16.15, 16.45, *17.15, 17.40, 18.20, 19.00, *19.15, 19.45, *20.00, 20.30, *20.45, 21.15, *21.30, 22.00, *22.15, 22.45, 23.15, 23.45	2.20, 5.10, 6.00, *6.30, 7.00, *7.30, 8.00, *8.30, 9.00, *9.30, 10.00, *8.4010.30, 11.00, *11.30,12.00, *12.30, 13.00,*13.30, 14.00, *14.30,15.00, *15.30, 16.00,*16.30, 17.00, *17.30,18.00, *18.30, 19.00,*19.30, 20.00, *20.30,21.00, *21.30, 22.00,*22.30, 23.00, *23.30

*normale Fähre (ansonsten Schnellboot; www.nwff.com.hk)

PengChau 坪洲

Wie viele andere kleine Inseln HongKongs zeichnet sich auch PengChau durch fehlenden Straßenverkehr aus, nur einige kleine Betonpfade durchqueren die gerade einmal 1 km² große Insel. Immerhin wohnen hier 8000 Menschen – eine unglaublich hohe Bevölkerungsdichte also.

Außerhalb der Hauptsiedlung, in der auch sehr viele Ausländer ihren Wohnsitz genommen haben, erscheint Peng-Chau jedoch durch viele **kleine Gärten** sehr ländlich und grün.

Da etliche Fährboote von Central oder CheungChau auf dem Weg nach LanTau auf PengChau halten, lohnt es sich durchaus, hier einen Rundgang zu „wagen". Zu wagen deshalb, da nirgendwo sonst die Hunde so fremdenfeindlich scheinen wie hier. Neben Zwei- und Vierbeinern bevölkern vor allem Schmetterlinge und Eidechsen die Insel, die leicht in einer guten Stunde durchstreift werden kann.

Höchste Erhebung mit schönen Rundblicken bis LanTau ist ein 95 Meter hoher und leicht zu erreichender **Hügel**, im Ort lohnt der **TinHau-Tempel** mit einem sehenswerten Schiffsmodell den Besuch.

Nach Auskunft vieler länger in Hong-Kong lebender Ausländer gibt es aber nur einen einzigen Grund, um nach Peng-Chau zu kommen: den gemütlichen **Tino Club Thai** in der 38 WingHingStreet (Tel. 63533882), in dem vorzügliche südostasiatische Gerichte (thai-chinesisch) serviert werden. Leckere Kleinigkeiten und Snacks bietet das **KeeSum Café** ein Stück weiter in Nr. 38 (Tel. 29830554).

› **An-/Abfahrt:** mit HKK-Ferry **von/nach Central** (15,90 HK$, 22,80 HK$ an Wochenenden & Feiertagen), oder deren Schnellboot für 29,60 HK$, Sa/So 43,50 HK$ (s. Fährplan).

Fährplan Inter Island
(Die Pfeile geben die Fahrtrichtung an)

Peng-Chau	Mui-Wo	ChiMa-Wan	Cheung-Chau
7.00	< 6.35		< 6.00
5.40 >	6.00 >	< 6.15	
	< 7.10	< 6.55	< 6.35
7.30 >	8.00 >	8.20 >	
	< 9.30	<9.10	< 8.45
9.45 >	10.10 >	10.30 >	
	< 11.45	< 11.20	< 10.50
11.55 >	12.25 >		
	< 13.20		< 12.45
13.35 >	14.00 >	14.20 >	
	< 15.20		< 14.50
15.40 >	16.00 >	16.20 >	
	< 17.30	< 17.10	16.50
17.55 >	18.15 >		
	19.30	< 19.05	18.45
19.50 >	20.10 >	20.30 >	
	< 21.30		< 21.00
21.50 >	22.20 >		
	< 23.20		< 22.50
23.40	23.59		

Von/nach MuiWo (LanTau) um 7, 22,60, 22.50, 23.15 und 0.05 Uhr oder (besser) mit dem Inselshuttle (13,40 HK$, Fährplan s. CheungChau).

Von/nach ChiMaWan (LanTau) und CheungChau 7 x tgl., Fährplan s. CheungChau.

Zum Trappistenkloster (LanTau): Eine interessante Kaidoo-Verbindung besteht von PengChau über das Trappistenkloster zur Discovery Bay (beide LanTau), welche von 6.30 bis 22 Uhr tgl. alle 45 bis 60 Min. die Route PengChau – Discovery Bay fährt und 10 x tgl. beim Trappistenkloster stoppt (letzte Weiterfahrt dort 17.10 Uhr). So sind LanTau (Disco Bay) und eine Wanderung über das Kloster nach MuiWo/LanTau kombinierbar.

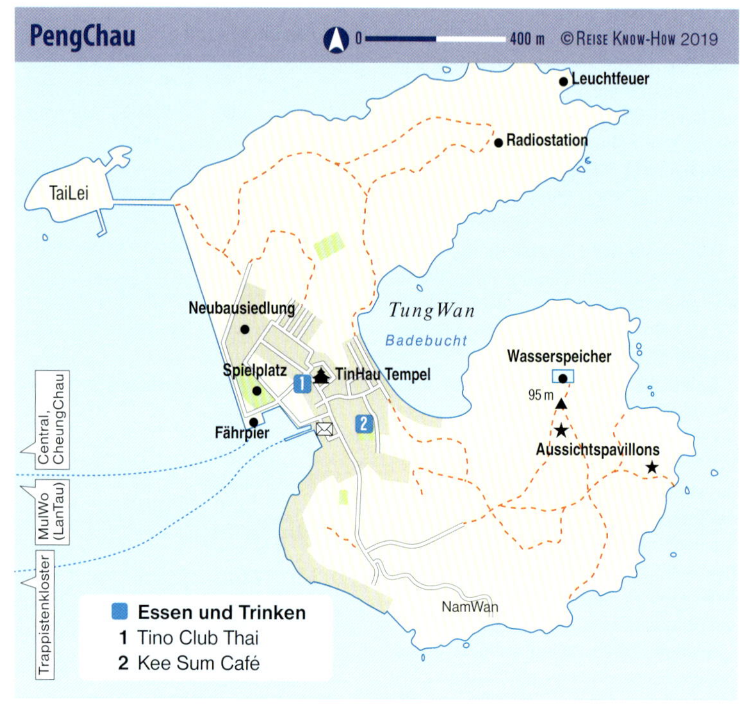

Fährplan Central – PengChau			
Ab Central (Pier 6)		**Ab PengChau**	
Mo–Sa	**So&Fe**	**Mo–Sa**	**So&Fe**
0.30, 3.00, *7.00, 8.00, *8.20, 9.15, *10.00, 10.45, *11.30, 12.15 *13.00, 13.45, *14,30, 15.15, *16.10, 16.45, *17.30, 18.00, *18.30, *19.00, 19.30, 20.30, 21.15, *22.00, 22.45, *23.30	0.30, 3.00, 7.00, 7.50 8.40, *9.30, 10.20, *11.10, 12.00, *12.50, 13.40, *14.30, 15.20, *16.10, 17.00, *17.50, 18.40, *19.30, 20.20, *21.10, 22.00, *22.50, 23.40	3.40, *6.15, *7.00, 7.30 *7.45, *8.10, 8.30, *9.15 10.00, *10.45, 11.30, *12.15, 13.00, 13.45, 14.30 *15.15, 16.00, *16.55 17.30, *18.15, 18.45 *19.45, 20.30, *21.15 22.00, *22.45, 23.30	3.40, 6.30, *7.00, 7.50 *8.40, 9.30, *10.20, 11.10, *12.00, 12.50, *13.35, 14.30, *15.20, 16.10, *17.00, 17.50, *18.40, 19.30, *20.20, 21.10, *22.00, 22.50, *23.35

*normale Fähre (ansonsten Schnellboot; www.hkkf.com.hk)

LanTau

Mit gut 146 km² ist LanTau beinahe doppelt so groß wie die Hauptinsel Hong-Kong Island und damit seit jeher die größte Insel der ehemaligen Kronkolonie. In früheren Jahrhunderten diente LanTau den südchinesischen Piraten als Bastion, während die Engländer nahezu keine Anstrengungen unternahmen, die Insel zu erschließen. So blieb LanTau bis zum Bau des Flughafens relativ unberührt und vom Fortschritt verschont. Buddhistische Schulen entdeckten die Abgeschiedenheit und friedliche Stille der Insel für sich und gründeten etliche Klöster, darunter das weltberühmte Po-Lin-Kloster mit der größten bronzenen Buddhastatue der Welt. Strände, hohe Bergketten mit üppigem Grün und zahlreiche Wanderwege machen LanTau für jene Besucher besonders attraktiv, die dem Trubel KowLoons entkommen und ein paar Quadratmeter Platz um sich herum haben möchten.

Auf LanTau leben knapp 110.000 Menschen, davon ca. 15.000 in MuiWo und etwa 2000 in TaiO, die meisten jedoch in den erst mit der Eröffnung des Flughafens ChekLapKok und der über Nord-LanTau führenden Bahn-/Straßentrasse erschlossenen hochmodernen Trabantenstädten **TungChung** und **Discovery Bay.**

Dennoch wird diese Entwicklung – so zumindest die aktuelle Einschätzung – keine negativen Auswirkungen auf die Attraktivität Zentral- und Süd-LanTaus haben, und dies aus einem einfachen Grund: Von der Nordküste führt nur eine recht schmale, bergige Straße zentral von TungChung zur Südküste sowie ferner eine neue Tunnelstraße von Discovery Bay bis zur Nordküste. Diese Tendenz wurde auch beim Bau von **Disneyland** beibehalten (nur per MTR oder über die Flughafenautobahn erreichbar), und auch die neue Seilbahn **„NgongPing 360"** von TungChung nach PoLin verkürzt zwar die Reisezeit von Central nach NgongPing auf etwa 1 Stunde, aber ohne jegliche Ausweitung des Straßenverkehrs.

Ein **empfehlenswerter Tagesausflug** nach LanTau könnte – ohne Disneyland – wie folgt aussehen: MTR (HK-Station) bis TungChung, Seilbahn zum Kloster, Bus nach TaiO (Rundgang), dann per Bus nach MuiWo und Wanderung via Trappistenkloster zur Discovery Bay, Schnellboot nach Central.

Bei einem Nachtflug nach Europa könnte man auch am letzten Tag den „City Check In" des Airport Express nutzen, um dann ohne Gepäck den letzten Tag auf LanTau zu verbringen.

„Klassischer" ist jedoch die Fährfahrt von Central nach MuiWo, Bus nach TaiO, dann NgongPing und dort entweder Wanderung nach TungChung (MTR nach Central) oder – besser – Bus zurück nach MuiWo und Wanderung über das Trappistenkloster zur Discovery Bay (Fähre nach Central).

MuiWo 梅窩

Zentraler Anlaufpunkt für den Transport nach und auf LanTau ist die kleine Siedlung MuiWo an der Ostküste. Wer ähnliche Lebhaftigkeit vom Hauptort erwartet wie in KowLoon, der wird sich schon bei der Ankunft mit der Fähre getäuscht sehen: kaum Verkehr, wenig Lärm, eine geradezu friedlich kleinstädtische Idylle.

Es lohnt sich, ein wenig den Uferweg entlangzuschlendern; im kleinen Garten

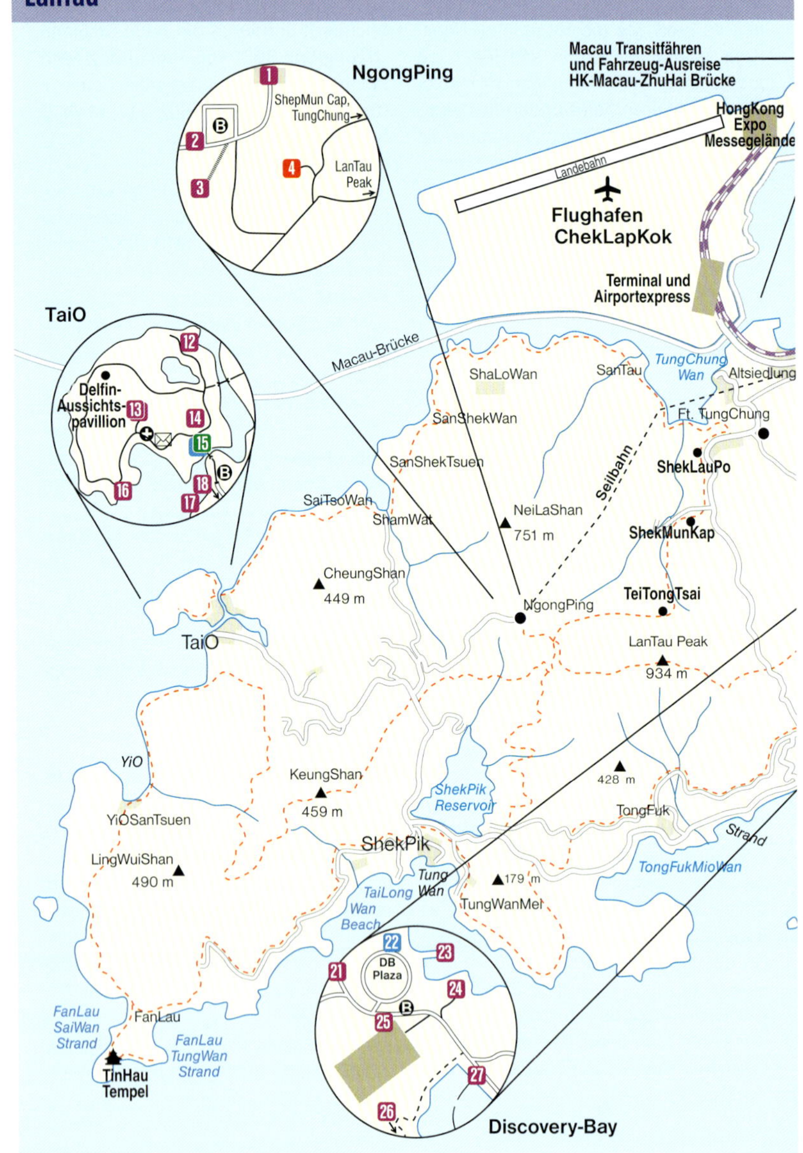
LanTau
NgongPing
ShepMun Cap, TungChung
LanTau Peak
Macau Transitfähren und Fahrzeug-Ausreise HK-Macau-ZhuHai Brücke
HongKong Expo Messegelände
Landebahn
Flughafen ChekLapKok
Terminal und Airportexpress
TaiO
Delfin-Aussichts-pavillion
Macau-Brücke
ShaLoWan
SanTau
TungChung Wan
Altsiedlung
Ft. TungChung
SanShekWan
SanShekTsuen
ShekLauPo
Seilbahn
SaiTsoWan
ShamWat
NeiLaShan 751 m
ShekMunKap
CheungShan 449 m
TeiTongTsai
NgongPing
TaiO
LanTau Peak 934 m
YiO
KeungShan 459 m
ShekPik Reservoir
428 m
YiOSanTsuen
TongFuk
Strand
ShekPik
LingWuiShan 490 m
Tung Wan
TaiLong Wan Beach
179 m
TungWanMei
TongFukMioWan
DB Plaza
FanLau SaiWan Strand
FanLau
FanLau TungWan Strand
TinHau Tempel
Discovery-Bay

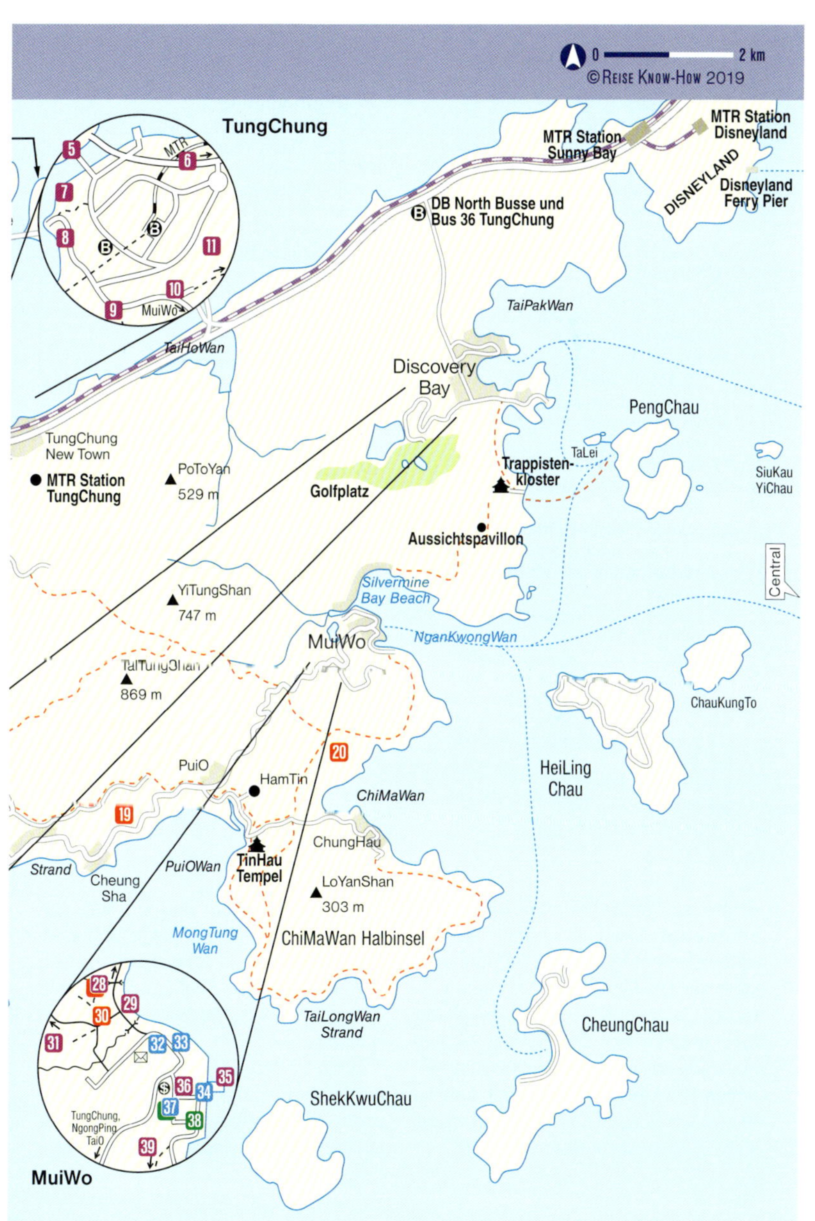
0
2 km
© Reise Know-How 2019
TungChung
MTR
MuiWo
MTR Station Sunny Bay
MTR Station Disneyland
DISNEYLAND
Disneyland Ferry Pier
DB North Busse und Bus 36 TungChung
TaiPakWan
TaiHoWan
Discovery Bay
PengChau
TaLei
SiuKau YiChau
TungChung New Town
MTR Station TungChung
PoToYan
529 m
Golfplatz
Trappisten-kloster
Aussichtspavillon
Central
YiTungShan
747 m
Silvermine Bay Beach
NganKwongWan
MuiWo
869 m
ChauKungTo
PuiO
HamTin
ChiMaWan
HeiLing Chau
Strand
Cheung Sha
PuiOWan
TinHau Tempel
ChungHau
LoYanShan
303 m
MongTung Wan
ChiMaWan Halbinsel
TaiLongWan Strand
CheungChau
ShekKwuChau
TungChung, NgongPing, TaiO
MuiWo

Legende zur Karte LanTau

Diverses
1 NgongPing-Kloster
2 Seilbahn u. NgongPing Village
3 Buddha-Statue & Museum
5 CheckLapKok-Flughafen
6 AE, Autobahn n. HongKong
7 TungChung Battery
8 TungChung Old Town/Pier
9 Fußweg NgongPing
10 TungChung Old Town/Fort
11 Fußweg YiTungShan/LanTau-Trail
12 HauWong Tempel
13 KungSheng Tempel und ShaoLin WuShu Schule
14 KwanThai Tempel
16 Wochenendfähre nach Central und TaiO Heritage Hotel
17 Salzpfannen
18 nach MuiWo, NgongPing, TungChung
21 zum DB North-Bereich
23 Fährpier nach Central
24 Hubschrauberlandeplatz
25 Polizei
26 Fußweg zum Trappistenkloster und nach MuiWo
27 Kaidos zum Trappistenkloster
28 Fußweg zum Trappistenkloster und nach Discovery Bay
29 Silvermine Bay Strand
31 zum ManMo Tempel
35 Fährpier
36 Fahrradverleiher
39 Start LanTau Trail zur ChiMa Halbinsel

Übernachtung
4 YHA NgongPing S.G. Davis Youth Hostel
19 SanShekWan-Frauenjugendherberge
20 NanShan-Campingareal
28 zum MuiWo Inn
30 Silvermine Beach Hotel

Essen und Trinken
15 FukMoonLam Rest.
22 New Garden Food Court
32 Seafood Restaurants
33 Garküchen
34 Fast Food und Minimarkt
37 LanTau Fast Food Rest.

Einkaufen
15 Markt
37 Bäckerei
38 Supermarkt

rechts von der Fähre steht ein bemerkenswertes Relikt der frühen chinesischen Siedler LanTaus: **der Gemarkungsstein der Feudalfamilie Li** aus dem späten 13. Jahrhundert (Sung-Dynastie). Der Stein mit den vier chinesischen Zeichen markierte das Lehensgebiet des Sung-Beamten *LiMaoYing*. Bei dem Stein handelt es sich um eine Nachbildung, das Original steht im Museum of History (s. S. 88).

Nur wenige Meter entfernt liegt das Areal der **Garküchen** MuiWos ursprünglich gedacht für die Zubereitung frischen Fisches, bieten sie heute aber alle Köstlichkeiten der schnellen chinesischen Küchen an.

Nördlich des Flüsschens finden Sonnenanbeter einige gute Badestrände, einen guten Kilometer landeinwärts schließlich den taoistischen **ManMo-**

Tempel mit den Gottheiten *Man* (Literatur) und *Mo* (Justiz).

Sehr empfehlenswert ist der etwa **zweistündige Fußweg** zwischen MuiWo und Discovery Bay über das Trappistenkloster. Der Weg ist überwiegend betoniert und sehr leicht zu begehen, führt aber steil (einigermaßen fit sollte man sein) von der Küste auf gut 240 Höhenmeter. Von MuiWo aus geht man immer am Ufer entlang, am Ende der Bucht erreicht man nach einem kurzen Anstieg eine Abzweigung (beschildert), wo links die lange und steile Treppe zum höchsten Punkt des Weges mit einem Aussichtspavillon führt. Hier blickt man auf MuiWo, die Insel PengChau, den Golfplatz von Discovery Bay wie auch auf das Trappistenkloster, welches noch gut 10 Minuten vom Pavillon entfernt liegt. **Achtung:** Es ist auch möglich, den Fußweg von Discovery Bay aus zu starten und anschließend in MuiWo einen Bus nach TaiO oder zum PoLin-Koster zu nehmen – umgekehrt geht dies aber nicht, da von Discovery Bay aus lediglich Busse von/nach TungChung verkehren sowie die Fähre nach Central.

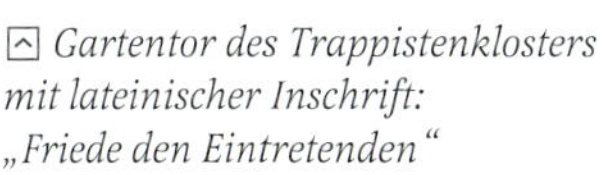

☒ *Gartentor des Trappistenklosters mit lateinischer Inschrift: „Friede den Eintretenden“*

051hk Abb.: wl

Trappistenkloster „Our Lady of Joy“ 熙篤會神樂院

Das christliche Kloster ist nach meinem Dafürhalten der friedlichste und stillste Ort menschlicher Besiedlung in China. Christliche Klöster sind generell Orte der Beschaulichkeit und der Ruhe, doch muss man die historische Entwicklung der Trappisten berücksichtigen, um das Besondere an diesem Kloster zu verstehen: Anfang des 12. Jh. entstand in Frankreich und Deutschland der Zisterzienser-Orden, der sich organisatorisch nach den strikten Regularien der Benediktiner richtete, aber stärker zentralisiert war. Im Zuge der Reformation verloren die Zisterzienser große Teile ihrer Mitglieder, darunter einige an den 1664 von *Armand de Rance* gegründeten katholischen „Reformzisterzienser“-Orden der Trappisten, welche die beschauliche, aber strenge Lebensweise der Zisterzienser übernahmen. Sie beachteten die Ordensregel zum steten Stillschweigen, nahmen rein vegetarische Nahrung zu sich, lebten von harter Feldarbeit und in asketisch einfachen Bauten. Mit dem Ausbau des europäischen Handels in China kamen auch die Trappisten; ein Ableger dieses Ordens besteht noch heute und setzt die schweigsame, asketische Ordensregel fort.

Hauptbetätigung der Mönche ist die **Milchwirtschaft** auf den kleinen Weiden rund ums Kloster, deren Erzeugnisse vom klostereigenen Pier täglich nach HongKong verkauft werden.

Sehenswert sind die schlichte, kleine **Kirche** jenseits der Brücke sowie der berühmte **Blumengarten** mit einem Marienschrein und der Aufschrift *Pax intrantibus* (Friede den Eintretenden) sowie innen *Salus exuntibus* (Gruß den Gehenden) am Gartentor.

Es ist möglich, im Kloster eine bescheidene vegetarische Mahlzeit zu erhalten oder auch zu nächtigen (Männer und Frauen getrennt) – allerdings nur nach schriftlicher Voranmeldung:

- **Trappist Haven Monastery,** LanTau, P.O. Box 5, PengChau. Das Kloster hat auch Telefon (29876286), benutzt es aufgrund des Schweigegelübdes aber nur ungern, wenn, dann nur zur Annahme von Mitteilungen.
- **Nach Discovery Bay** folgt man dem breiten „Kreuzweg" etwa 350 Meter abwärts, ehe ein kleiner Pfad nach links (Vorsicht: kleines Schild) führt. Auf dem Betonweg weiter hinunter kommt man zur Anlegestelle des Klosters für Kaidos nach PengChau (Fährverbindungen s. S. 137).
- **Nach MuiWo** folgt man vom Kloster dem Betonweg aufwärts und lässt die Kapelle linker Hand liegen. Kurz darauf teilt sich der Weg – ein kleines gelbes Schild weist den Weg nach halblinks Richtung MuiWo.

Discovery Bay – ein mondänes, abgeschottetes Wohngebiet

Discovery Bay 愉景灣

Mit zunehmenden Wohlstand der Oberklasse HongKongs entstand der Bedarf an exklusiven, abgeschotteten Wohnlagen. Mitte der 1970er-Jahre „entdeckten" findige Investoren die ruhige Bucht Discovery Bay im Nordosten LanTaus und bauten sie zielstrebig zu einem **Luxuswohngebiet** aus. Eigene Fähranbindung an Central, eigene Busse von jedem Hochhaus zur Anlegestelle mit Ausnahme einer Busverbindung zum Flughafen, keine Straßenverbindung zum Rest LanTaus und somit keinerlei Pkw-Verkehr, eine eigene Schule und ein modernes, europäisch anmutendes Einkaufszentrum machen Discovery Bay zu einem Staat im Staate, den man als das St. Tropez HongKongs ohne Touristen bezeichnen kann. In der Tat gleicht die Nobelsiedlung eher einer modernen europäischen Siedlung mitten im südchinesischen Meer, viele Europäer haben sich nicht zuletzt aufgrund der Tatsache, dass man auf einen Pkw verzichten kann, hier niedergelassen.

Die beiden Einkaufs- und Restaurantzonen, D-Deck beim Pier und DBN-North Shopping Center im Norden, lohnen einen Besuch.

Neben einem kurzen Bummel durch das Zentrum rund um die Anlegestelle lohnt sich die **Wanderung nach MuiWo** über das Trappistenkloster. Vom Fährpier aus geht man hinauf zur Hauptstraße, dort links bis zum alten Hafen rechter Hand. Davor geht man scharf rechts den Uferweg entlang.

Im DBN-North Shopping Center (s. auch Kapitel „Verpflegung auf LanTau", s. S. 154) können sich Familien in HongKongs größtem Indoor-Freizeitpark, dem

052hk Abb.: wl

Discovery Land, Tel. 24410098, www.discoverylandhk.com, tgl. ab 9.30 Uhr, vergnügen – Rutschen, Kletterwände, Minigolf uvm.

- Die **Schnellboote** „Discovery Bay" pendeln in den Stoßzeiten alle 8, ansonsten etwa alle 25 Minuten zwischen Discovery Bay und Central (einfach 46 HK$, 25 Minuten). Die gleiche Linie fährt um 7.25, 11, 15, 16.10 und 18.10 Uhr ab Discovery Bay nach Mui Wo, um 7.45, 11.20, 15.20, 16.20 und 18.30 Uhr ab MuiWo zurück (24 HK$), an Wochenenden und Feiertagen verkehren drei zusätzliche Boote von/nach MuiWo.
- In Central liegt die **Ablegestelle** an Pier 3
- **Linienbus-Anbindung** besteht sowohl zum 3 km nördlich gelegenen neuen DBN-North Shopping Center, nach TungChung sowie zur MTR-Station Sunny Bay: DB 01 R vom Fährpier nach TungChung, fast durchgehend etwa alle 20 Minuten, 9,80 HK$; DB 01 S vom DBN-North Shopping Center nach TungChung; DB 02 A DBN-North zum Flughafen; DB 02 R Fähre – Flughafen; DB 03 P DBN-North – Sunny Bay (MTR) 7.30–21.30 Uhr etwa alle 30 Min., 9,80 HK$; DB 03 R Fähre – Sunny Bay (MTR); C 9 verbindet den Fähr-Busplatz mit dem DBN-North Shopping Center; damit ist (statt Fährfahrt DB Fährpier nach Central) ein Besuch des DBN-North Shopping Center mit anschließender Busfahrt zur MTR Sunny Bay möglich.
- **Kaidos** verkehren zwischen D-Bay, Peng-Chau und dem Trappistenkloster

TungChung 東涌

Im frühen 19. Jh. verunsicherten die Piraten des südchinesischen Meeres alle Seeleute und Küstenfischer zunehmend, sodass der kaiserliche Qing-Hof eine Reihe von schwer bewaffneten Festungen auf mehreren Inseln errichten ließ. Zu den bedeutendsten dieser Festungen gehörte das Fort XiTai auf den (heute taiwanesischen) Pescadoren von 1884 sowie das **Fort TungChung** aus dem Jahre 1816. Es wurde in den 1980er-Jahren restauriert, wird wegen des seltenen Busverkehrs jedoch kaum von Touristen besucht. Das Fort liegt 1500 m vor dem Pier auf der rechten Straßenseite und ähnelt eher einem chinesischen Tempel. Man achte im Bus nach Tung Chung-Pier auf ein englischsprachiges Schild, sobald man die Siedlung erreicht hat.

Um den Pier liegt die alte **Siedlung TungChung**, östlich davon – jenseits der kleinen Bucht – die Trabantenstadt **TungChung New Town** direkt an der neuen Bahn-/Straßentrasse vom Flughafen ins Zentrum. Die LanTau-Buslinie No. 3 endet an der MTR Station.

Für Langstreckenwanderer empfehlen sich zwei Routen von/nach TungChung: ab PoLin-Kloster (s. S. 147) über ShekMunKap und ShekLauPo (6 km, knapp 2 Stunden) sowie vom TungChung Fort 2 km die WongLungHang-Straße hinauf, 200 Meter vor deren Ende liegt rechter Hand ein Pfad hinauf Richtung YiTungShan/TaiTungShan, wo man auf den LanTau-Trail (s. S. 151) trifft und bis MuiWo (11,5 km, ca. 4 Gehstunden) marschieren kann. Eine Straße und ein Wanderweg verbinden die Neustadt und TungChung Old Town. Der Wanderweg führt von der ShunTung Rd. über die Hügel zur TungChung-Battery. TungChung wird damit zu einem wichtigen Verkehrsknotenpunkt zwischen Flughafen, LanTau, HongKong Island, KowLoon und den New Territories. Neben der MTR fahren in der MTR-Station sowie auf der ShunTung Rd. u.a. folgende Busse:

LanTau-Busse

- 3M von/nach MuiWo, 6–24 Uhr alle 20–30 Min.
- 11 von/nach TaiO, 5.20–0.15 Uhr alle 15–45 Min.
- 23 von/nach NgongPing, 7.15–18 Uhr alle 20–40 Min.
- A35 vom/zum Flughafen (5.35, 7.30, 17.10, 22 und 0.15 Uhr ab TungChung, 6.25, 6.55, 8.35, 18.25 und 23.30 Uhr ab Flughafen)

Nach HongKong, KowLoon und in die New Territories fahren u. a. folgende Linien:

- A/E/N 11 von/nach Central (HK-Island)
- A/E/N 21 von/nach HungHom, YauMaTei, MongKok (KowLoon)
- E 41 von/nach ShaTin (New Territories)

Disneyland-Resort 香港迪士尼樂園度假區

Seit 2006 strömen die Massen – geplant sind jährlich rund 10 Millionen Besucher – ins HongKonger Disneyland, welches abgeschottet im Nordostzipfel LanTaus auf 126 Hektar für über **3,5 Milliarden HK$** gebaut wurde. Der Park besteht derzeit aus vier Großbereichen: der Main Street USA (pseudohistorisch), Pirateland (Spiel- und Abenteuer, z. B. Tarzans Baumhaus), Fantasyland (Begegnungen mit den berühmten Disneyfiguren) sowie Tomorrowland (rasante Fahr-Attraktionen). Aber ehrlich: Bei rund 65 € Eintritt fährt man eigentlich nicht nach HongKong, um dort ins Disneyland zu gehen.

Beim Fährpier (entgegengesetzt von der MTR-Station) wurden ein Hollywood-Hotel und ein **Disneyland-Hotel** gebaut, wo man ab 2100 HK$ gleich neben dem Park logieren kann.

- **Infos** für die Vorfreude oder **Hotelreservierungen** unter http://park.hongkongdisneyland.com; der Park hat tgl. von 9–18 Uhr geöffnet, Eintritt: 619 HK$, Kinder unter 12 Jahren zahlen 458 HK$, Senioren ab 65 J. 100 HK$.
- **An-/Abfahrt:** die einfachste Möglichkeit ist die Nutzung der MTR (TungChung-Linie bis Station „Sunny Bay – Disneyland-Resort-Line"), wo man in die eigens im Disney-Stil gebaute Linie umsteigt.

NgongPing – kitschige Touristenmeile und großartiges Kloster zugleich

111hk Abb.: mb

NgongPing (PoLin-Kloster) 昂坪 (寶莲寺)

Das **PoLin-Kloster** zählt zu den zehn wichtigsten Klöstern des Buddhismus und wird in einem Atemzug mit buddhistischen Hochburgen wie FoKuangShan (TaiWan), Kandy (Sri Lanka) oder ShueiDaGon (Myanmar) genannt. Das *PoLin ChingTzi,* wörtlich: „wertvoller Lotus Meditationskloster“, wurde in den 20er-Jahren des 20. Jahrhunderts von Eremiten gegründet und 1928 offiziell eröffnet. Der heutige Komplex mit zahlreichen Einzelhallen stammt allerdings erst aus den 1970er-Jahren, als PoLin in eine GmbH mit einem vorstehenden Abt sowie einem Mönchsdirektorium umgewandelt wurde.

Gleich an der Busstation liegt unübersehbar der **TianTan-Tempel** (Himmelstempel) mit der größten sitzenden **Buddhastatue** der Welt, dem Wahrzeichen LanTaus. Der Bau des 26 Meter hohen und über 200 Tonnen schweren Kolosses, den man bei schönem Wetter schon beim Anflug auf Hong-Kong sieht, dauerte 10 Jahre und kostete rund 70 Millionen HK$. Aus Kostengründen wurden einzelne Teile in NanJing (VR China) gegossen und erst vor Ort zusammengesetzt. 260 Stufen führen zum Buddha hinauf, in dessem Inneren ein Museum untergebracht ist. Auf dem Podium stehen sechs Boddhisatvas, jeweils zwei Tonnen schwer. Sie stellen sechs Wege zur Erleuchtung mittels sechs verschiedener Opfer dar: Blumen, Räucherstäbchen, Licht, Salbe, Früchte und Musik. Innen zeigen Gemälde die Stationen des historischen Buddha und ist eine Reihe buddhistischer Kalligrafien ausgestellt. In einem kleinen Schrein des Obergeschosses soll sich – durch ein Vergrößerungsglas erkennbar – ein Knochen des historischen Buddha befinden.

Der Zutritt zur Buddhastatue ist kostenlos. Für das im Untergeschoss befindliche Museum wird eine Eintrittsgebühr erhoben, wobei auch Kombikarten verkauft werden, die entweder einen Imbiss oder eine große Mahlzeit im vegetarischen Restaurant des Klosters enthalten.

Zur **Haupthalle** des nahegelegenen PoLin-Klosters gelangt man durch eine Vorhalle mit dem dickbäuchigen *MiLoFu* (Boddhisatva der Gutmütigkeit), an dessen Rückseite *Veda,* der Hüter des Buddhismus, die bösen Geister vor dem Weitergang zur Haupthalle hindert. In der Haupthalle sitzt ein Buddha-Dreigestirn, welches aus Buddha (Mitte) sowie dem Boddhisatva des Heilwesens (rechts) und dem Boddhisatva des westlichen Paradieses (links) besteht. Im Untergeschoss der Haupthalle befinden sich einige weitere kleinere Schreine, unter anderem für *KwanYum (GuanYin),* den Boddhisatva der Barmherzigkeit. Bemerkenswert ist die mit vielfarbigen Keramikkacheln gestaltete Dachformation, an deren äußeren vier Enden Tierfiguren den Abschluss bilden. Zu deren Bedeutung gibt es zwei Erklärungen: Es handelt sich um Figuren des chinesischen Tierkreiskalenders (wahrscheinlicher), oder sie dienen den vegetarischen Buddhisten als Erinnerung, keine Tiere zu verletzen (so die offizielle Erklärung in HongKong).

Eine moderne **Seilbahn (NgongPing 360)** verbindet NgongPing mit TungChung, an klaren Tagen ein schönes Erlebnis mit tollen Ausblicken (Normalkabine 160 HK$/einfach, mit Glasboden 210 HK$; wer ein E-Ticket unter www.np360.com.hk bucht, umgeht die Schlangen an Wochenenden). Rund um die Bergstation baute man zudem ein recht kitschiges „klassisch-chinesisches“ Dörfchen (NgongPing Village) mit Souvenirständen, Imbisslokalen und einer **Multimediashow.**

› **Anfahrt:** Am einfachsten ist die Verbindung mit der MTR-TungChung-Linie bis TungChung und die Weiterfahrt mit der direkt an der MTR-Station gelegenen Seilbahn („NgongPing 360“; einfach 160 HK$, Kinder 75 HK$. Zahlreiche Pakete mit Showbesuchen u. a. erhältlich, z. B. der „360 Fun-Pass“, der für 315 HK$ die Hin- und Rückfahrt der Seilbahn sowie den Eintritt in mehrere Shows beinhaltet. Kommt man mit der Fähre nach LanTau nimmt man den Bus No. 2 von/nach MuiWo oder No. 21 von/nach TaiO. Von/nach TungChung No. 23, etwa stündlich.
› **Übernachtung:** YHA NgongPing S.G. Davis Youth Hostel (s. S. 153). Empfehlenswert vor allem für Wanderer, die früh den LanTau-Peak besteigen möchten.
› **Wisdom Path:** Auch wer nicht den LanTau-Peak erklimmen möchte, sollte den 30-minütigen Rundweg zum „Pfad der Weisheit“ (Wisdom Path) in Erwägung ziehen. Es handelt sich um 38 riesige Stelen mit Weisheiten der Herz-Sutra, einer chinesischen Gebetsversion, welche in den drei großen Religionen/Philosophien (Konfuzianismus, Budhismus und Daoismus) eine große Rolle spielen. Die auf den Kalligrafien TsungYis basierenden Stelen wurden als liegende Acht (math. Zeichen für unendlich) angeordnet. Rundweg: ab Buddha links, dann beschildert; ab Wisdom Path links und wieder links zurück zum Kloster.

LanTau-Peak 鳳凰山

Mit 934 Metern stellt der **FungWong-Shan**, gemeinhin auch LanTau-Peak genannt, die höchste Erhebung der Insel dar. Der **Aufstieg** dauert ab Kloster rund eine Stunde und lohnt sich unbedingt.

Er beginnt links an der Treppe zur Buddha-Statue. Wenn man später an eine Abzweigung kommt, geht man geradeaus zum Gipfel (links geht es via YHA NgongPing S.G. Davis Youth Hostel auf die andere Seite des PoLin-Klosters). Nach etwa 700 Metern folgt eine Dreier-Abzweigung: Links gelangt man via TeiTongTsai- und ShekMunKap-Kloster nach TungChung, geradeaus zum Gipfel und rechts auf dem LanTau-Trail zur Südwestküste.

Vom **Gipfel** aus kann man leicht dem LanTau-Trail für 3 km nach Osten folgen und trifft auf die TungChung-Straße, wo Bus No. 3 zwischen MuiWo und TungChung pendelt. Man kann dieser Straße auch weitere 2,5 km nach Süden zur Hauptstraße folgen, wo wesentlich häufiger Busanbindungen bestehen.

TaiO 大澳

Die kleine, direkt mit LanTau verbundene Insel TaiO im Westen dürfte die älteste menschliche Siedlung auf LanTau sein; bis zur Erschließung der Trabantenstadt TungChung New Town und des Luxus-Wohnviertels Discovery Bay war sie auch die größte.

Hier wohnen die Nachfahren des Volkes der **Tanka**, südwestchinesischer Migranten, die näher mit den Völkern Südostasiens verwandt sind als mit den Han-Chinesen. Auch sprachlich zeigt sich dies beispielsweise in den Zahlen von eins bis zehn, die im Kantonesischen dem Thai (!) ähnlicher sind als dem Mandarin-Hochchinesischen; auch ist der Name der Tanka-Vorfahren *Yueh* identisch mit dem heutigen chinesischen Namen Vietnams *YuehNam.* Die Tanka lebten traditionell von der Salzgewinnung, etliche alte Salzpfannen an der Küste zeugen davon. Der Fischfang für den lokalen Bedarf spielt noch heute eine große Rolle, wie man auf dem Markt des Ortes leicht feststellen kann.

Interessant und eigenartig ist auch die Bauweise auf TaiO: Viele **Häuser** stehen zum Schutz vor Hochwasser auf Holzstelzen, was TaiO auch den Beinamen „Venedig HongKongs" einbrachte. Viele der neueren kleinen Häuschen (ursprünglich aus Holz) sind seit einem Großbrand aus Stahlblech gebaut, was an eine seltsame Mischung aus Garage und Miniaturhangar erinnert. Außer den kleinen Booten gibt es auf dem Inselchen TaiO keinen motorisierten Verkehr; eine der größten Attraktionen, die seilgezogene Fähre, welche das Festland mit TaiO verband, wurde 1996 leider durch eine Fußgängerbrücke ersetzt. Am Ende der Brücke befindet sich ein kleines Museum (Eintritt frei). Viele der „Stelzenhäuser" wurden bei dem Brand vor einigen Jahren zerstört.

Am kleinen Stadtmarkt liegt auch der **KwanTai-Tempel** aus dem frühen 16. Jh., gewidmet dem Gott der Gerechtigkeit und Schutzpatron der Armen. Das Pferd im Eingang rechts gehörte zu der Hauptfigur selbst, das linke zum Han-Kaiser *LiuPei,* dem *KwanTai* diente. Weitere taoistische Figuren im Tempel sind *WaTou* (Gottheit der Medizin, links) und *ChoiSan* (Gottheit des Wohlstandes, rechts vom Hauptgott). *KwanTis* Geburtstag am 24. Tag des sechsten Mondes, also

26.7.2019 und 13.8.2020, wird hier farbenfroh gefeiert.

Vor dem KwanTai-Tempel links dem Weg folgend, erreicht man nach 10 Min. den **HungSheng-Tempel** (lokaler Daoistengott) und nebenan das Gelände eines Ablegers der berühmten ShaoLin-Kung-Fu-Schule (Meditationskurse, http://shaolincc.org.hk).

Links davon (versteckt) beginnt ein schöner Rundweg, der über ein „Delfin-Denkmal" und einen idyllischen **Aussichtspavillon** hinunter zum Aussichtspunkt über die HongKong-Macau-Brücke und dem YeungHau/HauWong-Tempel führt. Er wurde 1699 zu Ehren eines Getreuen des Sung-Kaisers Ping errichtet. Dieser unterstützte den Kaiser, als er vor den nahenden Mongolen nach Südchina floh. Hau-Wongs Geburtstag ist ein viertägiges Fest (6. Tag des 6. Mondes). Der Höhepunkt sind die über HongKongs Grenzen hinaus bekannten Theateraufführungen am Tempel.

Wer die lokalen **Fischereierzeugnisse** frisch zubereitet probieren möchte, wird im FukMoonLam-Restaurant (Tel. 29857071) am Markt fündig. Besonders beliebt sind hier Krabben und Shrimps, gedämpfte Fischbällchen stehen bei Wochenendausflüglern aus KowLoon hoch im Kurs.

- **An-/Abfahrt:** Fähre (s. rechts), Bus 21 von/nach NgongPing bzw. Nr. 1 von/nach MuiWo
- **Unterkunft:** TaiO Heritage Hotel €€€€€, Shek Tsai Po Street, www.taioheritagehotel.com, Tel. 2985 8383. Sehr exklusive Anlage, die aus der 1905 gebauten TaiO-Polizeistation entstand. Koloniales Flair bei modernem und luxuriösem Ambiente – das hat allerdings seinen Preis: Ü/F gibt es ab 3000 HK$.

Eine Besonderheit ist der **HongKonger Ableger der berühmten ShaoLin-WuShu-Schule:** In der ehemaligen Grundschule kann man Kurse belegen (Martial-Arts-3-Tageskurs 450–1000 HK$ inkl. Übernachtung), aber auch wohnen (ShaoLin WuShu, TaiO Main St., TaiO, Tel. 29858898, www.shaolincc.org.hk, dort „Hostel Rental"). Die herbergsähnliche Unterkunft ist sehr preiswert (ab 400 HK$ für ein EZ ohne Bad, bis zu 1500 HK$ für das Achtbettzimmer). Vegetarische Menüs kosten 35 HK$ (Frühstück) bzw. sonst 45–50 HK$.

ShekPik-Reservoir 石壁水塘

Sowohl per Bus von MuiWo nach NgongPing/TaiO wie auch zu Fuß auf dem LanTau-Trail (s. S. 151) passiert man den **Staudamm** des ShekPik-Reservoirs. Dieser Süßwasserspeicher versorgt seit 1973 nicht nur LanTau mit Frischwasser, sondern über Untersee-Pipelines auch Teile HongKongs. Unterhalb des Dammes liegt eines der größten Gefängnisse HongKongs, in dem insbesondere Kapitalverbrecher langjährige Haftstrafen abzusitzen haben.

Strände

Neben dem schönen „Hausstrand" von MuiWo in der **Silvermine Bay** verfügt LanTau über einige brauchbare Sandstrände, insbesondere entlang der Südküste.

Die meisten sind touristisch nicht weiter erschlossen, per Bus sind nur **PuiO-Wan** und **CheungShaWan**, beide an der Busstrecke von MuiWo nach NgongPing/TaiO/TungChung gelegen, zu erreichen. Der schönere von beiden ist sicherlich der Strand von PuiO, auch weil er rund

10 Gehminuten von der Straße entfernt liegt.

Am LanTau-Trail und für den Straßenverkehr unzugänglich liegen drei weitere, ausgezeichnete Strände im Südwesten: **TaiLongWan**, **FanLauTungWan** und **FanLauSaiWan**. Die beiden letztgenannten – mit die schönsten HongKongs – liegen an der kleinen Halbinsel FanLau. Hier befinden sich auch ein kleiner TinHau-Tempel, eine ungeklärte Steinformation sowie ein altes Fort aus dem Jahre 1729. Von der Bushaltestelle am ShekPik-Reservoir muss man zur Halbinsel 6,5 km dem LanTau-Trail folgend zu Fuß gehen.

LanTau-Trail

Zu den drei großen Trekking-Herausforderungen HongKongs gehört der LanTau-Trail, mit 70 km allerdings nicht an einem und wegen der großen Höhendifferenzen auch nur mit Mühe in zwei Tagen zu bewältigen. Der gesamte Rundweg ist narrensicher ausgeschildert, ein Verlaufen daher beinahe ausgeschlossen.

Dann kommt man gegen Abend an der Jugendherberge YHA NgongPing (günstige Übernachtungsmöglichkeit) bei NgongPing an und braucht dann am zweiten Tag nur noch abwärts bzw. eben zu laufen. Außerdem ist so keine Zeltausrüstung nötig. Neben guten Schuhen sind Getränke, Sonnen- und Windschutz die wichtigsten Utensilien.

Außerhalb der Sommermonate (Juli, August) wird man oft stundenlang keiner Menschenseele begegnen.

Wer nur einen Teil des Trails gehen möchte, kann vom PoLin-Kloster über den LanTau-Peak und den TaiTungShan bis MuiWo (ca. 18 km, gut sechs Stunden Fußweg) laufen – dieser Abschnitt ist sicherlich von den Ausblicken her der schönste Teil der Strecke.

Transport

Von/nach LanTau

› **per MTR:** Mit der TungChung-Linie (orange) werden die 31 km von Central nach TungChung in 23 Minuten überbrückt, 20 HK$

Fährplan Central – MuiWo (LanTau)

Ab Central		Ab MuiWo	
Mo–Sa	So&Fe	Mo–Sa	So&Fe
0.30, #3.00, *6.10, *6.50, 7.10, 7.40, *8.30, 9.00, 9.20, *10.30, 11.10, 11.50, 12.30, 13.10, 13.50, *14.30, 15.10, 15.50, *16.30, 17.10, 17.40, 18.00, *18.30, 19.00, 19.30, *20.00, *20.30, 21.10, 21.50, *22.30 23.30	0.30, #3.00, *7.00 8.00, 8.30, *9.00, 9.30, 10.30, *11.00, 12.00, *13.00, 13.40, 14.20, *15.00, 15.40, 16.20, 17.00, *17.40, 18.20, *19.00, *19.40, 20.20, *21.00, *21.40, 22.20, *23.00, 23.40	3.40, *#5.55, 6.20, *#6.30, 7.00, * 7.10 *7.50, 8.05, 8.30, *8.45, 10.00, 10.40, *11.30, 12.10, 12.50, 13.30, 14.10, 14.50, *15.30, 16.10, 16.50, *17.30, 18.10, 18.50, *19.30, 20.10, 20.50, *21.30, 22.30 *23.30	3.40, 6.20, *#6.35, 7.05 *8.00, 8.40, 9.20, *10.00, 10.40, 11.20, *12.00, 12.40, 13.20, *14.00, 14.40, 15.20, *16.00, 16.40, 17.20, *18.00, 18.40, 19.20, *20.00, 20.40, 21.20, *22.00, 22.50, 23.30

* normale Fähre (sonst Schnellboot, www.nwff.com.hk)

\# über PengChau

EXTRATIPP

LanTau-Tagestour

Bei der schönsten Tagestour muss man zwar auf die Seilbahn verzichten, unvergessliche Eindrücke sind aber garantiert. Man fährt zunächst mit der Fähre nach MuiWo, dann mit Bus 1 nach TaiO, dann Bus 21 nach NgongPing (Klosteressen), anschließend Bus 2 nach MuiWo und wandert dann via Kloster nach Discovery Bay (Abendessen). Von dort geht es mit der Fähre zurück nach Central.

(KowLoon) bzw. 29 HK$ (Central) einfach, was den Fähren erhebliche Rückschläge bescherte. Diese Linie ist aber vorwiegend für Pendler von TungChung New Town nach Central und KowLoon gedacht, weniger für Touristen. Direkt an der MTR-Station TungChung liegt die Station der Seilbahn nach NgongPing.

› **per Fähre:** Auf LanTau werden derzeit drei Häfen angefahren.
Central–MuiWo (15,90 bzw. deLuxe 26,20 HK$, So/Fe 23,50 bzw. deLuxe 38,40 HK$ jeweils mit dem langsamen Boot; Schnellboot 31,30, So/Fe 44,90 HK$) ist die nach wie vor gängigste Route (s. Fahrplan S. 151).
Central–Discovery Bay, ca. alle 10–15 Minuten (46 HK$), ist die schnellste und häufigste, allerdings nur selten von Touristen genutzte Verbindung.
Central–TaiO wäre zwar sehr attraktiv, fährt aber nur an Wochenenden (Sa 8.15, und 14.15 Uhr ab Central, 11.50 und 17 Uhr ab TaiO, So 8.15 Uhr ab Central, 17.30 Uhr ab TaiO). Vom Pier mit dem Heritage Hotel bis zur Ortsmitte ist es ein gutes Stück zu laufen.

Zu anderen Inseln

Die im Fährplan (s. S. 151) mit # gekennzeichneten Fähren halten ca. 20 Minuten nach der Abfahrt ab MuiWo auf **PengChau.** Man kann nach PengChau auch den Inselshuttle nehmen; derselbe Shuttle fährt auch die Insel CheungChau (Fahrplan s. dort) an.

Zum Flughafen ChekLapKok

Ab der MTR-Station TungChung ist dies per Bus S 51 oder S 61 möglich, ab Discovery Bay per Bus DB02R, ab MuiWo mit Bus Nr. A 35.

Taxis

Taxis auf LanTau sind hellblau und verlangen 19 HK$ für bis zu 2 km sowie 1,50 HK$ für jede weiteren 200 Meter. Von MuiWo zum PoLin-Kloster kostet die Fahrt also rund 200 HK$ und etwa 280 HK$ von MuiWo oder NgongPing zum Flughafen.

Taxis können unter den Rufnummern 29841368 und 29841328 bestellt werden.

Busse auf LanTau

› **1: MuiWo–TaiO** via Pui-O, TongFuk, ShekPik (etwa alle 30 bis 60 Min., 11/18 HK$ an So/Fe, N-1 um 3.45 Uhr je 10 HK$ mehr)
› **21:** 7.45, 8.30, 10.15, 11, 12, 13, 14 und 15, 16 und 16.45 Uhr **von TaiO nach NgongPing,** 7.30, 10.30, 11.20, 12.20, 13.20, 14.20, 15.20, 16.20 und 17 **ab NgongPing nach TaiO** (6,60/14 HK$)
› **2: MuiWo–Ngong Ping** (PoLin-Kloster) via YinHing-Kloster (17,20/27 HK$, ca. alle 25 Min.)
› **23: NgongPing–TungChung** tägl. von 7–19 Uhr alle 20 Minuten (17,20 HK$/ 27 HK$)

EXTRATIPP

Bezahlen im Bus
Gezahlt wird beim Einsteigen per Einwurf in einen Kasten, es gibt also kein Wechselgeld – Octopus ist besser! Alternativ kann man für 60 HK$ eine LanTau-Tageskarte kaufen.

- **3M: MuiWo–TungChung** (10,50/16,20 HK$ etwa stündlich)
- **11: TaiO–TungChung,** von 5.20 bis 1.20 Uhr alle 15–40 Min., 11,80/19,20 HK$
- **4: MuiWo–TongFuk** via TungSha Beach, TungSha, SanShekWan (5,60 HK$/10,80 HK$)
- **Flughafenbus A35 (MuiWo–Airport):** 3.15, 4.20, 5.35, 7.30, 17.10, 22, 0.15 Uhr ab MuiWo; 1.30, 4.30, 6.25, 6.55, 8.35, 18.20, 23.30 ab Airport (16,80 HK$, So/Fei 27 HK$). Verbindungen vom Flughafen via TungChung nach HongKong s. Internationale An-/ Abreise.

Unterkunft

- Mehrere kostenlose **Campingplätze** befinden sich an der Südküste, besonders angenehm sind die Plätze an der FanLau-Halbinsel.
- **YWCA Sydney Leong Holiday Lodge,** 10 A San Shek Wan Rd., San Shek Wan, Tel. 29802804, http://cmp.ywca.org.hk, Bus 3M, 11 oder 23. Schöne Anlage mit 4er-Familienzimmern und mehreren Schlafsälen. Gute Kantine, Hilfe bei der Ausflugsorganisation. Betten kosten 100 HK$.
- Die größte und wegen der unvergleichlichen Lage am Fuße des LanTau-Peak in NgongPing beliebteste Jugendherberge ist das **YHA NgongPing S.G. Davis Youth Hostel,** NgongPing, LanTau, Outlying Islands, Tel. 29855610, Dorm ab 120 HK$, Zeltplatz inkl. Zelt und Ausstattung 300 HK$. Da der Flughafen relativ günstig vor der Nordküste LanTaus liegt, ist das YHA NgongPing S.G. Davis Youth Hostel eine brauchbare Alternative zu KowLoon oder Central, wenn man ohnehin vorhat, auch auf LanTau Station zu machen. Vom Flughafen nimmt man entweder einen Bus oder ein Zubringerboot nach LanTau. Von TungChung 300 Meter zur alten Straße (Richtung Fort) gehen und den Bus 23 (nur sonn- und feiertags) direkt nach NgongPing oder Bus 3 nach MuiWo und dort Bus 2 nach NgongPing nehmen. Dort folgt man dem Pfad links der großen Buddhastatue zum Hostel.
- Auch in den Hallen des nahegelegenen **Po-Lin-Klosters** (Tel. 29855113) kann man in getrennten Schlafsälen unterschlüpfen, allerdings für recht gesalzene 400–500 HK$/Person (beinhaltet drei vegetarische Mahlzeiten, ob man sie will oder nicht).
- Gleich am Ausgang vom Pier rechts in MuiWo befindet sich ein kleiner Stand, der **private Zimmer** (überall auf LanTau) ab 350 HK$ (DZ) vermittelt.

Die beiden Hotels liegen am Hauptstrand und sind binnen weniger Minuten ab der Fähre zu Fuß erreichbar:

- Das **MuiWo Inn** €€€ (Tel. 29847225, TungWanTau Rd., MuiWo) bietet sehr gute DZ ab 680 HK$, an Wochenenden und Feiertagen etwa für den doppelten Preis.
- **Silvermine Beach Hotel** €€€€ (YinKuangWan JiuDian), D.D. 2Lot 648 Silvermine Bay, MuiWo, Tel. 29848295, www.silvermineresort.com, ist ein gutes Hotel der mittleren bis gehobenen Kategorie (TV, Minibar, Internet usw.) mit Preisen ab 650 HK$, Woche ab 5000 HK$. Das Hotel bietet auch im Sommer ein sehr beliebtes BBQ.

Verpflegung auf LanTau

- Ein toller Ort für chinesische Schnellgerichte dürfte der **Discovery Bay New Garden Food Court** sein. Neben einem WingOn Department Store, Watson's Drogerie und einer Post findet man hier Minimärkte, Snacklokale und Fast-Food-Restaurants, u. a. Pacific Coffee, McDonald's oder Kebab & Pizza.
- Ein Stück nördlich liegt, ebenfalls in der Discovery Bay (30 Min. zu Fuß ab Fährpier oder Bus C 9) das DBN-North Shopping Center mit Wellcome-Supermarkt, modernen Fachgeschäften und Restaurants – Chinesisches sucht man allerdings vergebens. Hier findet man z. B. **The Venue** (Tel. 27778411, geöffnet tgl. 11–23.30, Sa bis 1 Uhr). Das Lokal bietet sowohl Barbetrieb als auch Churrascaria (brasilianische Grillgerichte).

  Wer lieber etwas Europäisches sucht, wird bei **Paisano's** fündig (Tel. 26734445, tgl. 11–23 Uhr). Es gibt hier Pizza (sogar Schokoladenpizza mit Marshmallows), Pasta (u. a. vegetarische Lasagne), Salate und Sandwiches. Sehr günstige Softdrinks und Kaffees.
- Die **Garküchen** nahe der Fähre in MuiWo bieten kurzgebratene Kleinigkeiten, Nudelgerichte und Snacks zu günstigen Preisen an. In MuiWo findet man außerdem westliches Fast Food sowie einige Supermärkte.
- Gleichfalls Essen ohne Grenzen, nur auf vegetarischer Basis, bietet das **PoLin-Kloster** von NgongPing. Man hat die Wahl zwischen dem Hauptrestaurant und dem Snack-Café außen (sehr günstig!). Weitere Snacklokale findet man rund um die Seilbahnstation.
- Frische Meeresfrüchte und Fisch probiert man am besten im **FukMoonLam Restaurant** (29 Tai O Market St, Tel. 29857071, tgl. 6–22 Uhr) in TaiO. Besonders beliebt sind hier Krabben und Shrimps, gedämpfte Fischbällchen stehen bei Wochenendausflüglern aus KowLoon hoch im Kurs.

TungLungChau

東龍洲

Einheimische Jugendliche, die aus den Zentren heraus wollen und nicht das nächstbeste Seafood-Restaurant suchen, handeln die nur 684 Hektar große Insel TungLungChau (Ost-Drachen-Insel) im Osten von HK-Island als Geheimtipp. Es gibt keinerlei Fahrzeuge, nicht einmal ein Fahrrad auf der Insel, auch Restaurants sucht man vergebens. Hinzu kommt, dass sie nur an Wochenenden und Feiertagen per Fährboot erreichbar ist. Man kann die Insel leicht an einem Tag erkunden, genauso gut aber auch am Samstag an-, am Sonntag zurückreisen und einen Tag lang ausgiebig grillen, zelten und wandern. Ferner liegen hier auf TungLungChau zwei interessante historische Relikte.

Festes Schuhwerk und ausreichend Getränke müssen mitgebracht werden. Die Pfade sind durchwegs schwer begehbar und verlangen Trittsicherheit und Schwindelfreiheit. Nach ca. 30 Minuten Fahrt erreicht man TungLungChau an der winzigen Siedlung **NamTung**, wo noch etwa ein Dutzend Menschen leben.

Der befestigte Pfad teilt sich hier, rechts geht es zu den *ancient rock carvings* (Schild), **steinzeitliche Felsgravuren** in die Klippen, die auf ein Alter von 3000–4000 Jahre geschätzt werden und somit als ältestes schriftliches Zeugnis menschlicher Besiedlung in HongKong gelten. Man folge dem Pfad (der nicht mehr, wie Schilder vorgeben, verschüttet ist) bis zu einem Wassertank, an dem halbrechts ein kaum sichtbarer Pfad den Hügel hinauf führt. Dort folgt man vorsichtig dem Pfeil die Klippen rund 60 Meter tief hinunter zu den Gravierungen.

An der Fähre links führt der Weg vorbei am **TaiChienShan** (BigPoint Mountain, 98 m), den man etwa Mitte der Strecke rechter Hand sieht – ein beliebtes Ziel all derer, die sich nicht der Herausforderung „Navaids Station" stellen wollen.

An der nächsten Abzweigung kommt man links durch eine zweite kleine Siedlung mit dem „Holiday Store" und zur **Tung Lung Fort Special Area.** Schon während der Sung-Dynastie (960–1279) spielte TungLung Chau eine wichtige Rolle als Beobachtungsposten, um chinesischen Handelsdschunken Unterstützung im Kampf gegen Piraten zu gewähren. Diese Funktion wurde während der Dynastien Ming (1390–1648) und Qing (1648–1911) noch verstärkt, im späten 17. Jh. wurde das Fort mit 25 Mann Besatzung und acht Kanonen errichtet. Um 1810 wurde es aufgegeben und zerfiel, ehe es 1979 als historisches Monument restauriert wurde. Archäologen vermuten noch eine Reihe unausgegrabener Artefakte in der Gegend um das Fort. Rund um das Fort führen einige Pfade zu den Felsen am Meer, müssen aber teilweise erklettert werden.

Am **Grillplatz** sieht man zwei weiterführende Pfade (die dort aushängende Karte stimmt nicht mit der Realität überein!): einen Stufenweg, der bereits an der Abzweigung vor der Siedlung nach rechts beginnt. Dieser führt entlang einer Wasserleitung und endet als Sackgasse.

Der Trampelpfad am Grillplatz dagegen führt hinauf zu den höhergelegenen Klippen und zur höchsten Erhebung der Insel, der 232 Meter hoch gelegenen Leitstation („**Navaids Station**"). Der Pfad ist schon von Anfang an nicht einfach, wird aber im letzten Stück beinahe unbegehbar. Die Steigung ist mörderisch, die teilweise mannshohen, den Pfad überwuchernden Sträucher tun ihr übriges.

Nach ein paar Metern am Zaun rechts entlang erreicht man einen Weg, der die Station mit einer Schiffsfunkstation in der LukKengWan-Bucht verbindet. Dort sind lediglich ein Leuchtfeuer und Wohnblocks zu finden, in denen die Angestellten wohnen. Hier unten liegt auch eine kleine Anlegestelle, die aber nicht dem öffentlichen Bootsverkehr dient. Es soll nach etwa einem Viertel der Strecke ab Navaids Station Richtung LukKengWan einen Pfad nach rechts hinunter Richtung Anlegestelle NamTung geben – dem ist leider nicht mehr so, zumindest ist er so überwuchert und zugewachsen, dass man denselben steilen Weg wie hinauf auch wieder hinunterrutschen muss. Trotz aller Mühe lohnt sich die Kletterei, die Aussicht über das südöstliche KowLoon, Discovery Bay, HongKong Island, etliche kleinere, unbewohnte Inseln sowie TungLungChau ist fantastisch. Hier kann man die einst herausragende strategische Bedeutung Tung LungChaus nachvollziehen.

› **An-/Abreise:** TungLungChau wird nur Sa/So/Fe ab SaiWanHo (SamKaTsuen Pier, Tel. 25609929; 9, 10.30, 12, 15.15 und 16.40 Uhr, letzte Rückfahrt um 17.30 Uhr) angefahren. Die Hin- und Rückfahrt am selben Tag kostet 55 HK$; gezahlt wird an Bord. MTR – SaiWanHo, Ausgang A. Die Fähre in SaiWanHo liegt ab MTR-Station 200 m nach rechts kurz vor den Bushaltestellen rechter Hand (keine engl. Hinweise).

› **Übernachtung** ist mit eigener Ausrüstung am kleinen Grill- und Zeltplatz vor dem Fort kostenlos möglich. In den beiden Kiosken gibt es sogar gekühlte Getränke, mit 20 HK$ für ein eiskaltes Bier auch nicht überteuert.

TapMunChau

塔門洲

Wer fernab allen Trubels einen schönen ruhigen Spaziergang auf einer Insel sucht, die auch an Wochenenden von nicht mehr als einem guten Dutzend einheimischer Touristen besucht wird, für den ist TapMunChau genau das richtige. Die **Grasinsel**, so die Übersetzung für TapMunChau, misst nur rund vier km², wird von rund 150 Fischern bewohnt und kennt keinen Straßenverkehr. Auf der Insel, die trotz teilweise dichter Vegetation besonders auf den Höhen und grasbedeckten Plateaus (daher der Name) eher an die schottischen Highlands erinnert, weiden friedlich etliche freilaufende Rinder.

TapMunChau war einst eine christliche Hochburg, die recht moderne kleine **Kirche** zeugt noch heute davon.

Der **TinHau-Tempel**, den die Fischer zu Ehren der Meeresgöttin *TinHau* (*TienHou* oder *MaZi*) errichteten, zeigt die Göttin im Mittelschrein gleich zweifach; die größere Statue sogar mit Lächeln, was bei taoistischen Tempel selten der Fall ist.

Die Seitenwände sind mit taoistischen Szenen bemalt, ergänzt durch die sogenannte alte chinesische Grasschrift.

Die Insel ist leicht in einem halben Tag zu erkunden, ab dem Sportplatz aber nur auf einem Netz von Trampelpfaden, die nach Norden hin zunehmend schwieriger zu sehen sind, dafür aber keine großen Steigungen beinhalten (höchste Erhebung: MauPingShan, 109 m).

› **An-/Abfahrt:** Ab University/MaLiuShui: zwei Boote täglich um 8.30 und 15 Uhr ab University, 11.10 und 17.30 Uhr ab TapMunChau (18 HK$, Sa/So/Fe 28 HK$) einfach.

Häufiger fährt die Fähre vom WongShek Pier (siehe SaiKung, S. 116, dort Bus 94 tgl., 6,40 HK$, Bus 96R an Wo/Fe, 17,80 HK$), ab 8.30 Uhr 7 x tgl. hin, ab Tap Mun bis 18 Uhr 7 x tgl. zurück, 9,50 HK$ einfach. An Wochenenden fahren bis zu 12 Fähren tgl., 14 HK$, www.td.gov.hk.

Das Boot von MaLiuShui fährt auch nach KoLauWan im ToLo-Harbour.

Verpflegung:

› Das **TapMun XīnHànJì Seafood Restaurant** (塔門新漢記海鮮酒家, keine engl. Beschriftung), 4 HoiPong St., Tel. 90912091, öffnet derzeit nur an Wochenenden und bietet lokale Meeresfrüchtekreationen einschließlich gebratenem Seeigel.

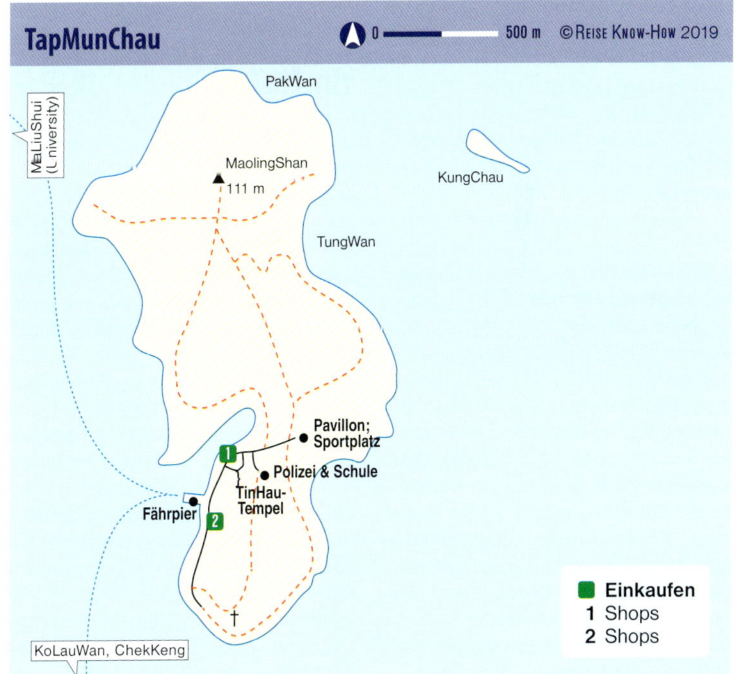

TungPingChau 東平洲

Bis in die 1980er-Jahre hinein lebten auf der **Geisterinsel**, wie sie heute genannt wird, noch über 2500 Menschen. Diese Bauern und Fischer lebten ganz nach den Traditionen der Provinz GuangDong auf dem Festland. Die Steinhäuser sind einzigartig auf HongKong.

Anfang der 1970er-Jahre begann eine Abwanderung in die attraktiveren und wirtschaftlich vielversprechenderen New Territories, sodass PingChau oder auch TungPingChau, knapp zwei Bootsstunden vom Zentrum entfernt, heute bis auf eine Handvoll Menschen und einige Rinder verlassen ist. Die Häuser wurden nur verschlossen, nicht verkauft. Nach chinesischer Auffassung bringt es Unglück, Familienbesitz zu veräußern, nicht aber, ihn zu verlassen.

Aufgrund der Nähe zum Festland schrieb PingChau blutige Geschichte: Viele Flüchtlinge der Volksrepublik schwammen vom Festland herüber in die vermeintliche Freiheit und fielen den Angriffen der hier zahlreichen Haie zum Opfer.

Neben der **Geisterstadt** am Pier sind der alte **TinHau-Tempel** sowie vor allem die **unberührte Natur** der Insel mit ihrer eigenartigen Stimmung sehenswert.

TungPingChau ist Teil des **UNESCO-Geoparks** (mit bizarren Felsformationen entlang der Küste) und bietet einen kleinen Rundweg vom TungPingChau Public Pier, von dort links zur AMaWan-Bucht (Felsformationen), weiter zu den KangLauShek and Rock Pools (Platten und Meerwasserpools), LungLokShui (scharf gezackte Felsen wie ein „Drachenkamm") und zur kleinen Schlucht ChamKengChau mit dem „Geisterdorf" TaiTong. Der Rundwanderweg dauert ca. 3 Stunden, in letzter Zeit öffnen einige der ehemaligen Bewohner am Wochenende hier Garküchen – ohne feste Öffnungszeiten und ohne Gewähr (keinerlei Einkaufsmöglichkeiten).

Die 2 km^2 sind zwar schnell durchwandert, auch gibt es keine großen Erhebungen (max. 41 m), doch kann man PingChau nicht an einem Vormittag besuchen – Anfahrt: von MaLiuShui (s. S. 109) fährt samstags sowie an Sonn- und Feiertagen ein Boot um 9 Uhr hin, um 17.15 zurück (Rückfahrkarte 90 HK$, TsuiWan Ferry, Tel. 22722022). Eine Übernachtung ist nur am (kostenlosen) Zeltplatz bei NaiTau im Südosten möglich.

YimTinTsai 鹽田仔

In der Bucht von SaiKung an der SaiKung-Halbinsel der nordöstlichen New Territories liegen Dutzende ziemlich unbekannter Inseln und Inselchen, viele von ihnen unbewohnt. Zu den interessanteren Inseln in der Bucht gehört YimTinTsai („Salzpfanne"), heute unbewohnt, aber immer wieder Ziel von Gruppen oder Hochzeitsfoto-Jägern.

Britische Gurkha-Truppen, Britanniens indische Elitesoldaten, bauten die heute noch benutzte **Anlegestelle**, um hier auf der Insel Vorräte und Munition zu lagern.

Folgt man dem Betonweg zwei Minuten, erreicht man eine alte **Schule**, in der noch heute etwa 10 Kinder der traditionell auf ihren Booten lebenden „schwimmenden Bevölkerung" unterrichtet werden.

Nur wenige Meter weiter liegt die beeindruckende **St.-Josephs-Kapelle**, das Wahrzeichen YimTinTsais. Anders als

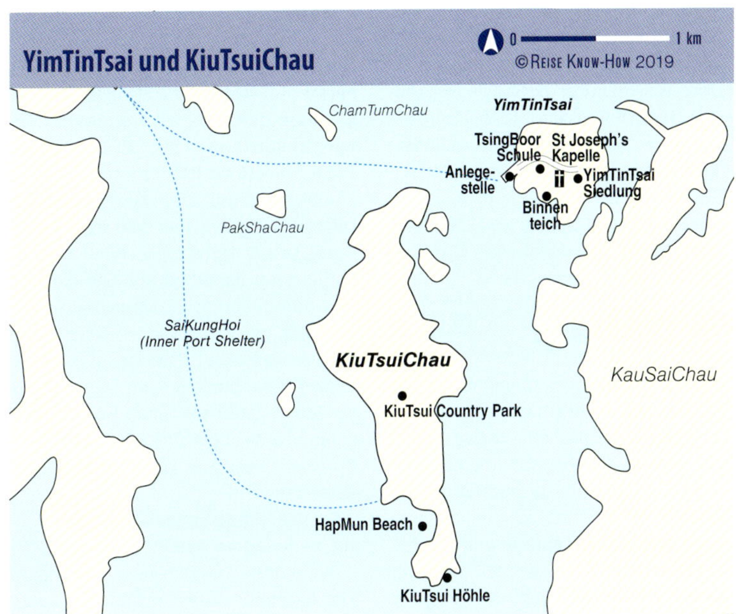

YimTinTsai und KiuTsuiChau

auf anderen Inseln dominiert hier eine christliche Gebetsstätte, die mit einer chinesischen Legende in Verbindung steht: Die ursprünglich schamanistischen Inselbewohner lebten einst in Frieden vom Fischfang und der Salzgewinnung, wurden aber von Piraten immer wieder überfallen. Erst eine Erscheinung des *Heiligen Joseph* vertrieb die Piraten, und seither sind alle Bewohner YimTinTsais überzeugte Katholiken. Die Sakristei dient übrigens auch als Amtsgebäude der Schule, eine Besichtigung ist nur nach vorheriger Anfrage bei der Schule möglich (an Wochenenden geschlossen).

Alle Häuser wurden verlassen, ähnlich wie auf PingChau (s. S. 158). Häufig hört man von Plänen, das „historische Erbe" zu bewahren. Investoren haben sich bislang jedenfalls noch nicht gefunden. Wer Glück hat, kann mit der Schulklasse nach Schulschluss um 14.30 Uhr nach SaiKung zurückfahren und vom Dorflehrer die eine oder andere alte Erzählung über das interessante YimTinTsai hören. Es gibt keine Einkaufs- oder Übernachtungsmöglichkeiten auf der Insel, Zelten ist allerdings gestattet.

› **An-/Abreise:** Von SaiKung in den New Territories muss man mit einem Kaido nach YimTinTsai übersetzen. Das Problem ist, diese Kaidos fahren nicht regelmäßig, sondern nach Bedarf. Wer allein eine Hafenrundfahrt mit einstündigem Aufenthalt auf YimTinTsai machen möchte, zahlt sage und schreibe 150 HK$, hin und zurück. Der offizielle Preis dagegen beträgt 30 HK$ (einfach), man muss aber gegebenenfalls warten, bis das Boot voll ist oder eventuell eine Gruppe Einheimischer, die eine andere Insel anfahren wollen, sich dieser kurz entschlossen anschließen (am Pier von SaiKung herumfragen). Die Überfahrt dauert 15 Minuten. Besser ist die – allerdings nur an Wochenenden eingesetzte – Kaidoo-Fähre des YimTinTsai Rural Committee, welche von 10 bis 14.30 Uhr 5-mal ab SaiKung und von 12.30 bis 17 Uhr 5-mal ab YimTinTsai pendelt, 40 HK$.

KiuTsuiChau 橋咀洲

Als echter Tipp für Sonnenanbeter und Badefreunde sei KiuTsuiChau in der SaiKung-Bucht empfohlen. Diese bewaldete Insel (was in der SAR recht selten der Fall ist) bietet ausgezeichnete **Strände**, die ausschließlich für den einheimischen Tourismus gepflegt und nur teilweise erschlossen wurden. Während der Sommermonate gibt es hier einen kleinen Kioskbetrieb sowie Boots- und Sonnenschirmverleih.

Ein regulärer Fährservice soll nicht entstehen, um die Schönheit der Insel nicht über Gebühr zu strapazieren.

Die schönste der drei Buchten ist die **HapMunBay** im Südwesten mit feinem Sandstrand und – für HongKonger Verhältnisse – auch zur Hauptsaison mit nur relativ wenigen Besuchern (Toiletten und Duschen sind vorhanden).

Sehenswert sind auf KiuTsuiChau ferner die **Erosionshöhlen** und -formationen ganz im Süden, bei Sonnenuntergang hervorragende Fotomotive.

› Auf der Insel gibt es keine **Übernachtungsmöglichkeiten,** auch Zelten ist offiziell nicht gestattet. Anfahrt per Kaidoo-Fähre ab SaiKung mehrmals täglich von 9 bis 19 Uhr, etwa 40 HK$ (Rückfahrkarte).

PoToi 蒲台

Nur wenige Touristen zieht es bislang nach PoToi, welches für HongKonger Verhältnisse durchaus als Tipp bezeichnet werden kann. 8 km südöstlich der Südspitze HongKong Islands liegt die Inselgruppe PoToi mit den **drei Hauptinseln** LoChau, SungKong und dem eigentlichen PoToi. Drei Dutzend Menschen halten es auf letzterer dauerhaft aus und die kennen vermutlich jeden (ausländischen) Touristen mit Vornamen, so selten verirren sich westliche Besucher auf die Insel.

Die **Fährverbindung** kann nur mit Subventionen aufrechterhalten werden, Touristen und nicht auf PoToi wohnende einheimische Besucher zahlen einen kleinen Aufschlag auf den Fährpreis.

Ein paar Pfade ziehen sich durch die Insel mit ihrem **höchsten Punkt,** dem 239 Meter hohen TungTouTeng. Ansonsten gibt es außer rauer, unwirtlicher Landschaft und felsiger Küste lediglich einen kleinen **TinHau-Tempel** an der Westspitze PoTois mit seiner einzigen kleinen Siedlung zu sehen. Wer aber **Ruhe und Abgeschiedenheit** oder auch eine kleine, anspruchsvolle Rundwanderung sucht, der wandelt hier genau richtig.

Rundwanderung

Man geht am Pier zunächst links und folgt dem Weg im Uhrzeigersinn durch die kleine Siedlung bis zum Ende. Hier verzweigt sich der Weg. Weiter am Ufer entlang (100 m) geht es zum **TinHau-Tempel.** Scharf rechts geht es dagegen den unscheinbaren Pfad steil aufwärts (ziemlich abenteuerlich und nicht ganz einfach). Über ein Höhenplateau windet sich der Pfad weiter zum höchsten

Punkt der Wanderung mit dem **Ngau-WuTeng-Aussichtspavillon**, von dort aus weiter steil durch die Senke (rechts: Weg zum Pier) zu einem zweiten Rastpavillon und schließlich geradeaus weiter („Nam-KokTsui") an einem alten **Leuchtturm** und zahlreichen bizarren Felsformationen immer am Ufer entlang zurück zum Pier.

Die Rundwanderung dauert je nach Tempo und Pausen insgesamt nicht mehr als 2½ Stunden, sodass am Ende hinreichend Zeit zur **Einkehr** oder auch zum **Baden** (mäßiger Ortsstrand oder kleine Buchten am Ende des Trails) besteht.

› **An-/Abfahrt:** Ab Aberdeen dienstags und donnerstags um 10 Uhr (zurück 14 Uhr), samstags 10 und 15 Uhr (zurück 14 und 16 Uhr), So/Fe 8.15 Uhr, zurück 18 Uhr. Ab Stanley nur So/Fe um 10, 11.30, 15.30 und 17 Uhr, zurück 9.15, 10.45, 15, 16.30 und 18 Uhr (beste Möglichkeit, Bus 6 unterhalb Exchange Square in Central nehmen). Am Pier von PoToi hängt ein großer Plan mit den aktuellen Rückfahrzeiten. Der Fahrpreis beträgt 50 HK$ (Rückfahrkarte, an Bord zahlen), die Fahrtzeit ca. 50 Min.

› **Gastronomie:** HongKonger fahren häufig nur nach PoToi, um günstig und gut im **MingKee Seafood Restaurant** (Tel. 28497038) einzukehren. Es ist auch das einzige echte Restaurant vor Ort und bietet fangfrische Fisch- und Muschelgerichte. Vom Pier links gehend läuft man automatisch darauf zu. Wenige Meter weiter liegt ein kleines **namenloses Snacklokal** mit Suppen und Kleinigkeiten sowie kühlen Getränken (alles sehr preiswert). Vom Pier rechts gehend (am Ende des Trails) durchquert man ein kleines Anwesen, dessen Besitzer im Sommer ausschließlich kühle Getränke und je nach Saison auch Obst anbietet. Auch am Pier stehen gelegentlich ein, zwei fliegende Händler mit Getränken.

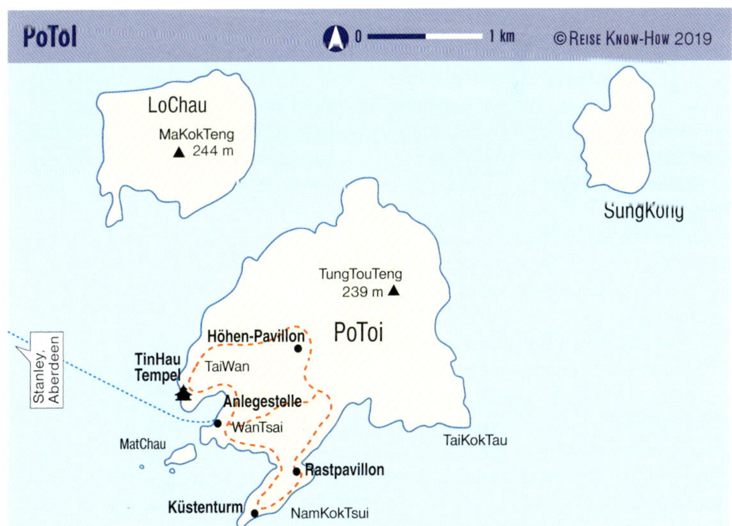

Weitere Inseln

HongKong wird häufig „nur“ als eine Stadt beschrieben, und selbst 90 % der Einheimischen kennen wenig mehr als HongKong Island, KowLoon und vielleicht LanTau. Das Gebiet der SAR HongKong umfasst insgesamt 182 Inseln, von denen die meisten allerdings unbewohnt und unzugänglich sind.

Von den bewohnten und für den interessierten Besucher empfehlenswerten Inseln sind etliche bereits beschrieben. Nicht alle sind schnell oder auf dem direkten Weg zu erreichen. Wer auf weitere Abenteuer aus ist und zum Teil – zumindest vom touristischen Besucher – „unentdeckte“ Inseln erkunden möchte, dem mögen folgende Hinweise vielleicht völlig neue Wege eröffnen.

Von PengChau pendeln täglich rund 20 *Kaidoos* (20 HK$ einfach) zur Insel **HeiLingChau** vor LanTau. Diese mit knapp 5 km² durchaus nicht kleine Insel dient heute als Wohngebiet für wohlhabendere ältere Menschen, die absolut zurückgezogen, unter sich und ohne direkten Fähranschluss nach HongKong/Central leben möchten. Zwei christliche Kirchen zeugen von der Entdeckung und Erschließung durch die Europäer, von der 187 m hohen höchsten Erhebung HeiLingChaus bieten sich famose Blicke nach LanTau, PengChau, CheungChau und LamMa bis nach HongKong.

In der Bucht von SaiKung liegen die Friedhofsinsel **YeungChau**, die von weißen Sandstränden umsäumte Insel **PakShaChau** sowie die für ihren ausgezeichneten Golfplatz über die Grenzen Chinas hinaus bekannte Insel **KauSaiChau**.

186hk Abb.: wl

Sie werden alle drei nicht von offiziellen Fähren, ab SaiKung (s. S. 116) aber häufig mit Kaidos angefahren.

› Alle offiziellen **Kaidoo-Linien** können auch unter www.td.gov.hk/en/transport_in_hong_kong/public_transport/ferries/kaito_services_map/service_details/index.html eingesehen werden.

Anspruchsvoller Rundweg auf PoTo

Macau

153hk-wl

Macau verstehen

Macau, Sonderverwaltungsregion der Volksrepublik China (Special Administrative Region, abgekürzt SAR), gehört geografisch zur südchinesischen Küstenregion und grenzt im Norden, an der Westseite des Perlflussdeltas, an China. Das Trinkwasser Macaus kommt mangels eigener Quellen aus der Volksrepublik, ebenso die Energie und auch die meisten Rohstoffe.

Das Territorium umfasst die eigentliche **Halbinsel Macau** mit rund 8 km² sowie die südlich vorgelagerten, nun miteinander verbundenen **Inseln TaiPa, Coloane und CoTai** mit zusammen etwa 22 km². Die höchsten Erhebungen der Altstadt liegen in der Stadtmitte und reichen nicht über 100 m hinaus.

Geschichte

Macau wird portugiesisch

Im Europa des ausgehenden 15. Jh. dominieren die Portugiesen die Weltmeere, und 1513 entdecken die Europäer durch die Expedition von Jorge Álvarez erstmals China als Handelsmarkt, das Kaiserreich lehnt jedoch jegliche Zusammenarbeit ab. Die Portugiesen müssen sich auf den zunächst unbedeutenden Schmuggel beschränken und „entdecken" dabei zufällig Japan, wo eine größere Bereitschaft zum Handel besteht. Doch sowohl chinesische als auch portugiesische, mit Waren aus Japan beladene Galeeren werden wiederholt von Piraten überfallen; dabei erweisen sich die schweren, kanonenbestückten portugiesischen Schiffe für China als wertvolle Hilfe. Zum Dank überlässt der Kaiserhof den Portugiesen 1557 die Fischersiedlung AMaGao, wo in der Folgezeit die **erste europäische Handelsniederlassung in China** entsteht. Der Hafen sorgt auch für eine Monopolstellung Portugals im Chinahandel – selbst Japaner und Chinesen greifen für den Handel untereinander auf portugiesische Mittelsmänner zurück. Haupthandelsgüter sind Gewürze (Malakka), Seide (China), Tee (China, Japan) und Textilien (Portugal): Sie bringen den **Portugiesen riesige Gewinne** ein.

1580 wird das portugiesische Mutterland von Spanien besetzt, Macau verweigert die Anerkennung und hisst weiter hartnäckig die portugiesische Flagge. Als Dank wird Macau 1640, nach dem Ende der Besetzung Portugals, der bis 1999 offizielle Name **Cidade Do Nome De Deus De Macau, Não Ha Outra Mais Leal** („Stadt im Namen des Herrn, Macau, es gibt keine treuere") verliehen.

Rivalität mit den Niederlanden und England

Bis ins frühe 17. Jh. bleibt die Vorherrschaft Portugals in Asien unangetastet. Dann errichten weitere europäische Nationen ihrerseits Handelsstützpunkte in Fernost, allen voran die **Niederländer** in Indonesien. Mehrere Angriffe der Niederländer auf Macau (1604–1627) bleiben erfolglos; Malakka wird den Portugiesen dagegen 1640 entrissen. Das chinesische Kaiserreich lässt jedoch zunächst keine weiteren ausländischen Stützpunkte außer Macau zu. 1685 gestattet Kaiser KangXi (1654–1722) aus dem Hause der Qing-Dynastie, die China 1644–1911 beherrscht, den Europäern beschränkte Handelsmöglichkeiten in Kanton.

Dies nutzen vor allem die **Engländer,** deren British East India Company in den

Jahren 1700–1720 zur größten Handelsgesellschaft der Erde avanciert.

Macau fällt damit als Handelsstützpunkt nahezu in die Bedeutungslosigkeit zurück, bis Kaiser QianLong (1711–1799) der Kaufmannsgenossenschaft CoHong im Jahr 1757 den gesamten chinesischen Außenhandel überlässt. Diese bestimmt per Erlass, dass sich Ausländer nur von September bis März auf ihrem Niederlassungsgelände (ohne Frauen) in Kanton aufhalten dürfen. Macau wird damit zum Sommersitz und Rückzugsgebiet der wohlhabenden **Händler, Abenteurer, Seeleute und Soldaten aus ganz Europa.**

Im Zweiten Weltkrieg bleibt Macau von den Japanern verschont – vermutlich soll auf Bitte des mit Japan verbündeten Deutschlands die Neutralität Portugals in Europa nicht verletzt werden.

Die Rückgabe Macaus an China

Im Zuge der sino-britischen Verhandlungen über die Rückgabe HongKongs vereinbaren auch China und Portugal 1987 die **Rückgabe Macaus an China zum 20. Dezember 1999.** Die Bestimmungen lehnen sich eng an das HongKonger Vorbild an: Macau soll für 50 Jahre zum Sonderverwaltungsgebiet mit Selbstständigkeit in inneren Angelegenheiten wie Recht, Währung, Wirtschaftssystem usw. werden (Details siehe den entsprechenden Abschnitt im HongKong-Kapitel).

Leben in der Stadt

Deng XiaoPing, wirtschaftlicher Vater des heutigen China, sagte einmal: „Es ist völlig egal, ob eine Katze schwarz oder weiß ist – Hauptsache sie fängt Mäuse!" In Macau wurde dieser Satz mit Freude aufgenommen, kam er doch dem System des freien Warenaustauschs in Kombination mit dem Handels- und Spieltrieb so sehr entgegen, dass man sich

Rückgabefeierlichkeiten Macaus am 19.12.1999 mit dem portugiesischen Präsidenten Sampaio

154hk-w

längst auf eine Art Stillhalteabkommen verständigt zu haben scheint: Die Politik lässt die Menschen Geld verdienen, die Menschen lassen die Politiker Politik machen – alles andere ist mehr oder weniger egal.

Der Alltag in Macau

Politische Grundlagen

In unmittelbarer Anlehnung an HongKong wurde auch das frühere portugiesische Übersee-Verwaltungsgebiet Macau zu einer **Sonderverwaltungszone der Volksrepublik China** (Special Administrative Region, kurz SAR) mit weitgehender innerer Autonomie und einer unverändert abgeschotteten Grenze nach China.

Das neue **macanesische Wappen** zeigt eine dreiblättrige Seerose mit fünf Sternen darüber, welche der chinesischen Staatsflagge entlehnt wurden. Seit Anfang des neuen Jahrtausends wird Macau von einem Chief Executive geführt, dem sieben Untersekretäre assistieren.

Ökonomische und ökologische Fragen

Macaus Wirtschaft ist bei weitem nicht so entwickelt wie diejenige HongKongs, auch wenn die Rahmenbedingungen (Freihafen, 15 % Höchststeuersatz) kopiert wurden. Die **Textilindustrie**, neben Spielgewerbe, Tourismus und Bauwirtschaft einer der wichtigsten Wirtschaftszweige, produziert zu drei Vierteln für den Export. Die **Tourismusbranche** wurde zum größten Beschäftigungsfeld für lokale Arbeitskräfte, die aber schon bald nicht mehr ausreichten. Die offizielle Arbeitslosigkeit liegt unter 2 %. Heute pendeln täglich Tausende billiger Arbeitskräfte aus China zur Arbeit nach Macau – das Lohnniveau wird durch eine Tagelöhner-Vereinbarung mit der Volksrepublik China niedrig gehalten.

Das **niedrig gehaltene Lohnniveau** erwies sich auch als Vorteil Macaus gegenüber HongKong und sorgte dafür, dass in den letzten Jahren vermehrt Fremdinvestoren angezogen wurden. Tai-Wan stellt dabei den Löwenanteil der Auslandsinvestitionen.

Der Staatshaushalt Macaus basiert auf drei Säulen: der Lizenzvergabe für Spielkasinos (33 %), direkten und indirekten Steuern (30 %) sowie Landpacht und Gebühren (37 %). Bedingt durch einen **Bau- und Investitionsboom** nach der Aufhebung des staatlichen Lizenzmonopols für das Kasinowesen stieg das jährliche Pro-Kopf-Bruttoinlandsprodukt (BIP pro Kopf) von einst 4000 US$ (1990) über 22.500 US$ (2008) auf 77.000 US$ (2018). Daher konnte es sich die Verwaltung der SAR Macau in den letzten Jahren sogar mehrfach leisten, den Bürgern am Jahresende eine Bonuszahlung zu überweisen – es dürfte wohl nicht viele Staaten geben, in denen den Bürgern überschüssige Steuereinnahmen zurückgegeben werden!

Stadtentwicklung

Auch wenn es auf den ersten Blick gar nicht den Eindruck erweckt, ist Macau mit ca. 650.000 Einwohnern bei rund 30 km² **Fläche eine der am dichtesten besiedelten Städte der Erde:** Hier leben auf jedem km² über 21.500 Einwohner.

Hinzu kommt die Tatsache, dass Macau flächenmäßig permanent wächst. Dieses Phänomen erklärt sich durch **Landgewinnung** (Land Reclamation), die in den letzten 20 Jahren so intensiv betrieben wurde, dass sich die Fläche des macanesischen Territoriums von gut

15 km² in den 1990er-Jahren inzwischen mehr als verdoppelt hat! Das Prinzip ist recht einfach: Man errichtet im Meer an einer flachen Stelle einen Damm, pumpt das Wasser ab, importiert per Schiff Boden und Sand aus China und füllt die Fläche damit auf. Ein Großteil dieser Landaufschüttung erfolgte zwischen TaiPa und Coloane, die vor 20 Jahren noch separate Inseln (!) waren, heute jedoch gewissermaßen „zusammengewachsen" sind. Hier entstanden u. a. der Flughafen, die HongKong-Macau Brücke und die Neustadt CoTai. Auch das Gebiet zwischen Hotel Wynn und Fisherman's Wharf wurde als NAPE-Areal (Abkürzung für Novos Aterros de Porto Exterior) neu hinzugewonnen.

Macau und der Tourismus

Rund 30 Mio. Gäste kommen insgesamt pro Jahr nach Macau, davon 80 % aus China – von diesen bleibt etwa die Hälfte nur für einen Tag, inklusive der genannten 8 Mio. HongKonger. Weitere 10 % stammen aus anderen asiatischen Staaten. Die restlichen 10 % verteilen sich hauptsächlich auf Nordamerika und Europa, wobei jährlich immerhin rund **40.000 Gäste aus dem deutschsprachigen Raum** die ehemalige portugiesische Kolonie besuchen. Insgesamt wird Macau nahezu ausschließlich im Rahmen von Tages- oder Wochenendausflügen besichtigt; drei- oder mehrtägige Aufenthalte sind die Ausnahme.

Der typische Macanese

Etwa **95 % der Bevölkerung sind ethnische Chinesen,** der Rest verteilt sich auf Portugiesen und Macanesen – letztere sind die Nachkommen von Portugiesen und Chinesen.

152hk-wl

Beliebtes Fotomotiv und Wahrzeichen – die Ruinen der Paulskirche

Trotz des hohen Anteils an Chinesen sind „nur" etwa 60 % Anhänger der traditionellen chinesischen Glaubensrichtungen (Buddhismus, Taoismus, Konfuzianismus. Rund 15 % sind Christen; der Rest ist konfessionslos. Über die Jahrhunderte unter portugiesischer Führung traten viele Chinesen zum Christentum über; die hohe Anzahl christlicher Sakralbauten und (christlicher) Friedhöfe sind dafür ein beredtes Zeugnis.

Fragt man sich, was das Typische, das Besondere und vielleicht auch das Einzigartige an den Bewohnern Macaus ist, so wird man schnell feststellen, dass die Unterschiede zu den Bewohnern anderer Metropolen Südchinas erst auf den zweiten Blick ins Auge fallen. Ebenso wie anderswo frühstückt man in Teehäusern, praktiziert TaiJiQuan (Tai-Chi, Schattenboxen) im Park, eilt mit dem Moped oder Bus zum Arbeitsplatz, macht Geschäfte, wettet, spielt oder tratscht. Aber – und das unterscheidet Macau sogar von HongKong, nicht nur von den Chinesen auf dem Festland – auch als westlicher Besucher hat man schnell das Gefühl, alles gehe **ein wenig langsamer, gemütlicher und beschaulicher** vor sich!

Macau entdecken

Willkommen in Macau

Macau-Reisende beschleicht gelegentlich das Gefühl, eine höhere Macht habe **die besten Einzelteile von Las Vegas und Lissabon** bunt durcheinandergemischt und dann wie bei einer Spielzeugeisenbahn wieder liebevoll aufgebaut. Und in der Tat: Das Areal rund um den Largo do Senado könnte jederzeit als portugiesisches Altstadtzentrum durchgehen, nach Sonnenuntergang dominieren im „Las Vegas des Ostens" dagegen die Leuchtreklamen der Kasinos.

Grundsätzlich lässt sich die gut 30 km² große Stadtfläche in **vier Abschnitte** gliedern: In **Macau-Zentrum**, der Halbinsel, wird die prächtige Altstadt mit ihren Kolonial- und Sakralbauten von modernen Trabantenstädten und alten chinesischen Wohnsiedlungen umgeben. Auf der **Insel TaiPa** dominieren, neben einem kleinen Altstadtkern, die Neubausiedlungen. Ein vergleichsweise naturbelassenes Strand- und Dorfgebiet findet man auf der **Insel Coloane.** Die jüngste „Kreation" ist schließlich der **CoTai Strip.** In diesem Bereich wurden die einst voneinander getrennten Inseln TaiPa und Coloane über einen Zeitraum von ca. 20 Jahren durch Landaufschüttung verbunden. Das gewonnene Neuland wurde mit Flughafen, Grenzübergang nach China, dem Start der HongKong-Macau-Brücke und gigantischen Hotelkasino-Städten bebaut.

Das Altstadtzentrum erinnert an eine portugiesische Innenstadt

Stadtspaziergang

Dieser Spaziergang führt durch die Innenstadt mit ihrer Vielzahl an Kolonialbauwerken und interessanten Sehenswürdigkeiten an der Schnittstelle zwischen Ost und West. Der Spaziergang dauert mindestens 3 Std., bei Besuch der Museen entsprechend länger.

Los geht es am **Largo do Senado (Senado Square)** mit seinem typisch portugiesischen Wellenmuster-Pflaster, das die gesamte Fußgängerzone prägt.

Die Umgebung des Platzes atmet kolonialen Duft und verströmt nahezu mediterranes Flair. Überragt wird die Szenerie des offenen, weitläufigen Platzes vom ehemaligen Senatsgebäude Leal Senado und der Santa Casa da Misericórdia. Über die eigens in Portugal angefertigten Steinmosaiken sind es nur wenige Meter Richtung Nordosten bis zur **Igreja de São Domingos** mit dem angeschlossenen **Museum Tesouro de Arte Sacra.** Vor der Kirche geht es weiter Richtung Osten bis zur nächsten Kreuzung, wo man links in die Rua da Palha abbiegt.

Die Fußgängerzone führt hier entlang etlicher emsiger, **kleiner Shops,** aus denen es teils verführerisch duftet und in denen der Besucher auf so manche Kuriosität trifft. Hier sollte man unbedingt die „roten Platten" aus Trockenfleisch, eine lokale Spezialität, probieren. Wen der Hunger plagt, der kehrt für einen leckeren Snack, z. B. eine WanTan-Suppe, ein.

Routenverlauf im Stadtplan

Der hier beschriebene Spaziergang ist mit einer farbigen Linie im Stadtplan eingezeichnet.

155hk-wl

Folgt man der autofreien Straße weiter in nördlicher Richtung, gelangt man zum Wahrzeichen der Stadt: den **Ruínas de São Paolo** mit dem **Museu de Arte Sacra,** die man über eine Treppe erreicht. Unmittelbar östlich der Ruinen befindet sich die **Festung Fortaleza do Monte,** die einen exzellenten Ausblick über die Stadt und auf die andere Seite der Grenze gewährt und mit zahlreichen Rastbänken zum Verweilen einlädt. Hier lässt sich zudem das empfehlenswerte **Museu de Macau** besichtigen.

Zwischen Ruinen und Festung verläuft die kleine Calçada de São Paolo – dieser folgt man bis zur nächsten Querstraße, der Rua de Dr. Belchior Carneiro. Hier biegt man links ab und durchquert ein typisches Wohngebiet. Linker Hand führt eine kleine Treppe nach unten und auf den Largo de Santo António mit der kleinen Kirche **Igreja de Santo António.** Von hier gelangt man zum Vorplatz des sehenswerten Stadtparks **Jardim Luís de Camões,** der sich nördlich der Kirche erstreckt. Rechter Hand befindet sich der Eingang zum sehenswerten **Cemitério Protestante,** innerhalb des Gartens wartet die Kunstgalerie der Fundação Oriente im **Casa Garden** auf eine Stippvisite. Nach diesem erholsamen Päuschen im Grünen geht es zurück Richtung **Igreja de Santo António.** Über die Rua de Santo António mit ihren zahllosen kleinen chinesischen Geschäften erreicht man schnell wieder die Fußgängerzone – hier geht es auf derselben Route zurück wie auf dem Hinweg. Am südwestlichen Ende des Largo do Senado angelangt, wendet man sich an der großen Avenida de Almeida Ribeiro (SanMaLo) nach rechts und wirft einen Blick in das interessante **TakSengOn Pawnshop Museum,** das Pfandleihermuseum. Von hier aus kann man per Bus oder zu Fuß eines der anderen Viertel besuchen.

Die Halbinsel Macau

Altstadtzentrum

Das alte Zentrum der 2005 zum UNESCO-Weltkulturerbe erklärten Altstadt Macaus strahlt jenen Charme aus, der jeden Reisenden an Macau fasziniert. Im Gegensatz zu den Megastädten GuangZhou (Kanton) und HongKong wirkt alles **überschaubar** und gerade die alten, **exzellent renovierten Kolonialgebäude** rund um den Largo do Senado unterstreichen die – noch immer allgegenwärtige – architektonische Präsenz der portugiesischen Kolonialmacht.

Ein Bummel durch die **Fußgängerzone**, die sich vom Largo do Senado bis zu den Ruínas de São Paolo und fast bis zur Igreja da Sé erstreckt, lohnt sich unbedingt. Hier sieht man das typisch portugiesische Wellenmuster der Pflastersteine, einen hübschen Springbrunnen und zahlreiche stilvoll renovierte Kolonialbauten. Am nordöstlichen Ende des Platzes lockt die beeindruckende **Igreja de São Domingos.**

Largo do Senado mit Leal Senado
議事亭前地

Das wichtigste Bauwerk am Senado Square ist der ehemalige Leal Senado (wörtlich: „Loyaler Senat") – so hieß das Gebäude bis zur Rückgabe Macaus 1999 an China. Gemeinsam mit dem gesamten Platz ist der Leal Senado im Herzen Macaus sicherlich **eines der schönsten kolonialen Relikte des Fernen Ostens.**

Der **Name des Leal Senado** geht auf das frühe 17. Jh. zurück, als Portugal 60 Jahre lang von Spanien besetzt war. Der Senat von Macau anerkannte dies aber nicht und behielt aus Treue zur Kolonialmacht die portugiesische Verwaltung wie auch die Flagge bei.

Die Wände des Innenhofs verdienen eine genauere Betrachtung. Sie sind mit den typisch portugiesischen **Azulejos** (blau-weißen Kacheln) verziert, im kleinen Garten am anderen Ende des Hofs sind die Büsten von Luís de Camões und dem ehemaligen Gouverneur João Maria Ferreira do Amaral (1803–1849)

156hk-wl

zu sehen. Die Treppenaufgänge im Innenhof führen zur prunkvollen **städtischen Bibliothek** mit klassischen Werken und Schriften, die bis in die Anfänge des Buchdrucks zurückreichen, und zum großen Sitzungssaal (nicht öffentlich zugänglich).

Auf der östlichen Seite des Largo do Senado, gegenüber vom Senatsgebäude, befindet sich die **Hauptpost**, vor der Briefmarkensammler manchmal Hunderte von Metern für begehrte Sondermarken anstehen. Hier findet man auch den prächtigen Hauptsitz der **Santa Casa da Misericórdia.** 1569 gestattete Königin Leonor dem Bischof von Macau den Bau dieser Wohlfahrtseinrichtung.

› Busse 2, 3, 3A, 4, 5, 6, 7, 8A, 10, 10A, 11, 18, 18A, 19, 21A, 26A, 33 bis Largo do Senado

Igreja de São Domingos
玫瑰堂

Im Jahr 1587 strandeten **drei spanische Dominikaner** auf ihrem Weg von Mexiko nach Manila vor Macau und errichteten bereits im Jahr 1590 am nordöstlichen Ende des Largo do Senado eine Kapelle, die im 17. Jh. durch die heutige Kirche ersetzt wurde. Die **hübsche, leuchtend gelbe Kirche** mit dem beeindruckenden barocken Altar wurde mehrfach in politische Ereignisse verwickelt. 1644, zur Zeit der spanischen Regentschaft im portugiesischen Mutterland, wurde ein Offizier während einer Messe ermordet, weil er sich auf die Seite der Spanier geschlagen hatte. 1707 stellten sich die Dominikanermönche in einem **Ritenstreit** auf die Seite des Papstes und gegen den Bischof von Macau. Letzterer befahl, die Mönche zu exkommunizieren und dies notfalls auch militärisch durchzusetzen, woraufhin sich die Mönche über mehrere Tage in der Kirche einschlossen und die Soldaten mit aus dem Boden gebrochenen Steinen bewarfen. 1834 schließlich wurde dem Orden sämtliche Betätigung untersagt und die Dominikanerkirche nur noch für **militärische und administrative Zwecke** genutzt.

Wegen Termitenbefalls wurde São Domingos Ende der 1990er-Jahre aufwendig renoviert – dabei entdeckte man in alten Truhen und Schränken geschnitzte **Heiligenbildnisse aus Holz und Elfenbein.** Um die Fundstücke einer breiten Öffentlichkeit zugänglich zu machen, wurde das **kleine Museum Tesouro de Arte Sacra** im rechten Seitenflügel des Gotteshauses eingerichtet (Zugang von außen).

› Kirche und Museum tgl. 10–18 Uhr, letzter Einlass 17.30 Uhr, Eintritt frei, Tel. 28367706

Der Senatsplatz – prächtiges Zentrum der Altstadt

Ruínas de São Paolo
大三巴牌坊

Sie sind das unumstrittene **Wahrzeichen Macaus:** die Ruinen der Pauluskirche, auch bekannt als Muttergotteskirche. Das Gotteshaus wurde 1602 auf dem Gelände der seinerzeit weltberühmten Jesuitenschule von Macau errichtet, in der Missionare wie Adam Schall von Bell oder Mateo Ricci die chinesische Sprache erlernten, bevor sie zum Kaiserhof nach Peking gingen.

Nach der Vertreibung der Jesuiten 1835 wurde São Paolo, ähnlich wie andere Jesuitenkirchen in Macau, zunächst

157hk-wl

als militärische Unterkunft genutzt. Noch im selben Jahr brach durch unvorsichtiges Hantieren mit dem Küchenfeuer ein **Brand** aus, der Schule und Kirche mit Ausnahme der noch heute vorhandenen Fassade vollständig zerstörte.

Diese **prächtige Fassade** wurde von dem italienischen Stuckateur und Jesuiten Carlo Spinola 1620–1627 gefertigt. Sie ist in fünf Ebenen gegliedert. Im kleinen Dreieck ganz oben stellt eine große Taube den heiligen Geist dar, umrahmt von einer Sonne (links), dem Symbol des Männlichen, und einem Mond (rechts), dem Sinnbild des Weiblichen. Die Statue darunter stellt Gottes Sohn dar, umrahmt von einigen symbolischen Gegenständen seines Leidenswegs. Auf der dritten Etage steht mittig eine Marienfigur, umgeben von Engeln. Die vier Heiligenstatuen darunter stellen von links nach rechts Francisco de Borja, den hl. Ignatius, den hl. Francisco Xavier sowie Luís de Gonzaga dar. Die Inschrift über dem Hauptportal zeigt den eigentlichen Namen der Kirche: Mater Dei (Muttergottes). Das Monogramm der Jesuiten ist über den Seiteneingängen verewigt. Der Bereich hinter der Fassade wurde konserviert und kann ebenfalls besichtigt werden.

⌃ *Nur die Front der Paulskirche ist noch erhalten*

› *Starke Festungsmauern schützten Macau vor Eindringlingen*

Fortaleza do Monte mit Museu de Macau
大炮台

Unmittelbar neben den Ruinen der Pauluskirche thront die Bergfestung und bietet einen unvergleichlichen Ausblick über die Altstadt bis hin zur chinesischen Seite hinter der Grenze. In der Festung ist das Nationalmuseum Macaus beheimatet. Die **Bergfestung**, die älteste militärische Anlage in Macau, wurde 1617–1626 auf dem zum Jesuitengelände gehörenden Hügel erbaut und war daher während des niederländischen Angriffs 1622 noch nicht fertiggestellt. Dennoch wurde der entscheidende Schlag von hier aus geführt: Ein Mönch soll mit einer Kanone mitten ins holländische Munitionsdepot getroffen haben, woraufhin sich die Angreifer zurückziehen mussten.

Seit 1998 beherbergt die Festung das **Museu de Macau**, das neue **Nationalmuseum** der Stadt mit einzigartigen Exponaten zur Geschichte Macaus von den Anfängen bis in die Gegenwart. Unter anderem wurde eine Straße des 19. Jh. mit Handwerksläden und Geschäften nachgebaut, oft multimedial untermalt (Erklärungen auch auf Englisch).

Das **äußere Festungsgelände** bietet exzellente Ausblicke über die Grenze Macaus auf die chinesische Stadt GongBei. Ein Besuch der Festung lohnt vor allem **am Morgen**, wenn viele Macanesen hier TaiJiQuan (Schattenboxen) praktizieren oder sich die Singvogelfreunde mit ihren Schützlingen treffen, um diese zum gemeinsamen Gezwitscher zu animieren.

› **Festungsgelände,** geöffnet: Mai–Sept. tgl. 6–19 Uhr, Okt.–April tgl. 7–18 Uhr, Eintritt frei
› **Museum,** www.macaumuseum.gov.mo, Tel. 28357911, geöffnet: Di.–So. 10–18 Uhr, Eintritt: 15 M$, erm. 8 M$, jeden Di. und am 15. jeden Monats frei

Igreja de Santo António
聖安多尼教堂

Am Largo de Santo António wurde 1558 die **erste Kapelle Macaus** errichtet. Sie wurde 1636 durch die später bei mehreren Bränden zerstörte und durch die wieder aufgebaute St.-Antonius-Kirche ersetzt.

Der hl. Antonius von Padua, dessen Figur außen an der Fassade unter dem Kreuz zu sehen ist, wird in Macau noch heute als **Schutzpatron der portugiesischen Armee** verehrt; er gilt zudem als Stadtpatron von Lissabon sowie als Schutzheiliger der Liebenden und Armen. Am 13. Juni eines jeden Jahres, dem Todestag des Heiligen, legt der Vorsitzende des Senats in dieser Kirche dem Heiligen gegenüber symbolisch Rechenschaft über die Ereignisse des vergangenen Jahres ab. Anschließend wird das Bildnis des Schutzpatrons in die Festungen Macaus getragen, damit er diese für das kommende Jahr schützen möge.

› Largo de Santo António, Bus siehe Jardim Luís de Camões, geöffnet: tgl. 8–20 Uhr (außer zu Messezeiten)

158hk-wl

Jardim Luís de Camões

白鴿巢賈梅士花園

Der idyllische Stadtpark liegt direkt gegenüber der Igreja de Santo António und dient mit seinen Trimm-dich-Geräten und malerisch angelegten Spazierwegen als zentrales Erholungsgebiet der Stadt.

Rund um den kleinen Hügel auf dem früheren Gelände der **British East India Company** erstreckt sich der kleine Park mit Banyan-Bäumen, Blumenbeeten und Bambushainen, der nach dem großen portugiesischen Poeten und Nationaldichter Luís de Camões benannt wurde.

1785 errichtete der französische Astronom La Pérouse (1741–1788) ein kleines Observatorium auf dem Hügel. Die British East India Company zog sich im Jahr 1835 aus Macau zurück. 1886 ging das Gelände aus Privatbesitz in Staatseigentum über. Im gleichen Jahr stellten die Portugiesen in einer Felsnische des Parks eine **bronzene Büste für Camões** auf, umsäumt von Steintafeln mit Versen aus dessen Hauptwerk, den „Lusiaden", und weiteren Inschriften zu Ehren des Dichters.

159ab Abb.: wl

Im Park kann man Macanesen beim TaiChiQuan (Schattenboxen) oder beim Schachspiel beobachten, Vogelbesitzer treffen sich und lassen ihre gefiederten Freunde um die Wette zwitschern – hier erlebt man **chinesisch-macanesische Bräuche hautnah.** Es gibt auch einen kleinen chinesischen Pavillon.

› Pr. de Luís de Camões, Busse 18, 8A, 18A, 19, 26 bis Jardim Luís de Camões, geöffnet: tgl. 7–22 Uhr, Eintritt frei

Casa Garden

东方基金会会址

Im ehemaligen **Hauptverwaltungsgebäude der British East India Company** von Macau, die über Jahrhunderte hinweg den Handel zwischen Großbritannien und Asien prägte, ist heute die **Orient-Stiftung** mit einer kleinen Kunstgalerie untergebracht. Das Gebäude ist auch unter dem Namen **Casa Garden** bekannt und befindet sich direkt im hübschen Jardim Luís de Camões. Die Halle rechts unterhalb der Treppe präsentiert moderne chinesische Exponate, während in der Haupthalle Werke internationaler Künstler gezeigt werden. Der stilvolle Kolonialbau an sich ist schon sehenswert, da er gut den Unterschied zwischen der schnörkellosen britischen und der verspielten portugiesischen Architektur verdeutlicht. Zum Gelände der British East India Company gehört auch der angrenzende protestantische Friedhof.

› Pr. Luís de Camões 13, www.foriente.pt, geöffnet: tgl. außer Mi. 11–17 Uhr, Eintritt frei

Im Jardim Luís de Camões

Cemitério Protestante (Old Protestant Cemetery)
珠海市金湾区

Am Praça Luís de Camões wurde 1814 der protestantische Friedhof mit der Morrison Chapel angelegt. Hier ruhen die sterblichen **Überreste aller Nichtportugiesen**, deren Leben in direktem Zusammenhang mit der Geschichte Macaus stehen. Bis ins Jahr 1814 war es für Engländer und andere Nichtkatholiken ein großes Problem, ihre Toten zu begraben, da nach katholischem Kirchenrecht auf „katholischem Boden" nur Katholiken beerdigt werden durften. Nach macanesischem Gesetz konnten jedoch Ausländer seinerzeit keinen Boden erwerben und da auch die Chinesen keine Beerdigungen auf ihren Ländereien erlaubten, fanden Bestattungen entweder zur See oder illegal statt. Erst mit dem Ankauf dieses Geländes durch die British East India Company im Jahr 1814, als der Gouverneur ein Einsehen hatte und das Gesetz ausnahmsweise überging, konnte das Problem gelöst werden. Neben zahlreichen englischen Offizieren, Kaufleuten und Abenteurern aus aller Herren Länder – unter anderem sind hier auch deutsche Grabsteine zu finden – liegen hier der **englische Maler George Chinnery** (geboren 1774, verstorben 1852) und **Henry John Spencer-Churchill** (1766–1840), Vorfahr von Winston Churchill, begraben.

Nach dem ebenfalls hier ruhenden Doktor Robert Morrison (1782–1834) wurde die kleine **Morrison-Kapelle** auf dem Friedhof benannt. Er verfasste das erste englisch-chinesische Wörterbuch und übersetzte die Bibel ins Chinesische.

Avenida de Almeida Ribeiro (SanMaLo) und TakSengOn Pawnshop Museum
新馬路 典当业展示馆

1920 wurde vom Hafen quer durch die Stadt eine erste **Prachtstraße** angelegt und nach Antônio Augusto Ribeiro de Almeida (1838–1919), Mitglied des höchsten Gerichtshofes, benannt. Noch heute sind viele der kolonialen Fassaden erhalten; das Erdgeschoss isi von Bogengängen mit kleinen Geschäften, meist Juwelieren, geprägt.

Die Straße besaß zugleich einen ausgesprochen langen Namen auf Chinesisch, wobei die letzten drei Zeichen „DaMaLu" bzw. auf Kantonesisch „TaMaLo" („Allee", „Prachtstraße") lauteten. Bereits 1920 empfanden viele Chinesen diesen offiziellen Straßennamen als zu kompliziert. Da es sich um einen Straßenneubau handelte, vereinfachten die Menschen den sperrigen Namen schlicht auf „XinMaLu" (Mandarin) bzw. **„SanMaLo"** (Kantonesisch) – übersetzt bedeutet das „neue Straße". Dieser Straßenname fand rasch Verbreitung und ist auch heute noch die umgangssprachliche Bezeichnung für diese Schlagader im Zentrum Macaus.

Besonders beachtenswert ist das Haus mit der Nr. 396, ein dreigeschossiges, grauweißes Gebäude mit überdimensionalen chinesischen Schriftzeichen. Sein Name **TakSengOn** („tugendhafte, erfolgreiche Pfandleihe") verrät, dass es sich hier um eine jener Institutionen handelt, die früher für viele die letzte Chance war, an Bargeld zu gelangen und dieses in der nächstgelegenen Spielhölle auf den Kopf zu hauen. Denn mit dem Siegeszug des Glücksspiels wuchs der breiten Bevölkerung auch der Bedarf an Geldbeschaffung in. 1917 öffnete der clevere

Geschäftsmann KouHoNing eine Pfandleihe, deren Sicherheitsvorkehrungen einer Bank alle Ehre machten. Das einstige Pfandhaus wurde in ein Pfandleihermuseum umgewandelt, das heute von jedermann besichtigt werden kann.

› Av. de Almeida Ribeiro 396, Bus 2, 3, 3A, 4, 5, 6, 7, 8A, 10, 10A, 11, 18, 18A, 19, 21A, 26A, 33 bis Av. de Almeida Ribeiro, www.museums.gov.mo/eng/museums.html, geöffnet: tgl. 10.30–17 Uhr (jeden ersten Mo. im Monat geschl.), Eintritt 5 M$

Igreja da Sé (DaSe)
大堂

Die in den 1990er-Jahren aufwendig renovierte und modernisierte Kathedrale am Largo da Sé ist das **geistliche Zentrum des katholischen Macau.** Hölzerne Vorgängerbauten reichen bis in das Jahr 1650 zurück, das heutige Bauwerk stammt aus dem 19. Jh. Zum Osterfest wird die große Kirche zum wichtigsten Treffpunkt der Stadt – dann werden hier traditionelle Messen gelesen. Besonders erwähnenswert sind die schmuckvollen Fenster der Kathedrale, die im Jahr 1837 eingesetzt wurden.

› Largo da Sé 1, Bus 2, 5, 6, 7, 16, 28B bis Praia Grande, geöffnet: tgl. 7–19 Uhr. Zu Fuß: Von den Ruínas de São Paolo die Fußgängerzone Rua da Palha geradeaus bis zur Rua da Sé rechter Hand; dieser folgt man bis zur Kathedrale.

Die Kathedrale zeugt von der weiten Verbreitung des Christentums

Halbinsel Penha

Die Penha-Halbinsel an der Südspitze des Festlands war einst die große Flaniermeile der Kolonialzeit. Heute gehört Penha schon beinahe zur Stadtmitte. Nach wie vor aber ist ein kolonialer Hauch zu spüren; hier warten **einige der bedeutendsten Monumente Macaus** und hier genießt man den **Blick auf die vorgelagerten Inseln** und auf das nur wenige Hundert Meter entfernte chinesische

Festland. Außerdem findet der hungrige Reisende in dieser Gegend einige **ausgezeichnete Restaurants** mit portugiesisch-macanesischer Küche.

Templo de AMa
媽閣廟

Der Tempel wurde zu Ehren des Mädchens **AMa** errichtet. Der Legende nach rettete AMa die Fischer vor einem Sturm und wurde so zur Namenspatronin Macaus – denn zum Dank für ihre wundersame Rettung nannten die Fischer ihre Siedlung AMaGao („Große AMa").

Die Legende von AMa ist überall im chinesisch beeinflussten Kulturraum bekannt – das Mädchen wird auch MaZi oder TianHou (bzw. auf Kantonesisch MaTou und TinHau) genannt. Die Göttin der Meere gilt als Schirmherrin der Fischer und Seeleute. Das Gebiet des Tempels war zuvor Teil der **Fischersiedlung HouKong**, von der heute absolut nichts mehr zu sehen ist.

Legendenhaft und mystisch zugleich – der AMa-Gründungstempel

Der **taoistische Tempelkomplex** besteht aus vier Abschnitten. Vor dem Eingangstor stehen die Figuren zweier Löwen, beide mit einer beweglichen Perle im Maul. Links steht das Weibchen mit einem Jungen, rechts das Männchen auf einem Knäuel. Frauen rollen die Perle im Maul des Löwenweibchens; bleibt sie auf der Erhöhung liegen, soll es bald Nachwuchs geben. Gelingt den Männern dasselbe beim Löwenmännchen, so verheißt dies Erfolg.

Hinter dem Eingangsportal steht der ursprüngliche, **alte und recht unscheinbare kleine Tempel** aus dem frühen 16. Jh. mit einer Figur der Meeresgöttin. Der größere Tempel rechts davon ist ein **Neubau**, ebenfalls mit einer TianHou-Statue. Nahe der Trommel und der Glocke am Eingang hängen zwei riesige Seidenpapier-Lampions, die aber heute nicht mehr verwendet werden.

Oberhalb der beiden genannten Tempel befindet sich ein **dritter Tempel**, welcher dem weiblichen Bodhisattwa der Barmherzigkeit (KwanYum, GuanYin, hier in Macau auch Kunlam genannt), gewidmet ist. Besonders ungewöhnlich ist die

161lk-wl

sitzende Darstellung der Figur: Normalerweise sieht man Kunlam nur stehend mit einer Vase (buddhistisch) oder sitzend und hundertarmig (taoistisch). Im oberen Abschnitt der Anlage finden sich außerdem mehrere Felsinschriften und ein kleiner Bambushain.

Im Areal sind außerdem mehrere kleine **Steinbecken mit Schildkröten** und einem kleinen Vermögen an Münzgeld zu sehen. Dies sind Spenden für den Tempel, denn es gibt keine Kirchensteuer oder Ähnliches wie in unseren Breiten. Die Chinesen versuchen immer, die Münzen auf den Rücken der Schildkröten zu werfen; gelingt dies, so soll es das Leben verlängern – die Schildkröte steht nämlich in der chinesischen Symbolik für ein langes Leben.

Auf dem **Vorplatz** im portugiesischen Kopfsteinpflaster-Muster gibt es zahlreiche Rastbänke, einen kleinen Kiosk und einen Briefmarkenautomaten. Außerdem bieten hier noch einige wenige Fahrradrikschafahrer ihre Dienste für Rundfahrten an.

Auf den Stufen, die zu den einzelnen Tempelabschnitten führen und insbesondere am Eingang bitten **Bettler** um Bares, für chinesische Verhältnisse teils recht massiv.

› Largo do Pagode da Barra, Bus 1, 2, 5, 6, 7, 10, 10A, 11, 18, 21A, 26, 28B, MT4, N3 bis Templo de AMa, geöffnet: tgl. 7–18 Uhr, Eintritt frei

Museu Marítimo
海事博物館

Direkt gegenüber vom Templo de AMa erstreckt sich eine kleine Promenade mit dem unscheinbaren, aber interessanten **Schifffahrtsmuseum von Macau.** Neben zahlreichen Exponaten zur lokalen Seefahrtgeschichte und zur historischen Bedeutung Macaus als Küstenkolonie der Portugiesen sind Schiffsmodelle und nautisches Zubehör bis hin zu chinesischen Drachenbooten zu sehen.

› www.museumaritimo.gov.mo, Tel. 28595481, geöffnet: tgl. außer Di. 10–18 Uhr, Eintritt: 10 M$, erm. 5 M$. Museumsshop und Cafeteria mit Blick hinüber auf die andere Seite der Grenze.

Monte Penha
西望洋山

Der Penha-Hügel hinter dem ehemaligen Gouverneurspalast aus dem 19. Jh. ist heute ein **nobles Wohnviertel**, das sich auf der Rua da Boa Vista umrunden lässt – von hier oben genießt man interessante Ausblicke auf das bunte Treiben der Stadt. Der Hügel ist 57 m hoch; *penha* ist das portugiesische Wort für „Fels“.

Hier befinden sich z. B. der **Sitz des Chief Executive der SAR Macau** und ein Stückchen oberhalb die **Residenz des chinesischen Delegierten**, erkennbar an der chinesischen Flagge in der Mitte und der grünen Macau-Flagge links. Letzteres ist ein hübsches Kolonialgebäude, das bis zum 20. Dezember 1999 Sitz der portugiesischen Gouverneure von Macau war.

› Ausdehnung: zwischen Estrada do D. João Paolino, Travessa da Penha und Rua do Commendador KouHoNeng, Bus 6, 9, 16, 28B bis Avenida da República

Ermida de Nossa Senhora da Penha
西望洋聖堂

Die hübsche **Kapelle** ist auch unter dem Namen Capela de Nossa Senhora da Penha bekannt. Sie stammt aus dem Jahr 1622, als portugiesische Seereisende einen holländischen Überfall nur knapp überlebten und zum Dank diese Kirche errichteten. Seither bitten hier Seefahrer, die vor einer schweren Fahrt stehen, um Schutz für ein gutes Gelingen. 1837 wurde die Ermida Nossa Senhora da Penha generalüberholt; heute zieht es überwiegend Touristen auf den Hügel.

Auf dem **Vorplatz** bieten gelegentlich fliegende Händler **macanesische Briefmarken** an. Von der **Aussichtsplattform** gegenüber der Kirche aus genießt man einen großartigen Ausblick auf GongBei, die Grenze zur Volksrepublik.

› Estrada do D. João Paolino, Bus 6, 9, 16, 28B bis Av. da República, Bus 9, 16 bis Rua da Penha, geöffnet: tgl. 10–17.30 Uhr. Hinter dem Regierungsgebäude an der Av. da República führt die Calçada da Praia den Hügel hinauf; hier rechts halten. Der kürzeste Weg zur nächsten Bushaltestelle führt links der Kirche hinunter zur Rua da Penha.

SaiVan Lake und NamVan Lake

西灣湖, 南灣湖

Das südliche Ende der Halbinsel Penha bilden die **künstlichen Seen** SaiVan und NamVan. Im Westen schlängelt sich die Avenida da República um den SaiVan-See – hier steht eine **Reihe von Häusern im portugiesischen Kolonialstil.** Eines davon beherbergt das macanesische Rote Kreuz; schräg gegenüber gibt es eine Art Haltebucht: den Miradouro (Aussichtspunkt) de Henry Dunant mit der Büste von Henry Dunant (1828–1910), dem Gründer des Roten Kreuzes. Von diesem Aussichtspunkt aus überblickt man die äußere Uferstraße namens Avenida Dr. SunYatSen. Dort erkennt man das – künstlerisch umstrittene – **„Tor des Verständnisses“ (Portas do Entendimento)**, die Ponte de SaiVan (West Lake Bridge), und den Macau Tower.

Macau Tower

澳門旅遊塔會展娛樂中心

Der seinerzeit futuristische, 338 m hohe Fernsehturm ist ein Werk des neuseeländischen Architekten Gordon Moller. Von der **Aussichtsplattform** in einer Höhe von 223 m lässt sich fast die gesamte Stadt überblicken. Zudem verfügt der Macau Tower über zwei **Restaurants** (das drehbare 360 °Café und den

162hk-wl

☒ *Steht symbolisch für das moderne Macau – der Macau Tower*

180 Lounge & Grill), ein **Messezentrum** und ein **Kino.** Auch Fans von Mutproben kommen auf ihre Kosten: Beim **Bungee-Jumping** hüpft man gummibeseilt unter der fachkundigen Aufsicht von Bungee-Pionier A. J. Hacket und erreicht dabei eine Geschwindigkeit von rasanten 200 km/h. Daneben werden auch ein **angeseilter Außenrundgang** (Skywalk) in schwindelerregenden 233 m Höhe und eine **Besteigung der Turmspitze** angeboten.

› Bus 9A, 18, 23, 26, 32 und MT4 bis Macau Tower, Bus 6 u. 28 B fahren über die Av. da República, www.macautower.com.mo, Tel. 29888656, geöffnet: Aussichtsplattform Mo.-Fr. 10-21, Sa./So. 9-21 Uhr, Eintritt: 165 M$, Bungee-Jumping: 3588 M$ inkl. Zertifikat und T-Shirt; Skywalk und Turmbesteigung: 888 M$ inkl. T-Shirt und Foto-CD

NAPE-Areal

新口岸

Zwischen dem Porto Exterior (Outer Harbour mit dem Fährterminal) und dem Hotel Lisboa entstand uferseitig durch Landaufschüttungen ein **eigener, neuer Stadtteil:** NAPE, kurz für Novos Aterros do Porto Exterior (etwa „Außenhafen-Neuland"). In diesem großzügigen und weitläufig angelegten Areal findet man **einige der modernsten Casinohotel-Neubauten des Zentrums** und außerdem einige interessante Sehenswürdigkeiten.

Fisherman's Wharf

澳門漁人碼頭

Einer der jüngeren Beweise für das stetige Streben Macaus, in puncto gigantische Bauvorhaben mit HongKong mitzuhalten, ist das 100 Mio. US$ teure Projekt Fisherman's Wharf am Fährhafen. Hier entstand auf bislang rund 100.000 m² in historisch-kitschiger Verquickung ein **Abenteuer- und Vergnügungspark.**

Vor allem bei Chinesen beliebt: das kitschige Fisherman's Wharf

163hk-wl

Im Mittelpunkt stehen weniger die eher bescheidenen Fahrgeschäfte, sondern **Shows, 3-D-Simulationen, kulturelle Aufführungen und ein künstlicher Vulkan,** dessen abendliche Ausbrüche an den Wochenenden besonders Schiffsreisende beeindrucken sollen.

Charakteristisch sind die **Nachbauten europäischer Städte,** etwa einer traditionellen Häuserzeile aus Amsterdam oder einer verkleinerten Replik des Kolosseums in Rom. Das Gelände kann ganztägig kostenlos besucht werden; einige der Restaurants und Amüsierbetriebe sind ebenfalls 24 Stunden pro Tag geöffnet. Wirklich etwas los ist hier aber nur **Freitag- und Samstagabends.**

› Av. da Amizade/Ecke Av. Dr. SunYatSen, www.fishermanswharf.com.mo. Anfahrt: Bus 1A, 3, 3A, 10, 10A, 10B, 10X, 12, 28A, 28B, 28BX, 32, AP1, N1 bis Ferry Terminal (beste Möglichkeit).

Macau Cultural Centre & Macau Museum of Art

澳門文化中心

Anlässlich der Übergabe der ehemaligen portugiesischen Kolonie wurde 1999 auf über 50.000 m² ein überdimensionales Kulturzentrum errichtet, das allen bedeutsamen politischen und kulturellen Ereignisse in Macau als Forum dient. Es beherbergt auch das nationale Kunstmuseum Macaus.

Der moderne Bau des **Kulturzentrums** kostete umgerechnet rund 100 Mio. € und wurde am 20. März 1999, exakt neun Monate vor dem Abzug der Portugiesen (20. Dez. 1999), feierlich eingeweiht – unter Anwesenheit des damals amtierenden portugiesischen Präsidenten Sampaio. Das Gebäude beherbergt ein Musikstudio, Auditorien für klassische Konzerte, Tanz- und Ballettträumlichkeiten sowie Konferenzräume.

Das **Macau Museum of Art** verteilt sich auf fünf Stockwerke mit sieben unterschiedlichen Galerien. Während auf den Etagen zwei und drei Wechselausstellungen aus aller Welt untergebracht wurden, ist der vierte Stock der chinesischen Kalligrafie und Malerei sowie Exponaten chinesischen Porzellans vorbehalten.

› **Macau Cultural Centre (Centro Cultural de Macau),** www.ccm.gov.mo, Tel. 28700699, Kartenvorverkauf (tgl. 10–19 Uhr) Tel. 87977713, Tickets: ca. 100–200 M$.

› **Macau Museum of Art (Museu de Arte de Macau),** www.mam.gov.mo, Tel. 87919814, Di.–So. 10–19 Uhr, Eintritt frei

› Av. XianXingHai, Bus 3A, 8, 10A, 12, 17 bis Centro Cultural

Macau Science Center

澳門科學館

Fast unmittelbar gegenüber dem Gebäudekomplex von Cultural Centre und Museum of Art wurde das **Wissenschaftsmuseum** mit dem Aussehen eines Weltraumteleskops gebaut. Es entstand zwischen 2006 und 2009 nach Plänen des amerikanisch-chinesischen Stararchitekten I. M. Pei.

Zentrales Thema ist der Bereich **Optik,** was in den Multimediashows in 2-D und 3-D im angrenzenden Planetarium eindrucksvoll unter Beweis gestellt wird – diese kosten allerdings extra. Weitere interessante Abteilungen sind etwa die für **Kybernetik** und die für **Raumfahrt.**

› Av. Dr. SunYatSen, Bus 3A, 8, 10A, 12 bis Macau Science Center, www.msc.org.mo, Tel. 28880822, geöffnet: tgl. außer Do. 10–18 Uhr, Eintritt: 25 M$, Planetarium: 2D Dome/2D Sky Shows zusätzlich 60 M$, 3D Dome/3D Sky Shows zusätzlich 80 M$

164hk-fo© leungchopan - Fotolia

Kunlam-Statue

觀音蓮花苑全身像

Neben dem Science Center steht in Sichtweite die 20 m große Kunlam-Statue (auch bekannt als GuanYin- und KwanYum-Statue), **eines der jüngeren Wahrzeichen Macaus.** An der Basis der Statue wurde das **Kunlam Ecumenical Centre** eingerichtet, das dem Besucher weiterführende Informationen zu Buddhismus, Konfuzianismus und Taoismus liefert.

Der indische Bodhisattwa Avalokitesvara („der das weltliche Bitten hört") wurde im Chinesischen mit GuanShiYin, kurz GuanYin (in Südchina Kunlam oder KwanYum), übersetzt. Als Bodhisattwa ist die geschlechtliche Trennung überwunden; die Gottheit kann wahlweise weiblich oder männlich auftreten. Im fernen Osten wird GuanYin als Gottheit der Barmherzigkeit und Schutzpatronin der Frauen betrachtet. Sie wird sowohl von Buddhisten als auch von Taoisten verehrt und ist eine der häufigsten Figuren in chinesischen Tempeln.

Blick auf die Kunlam-Statue

Nordmacau

Auch nördlich des Altstadtzentrums befinden sich einige lohnenswerter Ziele, etwa die Windhund-Rennbahn Canidromo, der idyllische Jardim de LouLimloc oder die eindrucksvolle Guia-Festung.

Museu do Grande Prémio und Museu do Vinho

大賽車博物館

Auf eine recht **ungewöhnliche Museumskombination** trifft man im Forum Macau, dem modernen Kongresszentrum der Stadt, das auch unter dem Namen Tourism Activities Centre (CAT) bekannt ist.

Im Untergeschoss sind sowohl das **Grand-Prix-Museum** als auch das **Weinmuseum** untergebracht. Für Anhänger des jährlich stattfindenden Stadtkurses von Macau dürfte das Grand-Prix-Museum – abgesehen vom Rennen selbst – ein besonderer Höhepunkt sein, sind doch neben modernen Motorrädern und Formel-Wagen auch ältere Modelle wie der berühmte 1954er Triumph TR2 oder Ehrentafeln der Macau-Serienwagensieger wie Hans-Joachim „Strietzel" Stuck (1980 und 1988) oder Manfred Winkelhock (1981 und 1984) zu sehen.

Bacchus-Jünger finden nebenan eine weiträumige Ausstellungshalle zur Geschichte des Weines und edler Tropfen aus Portugal. Der Besuch wird durch eine kleine Weinprobe, die im Eintrittspreis inbegriffen ist, abgerundet.

› Rua Luís Gonzaga Gomes 431, geöffnet: Mi.–Mo. 10–18 Uhr, Eintritt: Kombiticket für beide Museen 20 M$. Ab/zum Zentrum fahren u. a. die Busse 1A, 3, 3A, 32, 28A, 28B, 28C, 10, 10A, 12, 23 und 17, Bus 28B fährt vom/zum Templo de AMa und Museu Marítimo.

Jardim de LouLimloc
盧廉若公園

Wer die klassische chinesische Gartenarchitektur liebt, sollte unbedingt einen Besuch im **vielleicht schönsten Stadtgarten Macaus** einplanen, der sich auch bei Einheimischen einer ungebrochenen Beliebtheit erfreut.

Der LouLimloc-Garten (weitere Schreibweise: LouLimleoc) ist eine ausgesprochen hübsche und gepflegte **Gartenanlage im traditionellen chinesischen Stil.** Er wurde im späten 19. Jh. von dem wohlhabenden chinesischen Kaufmann LouKao angelegt, daher wird die Anlage bei den Einheimischen auch inoffiziell und korrekterweise LouKaoHuaYuan (LouKao-Garten) genannt. Nach seinem Tod im Jahr 1906 trat dessen Sohn LouLimloc das Erbe an, konnte aber das Vermögen nicht zusammenhalten. So musste er die Anlage dem Municipal de Macau überlassen, der hier zunächst eine Schule einrichtete, die Gärten dann aber 1974 restaurierte und wieder der Öffentlichkeit zugänglich machte.

Die Anlage wird von zahlreichen **verspielten Wegen mit Pavillons, Bambushainen und Teichen** durchzogen. Im ehemaligen Herrensitz ist heute das kleine **Teemuseum** (www.iacm.gov.mo/teamuseum, Tel. 28827103, geöffnet: Di.–So. 9–19 Uhr, Eintritt frei) untergebracht. Anwohner spielen im Garten in den Vormittagsstunden häufig das Saiteninstrument ErHu und singen dazu, was für manche europäische Ohren sehr gewöhnungsbedürftig klingt.

› Estrada de Adolfo Loureiro, Bus 2, 2A, 5, 9, 9A, 12, 16, 22, 25, 25X, 28C, N2 bis Jardim de LouLimloc, geöffnet: tgl. 8–18 Uhr, Eintritt frei (Park und Macau Tea Cultural House)

Fortaleza da Guia mit Leuchtturm
東望洋炮台

Neben den Ruínas de São Paolo ist die durch den weißen Leuchtturm weithin sichtbare Guia-Festung das bedeu-

Der LouLimloc-Garten gilt als Paradebeispiel chinesischer Gartenarchitektur

165hk-wl

tendste historische Relikt der Portugiesen in Macau. Diese **mächtigste europäische Festung der frühen Neuzeit in Asien** wurde bis 1637/1638 vom Artilleriehauptmann Antonio Ribeiro auf dem höchsten Hügel Macaus errichtet. Neben dem Turm ist noch die (nicht öffentlich zugängliche) Capela de Nossa Senhora da Guia aus dem Jahr 1622 interessant – hier wurden erst im Rahmen von Renovierungsarbeiten 1998 einst übermalte Fresken mit chinesisch-portugiesischen Szenen entdeckt.

166hk-wl

Der Guia-Leuchtturm: Reminiszenz an die Hochzeit der portugiesischen Seefahrt

Ursprünglich sollten von der Guia-Festung aus Angreifer aus China und die Kolonialrivalen, insbesondere die Holländer, zurückgeschlagen werden. Aufgrund des ausgezeichneten Überblicks über die gesamte Stadt wurde die Guia-Festung aber im Lauf der Zeit vorwiegend als Aussichtsplattform für die Stadtwachen genutzt. Der weiße Leuchtturm, der älteste in ganz China, kam erst 1865 hinzu.

Mehrere Wege führen ringförmig um den Guia-Hügel, unter anderem auch ein Trimm-dich-Pfad. Sie sind Teil des Guia Hill Municipal Park, der zum Spazierengehen einlädt. Treppen an der Westseite führen hinunter in den Jardim da Flora. Die beiden Sehenswürdigkeiten sind zudem durch eine Seilbahn miteinander verbunden.

› Av. de Sidónio Pais, Bus 6, 28C, H1 bis Calçada da Victoria, geöffnet: Di.–So. 8–17.30 Uhr, Eintritt frei. An der Bushaltestelle am Hotel Guia folgt man der steil hinaufführenden Rampa do Reservatório bis zur Festung. Seilbahn: Jardim da Flora, geöffnet: Di.–So. 8–18 Uhr, Preis: 10 M$.

KunlamTong-Tempel
觀音廟

Nördlich der Fortaleza da Guia, nur wenige Gehminuten entfernt, befindet sich ein **bedeutender Taoistentempel**, benannt nach Kunlam (auch bekannt als KwanYum und GuanYin), dem weiblichen Bodhisattwa der Barmherzigkeit.

Dieser Tempel mit buddhistischen und taoistischen Elementen stammt ursprünglich aus dem 13. Jh.; die erhaltenen Teile allerdings aus dem Jahre 1627. Der **neben dem Templo de AMa wohl wichtigste Tempelkomplex Ma-**

caus ist nicht nur an den zentralen Feiertagen wie dem chinesischen Neujahr, den Mondwendefesten des sechsten, neunten und elften Mondmonats sowie dem Geburtstag von GuanYin (Kunlam, KwanYum) gut besucht. Einheimische Pilger verbrennen symbolische Opfergaben für die Göttin, damit Kunlam aus ihrer Vase Glück beim Spiel am Abend verheißen möge.

Die **drei Haupttempel** zeigen einen Buddha mit zwei Bodhisattwas: einerseits den Bodhisattwa der Langlebigkeit und andererseits Kunlam (GuanYin), den Bodhisattwa der Barmherzigkeit. Kunlam ist in ein seidenes Brautkleid gehüllt und mit einer jährlich wechselnden Krone aus Perlschnüren zu sehen, sofern nicht der Rauch der Tausenden von Räucherstäbchen die Sicht zu den Schreinen unmöglich macht.

Die Seitenhallen der Anlage stellen **Ahnengedenkhallen** dar. Hinter den Tempeln liegt eine kleine **Gartenanlage** mit einer großen Inschrift in einer Steintafel. Sie erinnert an das erste US-chinesische Abkommen vom 3. Juli 1844 – kurz nach dem Ersten Opiumkrieg zwischen England und China –, in dem sich auch die USA Handelsvorrechte sicherten. Die vier miteinander verschlungenen Banyan-Bäume sind als QingRenShu (Verliebten-Baum) bekannt und symbolisieren die Mutterliebe.

› Av. do Coronel Mesquita 2, Bus 12, 17, 1823, 28C bis Kunlam Temple, Bus 5, 5X, 22, 25, 25X bis Sunny View Garden, geöffnet: tagsüber frei zugänglich, Eintritt frei. Vom Jardim LouLimloc geht man gut 5 Min. die Av. do Conselheiro Ferreira de Almeida in nördliche Richtung und wendet sich dann nach links, nach wenigen Metern ist rechter Hand der Tempelkomplex erreicht.

Canidromo (Windhundrennbahn) 逸園賽狗場

Wer sich einmal etwas ganz Besonderes anschauen möchte, sollte die Gelegenheit beim Schopfe packen und ein Windhundrennen besuchen. Kaum anderswo kann man die Macanesen volksnaher erleben als im traditionellen Canidromo von Macau. In Mitteleuropa verboten, gilt das Windhundrennen bei den Chinesen als das **Pferderennen des „kleinen Mannes"** – mit deutlich geringeren Wetteinsätzen.

Die überschlanken Windhunde galten früher als Statussymbol des Adels und wurden aufgrund ihrer Schnelligkeit vor allem zur Hasenjagd eingesetzt. Daraus entstand die Idee von Hunderennen, wobei die Hunde heute einem umlaufenden, per Seilwinde über die Bahn gezogenen Dummy (bzw. einer Fellattrappe) hinterherrennen.

Die Strecke ist knapp 500 m lang. Wie auch beim Pferderennen üblich, werden die Hunde vor dem Rennen von ihren Betreuern oder Eigentümern mit stolzgeschwellter Brust an der Tribüne vorbeigeführt. So können sich die Besucher ein Bild von allen Teilnehmern und ihren Favoriten machen. Auf großen digitalen Leuchttafeln werden die Tippquoten ständig aktualisiert und auch die insgesamt gesetzten Beträge addiert. Es kommen **erstaunliche Wettsummen** zusammen – 1 Mio. M$ pro Rennen sind durchaus möglich!

› Av. General Castelo Branco/Ecke Av. do Almirante Lacerda, Bus 1, 1A, 4, 23, 25X, 33, N1B bis Av. General Castelo Branco, Rennen meist abends ab 19.45 Uhr, Eintritt und Mindesteinsatz: je 10 M$. Bar, Snacklokale und ein Restaurant sind vorhanden.

LinZeXu Memorial Museum
林則徐博物馆

1999 wurde das **kleine Museum zur Erinnerung an den chinesischen Gesandten LinZeXu** (1785–1850) eröffnet. Lins Mission war es, die Portugiesen vom Opiumhandel abzuhalten und sich gleichzeitig ihrer Neutralität im bevorstehenden Konflikt mit Großbritannien (Erster Opiumkrieg, 1839–1842) zu versichern. Er galt als ausgesprochen integre Person und war vielen Chinesen ein Vorbild. Das Museum zeigt Stiche und Zeichnungen aus der Zeit der Opiumkriege und dem Leben LinZeXus.

› Av. do Almirante Lacerda, Bus siehe LinFungMiu-Tempel, Tel. 28550166, geöffnet: Di.–So. 9–17 Uhr, Eintritt: 5 M$

LinFungMiu-Tempel
蓮峰廟

Der **einzige Tempel Macaus rein taoistischen Ursprungs** stammt aus dem Jahr 1592 und befindet sich direkt neben dem LinZeXu Memorial Museum. Über die Jahrhunderte diente er den Mandarinen der Provinz GuangDong (Kanton) auch als Herberge auf ihren Amtsreisen nach Macau.

Der Hauptflügel birgt eine Vorhalle mit einem TinHau-(MaZi-)Tempel, flankiert von den zwei taoistischen Generälen Fan und Hsie. Sie sollen besonders weit sehen bzw. hören können. Dahinter befindet sich die Haupthalle, in der, genau an der Rückwand der **Vorhalle,** ein Drache über einem kleinen Goldfischteich wacht. Dann folgt der **Hauptschrein,** der dem weiblichen Bodhisattwa Kunlam (GuanYin) gewidmet ist. Ein besonderes Kleinod sind die in die tragenden Stämme des Tempels eingeschnitzten **Kalligrafien.** Auch die alten geflochtenen Lampions am Eingang lohnen nähere Betrachtung. Der 1980 gründlich restaurierte LinFungMiu-Tempel wird von den Gläubigen wesentlich mehr verehrt als der „Glücksrittertempel" KunlamTong.

› Av. do Almirante Lacerda, Bus 1A, 7, 7A, 8, 8A, 10, 28B, 28BX, N1B bis Estrada do Arco/LinFung Temple, geöffnet: tgl. 24 Std., Eintritt frei

Die Inseln

Die beiden per Bus innerhalb weniger Minuten erreichbaren Inseln Macaus, **TaiPa und Coloane,** sind mit Brücken an das Festland angebunden. Durch Landgewinnung zwischen TaiPa und Coloane sind die einst voneinander getrennten Eilande miteinander „verwachsen": Hier entstand das heutige CoTai mit seinen zahlreichen Kasinohotels. Während TaiPa – trotz einiger ursprünglicher Ecken – vorwiegend das moderne Macau repräsentiert, findet man auf Coloane noch Ruhe und ein Stück Tradition.

TaiPa

TaiPa, noch bis in die 1980er-Jahre eine beschauliche und eher rückständige Insel, dient heute vorwiegend als **moderne Wohnsiedlung.** Die Insel ist Standort der Universität von Macau. Seit der Eröffnung des Macau International Airport und der HongKong-Brücke ist es mit der Ruhe und Idylle endgültig vorbei. Touristisch lohnenswerte Ziele sind heute vor allem die alte Siedlung im Südwesten (TaiPa Village) und die Pferderennbahn Hipódromo.

Der PouTaiUn-Tempel gilt als buddhistische Hochburg der Stadt

TaiPa Nordstadt und PouTaiUn-Tempel
北氹仔, 菩提園

Die Nordstadt von TaiPa entstand erst in den letzten 20 Jahren. Die zentrale Hauptstraße dieses modernen Wohn- und Funktionsbereichs ist die schnurgerade Avenida Dr. SunYatSen. TaiPa Nord beherbergt unter anderem die **Universität**, den internationalen **Flughafen** sowie **moderne Wohngebäude** nebst einigen **Nobelhotels**.

Von den klassischen chinesischen Sehenswürdigkeiten auf TaiPa lockt vor allem der **PouTaiUn-Tempel** nordöstlich der Pferderennbahn. Der Name PouTai-Un bedeutet übersetzt „Buddha-Baum-Garten" und weist auf die hier im Areal zu sehenden heiligen Feigenbäume hin. Unter einem solchen soll einst auch Siddhartha Gautama, der historische Buddha und Religionsstifter, erleuchtet worden sein. Die buddhistische Tempelanlage im Norden von TaiPa mag vielleicht nicht der spektakulärste Tempel Macaus sein, die 100-armige Statue der GuanYin (in Macau auch als Kunlam bekannt) im Hauptschrein ist jedoch durchaus sehenswert. Rund um die Haupthalle sind weitere kleine Pavillons und Schreine mit Ahnentafeln und Statuen angeordnet.

Nicht nur als Ort der Ruhe abseits der sonst brodelnden Metropole und für pittoreske Fotos ist der Tempel für Besucher lohnenswert, sondern auch im Rahmen einer kleinen kulinarischen Pause.

Für den Besucher dürfte das ausgesprochen gute und günstige **vegetarische Tempelrestaurant** von Interesse sein.

› Estrada LouLimloc 2, TaiPa, Bus 11, 21A, 22, 25, 25X, 26A, 28A, 33, 50, 50X, MT2, N2, N3 bis LouLimleok, Tel. 28811038, geöffnet: tgl. 9–18 Uhr, Eintritt frei

Hipódromo da TaiPa
氹仔 跑马地

Macaus Pferderennbahn, eine der modernsten Turfanlagen Asiens, wurde 1991 eröffnet und bietet 18.000 Zuschauern Platz. Hier finden – im Gegensatz zu den Galopprennbahnen in HongKong – ganzjährig Rennen statt, was viele HongKonger in den Sommermonaten zusätzlich nach Macau lockt. Klubmitglieder und das Publikum können die Rennen in Privatlogen oder von der vollklimatisierten Tribüne aus live verfolgen – bessere Einblicke bieten eine riesige Leinwand oder zahlreiche kleine Fernsehmonitore. Zur Galopprennbahn gehören ferner chinesische und europäische Restaurants.

167hk-wl

Es ist faszinierend, die Leuchttafeln mit den ständig aktualisierten Quoten und Wettsummen zu beobachten. Je später der Abend, desto höher sind die Wetteinsätze: Summen von 40 Mio. M$ sind keine Seltenheit!

Meistens gehen die Rennen über Strecken von 1400 m oder 1600 m, zu seltenen Gelegenheiten überwinden die Jockeys mit ihren Pferden auch längere oder kürzere Distanzen. Es besteht die Möglichkeit **zu Pferdewetten.** Die wichtigsten Begriffe beim Wetten lauten: Quinella (1. und 2. Platz), Six Up (eines der ersten beiden Pferde in sechs bestimmten Rennen) und Triple (drei Siegpferde in drei Rennen). Natürlich können auch Sieg und Platz gewettet werden.

› Estrada Governador Albano da Oliveira, Bus 15, 26, 34, 35, 36, MT1, MT4 bis Jockey Club, Tel. 28820868, www.mjc.mo, Rennen Fr./Sa. 14, 15.30 und 19.30 Uhr, im Winter auch So., Eintritt: UG frei, OG 20 M$, Mindesteinsatz für Pferdewetten: 20 M$, kein Zutritt unter 18 Jahren

168hk-wl

In der „Futtergasse“ Rua da Cunha, TaiPa

TaiPa Village

北氹 嚿场

Im Süden der Insel erstreckt sich der alte Ortskern von TaiPa, entstanden aus einer Fischersiedlung, die bis heute nicht von den modernen Wohngebäuden und Industriegebieten des Nordens überrollt wurde. Die **kleine, malerische Siedlung** lässt sich in kurzer Zeit bequem und umfassend besichtigen – man erreicht sie am besten mit dem Bus.

Besonders eindrucksvoll ist ein **Spaziergang durch die alten Gassen** zwischen Rua do Regedor und Rua Correia da Silva. Nahe der Bushaltestelle steht der kleine **TinHau-Tempel,** den die Fischer der Meeresgöttin TinHau (TianHou) gewidmet haben – in Macau ist sie auch unter dem Namen AMa bekannt.

Feiner gearbeitet und besser erhalten ist der 100 m um die Ecke gelegene **Pak-Tai-Tempel,** erbaut zu Ehren des Schutzpatrons der Seefahrer. Zwischen Rua do Regedor und Rua das Gaivotas findet sonntags ganztägig ein **lebhafter Flohmarkt** (TaiPa Flea Market) statt.

Eine der beliebtesten traditionellen „Futtergassen“ ist die nahe gelegene Fußgängerzone **Rua da Cunha,** in der zahlreiche Snack- und Straßenlokale mit kulinarischen Genüssen aufwarten.

Außerdem lohnt ein Besuch des kleinen **historischen Museums von TaiPa und Coloane** (Museu da História da TaiPa e Coloane, www.icm.gov.mo, Tel. 28825631, Di.–So. 10–18 Uhr), das in einem Kolonialbau gegenüber vom Tin-Hau-Tempel untergebracht ist. Dort wird in acht Sälen auf zwei Etagen die historische Entwicklung der macanesischen Inseln dargestellt.

› Ausdehnung: zwischen Av. de Estadio und Estrada Governador Nobre de Carvalho, Bus 11, 22, 28A, 30, 33, 34 bis Luso Chinese Primary School

Casas-Museu da TaiPa (TaiPa Houses Museum)
氹仔博物馆

Unterhalb des Jardim do Carmo erstreckt sich die gepflasterte Avenida da Praia, eine sehenswerte koloniale, einst von Gummibäumen gesäumte Straße mit einigen hübschen alten Gebäuden. Wohlhabende Portugiesen errichteten diese in den 1920er-Jahren. Dass TaiPa noch in den 1980ern eine eigenständige Insel war, erscheint an dieser Position unglaublich, wenn man das zugewachsene Neuland vor der Avenida da Praia in Richtung Süden betrachtet.

Die kleinen, türkisfarbenen Häuser beheimaten heute das TaiPa Houses Museum, das aus insgesamt fünf Einzelgebäuden besteht. Das erste (Macanese House) ist ein **traditionelles Wohnhaus**, das zweite (House of the Islands) beherbergt ein **kleines Heimatmuseum**, das dritte (House of the Portugal Regions) ein **portugiesisches Trachtenmuseum**, das vierte (Exhibition Gallery) zeigt **Ausstellungen lokaler Künstler** und das fünfte (House of Reception) ist ein **kleines Amphitheater mit Restaurant.**

› Av. da Praia, TaiPa, Bus 11, 15, 22, 28A, 30, 33, 34 bis Rua do Cunha, http://housesmuseum.iacm.gov.mo, Tel. 28827527, geöffnet: Di.–So. 10–18 Uhr (letzter Einlass 17.30 Uhr), Eintritt: 10 M$

CoTai

CoTai, der Bereich zwischen TaiPa und Coloane, wurde in den letzten zwanzig Jahren durch Landaufschüttung geschaffen. Noch in den 1990er-Jahren verband nur ein schmaler Damm die beiden Eilande – heute sind sie zu einer einzigen Insel verschmolzen.

Die hier beispielhaft beschriebenen Hotels und Freizeitanlagen sind Kleinstädte für sich. Bei den Hotels Wynn oder Lisboa im Zentrum gerät man schon ins Staunen, aber hier verschlägt es einem fast die Sprache ...

The Venetian
澳門威尼斯人度假村酒店

Das von der Casino Las Vegas Sands Inc. geschaffene und 2007 eröffnete Venetian ist eine **Hotelstadt der Superlative.** 12.000 Angestellte, 3000 Suiten, 3000 Spielautomaten, 750 Spieltische sowie 20 Restaurants und Bars gibt es. Geboten werden Topunterhaltung, venezianische Kanäle nebst „O sole mio" schmetternden (chinesischen!) Gondolieri, ein künstlicher Himmel, dessen Sonnenauf- und -untergang sich nach der aktuellen Tageszeit in Venedig richtet. Und wer nicht glaubt, dass sich das rechnet: Lediglich sechs Monate nach der Eröffnung wurde bereits der zehnmillionste Gast begrüßt.

Das Venetian verfügt über einen **riesigen Kasinobereich** – hier kann man sich u.a. an Baccara, Dragon Phoenix (hier erstmals eingeführt), Blackjack, Roulette, etlichen Pokervarianten und zahllosen Automatenspielen versuchen. Außerdem gibt es Bonusspiele wie stündlich eine Verlosung von 1000 M$ per Zufallsgenerator an einen Automatenspieler oder die sogenannte Cash Pyramid – hier wird ein Besucher ausgelost, der 8000 M$ auf die Hand erhält oder aber weiterzockt und die Summe in fünf Stufen bis auf 168.000 M$ erhöhen kann.

Was wäre ein Besuch des Venetian ohne eine echte Gondelfahrt? Über 50 **Gondolieri** stehen zur Verfügung; die Ti-

169hk-wl

ckets sind nur in der Boutique di Gondola (Shop 2301) und in der Emporio di Gondola (Shop 2660) erhältlich.

Eine weitere Attraktion ist die **Ice World:** Angelehnt an das thematisch ähnliche Sandburgenfestival im portugiesischen Fiesa oder die winterlichen Eisschnitz-Wettbewerbe in der Provinz HeiLongJiang im Nordosten Chinas dürfen die Besucher des Venetian bei minus 15 °C die eisgeformten Nachbauten von den Ruínas de São Paolo, der Festung Fortaleza da Guia mit dem markanten Leuchtturm, dem Eiffelturm, dem Taj Mahal und anderen weltbekannten Bauwerken bestaunen. Im Eintrittspreis ist ein warmer Kapuzenumhang leihweise inklusive – und auch dringend notwendig.

Auf Fußballfans wartet **The Manchester United Experience** – auf den ersten Blick merkwürdig, dann aber doch halbwegs nachvollziehbar, weil der „Lions“ genannte Fußballklub an den venezianischen Löwen erinnern soll. Es gibt einen Fanartikel- und Spielbereich, u. a. mit Tischfußball und Trainingsspielen.

Neben einer **18-Loch-Minigolfanlage** kommen Kinder in der **Qube Kid's Play Zone** auf ihre Kosten. Auf über 1000 m² können sich die jüngsten Besucher auf Rutschen, einem Abenteuerspielplatz und bei Videospielen vergnügen, während die Eltern das Venetian erkunden.

Das **Venetian Theatre** ist Veranstaltungsort für Konzerte, Shows und Theaterspiele, in der sehr populären CoTai Arena finden Pop- und Rockkonzerte

Kitsch pur: Kanäle und künstlicher Himmel im Venetian

Das protzige Galaxy steht dem Venetian in Nichts nach

statt, aber auch Sportveranstaltungen. Auch internationale Popgrößen wie Beyoncé, Lady Gaga oder The Police standen hier schon auf der Bühne; selbst die Rolling Stones rockten schon die CoTai Arena. Informationen zu anstehenden Ereignissen findet man auf der Website sowie auf der zentralen Veranstaltungsseite Macaus.

Das Venetian wartet neben einem riesigen Hotel mit **exzellentem Wellnessbereich** auch mit einer **Shoppingmall** (Grand Canal Shoppes) auf, ebenso mit **etlichen Restaurants, Bars, Pubs und Diskotheken.** Darüber hinaus bietet es Gästen einen kostenfreien **Shuttlebus** vom/zum Fährterminal.

› Estrada da Baía de N. Senhora da Esperança, CoTai, www.venetianmacao.com, Tel. 28828888, Veranstaltungsinfos Venetian Theater und CoTai Arena: www.venetianmacao.com (unter „Entertainment"), www.macauticket.com, Tel. 28828888

Galaxy
澳門銀河綜合渡假城

Das Galaxy steht in Bezug auf Prunk und Unterhaltungswert mit dem Venetian auf Augenhöhe. 2011 auf 550.000 m² für knapp zwei Milliarden US$ errichtet, beinhaltet das Galaxy-Areal nicht weniger als **drei Themenhotels** (Okura, Banyan Tree und Galaxy), den größten Pool Macaus, ein Mega-Kino, rund 50 Restaurants und ein unter Kennern hoch gelobtes Kasino, dessen Besuch sich auch für Nichtgäste lohnt.

Damit der Eintretende nachdrücklich beeindruckt ist, wurde in der Lobby ein riesiges, farbiges **Wasserspiel** installiert, aus dem sich ein gigantischer, künstlicher Diamant (Fortune Diamond) erhebt. Ähnlich sind die Wishing Crystals („Wunschkristalle") in der zweiten Lobby aufgebaut, die auf eine Handbewegung des Betrachters hin ihre Farbe wechseln und Klänge erzeugen. Das Galaxy Lase-

170hk-wl

rama, bietet achtmal pro Nacht eine **musikbegleitete Lasershow.**

Hotelgäste sind im **Grand Resort Deck** herzlich willkommen: Ein künstlicher Strand, Wellenbäder und Pools sowie ein ganztägiges Animations- und Sportprogramm bieten Erholung pur für Wasserratten aller Altersstufen. Für jedermann frei zugänglich sind dagegen die wechselnden **Shows und Revues** im Bereich zwischen Lobby und East Square.

Shoppingfans kommen in einem großen Shoppingbereich in den East und West Promenades auf ihre Kosten; unterwegs kann man sich im **Food Court** Tastes of Asia preiswert stärken. Freunde des Fast Food finden im Galaxy „Andockstationen"; daneben gibt es zahlreiche Spezialitätenrestaurants.

Macaus größte Kinowelt, die **UA Galaxy Cinemas**, wartet mit neun 3-D-Leinwänden und zahlreichen Extras wie Business-Logen mit Restaurantbetrieb auf. Abends locken insgesamt sieben **Bars**, u.a. die empfehlenswerte The Macallan Whisky Bar & Lounge. Ein **kostenloser Shuttlebus** bringt Besucher direkt vom Fährterminal ins Galaxy und zurück.

› Estrada da Baía de Nossa Senhora/Ecke Av. de Cidade Nova, CoTai, Tel. 28880888, www.galaxymacau.com

City of Dreams (CoD)
新濠天地

Zu den „Großen Drei" auf CoTai zählt auch die 2009 eröffnete City of Dreams, meist CoD abgekürzt. Die „Traumstadt" liegt dem Venetian gegenüber und besteht aus vier Türmen mit dem **Hard Rock Hotel**, dem **Crown Towers Hotel** und dem doppeltürmigen **Grand Hyatt Hotel**, das allein schon über 800 Zimmer offeriert. Natürlich gibt es auch hier weitere Superlative zu vermelden, etwa die 40.000 m² breite Kasinofläche oder die 16.000 m² große Shoppingmall namens The Boulevard. Den Besucher empfängt an jeder Ecke Action und Unterhaltung.

Das Paradepferd der CoD ist die Show **„The House of Dancing Water"**, die auf einer gigantischen Aqua-Bühne stattfindet, in deren Zentrum ein 14 Mio. Liter fassender Wassertank steht. Die musicalartig präsentierte Liebesgeschichte wurde vom Regisseur Franco Dragone, einst kreativer Kopf des Cirque du Soleil, brillant mit Akrobatik und Tanz verquickt. Allein die Fertigstellung der Aqua-Bühne dauerte fünf Jahre! Die Show wurde erstmals Ende 2010 aufgeführt und erhielt 2012 den renommierten Thea Award für die **spektakulärste Liveshow weltweit.** Franco Dragone kreierte auch die Unterhaltungsshow „Taboo – The Show of Secret Fantasies" – eine Mischung aus Kabarett, Varieté und (leichter!) Stripshow.

Märchenhaftes bietet die CoD dagegen in der zehnminütigen Multimediashow **„Dragon's Treasure"**, die den Betrachter in das Reich der Drachenkönige mitnimmt und an dessen Ende er dem legendären chinesischen Jadekaiser Yü begegnet.

Zu den Attraktionen gehört zudem eine riesige **Fontäne** namens Bubble Fountain, die ca. 2,50 m im Durchmesser misst. Über eine Pumpe wird Wasser nach oben geleitet und fließt in Kaskaden bei wechselnden Lichteffekten zurück zur Basis. Auch im **Vquarium** steht das Thema Wasser im Mittelpunkt, diesmal allerdings in Form von vier Riesenbildschirmen, über die langsam Wasser fließt und auf denen mit Körperfarbe bemalte Meerjungfrauen schwimmen, von weiteren Meeresbewohnern begleitet (Eintritt frei).

In den **The Shops at The Boulevard** kann man gehoben shoppen. Sowohl chinesische als auch internationale Restaurants sorgen für das leibliche Wohl, auch bekannte Ketten wie das Hard Rock Café sind vertreten – hier gibt es ab und zu Livemusik. **Bars** und der **Club Cubic** runden das Ausgehangebot ab. Erholung Suchende werden in **drei Spas** fündig und die jüngsten Besucher kommen auf einem **Abenteuerspielplatz (Kids City)** auf ihre Kosten. Gäste haben die Wahl zwischen drei verschiedenen Hotels. Es gibt wiederum einen **kostenlosen Shuttlebus.**

› Estrada do Istmo, CoTai, www.cityofdreamsmacau.com, Tel. 88686688
› **The House of Dancing Water,** Theater, Ebene 1, Tel. 88686767, Aufführungen: tgl. außer Do.–Mo. 17 und 20 Uhr, Tickets: ab 650 M$

Coloane

Coloane war und ist noch immer der am wenigsten entwickelte Teil Macaus, auch wenn der Damm, der die Insel mit TaiPa verbindet, kaum noch als solcher zu erkennen ist. Auch auf der Nordseite von Coloane herrscht rege Bautätigkeit, um neue Wohngebiete und Industriestandorte zu erschließen. Zentral- und Südcoloane mit Stränden und beschaulichen ländlichen Siedlungen stehen dagegen nach wie vor in einem krassen Gegensatz zu TaiPa, CoTai und dem Stadtzentrum Macaus.

Parque de SeacPaiVan
石排湾郊野公园

Auf dem Weg von TaiPa zum Altstadtkern Coloane Village passieren die Busse den **größten Park Macaus,** den SeacPai-Van-Park. Mit seinem Aviarium (begehbarem Vogelhaus), den chinesischen Pavillons und den gartenähnlich angelegten Spazierwegen dient er den Bürgern Macaus als bedeutendste und großflächigste Erholungsstätte im Grünen. Eine Besichtigung des kleinen **Museu Natural e Agrário** ist im Eintrittspreis zum Park enthalten.

Zusätzlich kann man auf dem Parkgelände noch den **Macau Giant Panda Pavilion** besuchen – eine besondere Freude für Kinder. Auf über 900 m² Innen- und Außengelände lässt sich das wohl bekannteste chinesische Tier auf zwei unterschiedlichen Ebenen beobachten. Ein Informationszentrum, ein Geschenkladen und ein Café ergänzen den Komplex.

An der Straße vor dem Eingang zum Park weist ein Holzschild den Weg zum **Macau Trail,** ein gut 8 km langer Wanderweg über die Insel Coloane, der auch ihre höchste Erhebung, den 172 m hohen **Coloane Alto,** mit einschließt. Die Aussicht vom Hügel über das Eiland bis in die Volksrepublik China ist wunderbar.

› Estrada de SeacPaiVan, Bus 15, 21A, 25, 26, 26A, 50, N3 bis SeacPaiVan Park (kurz vor einer kleinen Tankstelle), geöffnet: tgl. 9–19 Uhr, Eintritt: 10 M$

Coloane Village
路環村

Die kleine Siedlung im Westen der Insel, nur wenige Meter vom Ufer der Volksrepublik China entfernt, war ursprünglich das einzige Dorf Coloanes und strahlt auch heute noch den **Charme eines ruhigen, beschaulichen Fischerdorfs** aus. Der Ort war allerdings auch Macaus größter Schmuggelplatz und diente als Einreisehafen für illegale Einwanderer – dies erklärt die starke Präsenz von Polizei- und Grenzeinheiten.

An der engsten Stelle zum chinesischen Mutterland, an einer kleinen Landzunge am Ende der Avenida de Cinco de Outubro, steht der **TamKung-Tempel** (Av. de Cinco de Outubro). Die Gebetsstätte wurde zu Ehren einer der vielen Meeresgötter errichtet. Sie ist vor allem für ihr aus einem Walfischknochen geschnitztes Drachenboot mit hölzernen Figuren in roten Roben und gelben Hüten bekannt.

An einem kleinen Platz an der Uferstraße befindet sich die **Francisco-Xavier-Kapelle** (Av. de Cinco de Outubro). Die kleine, stilistisch an die größeren Barockbauten Macaus angelehnte Kirche wurde 1928 erbaut und birgt **eine der wichtigsten christlichen Reliquien in Fernost.** In einer silbernen Vitrine soll sich ein Armknochen des hl. Francisco Xavier befinden. Nach seinem Tod 1552 sollte diese Reliquie eigentlich nach Japan gelangen, blieb aber wegen der dortigen Christenverfolgungen im 16. Jh. in Macau. Hier wurde sie zunächst in der Pauluskirche (Ruínas de São Paolo) aufbewahrt – bis zum Brand von 1835. Anschließend gelangte sie in die Igreja da Sé. Erst seit 1974 wird die Vitrine in der Kapelle von Coloane gehütet. Weitere Knochenrelikte in der Kapelle stammen von konvertierten christlichen Märtyrern aus Vietnam und Japan. Etwas „unorthodox" wirken die am Eingang ausliegenden biblischen Geschichten im Comicstil. Auf dem Vorplatz steht ein Denkmal für die am 13. Juli 1910 im Kampf gegen chinesische Piraten Gefallenen.

Der nahe gelegene **TinHau-Tempel** (Travessa da República) gilt als gepflegteste Tempelanlage Coloanes. Neben der Haupthalle mit der Meeresgöttin MaZi (TinHau, TienHou) stehen links drei bärtige Heilige.

HacSa Beach
黑沙海滩

Die Sandbucht von HacSa (übersetzt „schwarzer Sand") erstreckt sich entlang der Südseite von Coloane. Der **wunderschöne, idyllische Strand** ist ausgesprochen beliebt – an sonnigen Wochenenden ist meist nur ein Stehplatz im Wasser zu ergattern.

Am Strand gibt es einige **Kioske und Lokale** (u.a. das sehr beliebte Fernando's) sowie Barbecue-Einrichtungen zum Selbstgrillen. Weitere Freizeitangebote wie **Surfbrettverleih** und **Segeln** beim Jugendzentrum für Wassersport runden das Angebot in der Bucht von HacSa ab.

› **Centro Juventil de Desportos Nauticos (Jugendzentrum für Wassersport)**, direkt am Strandbeginn uferseitig gelegen, Tel. 28881180. Gegenüber steht die Jugendherberge von Macau (Pousada de Juventude).

› Anfahrt: Bus 21A, 26A von der Hauptbushaltestelle am Pr. Ferreira Amaral bis zur Endstation HacSa, Bus 15, 25 bis Coloane Village, Fußweg zum Parque de SeacPaiVan: Vor Fernando's links der befestigten kleinen Straße 500 m bis zum Ende folgend, erreicht man den gegenüberliegenden südlichen Fußweg in den Park.

Macau erleben

Macau für Genießer

In Macau kann man ausgesprochen lecker und vielfältig speisen. Kaum anderswo zaubern die Köche mit derart unterschiedlichen Zubereitungsarten so ungemein schmackhafte Gerichte auf den Teller. Eine regionale Besonderheit ist die **einzigartige portugiesisch-macanesische Küche**; zu den anderen regionalen Küchen s. HongKong.

Das umfassende, frühe Kolonialreich der Portugiesen brachte u.a. **indische, afrikanische und malaiische Einflüsse** nach Macau, die hier zu der einzigartigen Küche verschmolzen.

Verbreitet sind ursprünglich portugiesische Gerichte wie **Bacalhau** (Stockfisch) in den unterschiedlichsten Zubereitungsarten – gebacken, gebraten, gedünstet.

Macaus schönster Strand: HacSa-Beach

Die Francisco-Xavier-Kapelle im Zentrum von TaiPa

Auch **Caldo Verde** (Gemüsesuppe), **Sopa Alentejana** (würzige Fleischsuppe) oder die allgegenwärtigen süßen **Pastéis de Nata** (Blätterteigtörtchen, gefüllt mit Pudding) gehören dazu. Andere berühmte Speisen stammen aus den ehemaligen portugiesischen Kolonien, z. B. **African Chicken** oder **Piri-Piri Chicken** (scharf, mit viel Chili). Aus Brasilien kommt die **Feijoada**, ein köstlicher Eintopf aus Kartoffeln, Schweinefleisch, schwarzen Bohnen und Kohl.

Sehr häufig findet man den in Bocksbeutel abgefüllten **Mateus** (weiß, rot oder rosé), auch **Ribatejo** (rot) oder **João Pires** (weiß) sind in Macau gängige Sorten.

Snacks zwischen Igreja de São Domingos und Ruínas de São Paolo

Was man unbedingt einmal gemacht haben sollte, ist der „kleine Spießrutenlauf" von der Igreja de São Domingos Richtung Ruínas de São Paolo. Hier bieten **unzählige winzige Läden** verschiedene Kekse und Gebäck sowie die auffallenden „roten Platten" (chin. RouGan, engl. meist Meat Jerky genannt) auf Tabletts zum kostenlosen Probieren an. Im Geschmack kommen sie der europäischen Salami oder Hartwurst recht nahe. Unbedingt kosten!

Snacken in der Fußgängerzone in TaiPa

Nicht ganz so groß wie im Zentrum, mindestens aber ebenso beliebt ist die **Fußgängerzone Rua da Cunha auf der Insel TaiPa.** Nicht nur die liebevoll restaurierten Gassen, auch die hier zahlreich vertretenen Snackshops locken täglich Tausende hierher. Und ähnlich wie zwischen Igreja de São Domingos und Ruínas de São Paolo darf auch hier nach Herzenslust probiert und getestet werden!

⌃ Typische DimSum-Körbchen mit wahren Köstlichkeiten

⌄ Typisch essen heißt am runden Tisch essen

Hervorhebenswerte Lokale

Cafés und Food Courts

Als Alternative für Unterkünfte ohne Frühstücksangebot bieten sich Cafés wie Margaret's Café e Nata und Pokka Café für ein Frühstück auf die Hand an. In den meisten Cafés steht kostenloses WLAN zur Verfügung.

- **KoKei** €, Rua do Cunha 46, TaiPa, Tel. 28827839, geöffnet: tgl. 10–21 Uhr. Hier gibt es eine riesige Auswahl an „roten Platten" sowie Biskuits und Trockenfrüchte, Letztere zudem in hübschen Geschenkkartons zum Mitnehmen.
- **Margaret's Café e Nata,** Edifício KamLoi (GumLoi Building), Rua do Almirante Costa Cabral 17, Tel. 28710032, geöffnet tgl. 7–14 Uhr. Das auch bei Einheimischen sehr beliebte Café liegt etwas versteckt in einer Seitengasse. Offeriert werden diverse Sandwiches und Kuchen sowie die beliebten portugiesischen Blätterteigtörtchen Pastéis de Nata, außerdem verschiedene Brotsorten.
- **New YaoHan-Kaufhaus,** 8. OG. Wer an einem Standort einige Snacklokale aller Couleur sucht, ist hier bestens aufgehoben. Es gibt einen Coffeeshop, eine Eisdiele und eine ganze Reihe asiatischer Schnellrestaurants.
- **Pastelaria FongKei,** Rua do Cunha 14, TaiPa, Tel. 28827142, geöffnet: tgl. 10–17.30 Uhr. Eine breite Auswahl an Gebäck und chinesischen Kuchen, Glückskeksen und Snacks, auch in Geschenkpackungen erhältlich.
- **Tastes of Asia,** im Galaxy, G 43, EG, East Promenade, geöffnet: tgl. 10–24 Uhr. Der Food Court des Galaxy-Hotels beherbergt preiswerte Snacklokale mit Speisen der Küche Japans, Vietnams, Chinas, Singapurs und Thailands.

Empfehlenswerte Restaurants

- **Ali Curry House** €€, Av. da República 4 K, Tel. 28579868, geöffnet: tgl. 12.30–23 Uhr. Direkt neben Henri's Galley verfügt Ali über einen kleinen Außenbereich mit tollem Blick auf den Macau Tower. Obwohl der Name an indisches Essen denken lässt, handelt es sich um ein internationales Restaurant mit gemischter Speisekarte. Neben portugiesischen Gerichten (u. a. Stockfisch und zahl-

Preiskategorien Restaurants

€	Hauptgericht unter 100 M$
€€	Hauptgericht 100 bis 250 M$
€€€	Hauptgericht über 250 M$

174hk-wl

reiche Huhn-Variationen) gibt es auch etliche Currys, Saté mit Erdnusssoße und Kurioses wie etwa Ente in Colasoße. Ob sich bei der Erfindung letztgenannter Kreation einer der schmackhaften Vögel verflogen hat oder Ali beim Zubereiten einer Ente versehentlich eine Getränkedose in die Soße gefallen ist, wurde nicht überliefert …

- **Casa de ChaLongWa (LongWa Tea House)** €, Rua Norte do Mercado Almirante Lacerda 3, 1. OG, Eingang über die Treppe, Tel. 28574456, geöffnet: tgl. 7–14 Uhr. Authentisch Chinesisch direkt neben dem Red Market sollten Freunde des kantonesischen DimSum (YumCha) in diesen gelben Altbau an der Straßenecke einkehren. Anders als in anderen DimSum-Lokalen gilt hier das Prinzip der Selbstbedienung: Man wartet nicht auf den Kellner mit seinem Wagen, sondern holt sich direkt ab, was einem zusagt. Der gebratene Meeresfrüchte-Tofu und SiuMai (Füllung aus Hackfleisch, Pilzen und Frühlingszwiebeln in hauchdünnem Teigmantel) sind besonders lecker. Sehr traditionell und ausgesprochen beliebt – selbst der Schauspieler Chow YunFat, bekannt aus „Tiger and Dragon", hat sich hier schon gestärkt.
- **Clube Militar** €€, Av. da Praia Grande 975, www.clubemilitardemacau.net, Tel. 28714000, geöffnet: tgl. 11–23.30 Uhr, Restaurantbetrieb ab 14 Uhr. Im absoluten Zentrum findet sich eines der ältesten portugiesischen Lokale der Stadt, der Clube Militar, das ehemalige Offizierskasino der Portugiesen. Heute werden hier raffinierte Gerichte aufgetischt: von Caldo Verde (Gemüsesuppe) und Ziegenkäse über deftige Hauptspeisen wie African Chicken oder Spanferkel mit Kartoffeln bis hin zu Seebrasse mit Bohnen und Schinken. Kenner loben vor allem die äußerst umfangreiche Weinkarte mit zahlreichen portugiesischen Tropfen zu moderaten Preisen. Gehobenes Preis-Leistungs-Verhältnis in gepflegtem Ambiente und preisverdächtig in der Disziplin „Das Auge isst mit".
- **Henri's Galley** €€, Av. de la República 4 G-H, www.henrisgalley.com.mo, Tel. 28556251, geöffnet: tgl. 11–23 Uhr. Im Süden Macaus, an der Av. da Praia Grande, bieten sich gleich mehrere empfehlenswerte Lokale für einen Besuch an. Besonders erwähnenswert ist das schon seit 1976 betriebene Familienrestaurant Henri's Galley, dessen African Chicken, wenngleich eine Spur teurer als anderswo, fast unerreicht bleibt. Weitere schmackhafte Gerichte sind Chouriço Grelhado (Bratwurst) und Bolos de Bacalhau (Stockfischbällchen). Gute Auswahl an Weinen, angenehme Atmosphäre – man sollte früh kommen oder gleich vorab einen Tisch reservieren!
- **Restaurante Escada** €€, Rua da Sé 8, Tel. 28966900, geöffnet: tgl. 12–15 und 18–22 Uhr. Sehr zentral, etwas versteckt in einer

175hk-wl

Seitengasse am Largo do Senado. Kredenzt werden zahlreiche portugiesische Spezialitäten, u. a. Cataplana mit Meeresfrüchten, eine Art Paella für 2 Personen, dazu empfiehlt sich ein Sangria.

› **Restaurante Fernando's** €€, Praia de HacSa 9, Coloane, www.fernando-restaurant.com, Tel. 28882264, geöffnet: tgl. 12–21.30, Bar bis 24 Uhr. Das Restaurant befindet sich 200 m nördlich der Bushaltestelle am HacSa Beach. Es existiert bereits seit 1986 und ist auch über die Grenzen Macaus hinaus bekannt und beliebt. Und das, obwohl das Fernando kaum Werbung macht; es gibt nicht einmal ein Hinweisschild am Strand. Sehr preiswerte und exzellente portugiesische Küche, z. B. Spareribs und Meeresfrüchte – sogar die typisch portugiesischen Sardinen stehen auf der Speisekarte. Übrigens schlemmte hier schon Gérard Depardieu, der gallische Steuerflüchtling mit russischem Pass. Es gibt einen schönen Hof zum Draußensitzen; dort ist Rauchen gestattet.

› **WongChiKei Noodle Congee House** €, Largo do Senado 17, Tel. 28331313, geöffnet: tgl. 8–24 Uhr. Das WongChiKei bietet das Nudel- und Suppenerlebnis in Macau schlechthin. Eine besondere Empfehlung sind die Nudeln mit WanTan (Teigtaschen) und Garneleneiern und die frittierten WanTan mit pikanter Soße. Trotz der Toplage im Zentrum isst man hier zu äußerst moderaten Preisen. An den köstlichen Suppen labten sich schon hohe Persönlichkeiten wie etwa HongKongs letzter Gouverneur Chris Patten. Von außen sieht das Restaurant sehr unauffällig aus, eher wie eine traditionelle Apotheke, aber anhand der draußen aufgestellten Speisekarte ist es dann doch identifizierbar.

Getrocknete Zutaten auf Märkten und in Kaufhäusern sind typisch für Macau

Macau am Abend

Macau lebt von seinem Unterhaltungsfaktor. Dabei hat die Stadt weniger für Theater- oder Kinoliebhaber zu bieten, als vielmehr reichlich **Flaniermeilen** für lange Shoppingabende in festlich illuminierten Einkaufszentren oder auf den lebhaften Nachtmärkten. Auch **Bars, Pubs** und **Karaokelokale** warten auf Nachtschwärmer. Nach Einbruch der Dämmerung ziehen ganze Heerscharen von Touristen durch die **Kasinohotels:** die einen, um dem Glücksspiel zu frönen, die anderen, um dieses Phänomen ausgiebig zu bestaunen. Ein Besuch des hübsch beleuchteten Largo do Senado lohnt auch am Abend, wenn in den Seitengassen (auf den Leal Senado blickend rechter Hand) vorwiegend Textilhändler, aber auch Obstverkäufer und Snackbrater vom späten Nachmittag bis in die späten Abendstunden ihre Waren feilbieten.

Macau für Glücksritter

Wer China kennt, der weiß: **Chinesen lieben das Glücksspiel.** Ob beim MaJiang (MaJong) im Stadtpark, beim Pferderennen, beim Kartenspiel auf der Straße oder beim chinesischen Schach unter Rentnern – stets geht es dabei auch um einen kleineren oder größeren finanziellen Einsatz. Dumm nur, dass im chinesischen Kulturkreis Macau der einzige Ort ist, an dem das Glücksspiel legal ist. Das lockt alljährlich rund 25 Mio. Chinesen allein aus der Volksrepublik China, HongKong und TaiWan in die Metropole am Südchinesischen Meer.

Die großen **Kasinohotels** sind eigentlich kleine Städte für sich und bieten auch für nicht Spielwillige spannende

und häufig sogar kostenlose Aktivitäten – sie warten, neben dem Glücksspiel, mit einem einzigartigen Ambiente, prächtigen Shoppingmalls, einer Fülle an kulinarischen Highlights sowie etlichen Unterhaltungsshows und Großveranstaltungen auf. Auch wer gar nichts mit Glücksspiel am Hut hat, sollte in Erwägung ziehen, das eine oder andere Kasino wegen der Vielzahl an weiteren Angeboten zu besuchen.

Im **Grand Lisboa** lockt das bekannteste und beliebteste Varieté Macaus, die „Crazy Paris Show" in der Mona Lisa Hall (tgl. 14–2 Uhr, Eintritt frei). Das Kasinohotel verfügt über einen großen Spielbereich für jedermann mit allein über 750 Spielautomaten sowie über etliche VIP-Räume.

Im Kasinobereich des **Hotel Lisboa** dominieren chinesische Spiele wie FanTan, SicBo und Majong PaiGow bei vergleichsweise niedrigen Einsätzen ab 20 M$.

JaiAlai (Av. da Amizade, Tel. 28726086). Das 1972 gegründete Jai-Alai wurde nach dem squash-ähnlichen baskischen Sport benannt und befindet sich gegenüber dem Fährterminal. Ähnlich wie in einer großen Shoppingmall bieten unterschiedliche Betreiber verschiedenste Dienstleistungen an, wobei hier vordergründig die Spieler und das männliche Publikum angesprochen werden. Der Hotelbetrieb ist nur ein kleiner Teil, weitaus mehr stehen Restaurants, Sauna, Kasinos und Striptease-Shows im Vordergrund.

Das 2008 eröffnete **MGM** ist ein paritätisches Joint Venture der Familie Ho und der US-amerikanischen MGM-Gruppe, der Nachfolgeorganisation der bekannten Filmproduzenten Metro-Goldwyn-Mayer. Im MGM werden keine Unterhaltungsshows geboten, aber zahlreiche Café- und Restaurantbetriebe sowie die Chihuly Gallery Macau des amerikanischen Glasskulpteurs Dave Chihuly.

Das **Oceanus** (Av. do Dr. Rodrigo Rodrigues 1470/Travessa do Reservatório, Tel. 88013388), erkennbar an seiner wabenförmigen, abends bunt illuminierten Fassade, ist eine der wenigen Einrichtungen ohne Hotelunterkunft und gilt als feines Kasino für jedermann mit gut 170 Tischen und 300 Automaten. Für das leibliche Wohl sorgt eine Reihe von Bars und Snacklokalen; das Atrium und eine Bühne im 2. OG bieten Unter-

Virtuell oder real: Empfangshalle im Galaxy-Kasinohotel

Das alte Lisboa-Kasino war eine der ersten Spielhöllen der Stadt

haltung. Das Oceanus befindet sich unmittelbar gegenüber dem Fährterminal.

Das **Sands** gegenüber vom Fisherman's Wharf bietet zwar auch Amüsement wie Tanz und Gesang in der Xanadu-Bar (sehr gute Cocktailbar!), im Zentrum des Geschehens stehen hier aber über 700 Spieltische und mehr als 1200 Automaten.

Im Hotel **Wynn** kann man sich jeden Tag die stündlich ab 16 Uhr stattfindenden kurzen Show-Darbietungen „Dancing Waters", „Tree of Prosperity" und „Dragon of Fortune" ansehen.

Bars, Pubs und Kneipen

Viele Nachtschwärmer gehen in die in Kasinos oder Großhotels untergebrachten Bars, um einen Drink zu sich zu nehmen. Ein kleines, als Kneipenviertel zu bezeichnendes Areal ist die Gegend landseitig der großen **Avenida Dr. Sun-YatSen** nahe der Kunlam-Statue, und dort vor allem die **Rua Cidade do Porto** und **Rua Cidade de Braga („Nape Area")** mit etlichen Kneipen, Bars und Karaoke-Stuben. Zu den beliebten Locations gehören:

- **A1 Bar,** 198 Alameda Dr. Carlos d'Assumpcao, Tel. 62966138. Bier-, Wein- und Cocktailbar mit Karaoke.
- **Bass Karaoke Club,** G/F, Tong Nam Ah Central Comercio, 71 R. De Londres, Tel. 28752688. Angesagter Karaokeklub mit ordentlichem Getränkesortiment.
- Der aktuell angesagteste Klub ist **Cubic** (City of Dreams, Ebene 2, Tel. 66384999, geöffnet: Mo.–Sa. 23.30–6 Uhr). Er rangiert auf der Beliebtheitsskala der macanesischen Ausgehhotspots ganz weit oben. Mit großer Bühne, Champagnerbar und riesiger Tanzfläche. Liveevents und Gastauftritte internationaler DJs.
- Auf Coloane schließlich hat **Fernando's** (siehe Restaurants) einen legendären Ruf.
- Auf TaiPa loben Reisende das **Mc Sorley's Ale House** (im Venetian), 1. OG, Shop 1038, www.mcsorleys.com.hk, Tel. 28828198, geöffnet: tgl. 12–1 Uhr, einen Ableger der in HongKong schon seit Jahren erfolgreichen kleinen Kette. Die Bar bietet ein Ambiente im britischen Pub-Stil.

17 hk-wl

- **Old Taipa Tavern,** Rua dos Negociantes 21, TaiPa, Tel. 28825221. Die gemütliche Schänke in TaiPa Village wird auch kurz OTT genannt und bietet leckere Snacks, gelegentlich Livemusik und sogar Comedy-Nächte. Ausländertreffpunkt.
- **Uno Bar,** Rua do Porto 493, Tel. 62392288, geöffnet: tgl. ab 22 Uhr. Kleine, recht unscheinbare Bar mit Karaokebereich, die vorwiegend von Einheimischen und Touristen aus China besucht wird.

Theater, Oper und Konzerte

Zentralstelle für Eintrittskarten zu Veranstaltungen aller Art ist **Macau Ticket** (www.macauticket.com, Tel. 28555555). Über die Internetpräsenz können die Veranstaltung ausgewählt und unter Angabe der Kreditkarteninfos Tickets bestellt werden. Dann erhält man eine Bestellnummer *(reservation number)*, mit der man an einem der Kartendrucker in der Stadt das Ticket „abholt" bzw. ausdruckt (Kartendrucker siehe Website). Die einzige Anlaufstelle, in der man persönlich bedient wird, ist das **Macau Cultural Centre** (Schalter: Tel. 87977713, geöffnet: tgl. 10–19 Uhr).

Macau für Kauflustige

Um es den Reisenden, die sich häufig nur kurz in Macau aufhalten, so bequem wie möglich zu machen, wurden viele der Einkaufszentren direkt in die großen Hotels integriert. Hier findet man große Marken wie **Gucci, Louis Vuitton oder Armani** – das ist Shopping für moderne Macanesen und Chinesen. **Souvenirs** und **Kurioses** entdeckt man eher in Museumsshops oder kleinen Läden in den Seitenstraßen abseits der Glitzerpaläste.

Einkaufstipps

- **Grand Canal Shoppes,** im Venetian, 2. OG, geöffnet: So.–Do. 10–23, Fr./Sa. bis 24 Uhr. Macaus größte Einkaufsarkaden. Rund 350 Einzelgeschäfte buhlen um die Gunst des Kunden. Hier lassen sich exquisite Kleidung, Schuhwerk, Schmuck und Kosmetik sowie Elektronikartikel erstehen. Auch wer eine kleine Knabberei für sich selbst oder als Mitbringsel sucht, sollte das Einkaufszentrum besuchen, z. B. die Bäckereien Choi-HeongYeung Bakery, Pastelaria KoiKei oder KeeWah Bakery mit traditionellen Backwaren chinesischen und portugiesischen Ursprungs. Auch etliche Fast-Food-Anbieter und schicke Restaurants sind hier vertreten.
- **New YaoHan,** Av. Comercial de Macau, Zone A, Bus 2, 3A, 5, 7, 8A, 10, 10A, 11, 21A, 26A, 33, N1A, N3 bis D. Infante Henrique/Central Area, www.newyaohan.com, Tel. 28725338, geöffnet: tgl. 10.30–22 Uhr. Von der Bushaltestelle und vom Largo do Senado aus geht man ca. 5 Min. zu Fuß. Wenn es ein Einkaufszentrum gibt, das man als Universalkaufhaus bezeichnen könnte und

178hk-mgto

Klassische Aufführung

das nicht nur auf Edelboutiquen und eine gut betuchte Klientel abzielt, dann ist es diese japanische Shoppingmall in unmittelbarer Zentrumsnähe. Sie besteht aus genau acht Etagen – die Architekten wählten die chinesische Glückszahl Acht zur Verbesserung der Geschäftsaussichten. Auf der obersten Etage findet sich ein Imbisszentrum (u. a. mit Sushi, Thai- und koreanischer Küche, Eisladen und Coffeeshop). In den Stockwerken darunter warten ein Supermarkt mit Bäckerei und Geschäfte für Bekleidung, Kinderwaren, Spielzeug, Sportgeräte, Haushaltsartikel u. v. m. auf Käufer.

› **One Central,** Av. de Sagres, NAPE-Areal, Bus MT1, MT2, N1A, N2 bis Pr. 24 de Junho, www.onecentral.com.mo, Tel. 28229838, geöffnet: tgl. 10.30–23, Sa./So. bis 24 Uhr. Einen Block vom Hotel Wynn entfernt in Richtung Ufer befindet sich das One Central, das als Aushängeschild für Nobelmarken in der Innenstadt gilt. Wer nicht die Zeit hat, nach TaiPa zu fahren, aber dennoch eine Luxus-Shoppingmall besuchen möchte, ist hier richtig. Neben vielen anderen Designern bieten hier Dolce & Gabbana, Cartier, Bulgari und Marc Jacobs exklusive Waren für den großen Geldbeutel an.

› **Park'n Shop (1),** Park'n Shop Shopping Centre, Estrada da Areia Preta 102/Ecke Av. de Venceslau de Morais, www.parknshop.com, Tel. 28531642, geöffnet: tgl. 8.30–22 Uhr. Die Kette entspricht einem Lebensmitteldiscounter wie Spar oder Edeka.

› **Park'n Shop (2),** Centro Comercial de SeacPaiVan, Rua Evora, TaiPa, www.parknshop.com, Tel. 28502023, geöffnet: tgl. 10–20 Uhr. Diese Filiale befindet sich im Stadtteil TaiPa.

› **Red Market** (Mercado Vermelho), Av. Do Almirante Lacerda/Ecke Av. de Horta e Costa, Bus 1, 3, 4, 6, 23, 26, 32, 33, N1A bis Mercado Vermelho, geöffnet: tgl. 7–14 Uhr (Lebensmittel), das Gebäude selbst ist bis ca. 19 Uhr frei zugänglich. Der Markt ist unschwer an seinen roten Backsteinen erkennbar. Hier erwerben die Macanesen Dinge des täglichen Lebens, Obst, Gemüse, Fleisch und Fisch. Die meisten Waren, hauptsächlich Lebensmittel (frisch oder getrocknet) und Gewürze, aber auch einfache Textilien, stammen aus China.

› **Royal Supermarket,** Av. Dr. Rodrigo Rodrigues 57, nahe dem Grand-Prix-Tor, Tel. 28966608, geöffnet: tgl. 8–22.30 Uhr. Hier finden Selbstversorger einen gut sortierten Supermarkt in recht zentraler Lage. Insgesamt betreibt Royal 27 Filialen in ganz Macau, u. a. im Kaufhaus New YaoHan.

› **Supermärkte und Minimarktketten** spielen für Selbstversorger eine wichtige Rolle. Fast überall sieht man 7-Eleven-Läden, wo man täglich von 7 bis 23 Uhr ein Basissortiment an Lebensmitteln und Tageszeitungen, Telefonkarten usw. erhält.

179hk-wl

Frische Waren sind auf den Märkten eine Selbstverständlichkeit

Macau zum Träumen und Entspannen

In quirligen asiatischen Metropolen ist es gar nicht so einfach, ein wenig Ruhe und Muße zu finden. In Macau potenziert sich die Sehnsucht nach Entspannung schnell um ein Vielfaches, denn hier ist die Bevölkerungsdichte so hoch wie kaum anderswo: Tagesbesucher schieben sich durch die Fußgängerzonen der Altstadt und es scheint manchmal unmöglich, außerhalb eines nur auf den schnellen Umsatz schielenden Gastronomiebetriebs einen Sitzplatz zu ergattern. Dennoch gibt es auch in Macau einige empfehlenswerte Rückzugsorte.

Zuvorderst sind es die Stadtparks, die den Ruhe suchenden Reisenden Entspannung bescheren. Sehr zentral liegt der **kleine Park um die Fortaleza do Monte** neben den Ruínas de São Paolo. Wer sich gleichzeitig ein wenig sportlich betätigen möchte, sollte unbedingt den **Jardim Luís de Camões** aufsuchen. Der wohl schönste Stadtpark im Zentrum ist in der Tat nicht nur eine grüne Oase in der Großstadt mit verschlungenen Pfaden und Rastpavillons, die Stadtväter haben auch etliche Trimm-dich-Geräte zur kostenlosen Nutzung aufgestellt, die denen in unseren Fitnessstudios ähneln. Ebenfalls ein Quell der Ruhe ist der **Jardim de LouLimloc**, der als das beste Beispiel klassischer chinesischer Gartenarchitektur in Macau gilt. Zum Joggen und für Gymnastik, aber auch zum kurzweiligen Herumschlendern im Grünen eignet sich zudem der **Guia Hill Municipal Park** rund um die Fortaleza da Guia mit ihrem Leuchtturm.

Wer vom **Templo de AMa** die Avenida da República, die alte Uferstraße am Sai-Van Lake, entlangschlendert, findet sowohl großzügig verteilte **Rastbänke** als auch friedliche Panoramablicke über die Großstadt.

180hk-wl

Ferner bieten Macaus **Inseln TaiPa, CoTai und Coloane** Erholung, auch wenn diese durch zahlreiche Landaufschüttungen und bauliche Veränderungen inzwischen selbst zu einer einzigen Großstadt verschmelzen. Die beschauliche Altstadt von TaiPa mit dem Casas-Museu da Tai-Pa und die sich anschließenden kleinen Gartenparks **Jardim do Carmo** (Carmel Garden) und **Jardim Mesparteiro** laden den Besucher zum geruhsamen Flanieren ein. Sie versetzen ihn aber auch in Erstaunen, liegt doch unmittelbar davor ein scheinbar kleiner Inlandsteich – heute unvorstellbar, gab es bis 1990 an dieser Stelle nur die beliebte Strandpromenade Estrada da Baía de Nossa Senhora da Esperança und dahinter das offene Meer.

Schließlich bietet Coloane mit seinem unerwartet schönem Sandstrand **HacSa-Beach** Badefreuden und mit dem **Parque de SeacPaiVan** einige Wandermöglichkeiten.

Veranstaltungen und Feste

Feste im Sinne von Dorf- und Stadtfesten mit Jahrmarktsbetrieb sind in Macau gänzlich unbekannt; dafür gibt es eine Reihe Festivitäten und Gedenktage nach dem traditionellen Mondjahr. Eine Übersicht über Veranstaltungen bietet die Website www.macautourism.gov.mo/events/calendar.php. Zusätzlich zu den bei HongKong vorgestellten Festivitäten sind die folgenden Veranstaltungen für Macau erwähnenswert:

◁ *Macaus Parks als Quell der Ruhe und Entspannung*

181hk-mgto

- **Macau Food Festival:** In der zweiten bis vierten Novemberwoche lädt Macau zum Verkosten der gesamten lokalen Speisen- und Getränkepalette ein. An den über 100 Ständen am Praça do Lago SaiVan südlich des SaiVan Lake werden kulinarische Köstlichkeiten offeriert (Mo.–Fr. 17–23.30, Sa./So. 15–3 Uhr).
- **Macau Grand Prix:** Früher auch Formel-1-Stadtkurs, wird der städtische Asphalt heute nur noch in Formel-3-Fahrzeugen bzw. auf Motorrädern geschwärzt. Der Grand Prix Mitte–Ende Nov. ist immer noch ein Spektakel und bei lokalen Wettanbietern ein Jahreshöhepunkt. Weitere Infos: www.macau.grandprix.gov.mo.

△ *Bei vielen Festen geht es bunt zu*

Praktische Reisetipps Macau

Allgemeines

Die meisten Reisenden besuchen Macau im Rahmen eines Tages- oder Mehrtagesausflugs von HongKong aus; eine Direktreise entweder auf dem Landweg aus der Volksrepublik China oder per Flugzeug aus einem asiatischen Land ist eher die Ausnahme. Es gibt bislang **keine Direktflüge von Europa nach Macau.** Daher wird im Folgenden die Anreise via HongKong beschrieben.

Anreise von Hongkong nach Macau

Ausflüge nach Macau sind einfach selbst zu organisieren, etwa alle 15 Minuten fahren von 7–24 Uhr (0–7 Uhr 6 Mal pro Stunde) **Schnellboote von Hong-Kong Island** hinüber. Zumindest unter der Woche kann man alle Formalitäten vom Ticketkauf über die Ausreiseformalitäten bis zum Einstieg durchaus binnen einer halben Stunde vor der Abfahrt erledigen. Die meisten Fähren nach Macau legen vom MFT (Macau Ferry Terminal, HK-Island, ShunTak-Bldg., MTR SheungWan, dort beschildert) ab:

Die **Personen-Schnellboote** (ca. 45 Minuten) fahren von 6 Uhr bis Mitternacht alle 15 Minuten, danach alle 90 Minuten (171 HK$, Wochenende 186 HK$, Abend- und Nachtfähren ab 17 Uhr kosten 211 HK$). Stoßzeiten an Wochenenden und Feiertagen sollte man unbedingt vermeiden! Einen Fahrplan nebst tagesaktuellen Preisen findet man unter www.turbojet.com.hk. Turbo-Jet fährt auch **ab Kowloon**, hier aber nur von 7.30 bis 22.30 Uhr alle halbe Stunde (gleicher Preis). Im ShunTak-Centre (Macau Ferry Terminal) sowie über die Tourenanbieter in HongKong werden zahlreiche Tages- und Mehrtagestouren angeboten, auch Hotels können an mehreren Schaltern für Macau vorab gebucht werden.

EXTRATIPP

Stand-By-Reihe

Beim Ticketkauf erhält man ein Blanko-Ticket mit der Uhrzeit der geplanten Fahrt. Da die Fähre alle 15 Minuten geht (und unkundige Reisende oft unnötig lange vor der eigentlichen Abfahrt in der Halle sitzen) kann man sich an der abgetrennten „Stand-By"-Reihe einer früher fahrenden Fähre anstellen – vielleicht kommt man dann schon eher mit. Dies wird häufig genutzt, deshalb wird erst jetzt – kurz vor dem tatsächlichen Betreten der Fähre – der Sitzplatz konkret zugewiesen. Man kann auch brav am Abfahrtsbereich „seiner" Abfahrtszeit warten und bekommt dann (garantiert) einen Sitzplatz zugewiesen, bevor dann wiederum die Stand-By Passagiere evtl. Restplätze ergattern können. Dies gilt auch wenn man versehentlich zu spät kommt – einfach an der nächstmöglichen Fähre als „Stand-By" anstellen.

Diplomatische Vertretungen

In Macau selbst gibt es kaum diplomatische Vertretungen (nur z. B. von Portugal). In den meisten Fällen wird Macau von den diplomatischen Repräsentanzen in **HongKong** mitbetreut.

Macau hat seine eigene Währung

Ein- und Ausreisebestimmungen

Es gilt dieselbe **90-tägige Visafreiheit** wie in HongKong; während der Anreise per Fähre werden Ein-/Ausreiseformulare ausgeteilt, die zur Passkontrolle ausgefüllt vorzulegen sind. Ein Durchschlag verbleibt beim Reisenden und ist bei der Ausreise wieder abzugeben.

Währung und Zahlungsmittel

Die offizielle Währung der SAR Macau heißt **Macau-Pataca**, abgekürzt MOP, MOP$, M$ oder Pat. Scheine sind als 1000er, 500er, 100er, 50er, 20er und 10er im Umlauf, Münzen in Form von 10 M$, 5 M$, 2 M$ und 1 M$ sowie 50 Avos, 20 Avos und 10 Avos. Die Macau-Pataca ist im festen Umrechnungsverhältnis 1 HK$ = 1,03 M$ **an den Hong-Kong-Dollar gekoppelt**, der wiederum in einem engen Korridor an den US-Dollar gebunden ist.

182hk-fo© Casper1774

Das Besondere in Macau ist nun, dass Kasinos **sehr häufig HongKong-Dollar verlangen** und ansonsten (im Hotel, Restaurant, Bus etc.) ausnahmslos HK$ im Verhältnis 1 : 1 akzeptiert werden. Man erhält im Handel bei Zahlung mit Hong-Kong-Dollar meist Macau-Pataca zurück, d. h. nach einigen Barzahlungen mit HK$ hat man etliche M$ in der Tasche. Reisende sollten am Ende ihrer Reise darauf achten, alle Patacas auszugeben, da beim Rücktausch – etwa in HK$ – 3 % Kursverlust zuzüglich Wechselgebühr anfallen; Münzen werden gar nicht akzeptiert.

Bereits in HongKong sollte man einen **guten Vorrat an Münzgeld** ansammeln, um die Busfahrten in Macau bar und passend zahlen zu können – im Bus gibt es nämlich kein Wechselgeld!

Informationsquellen

Das **MGTO (Macau Government Tourist Office)** unterhält an den strategisch wichtigsten Punkten der Stadt Büros (Broschüren, Pläne, Infos):

- **Fährterminal**, Tel. +85328726416, tgl. 9–22 Uhr
- **Fortaleza da Guia**, tgl. 9–13 und 14.15–17.30 Uhr
- **Largo do Senado**, am Largo do Senado, Tel. +85383971120, tgl. 9–18 Uhr
- **Portas do Cerco**, Tel. +85328726416, tgl. 9.15–13 u. 14.30–18 Uhr
- **http://de.macaotourism.gov.mo/main/contactus_mgto_representation.php:** Hier gibt es auch kostenlose Smartphone-Apps und interaktives Kartenmaterial zum Download.

Internet

Macau gilt als eine der am besten vernetzten Städte Asiens, wobei das nahezu flächendeckende drahtlose Breitbandsystem ein wichtiges Merkmal in Macaus Kommunikationsnetz darstellt. Ein kostenloser Internetzugang kann vor Ort täglich von 8 Uhr morgens bis 1 Uhr nachts über den **WLAN-Service WiFi Go** genutzt werden, insbesondere in öffentlichen Einrichtungen wie Museen, Bibliotheken, Sport- und Freizeitzentren, Häfen und an den Schaltern der Touristeninformation, aber auch auf öffentlichen Plätzen, in Parks usw. (Info: www.wifi.gov.mo, Tel. 28283883).

Medizinische Versorgung

Bei akuten Notfällen hilft das **Hospital São Januário** (Estrada do Visconde de S. Januário, Bus 28C, 6 bis Rua Nova a Guia, Bus H1 direkt zum Eingangstor, Tel. 28313731, tgl. 24 Std.).

Eine **Apotheke** gibt es am Largo do Senado, **Drogeriebedarf** u. a. im Kaufhaus New YaoHan.

Polizei

› **PSP (Polícia de Segurança Pública de Macau),** Praceta de 1 de Outubro, www.fsm.gov.mo, Tel. 28573333. Die Polizei PSP besitzt eine Fundsachenabteilung („Lost and Found") mit der Sondernummer Tel. 85970542.

Post

Direkt am Largo do Senado befindet sich die **Hauptpost,** bei der auch die beliebten Sammlermarken Macaus erhältlich sind – allerdings muss man hierfür manchmal stundenlang anstehen (Sonderschalter).

› **Edifício Sede da DSC,** Largo do Senado, www.macaupost.gov.mo, Tel. 28323666, geöffnet: Mo.–Fr. 9–18, Sa. 9–13 Uhr

Sprache

Neben **Kantonesisch** ist **Portugiesisch** zwar immer noch eine der offiziellen Amtssprachen Macaus, in Handel und Tourismus wird allerdings überwiegend **Englisch** gesprochen, wenn auch nicht ganz so selbstverständlich wie im nahegelegenen HongKong. Dennoch verstehen mehr Bewohner Macaus Englisch als Portugiesisch. Für Macau-Reisende sind daher Englischkenntnisse vollkommen ausreichend, allerdings werden dem Touristen gelegentlich geografische Begriffe auf Portugiesisch begegnen.

Telefonieren

Am **IDD-Telefon** *(international direct dialing telefone),* das in den meisten Hotelzimmern vorhanden ist, werden für drei Minuten 60 M$ fällig, jede weitere Min. kostet 20 M$. Die Preise variieren allerdings von Hotel zu Hotel erheblich.

Prepaid-Karten für das eigene mitgebrachte, SIM-Lock-freie Mobiltelefon erhält man z. B. in Minimärkten, wobei **in HongKong gekaufte SIM-Karten** (auch die Touristenkarte) in Macau tadellos funktionieren.

Unterkunft

Für das gleiche Geld, für das man in HongKong ein winziges Doppelzimmerchen mit U-Boot-Flair erhält, bekommt man in Macau geräumige Doppelzim-

Preiskategorien Unterkünfte

€	bis 500 M$
€€	500 bis 800 M$
€€€	900 bis 1400 M$
€€€€	1500 bis 2200 M$
€€€€€	ab 2300 M$

mer im Mittelklassehotel – vor allem an Wochentagen. Die großen **Kasinohotels subventionieren ihre Zimmer,** um Spieler ins Kasino zu locken; den anderen Hotels bleibt kaum etwas anderes übrig als nachzuziehen.

Es empfiehlt sich, die Angebote der **Hotelreservierungsschalter** zu prüfen – sowohl die Reisebüros im ShunTak Center in HongKong als auch die Schalter am Fährterminal in Macau bieten oft günstigere Preise im mittleren und oberen Preissegment als wenn man als Einzelreisender im Hotel anfragt.

Mittel- und Oberklassehotels schlagen jeweils **10% Dienstleistungsgebühr** *(service charge)* und 5% Touristensteuer *(tourist tax)* auf. In den einfacheren Herbergen (*Vilas, Hospedarias* und *Pensãos*) sind diese Zuschläge meist im Preis enthalten.

Günstige Unterkunft

Die günstigsten Unterkünfte heißen in Macau **Vila, Pensão oder Hospedaria.** Zwischen Avenida da Praia Grande und Avenida de D. João IV einerseits sowie an der Rua das Lorchas rund um den Praça de Ponte e Horta andererseits gibt es eine kleine Ansammlung solcher Unterkünfte. Diese Kleinhotels sind meist in Familienbesitz und bieten kaum Luxus wie TV oder Klimaanlage; selbst ein WC ist nicht immer im Zimmer vorhanden. Den besten Preis erzielt man, wenn man direkt hingeht – die Preise schwanken je nach Nachfrage und Auslastung.

- **Pousada de Juventude** €, CheocVan-Bucht, Coloane, Bus 21A bis HacSa Youth Hostel, Tel. 28888151. Wer einen internationalen Jugendherbergsausweis besitzt und die Entfernung zum Zentrum nicht scheut, kann hier für 120–150 M$ in Strandnähe ein Bett im Schlafsaal *(dormitory)* bekommen. Eine Voranmeldung ist obligatorisch, an Wochenenden und Feiertagen ist die kleine Herberge mit ihren rund 20 Betten meist übervoll.
- **SanVa Hospedaria** €, Rua da Felicidade 65–67, www.sanvahotel.com, Tel. 28573701. Sehr zentral gelegen und schon fast ein Jahrhundert als Familienbetrieb tätig, bietet die SanVa Hospedaria kleine und sehr einfache DZ, einige mit Balkon. Alle Zimmer sind ohne Klimaanlage oder eigenes Bad; WLAN gibt es kostenlos.
- **Vila MamKok** €, Rua das Lorchas 231, Tel. 28937889. Die schlichten, aber ordentlichen 13 DZ sind mit oder ohne eigenes Bad buchbar.

Mittelklassehotels

Für alle Hotels gilt der alte Grundsatz „You get what you pay for" – die gebotene Qualität steigt mit dem Zimmerpreis. Eigenes Bad und Klimaanlage sind selbstverständlich, das Frühstück ist zumeist inklusive. Nicht alle der hier gelisteten Hotels werden allerdings bei den Vermittlern am Fährterminal Macau oder im ShunTak Center in HongKong angeboten. Einige der Unterkünfte offerieren ihren Gästen als Service einen kostenlosen Shuttlebus vom und zum Fährterminal.

- **Best Western Hotel SunSun** €€, Pr. de Ponte e Horta 14, www.bestwestern.com, Tel.

28939393. Die Niederlassung der bekannten, recht preisgünstigen Hotelkette verfügt nur über wenige Zimmer, die Hälfte davon sind Suiten. Offiziell gilt die Unterkunft als Zweisternehotel. Hauptvorteil ist die äußerst zentrale Lage.

- **Ole London Hotel** €€, Pr. de Ponte e Horta 4–6, www.olelondonhotel.com, Tel. 28937761. Die einfache, saubere und komfortable Zweisterneunterkunft befindet sich fast neben dem Best Western Hotel SunSun. Die DZ sind mit TV, Minibar und Telefon ausgestattet, es gibt auch Suiten. Wer über die Homepage bucht, kann in der Nebensaison unter der Woche das eine oder andere Schnäppchen machen.

183hk-wl

- **Hotel Sintra** €€, Av. de D. João IV/Ecke Av. Dr. Mário Soares, www.hotelsintra.com, Tel. 28710111. Das Sintra gehört zu den häufig vermittelten Mittelklassehotels mit exzellenter Zentrumslage. Die gepflegten, geräumigen DZ besitzen Satelliten-TV, Safe, Minibar, Klimaanlage und Internetzugang und kosten über Vermittler oder direkt über die Website etwa gleich viel. Wer auf Hotelkasino und Swimmingpool verzichten kann, findet hier ein gemütliches, ansprechendes Hotel mit Café, Restaurant, Reinigungsservice, Fährticketbuchung und Shuttlebus.
- **Metropole Hotel** €€, Av. da Praia Grande 493–501, www.metropolehotel.com.mo, Tel. 28388166. Die Hotelreservierungsschalter bieten an Wochentagen preiswertere Deals als es sie bei Onlinebuchung gibt. Sehr stilvoll und charmant gestaltete DZ und Suiten. Im Hotel gibt es außer einem chinesisch-macanesischen Restaurant keine weiteren Annehmlichkeiten. Besonders vorteilhaft ist die zentrumsnahe Lage.

Oberklasse- und Tophotels

Macau verfügt über **eine der höchsten Dichte an Luxushotels pro Quadratkilometer weltweit.** Die Hotels befinden sich in einem für den Kunden vorteilhaften, dauerhaften Wettbewerb miteinander. Logisch: Zu verschenken hat hier selbstverständlich auch keiner etwas, aber mit ein wenig Glück findet man ein exzellentes Hotel für einen deutlich geringeren

Skurrile Hotelarchitektur: das New Lisboa als sich entfaltende Lotusblüte

Preis als an den meisten anderen Standorten auf dem Globus. Etliche der Hotels bieten ihren Gästen einen kostenlosen Shuttlebus vom und zum Fährterminal. Außerdem sind es bekannte Spielkasinos, teilweise mit kostenlosen Shows oder Programmen, bei denen sich ein Besuch auch für Nichtgäste lohnt.

- **Grand Lisboa** €€€€, Av. de Lisboa, www.grandlisboa.com, Tel. 28283838. Eines der Wahrzeichen Macaus ist das markante Hotel in Form einer Lotusblüte mit rund 1400 Zimmern. Dazu gibt es Shops, Restaurants und einen großen Kasinobereich mit dem beliebten Varieté „Crazy Paris Show“. Das Grand Lisboa grenzt direkt an den älteren Schwesternbau Hotel Lisboa: Beide Gebäude sind mit einer gläsernen Brücke verbunden.
- **Hotel Lisboa** €€€, Av. de Lisboa 2–4, www.hotelisboa.com, Tel. 28883888. In den ersten Jahren nach der Eröffnung 1970 mutete das runde Hotel inmitten des Zentrums futuristisch an. Tatsächlich ist das Lisboa mit seinem berühmten Spielkasino einer der ältesten Hotelkomplexe der Stadt und offeriert insgesamt stattliche 1000 Zimmer vom einfachen DZ bis zur luxuriösen Suite. Mit Shoppingmall, Spa, etlichen Restaurants und Amüsierbetrieben.
- **MGM** €€€€€, Av. Dr. Sun Yat Sen/Ecke Av. 24 de Junho, NAPE-Areal, www.mgmgrandmacau.com, Tel. 88028888. Ausgesprochen komfortabel wurde das MGM-Kasinohotel gebaut: 50 m² Wohnfläche sind das Minimum neben Annehmlichkeiten wie großzügigem Wellness- und Fitnessbereich, Poolareal usw. Plasma-TV und WLAN in den Zimmern, hoteleigenes Kasino, Galerie und Shuttlebus.
- **Pousada da São Tiago** €€€€€, in der Fortaleza de São Tiago da Barra, www.saotiago.com.mo, Tel. 28378111. Das Hotel galt einmal als Aushängeschild Macaus und diente als Unterkunft für Staatsgäste. Wer dem Kolonialstil aus Hercule-Poirot-Romanen nachspüren möchte, bettet sein Haupt hier genau richtig. Es gibt ausgesprochen stilvolle, aber auch entsprechend teure Suiten. Kein Casinohotel.
- **Sands** €€€€€, Largo de Monte Carlo 203, www.sandsmacao.com, Tel. 28883388. Das Sands gegenüber vom Fisherman's Wharf gilt als Spielerhochburg unter den Kasinohotels – sein Hotel- und Kasinoangebot ist vom Feinsten. 60 m² große Komfort-Suiten inkl. Frühstück, WLAN im Zimmer, dazu mehrere Restaurants und Liveshows.
- **Wynn** €€€€€, Rua Cidade de Sintra, www.wynnmacau.com, Tel. 28889966. Ebenfalls absolut zentral – gegenüber vom Hotel Lisboa – gelegen, bietet das Wynn exquisite Zimmer und geräumige Suiten (ab ca. 60 m²) mit allem erdenklichen Luxus und umfangreichen Wellnessangeboten. Am Wochenende etwa 50 % teurer. Schon ein Bummel durch die Einkaufspassage ist ein Erlebnis. Abends findet im EG stündlich die kleine, kostenlose Show „Tree of Prosperity“ statt. Mit Bars, Lounges und vielfältigen Restaurants.
- **City of Dreams** €€€€-€€€€€. Einer der drei großen Hotelkasino-Komplexe Macaus. Der Gast hat die Wahl zwischen drei einzelnen Hotels: dem im Vergleich zu den anderen beiden günstigeren **Hard Rock Hotel** (Tel. 88683338) ohne Wellnessbereich, dem **Grand Hyatt** (Tel. 88681234) mit fürstlichen DZ inkl. Dampfbad und Eisdusche und schließlich dem Flaggschiff **Crown Towers** (Tel. 88686888) mit einer schönen, großzügigen Wellnessanlage. Angegliedert sind Bars und Lounges (v. a. im Hard Rock Hotel) sowie erstklassige Restaurants.
- **Galaxy** €€€€-€€€€€, Tel. 88935629. Auch hier gibt es nicht weniger als drei unabhängig voneinander zu buchende Hotels: das vergleichsweise günstige **Galaxy Ho-**

tel (Tel. 28880888) mit 1500 Zimmern, das japanisch inspirierte **Hotel Okura** (Tel. 88838883) sowie das Wellnesshotel **Banyan Tree** (Tel. 88836888) mit 250 großräumigen Suiten. Restaurants und luxuriöse Fitness- und Wellnessbereiche, v. a. im Okura und im Banyan Tree.

› **The Venetian** €€€€-€€€€€. Das Venetian ist jenes der drei großen Resorts auf CoTai, das am ehesten als familienfreundlich zu bezeichnen ist – immerhin ist einer der vier Pools ausdrücklich ein Kinderpool, außerdem gibt es eine Erlebniswelt für den Nachwuchs und eine Minigolfanlage. Die mindestens 70 m² großen, feudalen Suiten sind im Rahmen von Kombi-Aktionen (z. B. inkl. HongKong-Fähre, Showtickets usw.) online buchbar.

› **Westin Resort** €€€€, Estrada de HacSa 1918, Coloane, www.westin.com/macau, Tel. 28871111. Auf der Insel Coloane befindet sich Macaus einziges Strandhotel. Die mit allen Annehmlichkeiten ausgestattete Anlage bietet elegante DZ und Luxussuiten. Wer Ruhe und Strandnähe sucht, ist hier genau richtig. Mit Restaurants, Cocktaillounge, Pool und Shuttlebus (30 Minuten zum Zentrum).

Verkehrsmittel

Macaus **öffentliches Verkehrsnetz** ist **gut ausgebaut** und seine Benutzung derart **preiswert**, dass es wenig sinnvoll ist, ein eigenes Fahrzeug zu mieten. Ohne Gepäck kann man Macau problemlos zu Fuß erkunden – Bus- und Taxitransport benötigt man nur zu den Inseln TaiPa, CoTai und Coloane, eventuell bei der An- und Abreise oder bei Ausflügen zu Zielen Richtung chinesische Grenze. Es gibt, nur für Einheimische nützlich, einen „Macau Pass Traveler Card" analog zum Octopus, der Kurzurlauber zahlt bar.

Bus

Der öffentliche Busverkehr wird derzeit von zwei Gesellschaften betrieben: **Transmac** (gelb-blau) und **TCM** (weiß-orange). Auskünfte zu Buslinien, Tickets und Fahrplänen erhält man unter www.dsat.gov.mo/bus/en/bus_forecast.aspx (Menüpunkt „Bus route enquiry"). Die Busfirmen bieten dort auch eine Fahrplan-App zum kostenlosen Download an (nur auf Portugiesisch und Chinesisch).

Es gibt in Macau zwar keinen echten zentralen Busbahnhof, wohl aber eine zentrale **Hauptbushaltestelle am Praça Ferreira Amaral** vor dem Hotel Lisboa. Fahrkarten für Stadtbusse innerhalb der Innenstadt kosten pauschal 3,60 M$, bis TaiPa 4,80 M$, bis Coloane/Nord 5,50 M$ und bis Coloane/Süd 8 M$ – egal, ob man die ganze Route oder nur eine Haltestelle fährt; nur der Airport-Bus AP1 kostet etwas mehr (10 M$). Gezahlt wird nach dem Einstieg beim Fahrer per Einwurf in einen Kasten (kein Wechselgeld!), an dem der Fahrpreis abzulesen ist. Es ist legal, HK$ im Verhältnis 1 : 1 einzuwerfen.

Viele Kasinohotels unterhalten einen **kostenlosen Shuttle-Service** vom Fährterminal zum Hotel und zurück – auch Nichtgäste können diese Busse nutzen.

Taxi

Es gibt zwei Gesellschaften, **schwarze Limousinen** mit cremefarbenen Dächern und **gelbe Wagen.** Man zahlt 19 M$ für die ersten 1600 m, anschließend 2 M$ für alle weiteren 230 m. Gepäck kostet 3 M$/Stück extra, ein Flughafentaxi schlägt mit 5 M$ extra zu Buche; ferner wird für Fahrten nach Coloane ein pauschaler Benzinzuschlag von 3 M$ erhoben. Taxis werden wie in HK mit nach unten ausgestreckter Hand herbeigewunken.

Praktische Reisetipps

006hk Abb.: wl

056hk Abb.: wl

An- und Rückreise

Luftweg

Flugpreise

Ein **Hin- und Rückflugticket** (Economy-Klasse) von Deutschland, Österreich und der Schweiz nach HongKong bekommt man je nach Jahreszeit und Aufenthaltsdauer für 600–700 € (Endpreis inklusive aller Steuern und Gebühren). Mit den Preisen verhält es sich allerdings ähnlich wie an so mancher Tankstelle: Eine fast tägliche Preisänderung ist normal. Die Strecke nach HongKong zählt zu den **häufig frequentierten Business-Flugrouten** – deshalb sind **selten Rabatte oder Schnäppchen** zu erwarten, Angebote unter 500 € für ein Rückflugticket sind entweder Restposten/Ausnahmen oder aber mit einem Haken versehen.

Die günstigsten Tickets findet man mittels der gängigen Flugsuchmaschinen. Bei den Flugpreisvergleichen lohnt es sich grundsätzlich, alternative Abflughäfen zu recherchieren: Einerseits weil aufgrund der **Flughafengebühren** teils erhebliche Preisunterschiede bestehen, andererseits um ggf. preislich günstige, dafür häufig mit einem oder gar zwei **Zwischenstopps** versehene Flugmöglichkeiten zu finden (z. B. Air Astana, Aeroflot). Außerdem erweist sich eine möglichst frühe Flugbuchung (6–9 Monate!) als besonders günstig. Gesellschaften mit in den letzten Jahren dauerhaft eher günstigen Preisen bei gleichzeitig akzeptablen Reisezeiten sind **Air China** (www.airchina.de), **Finnair** (www.finnair.com), **China Southern** (www.csair.com), **Qatar Airways** (www.qatarairways.com/de) und

Endlich angekommen – die Skyline von HongKong

Emirates (www.emirates.com.de) sowie manchmal auch **British Airways** (www.britishairways.com), die allesamt einen Zwischenstopp einlegen.

Direktflüge, die natürlich teurer sind, bieten **Lufthansa** (www.lufthansa.de) und **Cathay Pacific** (www.cathaypacific.com), die sehr gute HongKonger Fluglinie. Lufthansa fliegt ab Frankfurt/Main, München und Zürich, Cathay ab Berlin, Düsseldorf, Hamburg, Stuttgart, Frankfurt/Main und München – dabei teilweise als Zubringer-Gemeinschaftsflug. Bei diesen Direktflügen (ggf. inkl. Zubringer) liegen die Preise im Rahmen von 850 bis 950 €.

Indirekt sparen kann man als Mitglied eines **Vielflieger-Programms** wie www.staralliance.com (Mitglieder u.a. Air New Zealand, Lufthansa, Singapore Airlines, Swiss, Thai Airways), www.skyteam.com (Mitglieder u.a. Air France, KLM) sowie http://de.oneworld.com (Mitglieder u.a. British Airways, Cathay Pacific Airways, Finnair, Qantas). Die Mitgliedschaft ist kostenlos, und mit den gesammelten Meilen von Flügen bei Fluggesellschaften innerhalb eines Verbundes reichen die gesammelten Flugmeilen vielleicht für einen Freiflug bei einem der Partnergesellschaften beim nächsten Flugurlaub. Bei Einlösung eines Gratisfluges ist langfristige Vorausplanung nötig.

EXTRATIPP

Stopover-Special

Cathay Pacific Airways bietet gelegentlich interessante **Stopover-Programme,** Transport vom/zum Flughafen, günstige Übernachtungen in guten Hotels, Stadtrundfahrten oder Disneyland-Sondertickets für Tages-Stopover usw. an. Dies gilt aber nur dann, wenn man HongKong nur 2 oder 3 Tage besucht, das Hauptreiseziel aber ein anderes Land der Region ist (www.cathaypacific.com).

Last-Minute-Flüge und Schnäppchen

Wer sich erst im letzten Augenblick für eine Reise nach HongKong entscheidet, kann Ausschau nach Last-Minute-Flügen halten, die von einigen Airlines mit deutlicher Ermäßigung **ab ca. 14 Tage vor Abflug** angeboten werden, wenn noch Plätze zu füllen sind. Grundsätzlich sind die einschlägigen Internetplattformen für günstige Flüge und Preisvergleiche für jedermann und zu jedem Zeitpunkt interessant, da Reisebüros natürlich verdienen wollen und ein wenig Eigeninitiative bares Geld wert sein kann.

Der Flughafen

ChekLapKok International

Das hohe Passagieraufkommen ließ es notwendig erscheinen, einen neuen Terminal außerhalb des Zentrums zu errichten. Hierzu wurde die komplette Insel ChekLapKok an der Nordseite LanTaus eingeebnet und mit einer **Mehrzweck-Schnellbahntrasse** an das Zentrum HongKongs angebunden. Nebenbei wurde dabei die bis dato **längste Brücke auf dem Globus** von HongKong nach Macau errichtet, ein Super-Schnellzug zum Flughafen sowie eine neue MTR-Linie nach LanTau gebaut. Das milliardenschwere Gesamtprojekt wurde gegen heftige Proteste Chinas, das eine Plünderung der Stadtsäckel befürchtete, noch unter britischem Gouvernement umgesetzt. Ein gigantischer Flughafen mit einem Passagierterminal von über einem Kilometer Länge, futuristisch, praktisch, mit allen

Mini „Flug-Know-how"

Check-in

Nicht vergessen: Ohne einen **gültigen Reisepass** kommt man nicht an Bord eines Flugzeuges nach HongKong. Kinder benötigen ein eigenes Reisedokument.

Bei den meisten internationalen Flügen muss man **zwei bis drei Stunden vor Abflug** am Schalter der Airline eingecheckt haben. Viele Airlines neigen zum Überbuchen, d.h., sie buchen mehr Passagiere ein, als Sitzplätze im Flugzeug vorhanden sind, und wer zuletzt kommt, hat dann möglicherweise das Nachsehen.

Wenn ein **vorheriges Reservieren** der Sitzplätze nicht möglich war, hat man die Chance, einen Wunsch bezüglich des Sitzplatzes zu äußern.

Das Gepäck

In der Economy-Class darf man in der Regel nur **Gepäck bis zu 20/23 kg pro Person** einchecken (steht auf dem Flugticket) und zusätzlich ein Handgepäck von 7/8 kg in die Kabine mitnehmen, welches eine bestimmte Größe von 55 x 40 x 23 cm nicht überschreiten darf. In der Business Class sind es meist 30 kg pro Person und zwei Handgepäckstücke, die insgesamt nicht mehr als 12 kg wiegen dürfen. Man sollte sich beim Kauf des Tickets über die Bestimmungen der Airline informieren.

Aus Sicherheitsgründen dürfen **Taschenmesser, Nagelfeilen, Nagelscheren, sonstige Scheren** und Ähnliches nicht mehr im Handgepäck untergebracht werden. Diese sollte man unbedingt im aufzugebenden Gepäck verstauen, sonst werden diese Gegenstände bei der Sicherheitskontrolle einfach weggeworfen. Darüber hinaus gilt, dass Feuerwerke, leicht entzündliche Gase (in Sprühdosen, Campinggas), entflammbare Stoffe (in Benzinfeuerzeugen, Feuerzeugfüllung) etc. nichts im Passagiergepäck zu suchen haben.

Seit 2006 dürfen Fluggäste **Flüssigkeiten** oder vergleichbare Gegenstände in ähnlicher Konsistenz (z. B. Getränke, Gels, Sprays, Shampoos, Cremes, Zahnpasta, Suppen) nur noch in der Höchstmenge von 0,1 Liter als Handgepäck mit ins Flugzeug nehmen. Die Flüssigkeiten müssen in einem durchsichtigen, wiederverschließbaren Plastikbeutel transportiert werden, der maximal einen Liter Fassungsvermögen.

Rückbestätigung

Bei den meisten Airlines ist heutzutage die **Bestätigung des Rückfluges** nicht mehr notwendig. Allerdings empfehlen alle Airlines, sich dennoch telefonisch zu erkundigen, ob sich an der Flugzeit nichts geändert hat, denn kurzfristige Änderungen der genauen Abfluguhrzeit kommen beim zunehmenden Luftverkehr heute immer häufiger vor.

Wenn die Airline allerdings eine Rückbestätigung **(reconfirmation) bis 72 oder 48 Stunden vor dem Rückflug** verlangt, sollte man auf keinen Fall versäumen, die Airline kurz anzurufen, sonst kann es passieren, dass die Buchung im Computer der Airline gestrichen wird; der Flugtermin ist dahin. Das Ticket verfällt aber nicht dadurch, es sei denn, die Gültigkeitsdauer wird überschritten, aber unter Umständen ist in der Hochsaison nicht sofort ein Platz in einem anderen Flieger frei.

Die **Rufnummer** kann man von Mitarbeitern der Airline bei der Ankunft, im Hotel, dem Telefonbuch oder auf der Website der Airline erfahren.

112hk Abb.: mb

denkbaren Serviceleistungen – typisch HongKong eben.

Nach Erledigung der Einreise- und Zollformalitäten passiert man – noch im Sicherheitsbereich – Wechselstuben (einen **Giro-(Debit-)Karten-Geldautomaten** findet man schräg gegenüber) und den äußerst nützlichen **Hotelreservierungsschalter.** Letzterer ist insbesondere im Mittel- und Oberklassebereich ein echter Fundus, da hier deutlich bessere Preise angeboten werden, als wenn ein Reisender selbst in einem Hotel anfragt . Man erhält hier sofort eine schriftliche Buchungsbestätigung (gezahlt wird erst im Hotel), außerdem zeigen die Angestellten die genaue Lage des Hotels im Stadtplan und notieren die Anschrift – z. B. für Taxifahrer – in chinesischer Sprache. Als ein kleines Manko erweist sich aber die Lage dieses Schalters im Sicherheitsbereich der Ankunftshalle: weder Transitpassagiere (z. B. Umstiegspause in HongKong auf dem Hinweg mit geplantem Stopp auf dem Rückweg) noch abfliegende Reisende (z. B. Ausflug nach China und zurück), die hier eventuell eine Reservierung vornehmen wollen, können den Sperrbereich der Ankunftshalle betreten, der Reservierungsschalter ist in diesen Fällen nicht zugänglich. Außerdem findet man noch vor dem Ausgang der Sperrzone einen Informationsschalter für Touristen mit teilweise recht nützlichem Karten- und Informationsmaterial.

Erst dann gelangt der Reisende in die eigentliche **Ankunftshalle** mit Fast Food, Minimarkt, Informationsschal-

Der Flughafen ChekLapKok

tern, Limousinentransport, Airport-Express-/Octopus-Schalter usw. Diese Halle liegt **direkt unter der Abflughalle** und ist vor Passieren der Passkontrolle von der check-in Halle zugänglich – wichtig, wenn man am Abflugtag noch etwas verzehren möchte, da die Geschäfte unten günstiger sind als die „Duty-Free-Boutiquen" der Abflughalle.

Kurzstopps in HongKong/Transit

Ein Wort zum **Transitbereich** und kurzen Aufenthalten mit Weiterflug am selben Tag: als Transitpassagier hat man zwei Möglichkeiten, entweder die Wartezeit im Abflugbereich zu verbringen (ohne Möglichkeit, zu den Geschäften der Abflughalle zu gelangen), oder ins Zentrum bzw. nach LanTau zu fahren. Dies lohnt sich bei einem geplanten Halt ab fünf Stunden, da das Gepäck durchgecheckt wird und somit zügig die Einreise ohne Warten auf das Hauptgepäck möglich ist (evtl. Handgepäck deponieren, s. S. 253).

Dann nimmt man den **Airport Express** (AE) nach HongKong Station und ist ca. eine Stunde nach Verlassen des Flugzeugs im Zentrum. Verschiedene organisierte **Halbtages-/Tagestouren** können außerdem im Ankunftsbereich an Schalter B-13 (Tel. 21866883) gebucht werden.

Da man für den Weiterflug bereits eingecheckt hat, genügt die Rückfahrt ab HongKong Station eine Stunde vor dem Abflug.

Transitreisende können im Ankunfts-/Transitbereich auch die Plaza Premium Lodge, Level 7 (bei Gate 35 & 41), Tel. 22612618 nutzen, wo für 300 HK$ heiße Dusche, Buffet, Getränke, und Internet zur Verfügung stehen.

Agenturen am Airport

Zahlreiche Agenturen und Reiseveranstalter bieten bereits am Flughafen ihre Dienste an. Vom Transfer in die Stadt über Hotelreservierungen bis zu organisierten Rundtouren und China-Reisen wird alles geboten. Unter vielen anderen bieten **CTS** (A-5, Tel. 22612472, http://ctsbus.hkcts.com) und **Chinalink** (Tel. 22612636, A-9, www.chinalink.hk) Transfers und China-Bustouren. **ZhongHua Travel**, Tel. 22610239, kümmert sich gegebenenfalls um Visa nach TaiWan.

Sonstige Services

In der Ankunftshalle (nicht in der Abflughalle, sondern per Rolltreppe nach dem Gepäck-Einchecken hinunterfahren) gibt es mehrere **Fast-Food-Restaurants**, auf dem Weg zum Bus einen **Geldautomaten** und am Busausgang (beschildert) die **Bustickets.**

EXTRATIPP

Der größte Flughafen, die längste Brücke ...

Das alles war HongKong sogar ein Besucherzentrum *(LanTau-link visitor centre)* auf der Insel TsingYi wert. Auf 600 m² Ausstellungsfläche wird der Bau der Brücke und des Flughafens dargestellt, mit Computerspielen das Wissen der Besucher zum Thema „LanTau-Link" abgefragt.

› Anfahrt: Von der MTR-Station TsingYi fährt ab Maritime Square ein kostenloser Shuttle-Bus. Eintritt frei, das Besucherzentrum hat täglich von 10 bis 17 Uhr, sonn- und feiertags bis 18.30 Uhr geöffnet, die Besucherplattform tgl. von 7 Uhr bis 22.30 Uhr. Informationen unter Tel. 24955825.

Vom Flughafen in die Stadt

Taxi

Die Fahrt nach KowLoon kostet etwa 350–400 HK$, HK-Island 400–450 HK$, LanTau 100–200 HK$ (s. auch S. 291).

Hotellimousinen und Airport-Shuttle

Größere Hotels bieten einen **Zubringerservice** an, der überwiegend bereits vorab in Europa (Reisebüro) gebucht wird. Die Kosten von ca. 350 HK$ (KowLoon) bzw. 400 HK$ (HK-Island) sind meist im (Pauschal-)Reisepreis inbegriffen.

Etliche Hotels stellen keinen eigenen **Limousinenservice** zum Flughafen ab, sondern schließen sich mit anderen Hotels zusammen, um die Gäste mit Luxusbussen vom/zum Flughafen zu befördern.

Einige (Luxus-)Hotels sind nahe dem AE-Schalter in der Ankunftshalle vertreten und bieten ein **kombiniertes Transfer- und Übernachtungsangebot** an.

Airport Express, AE (6 bis 1 Uhr)

Der **moderne Schnellzug** bietet die schnellste Möglichkeit, kostet aber 105 HK$ (KowLoon-Station) bzw. 115 HK$ einfach (HongKong Station). Rückfahrkarten mit vierwöchiger Gültigkeitsdauer kosten 185 bzw. 205 HK$. Ticketschalter befinden sich in der Ankunftshalle, auch der „Octopus" (s. S. 285) kann genutzt werden. Der AE umfasst 4 Haltepunkte: Flughafen, Tsing-Yi (Umsteigen in die TungChung-MTR möglich), KowLoon Station (20 Minuten, Umsteigen in die TungChung-MTR möglich; außerdem ist Kowloon Station mit dem Kowloon-West-Bahnhof für China-Schnellzüge und weiter der MTR Austin verbunden) und HongKong Station (24 Minuten, hier ist an der mit der Station HongKong durch beschilderte Gänge verbundenen Station Central das Umsteigen in die Island-Linie der MTR möglich). Die meisten Reisenden werden KowLoon-Station oder HongKong Station als Ziel wählen, siehe Transfer von diesen Stationen weiter unten.

EXTRATIPP

Spartipp

Der **Airport-Express-Schalter** bietet auch Gruppentickets an (im Prinzip sind das einfach mehrere Tickets), die schon für 2–4 Personen erhältlich sind und dann ab 60 HK$ pro Person kosten.

Airport-Busse

Die Flughafen-Buslinien wurden zur deutlichen Abgrenzung von den Stadtbussen auch mit einem Buchstaben gekennzeichnet; dabei bedeuten „A" tagsüber 6–24 Uhr und „N" Nachtbusse 0 bis 5. Alle Preise bezeichnen die einfache Fahrt, die Fahrtzeit beträgt je nach Verkehrsdichte und Ziel 60 bis 90 Minuten:

Zwar ist der **Airport Express** die schnellste Möglichkeit, in die Innenstadt zu kommen, wer aber an den AE-Stationen nicht noch ein Taxi nehmen oder auf den (kostenlosen) Zubringerbus warten möchte, fährt mit dem traditionellen **Doppeldecker-Bus**, der nicht nur günstiger ist, sondern auch die viel bessere Aussicht bietet. Dabei kann man entweder direkt per Bus A-21 nach KowLoon (Nathan Rd.) oder per S-1 nach TungChung-MTR Station fahren und dort in die MTR (s. S. 289) wechseln. Auch viele andere Routen in alle Winkel der SAR-HongKong werden bedient, wobei oft die größeren Hotels als Haltestelle gewählt wurden. Die **wichtigsten Verbindungen** ab Ankunfts-Terminal:

A-Busse (A bedeutet „Airport“ = Expressbus mit nur wenigen Haltestellen):

- **A11:** Airport – Tunnel – Connaught Rd. – Queensway – Hennesey Rd. – Electric Rd. – North Point Ferry Pier; zurück über Kings Rd./ Gloucester Rd., alle 15–30 Min., 40 HK$.
- **A12:** Airport – Tunnel – nonstop bis Java Rd. (North Point) – Kings-Rd – Taikoo MTR – Sai Wan Ho – Chai Wan – Siu Sai Wan; zurück ab North Point nonstop, alle 20–30 Minuten, 45 HK$
- **A21:** Airport – Nathan Rd. – Salisbury Rd. – Hung Hom Station und zurück, alle 10– 15 Minuten, 33 HK$; wichtigster Bus für Traveller, hält u.a. an den ChungKing Mansions.
- **A22:** Airport – Jordan Rd. – Chatham Rd. – Prince Edward Rd. – KowLoon Bay MTR – Lam Tin MTR; alle 15–20 Minuten, 39 HK$
- **A 41:** ShaTin (New Territories), alle 20 Minuten, 22,30 HK$
- **A 35:** MuiWo/LanTau, 6.15, 6.40, 8.30 und 18.15 Uhr, 15 HK$ (Sonn- und Feiertag 25 HK$)

Die **Linien 11 und 21** fahren auch als **Nachtbus „N“ bzw. Nachtexpress „NA“** mit modifizierter Route, die wichtigsten Stadtteile können aber auch dann nahezu durchgängig erreicht werden.

S-Busse (Kurzstrecken – Shuttle):

- **S-1:** Ankunftshalle – TungChung New Town/ LanTau-Island (MTR-Station), alle 6–10 Minuten von 6 bis 24 Uhr, 3,80 HK$, 5.40–24 Uhr. Von dort aus können per Bus weitere Ziele auf LanTau angefahren werden können. Weitere Linien verbinden speziell die New Territories mit dem Flughafen.

Octopus

Mit der **Octopus-Karte** (s. S. 285) kann man einiges sparen – zum Beispiel nach der Ankunft am Flughafen.

Eine Regel besagt, dass Octopus-Karten-Inhaber, die den AE (Airport Express) mit dem Octopus nutzen, die anschließende Zubringer-MTR Fahrt **kostenlos** bekommen, sofern diese innerhalb einer Stunde nach AE-Benutzung erfolgt **und** der Octopus ein Guthaben aufweist. Daraus folgt: mit Octopus per AE nur bis TsingYi fahren (dort werden beim Ausstieg 50 HK$ „abgebucht“) und in die TungChung-MTR umsteigen – so ist die Strecke von TsingYi bis KowLoon-Station bzw. HongKong Station gratis. Das gilt auch umgekehrt für die MTR-Fahrt vor der Fahrt per AE zum Flughafen: die Octopus-Karte „erkennt“ den direkten Zusammenhang der MTR und AE-Fahrt und transferiert automatisch den vorher zunächst abgezogenen MTR-Betrag zurück. Natürlich sind auch andere Kombinationen denkbar: wer in Causeway auf HK-Island wohnen möchte, fährt zur HK-Station mit dem AE und steigt anschließend in die (mit Octopus nunmehr) kostenlose MTR nach Causeway Bay ein.

Ankunft in den AE/MTR-Stationen KowLoon-Station und HongKong Station

Per AE oder MTR kommt man sicher am schnellsten ins Zentrum, allerdings ist man dann noch nicht am Hotel. Während die langsameren Busse etliche Hotels direkt anfahren, hängt man als Bahnreisender anscheinend an den Stationen fest. Dies bemängelten denn auch zahlreiche Reisende, denn es bietet keinen Vorteil bzw. ist schlicht zu teuer, erst den AE zu einer der Stationen zu nehmen, um dann per Taxi zum Hotel zu kommen – da könne man auch gleich ab Flughafen per Bus oder gar Taxi (beispielsweise zu viert für etwa 100 HK$ pro Person) direkt zum Hotel kommen.

Die Verantwortlichen senkten daher sowohl die AE-Preise und führten zudem Zubringerbusse von den Stationen zu diversen Hotels ein. Die vier Linien auf HongKong (H1–H4) als auch die fünf Linien auf KowLoon (K1–K5) sind für AE-Fahrer kostenlos.

Die Zubringerlinien im Einzelnen:

- **H1:** WanChai und Admiralty
- **H2:** Western
- **H3:** Causeway Bay
- **H4:** Fortress Hill
- **K1:** HungHom und Jordan
- **K2:** TsimShaTsui/Canton Rd.
- **K3:** TsimShaTsui/Mody Rd.
- **K4:** TsimShaTsui/Kimberley Rd.
- **K5:** MongKok und TaiKokTsui

Dabei stehen „H" für HK-Island und „K" für Kowloon. Für die Nutzung ist ein AE-Ticket (kein Octopus) oder ein High Speed Rail Ticket (China-Schnellzug) erforderlich.

Es werden also hauptsächlich die großen Hotels angefahren, wer dort nicht wohnt muss in etwa wissen, welches der genannten in der Nähe des eigenen liegt. Diese Busse fahren alle 10–20 Minuten. Während die Beschilderung zu MTR und Bussen in der HongKong Station gut ist, bleiben die kostenlosen Zubringerbusse dem Ankömmling der KowLoon-Station zunächst verborgen (er wird auf die Taxis zugesteuert). Vom AE kommend muss man um die airline check-in Schalter herum in die Haupthalle gehen (hier kommt die TungChung-MTR an), dort Ausgang B.

Mit viel Gepäck ist auch ein **Taxi** nicht verkehrt – kostet ca. 60 HK$ zum Hotel.

Auch für die **Rückfahrt zum Flughafen** wurde der Komfort um einen wichtigen Punkt ergänzt, den **AE-Check-In** (geöffnet 5.30–23 Uhr): Reisende, die den Airport Express nutzen, haben nun die Möglichkeit, an den AE-Stationen KowLoon und HongKong am Tag der Abreise bis 90 Min. vor dem Abflug einzuchecken, (exklusiv für AE-Fahrer, es gibt keine Tricks). Octopus-Nutzern wird der Fahrpreis direkt beim einchecken abgebucht, ansonsten muss ein AE-Ticket vorgelegt werden. Das ist sehr nützlich, um sein Gepäck „loszuwerden". AE-Nutzer können dann zeitlich recht knapp vor dem Flug zum Flughafen fahren.

EXTRAINFO

Tickets für die Zubringerbusse

Die Zubringerbusse verkaufen keine Tickets bzw. kassieren keinen Fahrpreis. Wer mit seinem Gepäck aus der Station kommt (egal ob er per MTR oder per AE kam), muss als Beleg manchmal sein **Flugticket vorweisen** (daher: aufheben!).

Ausflüge und organisierte Touren

Organisierte Touren

Das **HongKong Tourism Board (HKTB)** fungiert neben seiner Aufgabe als Informationsstelle (s. S. 255) auch als zentrale Buchungsstelle für Stadtrundfahrten, Ausflüge und Touren aller Art. Auch bei vielen Hotels sowie natürlich den Veranstaltern selbst kann gebucht werden, da aber beim HKTB alle Angebote vorliegen, empfiehlt es sich, hier zu buchen. Am günstigsten liegt die HKTB-Filiale direkt am Star-Ferry-Pier, KowLoon, Tel. 28076390. Hier eine kleine Auswahl an organisierten Ausflügen zur Orientierung:

Ausflüge und organisierte Touren

Hafenrundfahrten

Schiffsfahrten durch den Victoria Harbour, mit/ohne Abendessen, tagsüber, abends oder nachts bieten zahlreiche Firmen in unterschiedlichen Varianten an.

- **Harbour Cruise Bauhinia,** Commercial Center, Java Rd. 108, North Point, Tel. 28022886, www.cruise.com.hk, fährt zwei verschiedene Abendtouren mit Buffet zu 385–520 HK$.
- Die **Star Ferry,** am Star-Ferry-Pier, bietet ebenfalls tagsüber (130 HK$) und abends (230 HK$) Hafenrundfahrten ohne Verpflegung an, www.starferry.com.hk/en/Introduction.

Shoestring Travel

Shoestring Travel, Alpha House (Eingang Peking Rd.), 27–33 Nathan Rd. (MTR TsimShaTsiu, Ausgang E), Tel. 27232306, http://shoestringtravel.com.hk.

- „HongKong Island Tour“ (klassische Stadtrundfahrt): Peak, Repulse Bay, Stanley Market, Aberdeen. 2 x tgl. 8 und 13.45 Uhr, ca. 3½ Std., ab 380 HK$ für 2 Personen.
- „Seafood Dinner Cruise“: Meeresfrüchte-Abendessen und Besuch des Temple-Street Nachtmarktes, tgl. 16–18 Uhr, rund 600 HK$.
- „Macau-Tagesausflug“, ab 800 HK$.
- „LuoWu Tagestour“, ca. 10 Std., 650 HK$ (inkl. Visum).
- „ShenZhen inkl. Splendid China und Folk Culture Village“, 850 HK$ (Essen inklusive).
- „Tagestour GuangZhou“, ab 1400 HK$, 7–19.30 Uhr einschließlich Stopp in SheKou.
- „3 Tage GuiLin und YangShuo“, ab 4500 HK$.
- „4 Tage BeiJing“, ab 6000 HK$ (alle China-Touren inklusive Visa).

Gray Line

Gray Line, 72 Nathan Rd., TST (MTR TST, Ausgang A2, gegenüber der Moschee), www.grayline.com.hk, Tel. 23670082, bietet neben Stadtrundfahrten und Bootstouren auch viele außergewöhnliche Ausflüge wie Delfinbeobachtung, Pferderennen, aber auch Disneyland, Hubschraubertouren oder Ausflüge nach Macau und ShenZhen.

Splendid Tours & Travel

Die Firma Splendid, Sheraton Hong Kong Hotel & Towers, 20 Nathan Road (MTR TST Ausgang E oder East TST L1) Tel. 23162151, www.splendid.hk, hat sich auf konzentrierte Halb- und Ganztagestouren (LanTau, Ocean Park) sowie abendliche Dinner-Bootstouren spezialisiert. Hier findet man auch Ausflüge für den besonderen Bedarf und spezielle Interessen wie Transit-Halbtagestouren (vom Flughafen aus) oder Themenschwerpunkte (Pferderennen u. a.).

Watertours HongKong

Tel. 29263868, www.watertours.com.hk. Einfache Hafentouren kosten hier ab 280 HK$ (inkl. 1–2 Getränke), dann gibt es die feucht-fröhlichen Abendtouren inkl. Bier, Wein, Whisky oder Gin (ohne Limit) zu 400 HK$ oder auch das sehr beliebte Meeresfrüchte-Abendessen (Bootstour inkl. Getränke und Einkehr in einem Restaurant in LeiYueMun) zu 680 HK$.

Transit/Weiterfahrt nach China

- **Fähren** (LanTau, Macau, ShenZhen-Airport, GuangZhou ...): Vom Flughafen kann man direkt von/nach Macau 4- bis 5-mal täglich für 280–435 HK$ fahren, von/nach ShenZhen 7–13-mal täglich (340–380 HK$). Das

Gepäck wird direkt vom Flugzeug aus eingecheckt (nicht durch die Immigration gehen, im Transitbereich melden, „Express Link"), die Reisezeit verkürzt sich so deutlich gegenüber dem klassischen Landweg; Informationen (aktueller Fahrplan und Preise) unter www.turbojet.com.hk und www.cksp.com.hk.

- **China-Busse/Limousinen:** GuangZhou und ShenZhen, aber auch viele andere Orte der Provinz GuangDong, kann man täglich von 7 bis 23 Uhr direkt ab Flughafen per Bus bzw. Minibus und/oder Limousinenservice erreichen. Die drei Anbieter findet man in der Ankunftshalle an den Schaltern A-8 bis A-10; weitere Infos: http://ctsbus.hkcts.com, www.eebus.com und www.trans-island.com.hk.

Visabestimmungen für Ausflüge

Zur Nutzung dieser Möglichkeiten (außer für Macau) ist ein **gültiges China-Visum** erforderlich, das für Westeuropäer derzeit schon im Heimatland vorab arrangiert werden soll, es sei denn, man bucht eine Pauschalreise über ein HongKonger Reisebüro. Bei solchen gebuchten Gemeinschafts-Tagestouren organisiert der Veranstalter ein (preiswertes) Visum.

Ausrüstung

Allgemeine Empfehlungen für mitzubringende Ausrüstungsgegenstände sind für HongKong kaum möglich, da die Reiseausrüstung auch von möglichen **weiteren Reisezielen** abhängt. Wer ab HongKong nach Südostasien reist, wird sich ganz anders ausstatten als ein Chinareisender oder Wanderer in den Bergen TaiWans. Grundsätzlich gilt jedoch, dass so wenig wie irgend möglich mitgenommen werden sollte, da man zum Einen sein Gepäck in der Hitze schleppen muss, zum Anderen – und dies sollte man schon vor dem Hinflug bedenken – Städte wie HongKong und Macau geradezu zum **Kaufrausch** verlocken und freier Gepäckplatz dann höchst willkommen ist. Unabhängig von weiteren Zielen **sind zu empfehlen:**

- Schwimmkleidung (einige Inseln)
- bequeme Schuhe (leichte Wander- oder gute Sportschuhe); Größe 45 ff. gibt es vor Ort kaum zu kaufen
- Regenschutz (Schirm kann gleichzeitig als Sonnenschutz dienen, ist aber im Zentrum recht unhandlich; Knirpse kosten vor Ort rund 50 HK$)
- Sonnenbrille
- Sonnencreme; Tuch, Stirnband oder Mütze als Sonnenschutz für Wanderungen in der heißen Jahreszeit
- Nähzeug
- Taschenmesser (Multifunktionsmesser mit Büchsenöffner, Schere, Feile usw. – im aufgegebenen Gepäck!)
- Wäscheschnur (für Hostels; zum Aufhängen der Handwäsche, besser flexibles Hosengummi, gleichzeitig Notgürtel)
- Waschmittel (Reisewaschmittel sind vor Ort selten erhältlich, Kernseife genügt ebenfalls)
- Medikamentenbeutel
- Adapterstecker (s. „Elektrizität" S. 231)
- bruchfeste, leichte Tasse für Tee usw. (heißes Wasser gibt es in allen Hotels kostenlos)
- für Langstreckenwanderungen oder Inselausflüge: bruchfeste Feldflasche o. Ä.
- Reisewecker (wichtig für frühe Verkehrsmittel o. Ä., wenn kein Weckservice besteht)
- kleine Taschenlampe (nur für Stromausfälle in der Taifunsaison, lange Wanderungen oder Höhlen/Grotten)

Individualreisende wie auch Geschäftsleute sind gut beraten, sich nicht mit unhandlichen Koffern auf eine Reise in die Subtropen zu begeben, auch wenn das Reiseziel eine Stadt ist. Bequem ist eine leichte Umhängetasche bzw. eine **Reisetasche** mit versenkbarem Rucksack-Tragegestell – beides übrigens sehr günstig in HongKong erhältlich. Rollkoffer eignen sich immer dann, wenn man eine Unterkunft bereits gebucht hat und nicht selbst vor Ort lange herumsucht.

Barrierefreies Reisen

Asien im Allgemeinen und die Metropolen Südchinas im Besonderen sind nicht unbedingt behindertenfreundlich gestaltet. Betroffen sind vor allem Rollstuhlfahrer, für die nur wenige Gebäude leicht zugänglich sind. HongKong, das wegen seiner Menschenmengen am ehesten große Schwierigkeiten zu bereiten scheint, bietet allerdings eine Reihe von Möglichkeiten und Serviceleistungen an, die Behinderten auf der Reise einen Aufenthalt in HongKong zumindest nicht generell unmöglich machen.

So ist der **Flughafen** mit Behinderten-WCs, Liften und speziellen Informationstelefonen (englisch-, chinesisch- und japanischsprachig) für Behinderte ausgestattet, alle Punkte im und um den Flughafen sind rollstuhlfähig.

Der Transport in HongKong mit öffentlichen bzw. privaten **Verkehrsmitteln** gestaltet sich unterschiedlich: Während die öffentlichen Busse in aller Regel nicht rollstuhlfähig sind, bietet *Rehabus* (Tel. 28178154) in behindertengerechten Minibussen zumindest die Möglichkeit, die gängigsten Routen zu nutzen. Die Railway (Tel. 26027799) ist mit den Zügen und Stationen (absolut behindertengerecht mit Fahrstühlen, Rampen und gekennzeichneten Sitzen versehen, gleiches gilt für den in den New Territories operierenden *Light Rail Transit* (Tel. 24687788). Unzugänglich sind dagegen die Tram (Victoria) und meist die MTR-Metro. Bei der HongKong und KowLoon verbindenden Star Ferry ist zumindest das „lower deck" gut zugänglich (Infos unter Tel. 23662576).

Eine umfassende Übersicht über die Nutzbarkeit der Verkehrsmittel für Behinderte bietet der *Transport Guide for disabled Travellers,* welcher beim Transport Department, 41 St., Immigration Tower, Gloucester Road, WanChai, HongKong, erhältlich ist (www.td.gov.hk/en/public_services/services_for_the_people_with_disabilities).

Zu wichtigen Institutionen wie Banken, Kinos, Hotels, Restaurants, Konsulaten, Museen, Tempeln, Sportmöglichkeiten usw. gibt das HKTB die kostenlose Broschüre **Access Guide for Disabled Visitors** (in englischer Sprache) heraus, die auf Anfrage schon vorab über die Informationsstellen in Europa erhältlich ist. Infos: www.discoverhongkong.com/uk/plan-your-trip/traveller-info/accessible-hong-kong.jsp sowie http://e-cgo.org.hk..

Bekleidung

Zunächst sei darauf hingewiesen, dass man stets eine **leichte Jacke, Sweatshirt** o.Ä. mitführen sollte, da man sich häufig unter Klimaanlagen aufhält (in Einkaufsarkaden, im Bus, in der U-Bahn usw.).

Bequeme **Schuhe** sind eigentlich das wichtigste mitzubringende Bekleidungsstück, da Größen ab 44 selten erhältlich sind. Außerdem ist man in Südchina oftmals viel zu Fuß unterwegs, sodass das passende Schuhwerk ein absolutes Muss ist. Prinzipiell kann man natürlich auch vor Ort Schuhe kaufen, doch liegt der Schwerpunkt häufig auf elegantem Schuhwerk, nach strapazierfähigen Allzweck- oder Turnschuhen muss man suchen!

Der **„normale" Tourist** kleidet sich in den Städten etwa so, wie er es auch zu Hause tun würde: in den warmen Sommermonaten leichte und bequeme Kleidung, in den kühleren Monaten (s. S. 11, Klima) zusätzlich mit einer leichten Jacke und Regenschutz. Auch die Einheimischen kleiden sich sauber und zweckmäßig. Dennoch braucht niemand mit mehr als einem Satz Kleidung nach HongKong einzureisen – gute und sehr günstige Kleidung vom T-Shirt bis zum Maßanzug kann problemlos vor Ort erworben werden. Lediglich Hosen kann man nicht immer direkt von der Stange kaufen, da aus hygienischen Gründen generell ein Anprobierverbot besteht.

Für **Geschäftsleute** besteht beinahe ausnahmslos Krawatten- und Anzugzwang für Herren beziehungsweise Kleid- oder Kostümpflicht für Damen. Nahezu jeder, der irgendwo im Geschäftswesen oder in Büros tätig ist, kleidet sich elegant und weltmännisch. Dies wird trotz der großen Hitze auch vom ausländischen Geschäftspartner erwartet. Zwar hält man sich überwiegend in gekühlten Gebäuden auf, doch genügen schon wenige Minuten in der subtropischen Sonne, zum Beispiel beim Warten auf ein Taxi, und der Anzug wird zur Sauna.

058hk Abb.: wl

Günstige Kleidung lässt sich problemlos auch vor Ort besorgen

Diplomatische Vertretungen

- **Consulate General of Germany,** 21. Stock, United Centre, 95 Queensway, Central, www.hongkong.diplo.de, Tel. 21058788 oder in Notfällen außerhalb der Öffnungszeiten unter Tel. 21058777. Der Zugang ist etwas versteckt. Von der Überführung kommend muss man den Aufzug beim Copyshop nehmen, um zum Konsulat zu gelangen.
- **Consulate General of Austria,** Room 2201 Chinachem Tower, 34–37 Connaught Road, Central, www.bmeia.gv.at/en/embassy/hong-kong.html, Tel. 252280-86, -87, -88 oder -89
- **Consulate General of Switzerland,** 62/F, Central Plaza, 18 Harbour Road, WanChai, www.dfae.admin.ch/hongkong, Tel. 35095000

Ein- und Ausreisebestimmungen

Die Rückgabe HongKongs an China brachte keine Änderungen der Einreisebestimmungen mit sich. Westeuropäer können sich **visafrei bis zu 90 Tagen** in der SAR HongKong, China aufhalten.

Nur bei geplantem **längeren Aufenthalt** (Arbeit, Studium) ist ein Arbeitsvisum notwendig, welches bei der Einwanderungsbehörde (Immigration Department), 7 Gloucester Rd., WanChai Tower, 2. St., WanChai (Tel. 2824 6111) in HongKong oder vorab bei der zuständigen **Botschaft der Volksrepublik China** beantragt werden kann. Auch in Deutschland, der Schweiz oder in Österreich lebende Staatsbürger von Nicht-EU-Staaten sollten sich bei der Botschaft nach der Notwendigkeit für ein Visum erkundigen.

- **Deutschland:** Brückenstr. 10, 10179 Berlin, Tel. (030) 27588572. Auch die Generalkonsulate in Frankfurt/M., Hamburg und München stellen Visa aus (siehe www.china-botschaft.de).
- **Österreich:** Metternichgasse 4, 1030 Wien, Tel. (01) 7103648, www.chinaembassy.at.
- **Schweiz:** Kalcheggweg 10, 3006 Bern, Tel. (031) 3514593. Auch das Generalkonsulat in Zürich stell Visa aus (siehe www.china-embassy.ch).

Noch vor der Einreise nach HongKong wird auf den Fähren oder an Bord der Flugzeuge ein **Ein-/Ausreiseformular** ausgegeben, welches bei der „Immigration" (Einreise) ausgefüllt vorzulegen ist. Ein Durchschlag verbleibt beim Einreisenden und muss bei der Ausreise abgegeben werden (gut aufbewahren!)

Neu ist ein zusätzliches **Gesundheitsformular**, welches manchmal (z. B. während der Vogelgrippe- und SARS-Epidemien) verlangt wird und dem Einreiseformular ähnelt. Es wird nur bei der Einreise benötigt und dann auch nicht immer.

Die **Zollformalitäten** beschränken sich meist auf Stichproben. Zollfrei eingeführt werden dürfen, 200 Zigaretten (oder 50 Zigarren oder 250 g Tabak), ein Liter Wein und alle Artikel des persönlichen Bedarfs in vernünftigen Mengen. Elfenbein, obgleich in HongKong vielfach käuflich erwerbbar, unterliegt einer strengen Ausfuhrkontrolle wie auch einem Einfuhrverbot in die meisten europäischen Staaten. Schusswaffen müssen deklariert und bei der Einreise in Verwahrung gegeben werden. Devisen und HK$ sind in unbegrenzter Höhe ein- und ausführbar.

Einverständniserklärung für Minderjährige

Reisen Kinder nur mit einem Elternteil, ist in vielen Ländern bei der Einreise eine Einverständniserklärung des anderen Elternteils erforderlich. Detailinfos siehe Website des Auswärtigen Amtes.

Rückeinreise nach Europa

Bei der **Rückeinreise in ein EU-Land** sind für den privaten Gebrauch abgabenfrei einführbar: für über 17-Jährige 200 Zigaretten oder 100 Zigarillos oder 50 Zigarren oder 250 g Tabak sowie 1 l Spirituosen (über 22 Vol.-%) oder 2 l Alkoholisches (bis 22 Vol.-%) oder 4 l nichtschäumende Weine und 16 l Bier; andere Waren bis zu einem Warenwert von insg. 300 €, für Flug- und Seereisende bis zu 430 € und für unter

15-Jährige bis zu einer Freigrenze von 175 €.

Bei der Rückeinreise **in die Schweiz** dürfen pro Person 200 Zigaretten oder 50 Zigarren oder 250 g Pfeifentabak, sowie 2 l (bis 15 Vol.-%) und 1 l (über 15 Vol.-%) an Alkohol und auch neuangeschaffte Privatwaren bis zu einer Freigrenze von 300 SFr. eingeführt werden.

Werden die **Freigrenzen überschritten,** sind Einfuhrabgaben auf den Gesamtwert der Ware zu zahlen und nicht nur auf den die Freigrenze übersteigenden Warenwert.

Überdies sollte man die jeweiligen **Verbote und Einschränkungen** beachten, um eine böse Überraschung am Zoll zu vermeiden. **Nähere Informationen** gibt es für Deutschland unter www.zoll.de oder beim Zoll-Infocenter, Tel. (069) 469976-00, für Österreich unter www.bmf.gv.at oder beim Zollamt Villach, Tel. (04242) 33233, für die Schweiz unter www.ezv.admin.ch oder bei der Zollkreisdirektion in Basel, Tel. (061) 2871111.

Einkäufe

HongKong wird oft als großer Supermarkt in Form einer Millionenstadt mit günstigen Einkaufsmöglichkeiten dargestellt. Nun ist diese Beschreibung, zumindest was den Nordteil von HongKong Island sowie KowLoon betrifft, sicherlich nicht völlig aus der Luft gegriffen, da diese Stadtteile beim Betrachter tatsächlich den Eindruck eines hyperaktiven Basars hinterlassen können. Die New Territories, die Inseln oder große Teile HongKong Islands vermitteln aber ein eher anderes Bild.

Sicherlich sind noch hier und da **Schnäppchen** zu machen, nicht jedoch bei Markenartikeln. Was wirklich günstig auf den Straßenmärkten angeboten wird, ist meist gefälschte Ware aus China oder Textilien mit kleinen „Macken“. Die Leichtindustrie, die in den vergangenen Jahrzehnten den Mythos des Supermarktes HongKong entstehen ließ, wurde inzwischen weitgehend auf die andere Seite der Grenze verlegt, der Dienstleistungssektor bestimmt heute das Geschehen und beschäftigt 75 % der Werktätigen.

Das Warenangebot HongKongs („downtown“) ist jedenfalls so reichhaltig, äußerst raffiniert dargeboten und scheinbar unschlagbar günstig, dass der folgende Hinweis angebracht scheint: In kaum einer anderen Stadt der Erde kann der Tourist so leicht in einen Kaufrausch geraten wie gerade in HongKong! Nirgendwo sonst werden Lockbegriffe wie *discount* (Rabatt) oder *free* (kostenlos) so oft gebraucht wie in HongKong. Schilder wie *50 % discount on every purchase!* oder *buy five – get one free!!!* scheinen den neutralen Beobachter schier zu erschlagen, zu entwaffnen und wie von selbst seine Börse unmerklich zu leeren. Tatsächlich lässt sich vor allem auf den zahlreichen Straßenmärkten (z. B. der Ladies' Market in MongKok oder der Stanley Market), aber auch in den vielen kleinen Läden in TsimShaTsui/KowLoon so manch gutes Geschäft machen.

Die beiden obersten Gebote für den Kunden lauten: erst die Preise vergleichen, dann **handeln, handeln, handeln!** Wenn in einem Geschäft nicht ausdrücklich auf *fixed prices* (Festpreise) hingewiesen wird, muss auf Teufel komm raus

120hk Abb.: mb

geschachert werden – man braucht dabei kein schlechtes Gewissen zu haben: Kein Verkäufer wird einem Geschäft zustimmen, wenn bei ihm nichts hängenbleibt! Der Kunde sollte sich vorab darüber im Klaren sein, was er als Maximum zahlen will, und dann den Verkäufer nach dem Preis fragen (wenn kein Preis ausliegt). Dann biete man so viel unter dem eigenen Limit, dass man sich am Ende zu aller Zufriedenheit in der Mitte trifft.

Der (flohmarktartige) Handel war immer ein traditioneller Faktor der südchinesischen Mentalität – das findet der Tourist in den emsigen Innenstadtbereichen HongKongs eindrucksvoll bestätigt. Vom Handel lebt die Stadt, dazu wurde sie geboren und dadurch ist sie aufgestiegen!

In größeren **Kaufhäusern** sind die Preisschilder dagegen als Endpreise gemeint, lediglich bei größeren Käufen kann man dezent nach einem kleinen Rabatt fragen. Oft finden aber auch in Kaufhäusern Sonderverkäufe u.Ä. statt, wo dann erhebliche Rabatte auf die angegebenen Preise winken.

Unter dem Strich ist eher davon abzuraten, nur der Einkäufe wegen nach HongKong zu reisen. **Foto- und Computerzubehör** ist in Europa billiger als in HongKong, von etwaigen Garantieproblemen einmal abgesehen.

Bei **Wertgegenständen** (Schmuck, teure Uhren) ist die Gefahr der Fälschung – insbesondere in TsimShaTsui – groß, bei **Textilien** muss man sich viel Zeit nehmen und alle Artikel, vor allem auf Straßenmärkten, sehr genau unter die Lupe nehmen. Scheinbar gute Blusen werden nicht grundlos für 20–30 HK$ verschleudert.

⌃ *Kalligrafien sind beliebte Mitbringsel*

EXTRATIPP

Shoppen beim Sightseeing
Generell sollte der Reisende keine Zeit „verschwenden", indem ein halber Tag „für Einkäufe" eingeplant wird – auf Besichtigungstouren passiert man ohnehin immer wieder Kaufhäuser und Shopping-Malls (Einkaufszentren). Mitbringsel, Souvenirs und sonstige Kleinigkeiten können immer „auf dem Weg" ganz nebenbei erworben werden.

Öffnungszeiten

Die Geschäfte haben auf **HongKong Island** in den Stadtteilen Central und Western von 10 bis 18 Uhr, in Causeway Bay und WanChai von 10 bis 21.30 Uhr geöffnet.

Etwas anders sind die Öffnungszeiten in **KowLoon**, wo in TsimShaTsui, YauMaTei und MongKok in der Regel von 10 bis 21 Uhr, in TsimShaTsui East dagegen nur bis 19.30 geöffnet ist.

In den **New Territories** sind die Geschäftszeiten im Allgemeinen von 10 bis 19 Uhr, kleinere Geschäfte haben teilweise auch länger geöffnet.

Die großen **Kaufhäuser und Shopping-Malls** sind täglich meist bis 22 Uhr geöffnet, Ausnahmen sind die (japanischen) Daimaru- und Matsuzakawa-Kaufhäuser, die unregelmäßig am Dienstag oder Mittwoch geschlossen bleiben.

Einkaufszentren und Märkte

Ein beliebter Straßenmarkt für Krimskrams liegt in der **Cat Street** (HK-Island, an der Hollywood Rd.), die Gegend um den Markt birgt zahlreiche Antiquitäten- und Porzellangeschäfte.

Kleidung vom T-Shirt bis zur Lederjacke kann man auf dem **LiYuan-Markt** (HongKong/Central, bis gegen 19 Uhr) erstehen.

Hauptsächlich Jeans und Kinderkleidung (zu günstigen Preisen!) werden rund um die **Spring Garden Lane** (WanChai/TaiYuan Market, zwischen Queens Road und Johnston Road) angeboten.

Ein Tipp für Seiden- und Lederwaren, aber auch für Sportwaren (wie Sportschuhe auch in Größe 46!) ist der **Stanley-Market** in Stanley. Er liegt an der Südspitze HongKong Islands und wird überwiegend von Einheimischen oder in HongKong lebenden Ausländern besucht; ebenso beliebt ist der Ladies' Market im Distrikt MongKok (s. S. 93).

Jardine's Crescent (HK-Island, WanChai) ist eine Hochburg für Damen- und Kinderbekleidung, Kosmetika, Gewürze und Obst und Gemüse.

Trotz der vergleichsweise höheren Preise lohnt sich natürlich auch ein Streifzug durch **TsimShaTsui** (KowLoon). Während an und in den Straßen rund um die **Nathan Rd.** zahllose kleine Einzelhändler von der modernen Kamera bis zur Goldrolex alles Erdenkliche feilbieten, liegt gegenüber des HongKong Museum of Science & Technology an der Granville Rd. ein großartiges, modernes **Einkaufszentrum** westlicher Prägung mit etlichen Plazas rund um den Centenary Garden. Unbedingt empfehlenswert sind vor allem auch die gigantischen Super-Shopping-Malls Festival Walk (MTR KowLoon Tong), Maritime Square (MTR TsingYi), Times Square (MTR Causeway Bay), Cityplaza (MTR TaiKoo) oder der Ocean Terminal (Star-Ferry-Pier TsimShaTsui).

Im Bezirk HungHom bietet die große Einkaufsarkade **Fisherman's Wharf**

(Laguna Verde Avenue, HungHom) neben zahlreichen Fachgeschäften auch (Macau-)Restaurants und Fast-Food-Lokale, einen großen Park-'n'-Shop-Supermarkt sowie eine Filiale der Fortress-Elektronikkette.

Fotozubehör

Nur in seltenen Fällen lohnt heute noch der Kauf einer Kamera oder eines Smartphones in HongKong. Seit japanische Produkte sich auch in Europa nahezu uneingeschränkt durchgesetzt haben, ist ein **Preisvorteil** in Asien kaum noch erzielbar, auch wenn es immer wieder heißt, HongKong sei ein Eldorado für Fotoartikel. Wer beharrlich handelt, die Preise vergleicht und die Qualität prüft, kann eventuell 10 % gegenüber dem europäischen Preis sparen – die Verkäufer wissen natürlich, dass der Tourist unter Zeitdruck steht oder unerfahren ist. Auch ist es üblich, Gehäuse sehr günstig anzubieten, dann aber beim Zubehör kräftig zuzulangen. Am besten wählt man schon zu Hause ein konkretes Modell mit allem Zubehör und vergleicht dann den Endpreis mit dem Angebot vor Ort.

Auf jeden Fall muss man auf einer weltweiten **Garantiekarte** bestehen (s. S. 233) und sich auch auf alle **Tricks**, wie etwa gute Ware zur Ansicht, schadhafte dann aber in der „Originalverpackung“, einstellen! Auch **auf Bestellung**, „weil der gewünschte Artikel erst morgen geliefert wird“ sollte man vor allem Foto und Elektronik nicht kaufen – es ist mit Kreditkarte gleich zu zahlen, der gewünschte Artikel kommt dann doch nicht rechtzeitig, und man muss, um überhaupt etwas zu bekommen, gegen Aufpreis höherwertige Geräte kaufen!

Eine gute und zuverlässige Adresse für Fotobedarf ist die **Nathan Rd. in MongKok** (rund um den Ladies' Market, s. S. 93), von größeren Anschaffungen in TsimShaTsui ist abzuraten – hier werden die meisten Touristen stark übervorteilt. Es lohnt auch beim Foto- oder Speicherbedarf ein Besuch der in praktisch allen größeren Shopping-Malls vertretenen Elektronik-Kette Fortress, die mit den europäischen Computer- und Elektrodiscountern vergleichbar ist.

Elektronik/Computer

Vor dem Erwerb von Elektrogeräten sollte man darauf achten, dass man sie im Heimatland auch verwenden kann (Steckerart, Stromspannung ...). Auch scheinbar unschlagbar günstige DVDs oder Blu-Rays sollte man zunächst auf die jeweiligen Länder-/Kontinentalkodierungen prüfen.

Die **Computerpreise** entwickeln sich in Europa rasant, preislich und qualitativ interessant ist in HongKong lediglich der Kauf von Computer-Software (insbesondere Chinesisch-Programmen), Laptops oder kleineren Hardwareteilen (z. B. Festplatten). Allerdings verlangen die Einfuhrbestimmungen in Europa teilweise einen Importzoll (Ein- und Ausreisebestimmungen, s. S. 226). Man erkundige sich beim Zoll nach den aktuellen Sätzen, um bei

Shoppingareale

Die wichtigsten Shoppingbereiche der Stadt sind im Kartenmaterial mit einer rötlichen Fläche markiert.

der Rückkehr keine böse Überraschung zu erleben. In allen Fällen sollte auf eine internationale Garantie (s. S. 233) geachtet werden. Gleiches gilt für Mobiltelefone, Tablets usw.

Generell findet man die Kette „Fortress“ (orangefarbenes Logo mit einem Turm) in allen größeren Kaufhäusern/Shopping-Malls, die quasi den Elektronik-Discount-Ketten in Mitteleuropa entspricht.

Weitere gute Adressen sind die **Golden Computer Arcade,** 146 FukWa Rd. ShamShuiPo, Tel. 27287399, tgl. 11–22 Uhr, MTR ShamShuiPo/D2, und das **WanChai Computer-Center,** 130 Hennessy Rd., Tel. 28347685, tgl. 10–21 Uhr, MTR WanChai/A5.

Bekleidung

Die Straßenmärkte in HongKong (MongKoks s. S. 93, Stanley s. S. 67) bieten dem Bekleidungssuchenden viele **Alltagsstücke** zu kleinen Preisen. Hier muss man einfach mal gewesen sein!

Eine recht preisgünstige Möglichkeit für **Maßkleidung** bieten zahllose Nähereien und Boutiquen in HongKong an: Binnen 4–5 Tagen wird ein Maßanzug/-kleid im gewünschten Schnitt im ausgewählten Stoff angefertigt. Die Angebote beginnen bei 600 bzw. 2000 HK$ für Anzüge (einfache bzw. mittlere Stoffqualität), eine (nicht rückerstattbare) Anzahlung von 50 % wird immer verlangt.

Einige zuverlässige und qualitativ sehr gut arbeitende Schneidereien sind:

- **Raja Fashions,** 34-C Cameron Rd., KowLoon, Tel. 23667624, www.raja-fashions.com
- **Harry Lee & Co.,** 42 Hankow Rd., KowLoon, Tel. 23660093

Man muss gar nicht lange nach solchen Läden suchen, „Schlepper“ sprechen vor allem Touristen insbesondere an der Star Ferry in KowLoon oder auf der Nathan Road von morgens bis abends an.

Generell sei bemerkt, dass die meisten größeren Hotels und Shopping Malls ebenfalls Schneidereien beherbergen, die hohen Mietpreise schlagen sich hier aber auf den Preis nieder. Die kleinen Klitschen in den Hinterhöfen können – bei gleicher Qualität – meist den besseren Preis anbieten.

Markenartikel, aber auch no-name Produkte findet man zum halben Preis oder weniger rund um die Granville Road/TsimShaTsui, Henessy Road/WanChai oder FaYuen Street/MongKok. Wichtig ist, dass eine **Anprobe** in Boutiquen wie auch auf Märkten aus hygienischen Gründen **grundsätzlich nicht gestattet** ist – daher ist es viel schwieriger, Hosen zu kaufen als Hemden oder T-Shirts.

Beim Straßenverkauf muss die Ware ganz besonders intensiv auf **Fehler** geprüft werden: Oft fehlen Knöpfe, manchmal klemmen Reißverschlüsse, sind Farben verschossen, gibt es Löcher oder fehlerhafte Nähte. Auch völlig verschnittene Teile mit unterschiedlich langen Beinen/Ärmeln werden gerne untergemogelt …

China-Souvenirs

Das **YueHwa-Kaufhaus** mit Filialen auf HongKong Island sowie in KowLoon bietet einen Fundus an Kleinigkeiten, Bekleidung, Küchengeräten, Kunsthandwerk und Gewürzen chinesischer Herkunft. Wer originelle und nützliche

Mitbringsel sucht, wird hier bestimmt fündig: Essstäbchen, Küchenutensilien, Reis-Schnellkochtöpfe, Landkarten, Buddhafiguren, chinesische Lackmöbel, Fächer, Korkschnitzereien, Jadeschmuck, Gemälde, leichte Oberbekleidung (T-Shirts, Blusen, Jacken), Reisetaschen, Rucksäcke, Daunenmäntel etc. Die Waren sind etwa doppelt so teuer wie in China, aber auch qualitativ gut.

Die Hauptfiliale:

- YueHwa-Building, Nathan Rd./Ecke Jordan Rd., TsimShaTsui, Tel. 23840084, tgl. 10–22 Uhr

Außerdem gibt es eine Filiale (i.d.R. tgl. 9.30–20 Uhr) auf HK-Island.

- 87 WanChai Rd., MTR WanChai, Ausgang A3, Tel. 28360112, tgl. 9.30–20.30 Uhr, Wan Chai, Hong Kong Island

Möbel

Manch Besucher des Fernen Ostens lässt sich von dem dortigen Wohnstil inspirieren und findet eine Möbelkombination, die er gerne für das eigene Heim erwerben möchte. Nun muss erwähnt werden, dass HongKong für Möbel kein günstiges Pflaster ist, Holz als Rohstoff muss **importiert** und aufwendig bearbeitet werden. Hinzu kommen hohe Lagerhaltungskosten usw., sodass in HongKong Möbel oft auf Bestellung importiert werden (auch wenn dies in den Geschäften anders scheint). Viele Stücke im chinesischen Stil stammen also aus China, Vietnam, oder aus Korea.

Günstig sind **Rattanmöbel** meist indonesischer Herkunft. Gewiss kann man ein Rattanset günstiger in Indonesien selbst kaufen, in HongKong ist allerdings die tatsächlich angelieferte Qualität garantiert, auch kann ohne großen Aufwand verschifft werden.

In der Queens Road/East auf HK-Island liegt eine Reihe guter **Möbelhändler**, die sich insbesondere auf Rattan spezialisiert haben.

Schmuck und Jade

HongKong dürfte einer der größten Umschlagplätze der Erde für **Elfenbein** und andere zumindest in Europa verbotene Materialien (z.B. Nashorn-Hörner, Krokodilleder, Schildkrötenpanzer) sein. Auch wenn der Erwerb reizen mag: Die Einfuhr nach Europa ist in aller Regel verboten und ist durch die Röntgenmaschinen der Flughäfen auch nicht zu verstecken. Allein aus moralischen Gründen sollte man sich nicht an derartigen Geschäften beteiligen.

Schmuck, insbesondere aus Gold, kann vergleichsweise günstig sein. Dabei muss allerdings beachtet werden, dass nicht das Material selbst, sondern vor allem die Arbeitszeit den Preisunterschied ausmacht. Auch sollte man sich einigermaßen bei gefassten Stücken auskennen und von Schnäppchenangeboten bei nicht vom HKTB empfohlenen Läden Abstand nehmen, da einem sonst Fälschungen untergejubelt werden können (s.S. 233).

Letzteres gilt auch für die in ganz China so beliebte **Jade** (s. Traditionelle Künste S. 40). Ein schönes Mitbringsel ist der jadeähnliche **Speckstein**, der zur Herstellung der chinesischen Namensstempel dient und in allen Kaufhäusern erhältlich ist. Sehr beliebt ist der bekannte „Jade Market" im Stadtteil Jordan.

Nach dem Kauf

Es kommt nicht selten vor, dass man nach einem recht unterhaltsamen Einkaufsbummel plötzlich vor Problemen steht. Was tun, wenn man den tollen Schreibtischstuhl eben doch nicht im Rucksack mitschleppen kann? Was, wenn sich die teure Jadekette plötzlich als Fälschung entpuppt? Was, wenn das tolle Smartphone nach der Rückkehr in Europa den Geist aufgibt?

Hat man etwas bestellt, wird eine **nicht rückerstattbare Anzahlung** (in der Regel 50 %) fällig, der Rest wird bei Abholung bzw. Besichtigung des Endproduktes gezahlt. Mit anderen Worten, in dem Augenblick, in dem man sich zur Anzahlung des tollen und modischen Rattansofas hat beschwatzen lassen, ist das Kind auch schon in den Brunnen gefallen – es gibt kein Zurück mehr.

Garantiewesen

Insbesondere bei elektronischen Geräten und Fotoapparaten kann es bisweilen zu unliebsamen Störungen kommen, die vor Ort nicht erkennbar waren. Es gibt in HongKong drei verschiedene Arten der **Garantie**, wobei für den Touristen nur eine von Belang ist: die **uneingeschränkte, international gültige** auf Markenartikel. Ist ein Händler nicht bereit, eine solche auszustellen, sollte vom Kauf elektronischer oder Fotoartikel Abstand genommen werden.

Diese internationale Garantie erlaubt es dem Kunden, das schadhafte Gerät bei jedem Händler, der diese Marke führt, zur Reparatur abzugeben, und zwar kostenlos, solange die Garantiezeit nicht überschritten ist. Mögliche Preisvorteile unbekannter Marken wiegen für den Touristen das Risiko bei wertvollen Geräten erfahrungsgemäß nicht auf.

Reklamation/Betrug

Nachdem es in den frühen Jahren des „Supermarktes HongKong" oft zu bösen Beschwerden über mangelnde Qualität, Übervorteilung oder teilweise auch betrügerische Machenschaften kam, bemühte sich das HongKong Tourism Board (HKTB) um eine höhere Geschäftsmoral gegenüber der Laufkundschaft „Tourist" und versammelte die korrekten und ordentlichen Geschäftsleute um sich. Das **Siegel „QTS"** (Quality Tourism Service) zeichnet Geschäfte, Restaurants und Unterkünfte als vertrauenswürdig aus.

Sollte es zu einer berechtigten Beschwerde über ein Mitglied kommen, hilft das **HKTB** im „Center", 99 Queens Rd., UG, Tel. 25081234 (tgl. 8–18 Uhr) weiter. Insbesondere beim Thema Schmuck, Uhren und Edelsteine kann es gelegentlich zu Meinungsverschiedenheiten kommen. Auch hier hilft das HKTB oder die **Gemmological Association of HongKong**, Tel. 23666006.

Bei Dienstleistern und Geschäften, die nicht Mitglied des HKTB sind, wende man sich im Notfall an den **HongKong Consumer Council**, China HongKong City, Canton Rd., KowLoon, Tel. 28563113, mit einer Filiale in der 38 Pier Rd., Central (Tel. 2541 1422) sowie einem Verbrauchertelefon (29292222).

Das QTS-Logo zeichnet vertrauenswürdige Geschäfte aus

Jeder Käufer bei fliegenden Händlern *(Want ROLEX?)* muss sich darüber im Klaren sein, dass er zu den angebotenen Preisen keine Original-Markenware bekommen kann – Beschwerden sind dann nicht nur erfolglos, sondern zeugen auch von großer Naivität. Der Kunde muss auch wissen, dass z.B. bei Märkten oder Fabrikverkauf ein **Umtausch generell ausgeschlossen** ist, auch hier wäre eine Beschwerde zwecklos.

Ein weiteres Problem beim Kauf von Falsifikaten kann der heimische Zoll werden, da die Einfuhr solcher Produkte nicht gestattet ist. Nichtwissen schützt auch hier vor Strafe nicht – die Konfiszierung der Ware ist die Folge. No-name-Souvenirs von Straßenmärkten in kleinen Mengen sind dagegen kein Problem.

Elektrizität

Die elektrische **Spannung** beträgt in HongKong (übrigens auch in Macau und China) durchgehend 220 V bei 50 Hz, entspricht also in etwa dem europäischen System, Spannungsadapter sind daher nicht notwendig.

Unterschiedlich sind dagegen die Steckdosen: Während HongKong und Macau **Steckdosen** mit drei runden Löchern haben, sind die in der VR China entweder wie in Europa mit zwei Löchern, oder (was seltener vorkommt) wie in den USA oder TaiWan mit 3 flachen Schlitzen versehen.

In europäischen Baumärkten sind sogenannte „Weltstecker" erhältlich, mit denen angeblich das Steckdosenproblem weltweit gelöst sein soll – eine Mogelpackung, denn diese verfügen manchmal nicht über die 3er-Steckdose HongKongs und sind dann vor Ort wertlos! Wer elektrische Geräte anschließen muss, sollte sich erst in HongKong einen **Zwischenstecker** kaufen, der hier sehr günstig ist und dann auch passt.

Essen und Trinken – chinesische Küche

Nicht zuletzt durch die hohe Anzahl chinesischer Restaurants in Europa ist der kulinarische Aspekt einer der ersten (oft auch einzigen) Berührungspunkte des Europäers mit der chinesischen Kultur vor einer Reise in den fernen Osten. Die chinesische Küche zeichnet sich aus durch eine Vielzahl an Stil-, Zubereitungs- und Geschmacksrichtungen wie auch eine unvergleichliche optische Gestaltung der Mahlzeiten. Tatsächlich wird das Kochen in China nicht als Handwerk, sondern als Kunst verstanden, die Verbindung von Optik, Geschmack und Geruch spielt in allen chinesischen Küchen eine Schlüsselrolle.

Als visuelle Einstimmung auf die chinesische Küche seien dem Cineasten die schon beinah klassischen **Filme** *Eat Drink Man Woman* (TaiWan, 1994) und *Ente gut, alles gut* (HongKong, 1988) empfohlen.

Regionale Küchen

Die regionalen Besonderheiten und Anbauvoraussetzungen Festlandchinas haben über die Jahrtausende zahlreiche vollkommen unterschiedliche Küchen entstehen lassen, die sich in etwa so unterscheiden wie die französische von der britischen. In HongKong und in geringerem Maße auch in Macau leben die Nachkommen von Chinesen aus allen Provinzen Chinas. Demzufolge sind auch die zahlreichen Stilrichtungen der chinesischen Küche, angereichert durch den jeweiligen kolonialen Einfluss, auf engstem Raum vertreten, was beide Städte bei Freunden der chinesischen Kochkunst besonders beliebt macht.

Kulinarisch wird China in **vier Regionen** mit wiederum eigenen Kochstilen gegliedert: die nördliche Küche (Peking-Stil, mongolischer Stil), die östliche Küche (ShangHai-Stil), die südliche Küche (kantonesischer, Hakka-, taiwanesischer und FuZhou-Stil) und die westliche Küche (SiChuan-Stil, HuNan-Stil).

- **Peking-Küche:** Die Gerichte werden isoliert (nicht zusammengemischt) und frisch zubereitet, sind sehr mild gewürzt und somit dem westlichen Besucher geschmacklich am vertrautesten. Sehr beliebt sind gegrillte Fleischgerichte und Hammelspieße. Das bekannteste Gericht dürfte allerdings die „Peking-Ente" sein, deren Zubereitung bei Beachtung aller Regeln mehrereTage dauert und die durch das Einpinseln mit Honigwasser goldbraun glänzt. Die Poren werden so versiegelt, das Fett brät nach innen und lässt die Haut besonders knusprig werden.
- **Mongolisch:** Das markante dieser Kochrichtung ist die gemeinsame Benutzung eines Grills (mongolian barbecue) oder Topfes (mongolian hotpot) der Gäste am Tisch. Zubereitet werden meist Fleisch, Geflügel und Gemüse. In HongKong bieten einige Restaurants das sogenannte mongolian barbecue (eat as much as you can) zum Festpreis an – für Hungrige ein gutes Schnäppchen!
- **ShangHai-Stil:** Huhn und vor allem Krabben sind die Hauptbestandteile der ShangHai-Küche, ergänzt durch Pilz- und Bambussprossengerichte. Die einzelnen Speisen behalten bei dieser überwiegend naturbelassenen Zubereitungsart ihren natürlichen Geschmack, die Würze entsteht durch die beigestellten Saucen.
- **Kantonesisch:** („Heimatküche" HongKongs, Macaus und Kantons) „Der Kantonese isst alles was fliegt oder vier Beine hat – außer den Stuhl, auf dem er sitzt, und das Bett, in dem er schläft" lautet eine auch in China selbst weitverbreitete Redensart zur Essgewohnheit im Süden. In Film und Literatur wird oft nicht berücksichtigt, dass Kanton nicht China, eine Küche nicht stellvertretend für das ganze Land und „alle Chinesen" genannt werden kann. Die überwiegende Mehrheit der Chinesen lehnen die kantonesische Küche ebenso ab wie der von Tierschutz geprägte westliche Besucher. Tatsächlich beinhaltet die kantonesische Küche auch (aber nicht nur) Käfer, Würmer, Schlangen, Hunde, Ratten, Vogelnestsuppe und andere Leckereien. Wer einen Anhänger dieser Richtung auf die „Widerwärtigkeit" derartiger Lebensmittel anspricht, muss damit rechnen, dass er nach dem Unterschied zu Aal, Schnecken oder Austern gefragt wird! Zu den „normalen" Köstlichkeiten zählen „DimSum" (Dian Xin, „Herz-erwärmendes"; eine Vielzahl an warmen Snacks), gebratenes Schweinefleisch, Haifischflosse und Shrimps in zahlreichen Varianten. HongKong, Macau und Kanton liegen übrigens in der Provinz GuangDong, dem Zentrum der kantonesischen Küche! Daher sollte der Besucher gerade in HongKong auch einmal DimSum probieren, da hier das Bestellen im Gegensatz zu China so einfach ist (Englisch!).
- **ChaoZhou-Stil:** Haifischsuppe, Schellfisch, Gans in Sojasauce und Vogelnestsuppe zählen zu den bekanntesten Gerichten dieser Region. Die Mahlzeiten sind sehr gehaltvoll und herzhaft, wenn auch nicht übermäßig scharf.

- **Hakka-Stil:** Die Hakka als Nomadenvolk haben ganz China durchquert und dabei einige besondere Kochgewohnheiten entwickelt. Ihre Grundbestandteile bestehen aus getrockneten Gemüsearten und getrocknetem Fleisch, um eine möglichst lange Haltbarkeit zu gewährleisten. Hauptmahlzeiten bestehen aus salzig-sauer eingelegtem Chinakohl, Sojabohnenquarksuppe und Innereien.
- **FuZhou-Stil:** Der Schwerpunkt dieser Küche liegt auf der frischen und geschmackserhaltenden Zubereitung von Meeresfrüchten und Suppen. Besondere Delikatessen sind Haifischflossen- und Schildkrötensuppe. Gebratene Speisen sind oft süßsauer. Letzteres ist ein typisches Geschmacksmerkmal dieser Kochrichtung, welches oft fälschlich als typisch chinesisch bezeichnet wird.
- **SiChuan-Stil:** Diese im Südwesten der Volksrepublik beheimatete Küche zeichnet sich durch die Verwendung von Chili, Fenchel, Anis und Koriander aus. Das Resultat ist eine einzigartige Geschmacksmischung aus Schärfe und würzigem Geschmack. Neben Schweinefleisch und Süßwasserfisch ist vor allem die geräucherte Ente äußerst beliebt. Die Ente wird in Pfefferkörnern, Ingwer, Zimt, Orangenschale und Koriander mariniert und über einem offenen Feuer mit Tee- und Kampferholz geräuchert. Nudeln und Brot sind beliebte Beilagen, obwohl südlich des Chang-Jiang-Flusses (YangTzeKiang) eher Reis gegessen wird.
- **HuNan-Stil:** Die Besonderheit der HuNan-Küche liegt in der Verwendung von viel Öl und dem Dämpfen der Fleischspeisen. Man kennt hier sowohl sehr scharfe als auch süßsaure Zubereitungsarten. Besondere Spezialitäten sind Schwalbennest mit Krabbenfleisch oder auch Entenzunge in brauner Sauce.

In HongKong findet man zahllose hochpreisige Restaurants mit **internationaler Küche**, ein echter Einfluss der britischen Küche ist dagegen – böse Zungen meinen glücklicherweise – kaum spürbar. Allerdings gibt es einige koloniale Reminiszenzen in Form von indischen Restaurants.

Tischsitten

Ein **chinesisches Mahl** besteht meist aus einer Vielzahl von Gängen, die auf einem runden Tisch allen Teilnehmern einer Runde zur Verfügung stehen. So kann man eine ganze Reihe von einzelnen Gerichten nach und nach probieren, große Einzelgerichte wie in westlichen Lokalen kennt man in der chinesischen Küche nicht. Der Gastgeber sitzt auf dem der Tür nächstgelegenen Platz, der Ehrengast gegenüber, sonstige Familienmitglieder oder Freunde verteilen sich ringsum. Bei (Ehe-) Paaren sitzt der Mann links von der Frau. Üblicherweise wird zur Eröffnung eine Tasse chinesischen Tees getrunken, ehe einige warme oder kalte Vorspeisen serviert werden. Anschließend folgt mindestens ein halbes Dutzend Hauptspeisen, eine Suppe wird als Beilage nebenher „getrunken", nicht gegessen.

Selbstredend verwendet man in China zum Essen keine Bestecke, sondern *KuaiZi* (Essstäbchen) statt Messer und Gabel. Alle Gerichte sind so fein geschnitten und portioniert, dass ein Zerkleinern der Speisen am Tisch überflüssig ist. Für die Suppe gibt es entweder einen kleinen Porzellanlöffel, oder sie wird aus der Schale getrunken, wobei die größeren Bestandteile mit den Stäbchen aufgenommen werden.

Das **Essen mit Stäbchen** sollte sich der Tourist einigermaßen aneignen, es sieht zwar schwierig aus, ist aber nur eine Sache der Übung und macht dann sogar richtig Spaß. Die Skizze auf Seite 238 gibt eine kleine optische Hilfestellung zur Handhabung. Ein ausgezeichnetes Training ist das Aufnehmen von Erdnüssen mit Essstäbchen!

Beilagen

Gemüsebeilagen variieren je nach Anbaugebiet und Saison. Typisch sind Blumenkohl, Broccoli, Chinakohl, Sojabohnensprossen, Pilze, Bambussprossen, Melone, Gingko, chinesischer Spinat, Gurke, Tomate, Kartoffel, Süßkartoffel und Karotte. Sojabohnen werden meist zu Sojasauce oder Sojaquark *(TouFu)* verarbeitet und nehmen in der buddhistischen vegetarischen Küche eine wichtige Stellung als Fleischersatz ein.

Typisches **Grundnahrungsmittel** ist der Reis, auch Nudeln sind aber weit verbreitet. Kartoffeln sind selten, stellen eine besondere Delikatesse dar und werden als Gemüse verzehrt. Glasnudeln aus Reis kommen vor allem in die Suppen.

Getränke

In guten Lokalen stehen neben einer breiten Palette internationaler **Spitzenweine** auch **Importbier** und *MaoTaiJiu* (Reis-Hefeschnaps), *KaoLiangJiu* (Sorghumschnaps), Tee und diverse Biere (Carlsberg, San Miguel, in Lizenz vor Ort gebraut u. a.) zur Auswahl.

Milch und **Milchprodukte** sind erhältlich, allerdings vergleichsweise teuer. Viele Chinesen vertragen Milchprodukte generell nicht, da manchen ein Enzym im Magen zum Abbau der Milchsäuren fehlt.

Ein urtypisches, geradezu zeremonielles Getränk der Chinesen ist der **Tee**, dessen Zubereitungs- und Trinkkultur bereits Jahrtausende im chinesischen Volk verwurzelt ist. Während der Tang-Dynastie (618–907 n. Chr.) entwickelte ein buddhistischer Mönch namens *LuYu* gar einen „sechsten" Klassiker der chinesischen Literatur, das *ChaChing* (Buch des Tees; offiziell gibt es nur fünf Klassiker). Im 17. Jahrhundert kam dann der Tee durch niederländische Kaufleute nach Europa, wo er insbesondere in England mit großer Begeisterung aufgenommen wurde und bald den regen Handel mit den Teeanbaugebieten des Empires begründete. Tee wird aus den jungen, grünen Blättern des Teestrauches gewonnen, getrocknet und entweder als unfermentierter grüner Tee *(LüCha)* oder als gerösteter und fermentierter schwarzer Tee (die Chinesen sagen *HongCha,* roter Tee) aufgegossen. Eine Mischform – halbfermentiert – ist der oft als Gesundheitstee angepriesene Oolung-Tee (*WuLong,* schwarzer Drache). Zubereitet wird der Tee in winzigen Teekannen, die zu einem Viertel mit Teeblättern gefüllt und mit 100 Grad heißem Wasser bei fermentierten und halbfermentierten Sorten, mit 90 Grad heißem Wasser bei unfermentierten Sorten übergossen wird. Der Tee muss anschließend drei Minuten ziehen und wird aus wenig mehr als fingerhutgroßen Becherchen getrunken. Die Kanne wird dann wieder mit Wasser aufgegossen, jeder Aufguss benötigt dann eine Minute länger zum Ziehen.

Tee gilt in China auch als lebensverlängernd, da er harntreibend und gut für die Augen ist. Außerdem enthält das chinesische Nationalgetränk eine Reihe lebenswichtiger Vitamine, ätherische Öle und Flourid. Wer länger in die Volksrepublik oder nach TaiWan reisen will, sollte sich an Tee gewöhnen, da er in diesen Ländern überall erhältlich und preisgünstig ist. Fast alle Hotels dort bieten kostenlos heißes Trinkwasser zur eigenen Teezubereitung an, gelegentlich wird sogar der Tee im Zimmer bereitgestellt. Tee wird in China ohne Zucker oder Zitrone getrunken.

Wer einmal richtig zubereiteten **Tee in traditioneller Umgebung** genießen möchte, sollte unbedingt dem LukYu Tea House, 26 Stanley Street, Central, Tel. 25235464, tgl. 7–21 Uhr, einen Besuch abstatten – urig, klassisch und vergleichsweise günstig (MTR Central, D2).

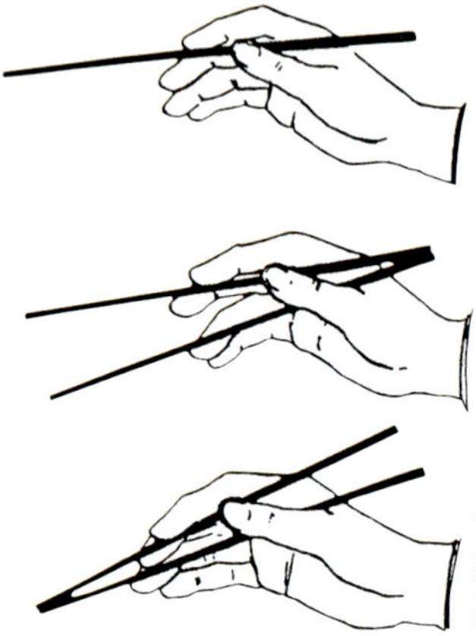

011hk Abb.: wl

Günstige Verpflegung

Soviel zur hohen chinesischen Küchenschule, nun geht es dem Touristen aber auch darum, die Volksküche und preiswerte Verpflegungsmöglichkeiten kennen zu lernen – und die sehen etwas anders aus. Der Chinese der mittleren und einfachen Schichten geht gerne auswärts essen und wählt dazu meist preislich andere Kategorien als der gutbetuchte Tourist oder Geschäftsmann.

Einfache originär chinesische Lokale bieten oft einander ähnliche kantinenartige Buffets für mehrere Personen, gegessen wird dann aus Plastikschalen und mit Einweg-Holzstäbchen. Hier findet man auch gelegentlich chinesische Tischsitten wie das Werfen von Essensresten oder Knochen auf den Tisch, ein Zeichen, dass es geschmeckt hat. Die einfachen Küchen bieten schmackhafte und preiswerte Tellergerichte wie Suppen oder *JiaoZi*, eine Art gekochter Ravioli mit unterschiedlichen Füllungen, die jeder Tourist einmal probieren sollte. Diese einfacheren Küchen erkennt man daran, dass sie keinen klimatisierten Gastraum anbieten, sondern zur Straße hin offen sind und die „Küche" nahe am Zugang für jedermann einsehbar ist.

Besonders zu empfehlen ist das der kantonesischen Küche (zu der auch HongKongs chinesische Küche zählt) eigene **DimSum** (herzhafte Kleinigkeiten): Auf kleinen Rollwagen werden geflochtene Körbchen durch die Reihen der Gäste gefahren, in denen drei bis fünf Exemplare der gleichen Kleinigkeit liegen, die einem das Wasser im Munde zusammenlaufen lassen – eingebackene Shrimps, frittierter Broccoli, Toufu, Geschnetzeltes usw. Insgesamt gibt es einige Dutzend verschiedener, warmer Kleinigkeiten. Bestellt wird immer ein kompletter Korb, so-

Anleitung zum Essen mit Stäbchen – in China unverzichtbar

dass sich ein echtes *DimSum*-Essen besonders für Gruppen eignet, jeder kann dann eine breite Palette von Snacks probieren. DimSum-Lokale haben meist von 8 bis 14 Uhr geöffnet, die beste Zeit mit der größten Auswahl ist zwischen 10.30 und 11.30 Uhr, mittags sind die besten Gerichte schnell weg.

Daneben gibt es – der modernen Gesellschaft folgend – eine unendliche Vielzahl von **Fast-Food-Ketten.** Diese Hühner- und Burgerfabriken sind bei Touristen wie Einheimischen recht beliebt, weniger der lukullischen Genüsse wegen, sondern aufgrund des entwaffnenden Faktums, dass die Preise in Südchina wohl nirgends unterboten werden können. Man stelle sich dort auf 50 % der europäischen Preise bei weltweit gleicher Qualität ein.

Recht günstig sind **vegetarische Mahlzeiten** in buddhistischen Klöstern (falls die Möglichkeit dazu besteht, wird im beschreibenden Teil jeweils darauf hingewiesen) oder die am Svastik („buddhistisches Sonnenkreuz") erkennbaren vegetarischen Restaurants. Hier wird insbesondere *TouFu* (Sojabohnenquark) in mannigfaltigen Variationen von würzig bis süßsauer zubereitet.

Selbstversorger

Man kann sich auch preiswert mit Konserven, Brot und Nudelsuppen über Wasser halten. Nudelsuppen in Trockenform zum Aufgießen mit heißem Wasser bekommt man ab 8 HK$, in Macau und China noch günstiger.

Die Märkte bieten eine reichhaltige Palette an Gemüse, Fleisch, Fisch und **Obst.** Leider ist frisches Obst nicht so günstig wie in den größeren Erzeugerstaaten der Region. Auch sind nicht alle Früchte durchgängig erhältlich, die nachfolgende Übersicht gibt die jeweilige Saison der in Südchina erhältlichen Obstsorten an:

- **Immer:** Ananas, Banane, Carambola, Grapefruit, Guava, Papaya, Wachsäpfel, Wassermelone
- **März–Juli:** Pflaume
- **April:** Erdbeere
- **Juni–Juli:** Mango, Pfirsich, Litschi
- **Juli–Sept.:** Longan
- **Aug.–Okt.:** Apfel, Birne
- **Aug.–Jan.:** Limone
- **Nov.–Febr.:** Orange

Natürlich gibt es auch **Supermärkte und Minimarktketten.** Fast überall sieht man 7/11-Läden, die täglich von 7 bis 11 (23) Uhr ein Basissortiment an Lebensmitteln sowie Tageszeitungen, Telefonkarten usw. anbieten. Große und preiswerte Supermarktketten sind **Park'n'Shop** (blaues Logo) und **Wellcome** (gelb-rot), die man in den Shopping Malls und an Hauptstraßen findet.

Essen und Trinken – Verpflegungstipps

Trotz der geradezu gigantischen Auswahl an Essensmöglichkeiten aller Art landen viele Reisende immer wieder in westlichen Fast-Food-Lokalen und verpassen die exquisite kulinarische Vielfalt Hong-Kongs. Als grundsätzlicher Tipp für alle, die nicht lange suchen wollen, sei darauf hingewiesen, dass in praktisch allen großen Shopping Malls (s. S. 229) sogenannte **„food-courts"** eingerichtet wurden, oft eine ganze Etage mit Snacklokalen, Imbissstuben und Restaurants, in denen von DimSum über Japanisch bis zu Fast Food alles auf engem Raum zu vernünftigen Preisen genossen werden kann, was die Küche HongKongs hergibt.

Als weiterer wichtiger Hinweis sei auch auf die beiden gepflegten Kneipen- und Nachtschwärmer-Viertel **LanKwaiFong** und **Soho** auf HongKong Island (s. S. 271) verwiesen, wo man ebenfalls sehr gut in unterschiedlichen Preisklassen essen kann. Hier hängen auch meistens Speisekarten aus, sodass man sich preislich zunächst einmal orientieren kann.

KowLoon

Einfach und günstig

Abgesehen von den Möglichkeiten der Selbstverpflegung in Supermärkten (die bekanntesten Ketten sind Wellcome oder Park'n'Shop) und Märkten bietet KowLoon eine überwältigende Anzahl von **Schnellimbiss- und Straßenlokalen** mit guten Gerichten und Snacks zu kleinen Preisen. Neben den bekannteren westlichen Fast-Food-Fabriken (McDonald's, Pizza Hut, Spaghetti House und Kentucky Fried Chicken) sind in HongKong Wendy's (Burger und Snacks), Café de Coral sowie Yoshinoya (beide mit westlichen und östlichen Schnellgerichten) vertreten. Für das Frühstück außerhalb der Hotels greift man oft auf die Ketten Starbucks oder Pacific Coffee zurück.

Wenn man mal wieder Lust auf dunkles Brot, Brezeln (!) und eine gute Auswahl an Käse- und Wurstwaren hat, sind zwei gut erreichbare Geschäfte zu empfehlen: zum einen der **Gourmet-Supermarkt im IFC II** in Central (innen vor dem Übergang Richtung Fähren), der allerdings eher hochpreisige Waren anbietet. Günstiger kann man im **Supermarkt in der Einkaufsarkade Festival Walk** (MTR KowLoon Tong, Festival Walk beschildert) einkaufen – man läuft von der MTR direkt darauf zu.

- Das Dilemma fehlender **Frühstücksmöglichkeiten** für Individualreisende haben abgesehen von McDonald's mehrere Ketten erkannt, u. a. Starbucks (amerikanischer Kaffee mit gutem Gebäck, z. B. auf HongKong Island im ShunTak Centre, im IFC II Tower oder in KowLoon gegenüber vom YMCA, HangKow Rd./Ecke Middle Rd. bzw. am StarFerry House neben 7/11, Pacific Coffee) oder Maxim's (beide in vielen MTR-Stationen vertreten).
- Freunde der indischen Küche finden im Erdgeschoss und in der Mittelaula im ersten Stock der ChungKing Mansions (s. S. 279) einige **indische Garküchen**. Die Gerichte sind durchweg sehr preiswert und ausgezeichnet.
- Für Anhänger der japanischen Küche empfehlen Leser den **Katiga Food Shop**, SungOI Bldg./EG, 37 SungKit St., HungHom, Tel. 27646436. Tischreservierung ratsam: gegessen wird in zwei „Schichten" von 18.30–20.15 und 20.30–23 Uhr (Gerichte ab 60 HK$).

Tipps in der mittleren Preisklasse

- **Peking Garden** €€, nahe Star Ferry/KowLoon im 3/F Star House, 3 Salisbury Rd, Tsim Sha Tsui, Tel. 27358211. Obwohl so zentral und obwohl gefühlt 1 Mio. Touristen hier täglich flanieren, ist das zur Maxim-Gruppe gehörende Peking Garden seit über 30 Jahren erstaunlich authentisch geblieben. Echte Pekinger Küche (manchmal Showeinlagen wie Nudelziehen), großartige Ente. Geöffnet tgl. 11–15 und 17.30–23.30 Uhr.
- **Spring Deer Restaurant** €, 42 Mody Rd., Tsim Sha Tsui, Tel. 23664012. MTR East Tsim-

063hk Abb.: wl

Gedämpfte Kleinigkeiten im Bambuskorb – beliebter Snack in Südchina

ShaTsui (West Rail Line) Ausgang P3 oder MTR TsimShaTsui, Ausgang D1 (Nathan Rd.), dann links immer die Mody Rd. entlang. Sieht aus wie eine Tiefgarage, ist aber eines der ältesten, beliebtesten und traditionellsten Lokale für Peking-Ente mit sehr moderaten Preisen. Tgl. 11.30–14 und 18–23 Uhr.

HongKong ist natürlich vor allem eine Hochburg der chinesischen Küche, bedingt durch die langjährige britische Kolonialherrschaft ließen sich aber auch Minderheiten aus allen Winkeln des ehemaligen britischen Empire in der ehemaligen Kronkolonie nieder. Dies schlägt sich auch im Restaurant-Angebot nieder, und für den europäischen Besucher sind insbesondere die zahlreichen ausgezeichneten **indischen Restaurants** zu empfehlen. Im mittleren Preissegment müssen die vielen Lokale in den Chung-King Mansions (s. S. 279), die man getrost auch als „Little India" bezeichnen kann, an erster Stelle genannt werden. Zu zweit isst man hier schon für rund 350 HK$ ganz hervorragend, allerdings nur, wenn auf alkoholische Getränke verzichtet wird, die verhältnismäßig teuer sind.

Hier eine kleine Auswahl, mein persönlicher Favorit ist seit Jahren das Taj Mahal.

- **Karachi Mess** € (Halal Küche), 3 St. E1, Tel. 23681678
- **Taj Mahal Club Mess** €€ (Masala-Küche), Block B, B4, 3. St., Tel. 27225454
- **Sher I Panjab Club Mess** €€ (allg. ind. Küche), Block B 3 St. B6, Tel. 23120366
- Ein weiterer hervorragender Inder ist das **Surya-Restaurant** €€, Lyton-Bldg., 48 Mody Rd., Kowloon, Tel. 23669902, tgl. 12–15 und 18–23.30 Uhr.

Das Schlemmerparadies HongKong bietet eine schier endlose Reihe von **Dim-Sum-Lokalen** und anderen **chinesischen und asiatischen Restaurants** bei moderaten Preisen (120–150 HK$ p. P.), hier die empfehlenswertesten:

- **KauKee Restaurant** €€ (Kantonesisch), 21 Gough St., Central, Tel. 28505967. Geöffnet 12.30–22.30 Uhr; äußerst empfehlenswert für chinesische Nudelgerichte und Suppen, die seit über 90 Jahren auf weitergegebenen Familienrezepten basieren.
- **One Dim Sum** €, 15 Playing Field Rd. (MTR Prince Edwards), Tel. 27892280, tgl. 10.30–0.30 Uhr. Günstig, typisch, preiswert und lecker!

- **TaiWoo Restaurant** €€, 14–16 Hillwood Rd., TsimShaTsui (Tel. 23699773). Diese kleine Restaurantkette bietet einen ausgezeichneten und preiswerten Einstieg in die kantonesische Küche, sehr beliebt sind Meeresfrüchtegerichte und die täglich wechselnden, sehr günstigen Tagesmenüs. Geöffnet täglich 11–3 Uhr, DimSum bis 16 Uhr.
- **WongChunChun Thai Restaurant** €€, 21 Jordan Rd., Jordan, Tel. 27210099, mit Ableger im KowLoon-City-Essensdistrikt (dort Bel Shine Centre, 23 Tak Ku Ling Road), ist eine kleine Thai-Kette mit günstigen Gerichten verglichen mit dem üblichen Preisniveau der meisten Thai-Restaurants. Geöffnet täglich 11–2 Uhr.

Gehobene und Top-Restaurants

Japanische und westliche Restaurants gehören in HongKong dem oberen Preissegment an. Zu besonderen Anlässen sind zu empfehlen:

- Als sehr angenehmes und traditionelles chinesisches Restaurant der Oberklasse ist seit 1887 das **HeiChinRou** €€€ bekannt (Shop 208, Level 2, Plaza Hollywood, 3 Lung Poon Street, Diamond Hill (New KowLoon), Tel. 29559933; MTR Diamond Hill, Ausgang C; geöffnet tgl. 11–24 Uhr). Gesundheitsbewusste südchinesische Küche, famoses DimSum. Optisch und kulinarisch identische Filiale:
- **HeiChinRou** €€€ im United Centre, 95 Queensway/Central (HK Island), Tel. 28651988, tgl. 8–23 Uhr
- **Nishimura Restaurant** €€€, 6. St. Omni HotelHarbour City, Canton Rd., TsimShaTsui, Tel. 27356899. Exzellente japanische Küche in passendem Ambiente, allerdings sollte man mit 600 HK$ pro Person aufwärts rechnen. Geöffnet 12–15 und 18.30–23 Uhr.
- **Outback Steak House** €€€, Shop 23, UG, TsimShaTsui Centre, 66 Mody Rd., Tel 23117800 und 2. Stock, JP Plaza, 22 Paterson St., Causeway Bay, Tel. 28818012. Kleine australische Kette mit Burger- und Steakspezialitäten. Ist für Chinesen eine Spezialität und entsprechend höherpreisig. Etliche Filialen.
- **Ozone** €€€, 118. St., ICC (International Commerce Centre), 1 Austin Rd., AE KowLoon, Tel. 22632263, Mo–Fr 17–3 Uhr, Sa. ab 15 Uhr, So 12–24 Uhr. Derzeit noch das höchste Restaurant weltweit, gemischt chinesische und japanische Küche.
- **Tang Court** €€€, 1. St. im Langham Hotel, 8 Peking Rd., TsimShaTsui, Tel. 23751133. Alle Feinheiten der kantonesischen Küche im Ambiente eines kaiserlichen Speiseraumes der Tang-Dynastie. Geöffnet täglich 12–15 und 18–23 Uhr.

Preiskategorien

€	Fast-Food- oder einfaches Restaurant, Hauptgericht unter 10 €
€€	Mittelklasserestaurant, Hauptgericht 10–20 €
€€€	Spitzenrestaurant, Hauptgericht ab 20 €

Gastro- und Nightlife-Areale

Bläulich hervorgehobene Bereiche in den Karten kennzeichnen Gebiete mit einem dichten Angebot an Restaurants, Bars, Klubs, Discos etc.

☒ *DimSum der etwas anderen Art*

HongKong Island

Einfach und günstig

- Selbstredend gibt es auch auf HongKong Island **Supermärkte** für Selbstverpfleger, auch die zu KowLoon genannten **Fast-Food-Ketten** bieten hier ihre bekannten Snacks an.
- Immer zu empfehlen für ein schmackhaftes und preiswertes Frühstück ist **Oliver's** mit etlichen Filialen auf der Insel. Ähnliches bietet die **Delifrance-Kette.** Beide vor allem in den großen Malls (s. S. 229) und in den MTR-Stationen zu finden.
- Echte Garküchen gibt es in Central nicht, einfache Snacks zum Mitnehmen (sogar ganz ordentliche Döner!) findet man in der **D'Aguilar St./LanKwaiFong Lane.** Diese Ecke ist allerdings mehr eine Hochburg für Kneipenbummler (s. S. 270).
- Im Herzen von KowLoon der Straßenmarkt **Jardine's Bazaar/Jardine's Crescent.** Inmitten beider Sträßchen befinden sich einige sehr preiswerte, garküchenähnliche Open-air-Restaurants mit ausliegenden Speisekarten.
- **Lin Heung Tea House** €€, 160 Wellington Road, 1. Stock, Central, Tel. 25444556, Mo.–Sa. 6–23 Uhr. DimSum, kantonesische Küche sowie Tee und Gebäck. Sehr beliebt und daher stets gut besucht.
- Wer sich in HongKong kulinarisch auf einen Macau-Trip vorbereiten möchte, kann das **Macau-Restaurant** in der 25 Lock Rd. besuchen. Das besonders bei Einheimischen beliebte, einfache Lokal bietet Snacks und Speisen im Stil der ehemaligen portugiesischen Kolonie sowie HongKonger Spezialitäten wie kantonesische Ente zu günstigen Preisen. Gleiches gilt für das sehr beliebte macanesische **Schnellrestaurant Yolanda,** das man im im ShunTak-Centre, Tel. 28571933 findet.
- Auch viele kleinere Lokale in der **Lockhart Rd.** zwischen Canal Rd. und MTR Causeway Bay haben eine Speisekarte ausliegen.

113hk Abb.: mb

Essen und Trinken – Verpflegungstipps

EXTRATIPP

Tipps für Vegetarier

Abgesehen von der vegetarischen „Hochburg" des Klosters NgongPing (LanTau, s. S. 147) empfehlen sich im Zentrum das **LokCha Teahouse** €€ (Lo Gallery, HK-Park, Tel. 28017177) für hervorragendes vegetarisches DimSum oder das **Light Vegetarian Restaurant** € (New Lucky House, 13 Jordan Rd., YauMaTei, Tel. 23842833), wo es tgl. von 11 bis 23 Uhr preiswerte vegetarische Gerichte gibt.

- Wer günstig verschiedene chinesische Küchenrichtungen unter einem Dach ausprobieren möchte, wird sich im **TaiKoo-Plaza** (MTR TaiKoo, exit D) wohlfühlen: Im 2. Obergeschoss liegt das Rondell „La Fiesta" mit etlichen Fast-Food-Ständen der chinesischen und asiatischen Küche – geradezu ideal für einen kulinarischen Streifzug. Ähnliches gilt für das zentrale **Pacific Place** (MTR Admiralty, sehr guter food-court im UG).

Tipps in der mittleren Preisklasse

Die nachfolgenden Restaurants ragen aus dem Gesamtangebot aufgrund eines besonders günstigen Preis-Leistungs-Verhältnisses oder sonstiger Spezialitäten hervor.

- **Aberdeen:** Angelehnt an die vielen Hausboote im Hafen von Aberdeen bieten auch etliche sogenannte **floating restaurants** (schwimmende Gaststätten) ihre Dienste an. Diese großen Boote liegen mitten im Hafenbecken und sind nur mit kostenlosen Fähren zu erreichen (s. S. 71). Im **Jumbo Kingdom** €€ (Tel. 25539111; tgl. 11–23.30 Uhr, So/Fe 9–23.30 Uhr) gehören flambierte Shrimps oder Haifischflossensuppe mit Hummer zu den beliebtesten Gerichten. Gehobene Preiskategorie, aber nicht überteuert.
- Als gutes indisches Lokal in **Causeway Bay** empfehlen viele Reisende **Aladin's Mess** €€, 60 Russell St., Tel. 28080250, 11.45–15 und 18–22.45 Uhr, So/Fe nur 18–22.45 Uhr. Interessant wegen seiner Set-Menüs, womit man deutlich preiswerter fährt als à la carte. Sehr gelobt wird Chicken Tikka, ein vorzügliches Hühnchengericht in feuerroter Sauce, und sogar die Samosas – bei vielen Indern Tiefkühlware – werden stets frisch zubereitet.
- Ein sehr empfehlenswertes indisches Restaurant ist das **Ashoka** €, Hoi Fu Building, 240 Shau Kei Wan Road, Sai Wan Ho, tgl. 11–15 und 18–23 Uhr; MTR SaiWanHo, Ausgang B, links gehen oder Tram. Das Restaurant liegt ein Stück außerhalb der üblichen Pfade. Es ist von Central hierher gezogen, um auch weiterhin tolle indische Gerichte (diverse Richtungen) zu moderaten Preisen anbieten zu können.
- **CheeKee WonTon Noodle Shop** €, 84 Percival, Causeway Bay (MTR Causeway Bay, Ausgang A, dann die Percifal St. hinein), Tel. 28908616. Spezialitäten dieses garküchenähnlichen Lokals sind verschiedene Suppen und sogenannte *WonTons* (Teigtaschen). Preiswert, gut und gesund, da kein MSG (Geschmacksverstärker) verwendet wird. 11–23.30 Uhr geöffnet. CheeKee hat einen langjährigen Ruf als herausragender Wonton-Suppenspezialist – Tipp!
- **DimSum Square** €, Jervois St. 88, Tel. 28518088, Mo–Fr 10–22, Sa/So 8–20 Uhr. Kleines, aber feines und selten von Touristen besuchtes DimSum-Lokal mit sehr breiter Auswahl zu sehr moderaten Preisen. MTR SheungWan (Western Market), Fußgänger-Übergang, etwa auf Höhe der Post links in die Jervois St./Ecke Hillier St.
- **Jade Garden Chinese Restaurant** €€, Causeway Bay Plaza II, 3. Stock, 463–483 Lockhart Rd., Tel. 25735339 (MTR Causeway

Bay, Ausgang B) sowie Star House, 3 Salisbury Rd., TsimShaTsui, Tel. 27306888. Kleine Kette mit kantonesischer Küche; Spezialitäten: gebratener TouFu und Ente.

- **Maxim's Palace City Hall** €€, 3/F, City Hall, 5–7 Edinburgh Place, Central, Tel. 25211303, geöffnet Mo–Sa 11–15 und 17.30–23 Uhr, So/Fe ab 9 Uhr. Hier wird DimSum frisch aus der Küche in Rollwägen herumgefahren, abgerechnet wird per Stempelkarte, MTR Central, Ausgang K, City Hall.
- **SerWongFun** €€, 30 Cochrane St., Central, Tel. 25431032, ist vermutlich der letzte wirklich günstige Anbieter von traditionellen chinesischen Gerichten auf HongKong Island. Das unscheinbare Lokal wurde nach dem Zweiten Weltkrieg eröffnet und seither als Familienbetrieb in der dritten Generation weitergeführt. Spezialitäten sind Schlangengerichte und Fischkopf im Tontopf sowie diverse Nudel- und Suppenkreationen. Auch die Gänseinnereien, Schlange oder der Tintenfisch sind delikat. Geöffnet täglich 11–22.30 Uhr.
- **TaiWoo Restaurant** €€, 192 ShauKeiWan Rd. (MTR SaiWanHo, Exit B), Tel. 25695144, nur 10–11 Uhr! Empfehlenswertes, preiswertes Meeresfrüchte-Restaurant (kantonesisch). Es sahnt regelmäßig Goldmedaillen im örtlichen „Best of the Best" Wettbewerb ab, ohne dies in unbotmäßiger Form den Preisen aufzuschlagen. Sehr attraktive Menüs für zwei (knapp 500 HK$) und vier Personen (500–900 HK$).
- **TimHoWan DimSum** €€, Shop 12A, Hong Kong Station (beim AE City-Check-In nach unten, ausgeschildert), Central, tgl. 9–21 Uhr. TimHoWan hat mehrere Filialen in HongKong, gilt als eines der preiswertesten Michelin-Sternelokale weltweit und erfreut sich einer großen Beliebtheit bei Einheimischen wie Reisenden gleichermaßen. Super Dumplings, das Prozedere (vor dem Hinsetzen Bestellung aufschreiben) ist etwas ungewöhnlich. MTR Central und AE HongKong-Station. Gut erreichbare Filiale in der West Kowloon Station.

Top-Lokale

- **Amigo** €€€, 97 WongNeiChong Rd., Happy Valley, Tel. 25772202, geöffnet täglich 12–15 und 18–24 Uhr. Bestes französisches Restaurant der Stadt bei seltsamerweiser spanischem Interieur. Spezialitäten sind Steak mit Gänselebersauce, gegrillte Ochsenzunge und ein bemerkenswert schmackhafter Borschtsch.
- **Brasserie on the Eighth** €€€ (Französisch), Hotel Conrad, 88 Queensway, Central, Tel. 28228803. Reisende loben hier vor allem die Kabeljau- und Hummergerichte. Geöffnet 12–15 und 19–23 Uhr.
- **Dot Cod Seafood Restaurant & Oyster Bar** €€€, 10 Chater Rd. (Prince's Bldg.), Central, Tel. 28106988. Englische Küche mit Meeresfrüchtespezialitäten in britisch-kolonialem Ambiente. Sehr stilvoll, eigene „Snack"-Karte für den Barbereich (Tatar oder Calamari in Bierteig, alles sehr exquisit). Tgl. 7.30–24 Uhr.
- **Grissini** €€€ (Italienisch), 1 Harbour Rd. (Grand Hyatt Hotel), WanChai, Tel. 25847722, geöffnet täglich 12–14.30 und 19–22.30 Uhr. Bester Italiener HongKongs mit formidabler Weinkollektion.
- Heimatliche Gefühle weckt das **King Ludwig** €€ im Murray House, Stanley (7 Carmel Rd., Tel. 28990122) mit Würstl und Kraut, Haxe, Brezeln und Weißbier. Filiale im Herzen KowLoons in der 32 Salisbury Rd., TsimShaTsui (Tel. 23698328), jeweils täglich 12 bis 1 Uhr geöffnet. Weitere Filialen gibt es im Shop 2, 2/F, Wu Chung House, 213 Queens Road East, Wan Chai, im Hung Shui Kiu, Yuen Long, oder im Shop A & C, Greenfield Mansion, 8 Kingston Street, Causeway Bay.

- **Nadaman** €€€ (Japanisch), Island Shangri La Hotel, Supreme Court Rd., Central, Tel. 28773838. Hübscheres Interieur als die Filiale in KowLoon, ebenfalls sehr teuer. Teppanyaki und Sushi-Spezialitäten. Mo.-Sa. 11.30-15 u. 18-23 Uhr.

New Territories

Es hat wenig Sinn, nur wegen des Essens in die New Territories zu fahren, wenn eine viel breitere Auswahl im Zentrum liegt. Einige Perlen sind freilich erwähnenswert und, wenn man in der Nähe ist, durchaus für eine Mahlzeit in Erwägung zu ziehen.

- Ein Tipp für authentisches und gleichzeitig modernes, aber nicht überteuertes DimSum: **TaoHeung DimSum Restaurant** €€, Tel. 24331103, im Untergeschoss des Maritime Square (MTR TsingYi), geöffnet täglich von 7 bis 12 Uhr.
- **YuenYuen** €, YuenYuen Institute, TsuenWan, Tel. 24909882. Das vegetarische Restaurant dieses Tempels (s. S. 100) ist bei Einheimischen sehr beliebt und nicht nur qualitativ und preislich, sondern auch aufgrund der wesentlich angenehmeren Atmosphäre dem Massenbetrieb des PoLin-Klosters auf LanTau vorzuziehen.
- Auch **Fast Food** wird in den New Territories reichlich geboten: alle größeren MTR-Stationen sind meist in eine Shopping-Mall (Einkaufszentrum) integriert, in der zumindest eine Fast-Food-Filiale zu finden ist.

SaiKung

- Auch wenn SaiKung viele Meeresfrüchte bietet, sei doch besonders auf das **Village Malaysian and Indonesian Curry-House** €€ an der PoTung Rd. (Tel. 27912525) hingewiesen, das leckere **indische Küche** zu erschwinglichen Preisen brutzelt, geöffnet tgl. 11-23 Uhr, Mo-Do 15-17.30 Pause.
- Bei der SaiKung-Post bieten westliche Ketten (Starbucks, Mc Donald's) ihre bekannten Standardprogramme, netter kehrt man auf einen Drink oder britisch-westliche Kleinigkeiten im **Steamers** € (YiChun St., Tel. 27926991, geöffnet tgl. 9-1 Uhr) ein. Als beinahe authentischer englischer Pub bietet sich das **Duke of York** €€ (42 ChanMan Rd., Tel. 27916255, tgl. 12-24 Uhr) an.
- Von den zahllosen **Seafood-Restaurants** in SaiKung sei besonders auf die sehr ordentlichen und dabei nicht überteuerten **SaiHing Seafood-Restaurant** €€ (Shop 1-4, G/F, Siu Yat Building, Sai Kung Hui Pong Square, Tel. 27921348) und **Dragon Boat** €€ (94 ManNin St., Tel. 27922319) hingewiesen, wobei das Dragon Boat auch über ein breites Angebot für Nicht-Fischesser verfügt.

Essenszonen

So wie sich in TsimShaTsui zahllose Souvenirshops frei nach dem Motto „was der Nachbar anbietet, biete ich auch an" aneinanderreihen, haben sich – allerdings nicht unbedingt in leicht erreichbarer erster Reihe – zahlreiche Gegenden in HongKong entwickelt, die eine erhebliche **Häufung von Minilokalen und Essständen, aber auch Spezialitätenlokalen** aufweisen, die vornehmlich von Einheimischen frequentiert werden. Gegessen wird drinnen, teilweise auch an Tischen vor den Lokalen oder aber einfach als Snack auf die Hand.

- **KowLoon City:** Das einstige Industriegebiet an der „Basis" des ehemaligen Stadtflughafens KaiTak wurde zu einem Wohngebiet umgestaltet, in dessen Nebenstraßen an der Prince Edward Road zahllose Cafés und Mini-Restaurants kantonesische Küche anbie-

ten. Sie werden vor allem von vielen Einheimischen frequentiert. Hier sind vor allem die Nga Tsin Long Road, Nam Kwok Road, Lung Kong Road, Prince Edward Road, Kai Tak Road und Fuk Lo Tsun Road zu nennen.

Anfahrt: MTR LokFu, ab dort 5 Minuten per Taxi oder gut 15 Minuten zu Fuß nach KowLoon City. Man kann auch (Ausgang A) zunächst die KowLoon Walled City besuchen (s. Sehenswürdigkeiten New KowLoon, S. 96) und anschließend die Essenszone aufsuchen.

› **LeiYueMun:** Ein Stück weiter östlich liegt die Fischersiedlung LeiYueMun. Unmittelbar am Ufer findet der hungrige Besucher unzählige kleine Fisch- und Meeresfrüchtelokale. Der frische Fang wird in Wassertanks lebend aufbewahrt und nach Wunsch der Gäste entsprechend zubereitet.

Anfahrt: MTR YauTung, dort 5 Minuten per Taxi bis LeiYueMun. LeiYueMun wird oft auch als organisierte Bootstour mit Besuch im Fischlokal angeboten (s. „Ausflüge und organisierte Touren", S. 221).

› **Knutsford Terrace:** Im Herzen von TsimShaTsui liegen in erhöhter Lage rund drei Dutzend Bars und Familienlokale, die Spezialitäten aus aller Welt anbieten. Sie werden von Reisenden und Einheimischen gleichermaßen besucht.

Anfahrt: MTR TsimShaTsui B1, dann von der Nathan Road in die Kimberley Road, dort links hinauf zur Knutsford Terrace.

› **Hillwood Soho:** Nicht zu verwechseln mit dem Barbezirk Soho auf auf HongKong Island ist die Lokalmeile der Hillwood Road am Nordrand von Downtown-TsimShaTsui. Chinesische, asiatische und europäische Snacklokale reihen sich hier aneinander.

Anfahrt: MTR Jordan D, links 150 m bis zur Hillwood Road linker Hand.

› **Ashley Road:** Ein ähnliches Sammelsurium von Gastronomiebetrieben mit chinesischer, asiatischer und europäischer Küche findet man im Herzen TsimShaTsuis in der Ashley Road. Der Vorteil hier sind die besonders langen Öffnungszeiten. Die Ashley Road wird auch von Touristen stark frequentiert.

Anfahrt: MTR TsimShaTsui C1, von der Peking Road 200 m bis zur Ashley Road rechter Hand.

Frittierte Leckereien gehören zu vielen chinesischen Gerichten

Feste und Feiertage

Wie überall im chinesischen Kulturkreis wird auch in HongKong der Kalender unserer Zeitrechnung verwendet, viele Feste und Feiertage richten sich aber, auch in Macau, nach dem traditionellen **Mondjahr** und liegen daher terminlich nicht fest. Ein Mondmonat hat 28 Tage, alle 30 Monate wird zum Ausgleich ein Schaltmonat hinzugefügt.

Bewegliche Feiertage

Neujahrstag

Das traditionellste und kulturell bedeutsamste Fest ist das chinesische Neujahr *(ChünJie)*, welches sich nach dem Mondkalender berechnet **(erster Tag des ersten Mondes)** und in die Zeit von Mitte Januar bis Ende Februar fällt. Die Feierlichkeiten dauern etwa drei Tage und sind von Knallkörpern, vielen neuen Vorsätzen, Symbolen, Verzierungen an den Häusern und Verwandtenbesuchen gekennzeichnet. Während dieser Tage geht „gar nichts", die Arbeit ruht, Hotels sind ausgebucht, und der öffentliche Transport ist mehr als überfüllt. Mit dem ersten Tag des neuen Mondjahres wechselt auch das Tierkreiszeichen (siehe zum Chinesischen Kalender S. 34).

Laternenfest

Zum Laternenfest *(YuanXiaoJie)*: Zwei Wochen nach dem chinesischen Neujahr, am **15. Tag des ersten Mondes**, ziehen die Menschen mit selbstgebastelten, kunstvollen Lampions zu den Tempeln, um den Geistern den Weg zu weisen. Ganz besonders bedeutend sind die Tempel von LuErMen, YenShui und PeiKang, wo viele tausend Teilnehmer und Besucher unter dem ohrenbetäubenden Lärm von Feuerwerkskörpern den Prozessionen beiwohnen.

Ahnengedenktag

Zum Ahnengedenktag *(QingMing-Jie)* **Anfang April** ziehen die Familien mit Picknickkörben und Gartengerät zu den Grabstätten ihrer Vorfahren, um die Gräber zu reinigen und wieder für ein weiteres Jahr ansehnlich zu gestalten. Nach getaner Arbeit wird mit einer mitgebrachten Vesper der Tag vor Ort beschlossen. Die chinesischen Friedhöfe unterscheiden sich stark von christlichen Begräbnisstätten. Das Grab wird überwiegend als farbig gekachelte, halbkreisförmige Mauer errichtet, die Daten des Verstorbenen werden ins Zentrum eingeschliffen und ein Bild oder ergänzende Texte beigefügt. Blumen sind sehr selten, die gesamte Fläche ist mit Ziegeln oder Kacheln versiegelt, zwischen den einzelnen, nicht geordneten Gräbern wächst wildes Gras. Je nach Vermögen der Familie und Ansehen des Verstorbenen ähneln die Gräber manchmal kleinen Tempeln.

Ostern

Das christliche Osterfest, in HongKong ebenso Feiertag wie bei uns, berechnet sich nach dem Mond und liegt zeitgleich mit den europäischen Feiertagen.

Geburtstag der Göttin TinHau

Eine der wichtigsten Schutzgottheiten überall an den chinesischen Küstenregionen ist die taoistisch-schamanistische Göttin MaZi *(MaTzu)*, die auf Kantonesisch TinHau (Mandarin: *TienHou*) heißt. Sie wacht über das Heil der Fischer und Seefahrer, jeder Küstenort beherbergt mindestens einen Schrein oder Tempel (siehe „Tempel" im Register). Ihr Geburtstag wird am **23. Tag des dritten Mondmonats** (April) begangen.

Drachenbootfest

Auch das Drachenbootfest *(DuanWu-Jie)* am **fünften Tag des fünften Mondes** (Juni) geht auf eine Geschichte zurück: *ChüYuan,* ein Politiker des chinesischen Altertums, ertränkte sich in einem Fluss, um gegen die Willkürherrschaft der Regierenden zu protestieren. Die Bewohner der umliegenden Orte wollten ihn finden und fuhren mit allen zur Verfügung stehenden Booten in rasender Eile den Fluss entlang, ohne Erfolg allerdings.

Auf diesem Ereignis basieren die an diesem Tag abgehaltenen **Drachenbootrennen.** Heute werden die mit farbenfroh verzierten Booten ausgetragenen Rennen von Aberdeen, YauMaTei, Stanley, CheungChau und LanTao im Fernsehen übertragen und haben ähnlich sportlichen Charakter wie das alljährlich ausgetragene Rennen zwischen den Teams von Oxford und Cambridge.

Geistermonat (GuiYue)

Während des **siebenten Mondmonats** (Juli, August) kommen die Geister aus der Unterwelt und wandeln einen Monat lang auf der Erde umher. In dieser Zeit vermeidet der Chinese das Reisen, Heiraten, den Abschluss größerer Geschäfte oder auch nur das Schwimmen, da die umherirrenden Geister nahezu alles negativ beeinflussen. Am ersten Tag finden zahlreiche rituelle Prozessionen und Geldverbrennungen (symbolisches Papiergeld) statt, um die Geister zu besänftigen, teilweise sollen die Geister der Unterwelt auch durch lautes Feuerwerk am

Smoker's Guide

China gilt zwar als eines der Länder mit dem höchsten Tabakkonsum weltweit, HongKong passt allerdings schon lange nicht mehr in diese Pauschalisierung hinein.

2008 wurde eine allgemeine **Sauberkeitskampagne** initiiert, wozu nicht nur das **Essverbot** in öffentlichen Verkehrsmitteln (hohe Strafen!), sondern insbesondere auch das Rauchen zahlreichen Restriktionen zum Opfer fiel.

Auch geringfügige Verstöße gegen das Rauchverbot werden rigoros mit nicht verhandelbaren **1500 HK$ Bußgeld** geahndet. Das Ergebnis ist allerdings eine überraschend saubere Millionenstadt.

- **Verboten** ist das Rauchen am Flughafen (winzige Smoker-Lounge), in allen öffentlichen Gebäuden, Verkehrsmitteln, Haltestellen (Bus, Tram, Star Ferry, MTR usw.), aber auch auf Plätzen im Freien, die von öffentlichem Interesse sind wie Strände, Schwimmbäder, Wetland-Park, Mid-Level Escalators (Rolltreppe) u. a. Auch Restaurants zählen zu den Räumen mit Öffentlichkeitscharakter, ebenso unterliegen Karaoke-Bars und Pubs oder Kneipen obiger Grundregel.
- **Erlaubt** ist das Rauchen somit nur im Freien, wo es keine Verbotsschilder gibt, sowie im Privatbereich, wozu auch das angemietete Hotelzimmer (nicht die öffentlichen Gänge, Lobby usw.) gehören kann. Bei vielen Hotels empfiehlt sich allerdings die Reservierung eines „Smoker-Room", vielfach ist das Rauchen auf dem Zimmer grundsätzlich nur auf speziell dafür vorgesehenen Etagen gestattet.

064hk Abb.: wl

KURZ & KNAPP

Demonstrationen auf dem Platz des himmlischen Friedens

Ein wichtiges Großereignis sind die alljährlichen – geduldeten – **Gedenkdemonstrationen** am 4. Juni, die an die blutige Niederschlagung der studentischen Demonstrationen auf dem Platz des himmlischen Friedens in Peking von 1989 erinnern. Zum 10-jährigen „Jubiläum" demonstrierten im Victoria Park (HongKong Island) rund 70.000 Menschen – HongKong ist damit die einzige Stadt Chinas, wo derart systemkritische Kundgebungen – noch – möglich sind.

Aufstieg auf die Erde gehindert werden. Ähnliches wiederholt sich am 15. Tag des siebenten Mondmonats. Während dieser Zeit reisen Chinesen recht ungern, sodass meist keine Transport- oder Unterkunftsengpässe für den westlichen Besucher auftreten.

Tag der Verliebten

Mitten im Geistermonat, am **siebenten Tag des siebenten Monats,** wird in China der Tag der Verliebten *(QingRenJie),* vergleichbar mit dem Valentinstag, begangen. Man schenkt sich Karten und kleine Aufmerksamkeiten, bei Einbruch der Dunkelheit sind die Parks voll mit eng umschlungenen Pärchen.

Herbstfest, Mondfest

Am **15. Tag des achten Mondes** (etwa Mitte September) wird das Herbstfest *(ZhongQiuJie)* oder Mondfest *(YueJie)* gefeiert. Zu diesem Anlass backen die Bäckereien die typischen, nur zu dieser Zeit erhältlichen Mondkuchen, eine Art kleine, zuckersüße, dunkle Pastete. Das Fest ist traditionell sehr romantisch, da zwischen den Geschlechtern „Bande geknüpft" werden sollen. Dies basiert auf einer Legende, in der der Schütze *HouYi* neun der zehn die Erde verbrennenden Sonnen abschoss und zum Dank dafür ein Mittel der Unsterblichkeit erhielt, welches ihm aber von seiner Frau gestohlen wurde. Dem alten „Mann im Mond" missfiel die mangelnde Aufrichtigkeit zwischen den Ehepartnern, und seitdem knüpft er „unsichtbare Fäden der Aufrichtigkeit" zwischen Männern und Frauen.

ChungYeung-Festival

Dem Anfang/Mitte Oktober Fest stattfindenden Fest liegt eine Legende der Han-Dynastie (202 v. Chr.–220 n. Chr.) zugrunde: Ein Schamane riet einem Fischer, sich und seine Familie am neunten Tag des neunten Mondes auf höher gelegenes Gelände zu bringen. Der Mann tat, wie ihm geraten worden war und stieg mit Frau und Kindern auf einen nahe gelegenen Berg. Als die Familie am Abend ins Dorf zurückkehrte, stellte sie entsetzt fest, dass alle Dorfbewohner von bösen Geistern entführt worden waren, nach anderer Darstellung waren sie ermordet worden. Deshalb besuchen Familien während des ChungYeung-Festivals zunächst die Friedhöfe und huldigen den Ahnen (ähnlich wie beim Ahnengedenktag QingMingJie, s. S. 248). Dann wandern sie symbolisch zum höchsten Punkt des Ortes oder treffen sich zu einem Picknick unter freiem Himmel. Der zu diesem Anlass eigens gebackene Kuchen Kao (bzw. Gao für „hoch") ist eine Art Glückskuchen, dessen Verzehr die nächste berufliche Beförderung begünstigen soll.

◁ *Feuerwerk im Victoria Harbour zum Neujahrsfest*

Chinesische Feiertage nach dem Mondkalender

Fest	2019	2020
Chinesisches Neujahr	5.2.	25.1.
Laternenfest	19.2.	8.2.
Drachenbootfest	7.6.	25.6.
Herbstfest, Mondfest	13.9.	1.10.
QingMing	3.4.	4.4.
Buddhas Geburtstag	12.5.	30.4.
Geburtstag der Göttin TinHau	27.4.	15.4.
ChungYeung-Festival	7.10.	26.10.
Bun Festival (CheungChau)	9.5.	30.4.

Festliegende Feiertage

Geburtstag des Konfuzius

In China ist der Respekt vor dem Wissen und der Person des Lehrers eine der bedeutenden konfuzianischen Traditionen. So wird der Geburtstag des *Konfuzius* (**28. September**) als „Tag der Lehrer" gefeiert, an dem die Schüler den Lehrern als Dank für die Ausbildung und Wissensvermittlung kleine Präsente überreichen. Im Konfuziustempel in Causeway Bay/HongKong, der nur an diesem einen Tag zum Leben erwacht, finden farbenfrohe und prunkvolle Umzüge statt.

Geburtstag des TamKung (3. Mai)

„Karneval" mit Umzügen im Distrikt ShauKeiWan.

Staatliche Feiertage

Zu den weiteren gesetzlichen Feiertagen, die entweder nach dem westlichen Kalender auf fixe Daten fallen oder

Gesundheit und Hygiene

Zur Einreise nach HongKong sind keinerlei **Impfungen** vorgeschrieben, zu empfehlen sind Tetanus-, Diphtherie- und Hepatitis-Schutzimpfungen.

Der **Gesundheits- und Hygienestandard** in HongKong ist ausgesprochen hoch, was sich durch den zunehmenden Wohlstand und die Schwerpunktverlagerung vom Produktions- auf den Dienstleistungsbereich erklärt. Auch das Leitungswasser ist völlig in Ordnung, sollte aber dennoch sicherheitshalber nur abgekocht getrunken werden. Speisen und Getränke von Garküchen und Straßenständen können ebenfalls gefahrlos genossen werden, gleiches gilt für Obst oder Gemüse von den Märkten.

Die sogenannte **Vogelgrippe** „importierte" HongKong aus China. Man bekam das Problem zwar durch radikale Zwangsschlachtungen vorübergehend in den Griff, sie tritt jedoch in der Volksrepublik immer wieder einmal auf.

065hk Abb.: wl

Unangenehm können in den heißen Monaten die **Stechmücken** werden, und auch wenn HongKong kein Malariagebiet ist, empfiehlt sich die Mitnahme von Mückenschutzmitteln.

Wer ernsthaft erkrankt, ist in den Hospitälern der Stadt gut aufgehoben., es empfiehlt sich eine Auslandskrankenversicherung (s. S. 293), da alle Leistungen vor Ort in bar zu entrichten sind. Die öffentlichen Spitäler sind deutlich günstiger als Privatkliniken, doch ehe man im Krankheitsfall ein Krankenhaus aufsucht, sollte man entweder mit dem Hotelarzt (in den meisten großen Hotels vorhanden) oder mit der **kostenlosen ambulanten Krankenbehandlung** des St. John's Hospital (Tel. HK-Island 25766555, KowLoon 27135555, New Territories und Inseln 26392555) Kontakt aufnehmen.

Die für Reisende aus dem deutschsprachigen Raum „eierlegende Wollmilchsau" ist derzeit wohl **Dr. ToDinhBau** (B & L Medcon, 7/F Bangkok Bank Bldg., Central, MTR Central Ausg. C, Tel. 28689009, Notruf 69780895), der in Heidelberg studierte und diverse medizinische Bereiche abdeckt.

Ein **Verzeichnis, in dem deutschsprachige Ärzte aufgelistet werden,** findet man auf der Website der deutschen Botschaft.

◁ Während Unterkünfte über westliche WCs verfügen, wird in öffentlichen Anlagen oft die Hocktoilette bevorzugt

Öffentliche Krankenhäuser

- **Queen Mary Hospital,** PokFuLam Rd., HK-Island, Tel. 22553838
- **Queen Elizabeth Hospital,** Wylie Rd., YauMaTei, KowLoon, Tel. 29588888
- **Princess Margaret Hospital LaiChiKok,** New KowLoon, Tel. 7411185
- **Prince of Wales Hospital,** 30 NganShing St., ShaTin, New Territories, Tel. 26322211

Gute Privatkliniken

- **HongKong Central Hospital,** 1 B Lower Albert Rd., Central, Tel. 25223141
- **St. Paul's Hospital,** 2 Eastern Hospital Rd., Causeway Bay, Tel. 28906008

Informationsquellen

Informationsstellen

Offizielles Fremdenverkehrsamt

HongKong Tourism Board (HKTB), www.discoverhongkong.com, ist vor Ort mit vier Büros vertreten, die 8–18 Uhr geöffnet sind. Von 9 bis 18 Uhr gibt es unter Tel. 00852 25081234 eine mehrsprachige **Informations-Hotline.**

Die Büros sind nützlich bei Fragen aller Art, auch als Buchungsbüro für Stadtrundfahrten. Neben kostenlosen Prospekten und einfachen Stadtplänen werden SIM-Karten und Souvenirs verkauft. Ein Touchscreen mit Zugang zur Website steht bei allen Büros (außer Fährterminal) 24-Std. zur Verfügung.

- **HongKong International Airport Visitor Centre,** Buffer Halls A and B, Arrivals Level, Terminal 1, tgl. 8–21 Uhr
- **LoWu Information Centre, LoWu Bahnhof,** Grenze zu Shenzhen, tgl. 8–18 Uhr
- **KowLoon Visitor Centre, Star Ferry** (am Zugang), TsimShaTsui, tgl. 8–20 Uhr
- **HongKong Island Visitor Centre, The** Peak Piazza (zwischen The Peak Tower and The Peak Galleria), tgl. 11–20 Uhr

Büro des **HongKong Tourism Board** für den deutschsprachigen Raum:

- Dreieichstr. 59, D 60594 Frankfurt am Main, Tel. (069) 9591290, www.discoverhongkong.com

Wirtschafts- und Kulturinstitute

- **HongKong Trade Development Council,** 38. St., Convention Plaza, 1 Harbour Rd., WanChai, Tel. 25844333, www.hktdc.com. In Deutschland: Kreuzerhohl 5–7, 60439 Frankfurt am Main, Tel. 069 957720.
- **HongKong General Chamber of Commerce,** 22 St., 95 Queensway, Central, Tel. 25299229, www.chamber.org.hk (wie das GenCon)
- **Goethe-Institut HongKong,** 14. St., HongKong Arts Centre, 2 Harbour Rd., WanChai, Tel. 28020088, https://www.goethe.de/ins/cn/de/sta/hon.html

Polizei und Einwanderung

- **Immigration Department,** 2. St., 95 Queensway, HongKong, Tel. 25299229, 9–13 und 14–17 Uhr, Sa. nur vormittags
- **Central Police Station,** 3 Arsenal Street, WanChai, Tel. 28607805 sowie für KowLoon in der 213 Nathan Rd., Tel. 27317218, **Notruf 999,** Webseite der HongKonger Polizei www.police.gov.hk.

Weitere Informationszentren

Wer in HongKong studieren möchte, erhält über folgende Organisationen allgemeine **studentische Informationen** und Beratung bei Studienproblemen:

- **HongKong Student Aid Society,** 485 KwunTong Rd., KowLoon, Tel. 23416249, www.hksas.org.hk

Reiseinformationen via Internet

Im Zeitalter der weltweiten Vernetzung findet der Reiselustige auch im Internet ein recht umfassendes Angebot an Informationen aller Art zu Billigflügen, kompletten Reisearrangements, Reportagen und Berichten über das Zielland, Last-minute-Offerten und, und, und ...

› 2015 startete mit der **Hong Kong Free Press** (www.hongkongfp.com) ein durchaus kritisches Journalistenteam seine unabhängige Berichterstattung.
› **www.gov.hk/en** wendet sich an alle, die etwas länger vor Ort bleiben wollen. Informationen zu Investment, Steuern, Bildung und vielen anderen Themen des Alltags.
› Die offizielle Seite (englisch) des **HongKong Tourism Board** findet man unter www.discoverhongkong.com, mit zahlreichen Veranstaltungshinweisen, Pauschalreisetipps, virtuellen Touren und vielem mehr – sehr informativ für den Einstieg und die Reisevorbereitung.
› Die Website der renommierten lokalen Tageszeitung **South China Morning Post** stellt aktuelle lokalpolitische und kulturelle Infos zur Verfügung: **www.scmp.com.**
› Wichtig für Unterkunftssuchende dürfte die Seite **http://chinatour.net** sein, wo sehr gute Schnäppchen zu machen sind!
› Spezielle Internetcafés findet man in HongKong sehr selten. Für den **Mailabruf/Internetzugang vor Ort** scheint derzeit die Kette Pacific Coffee Company die optimale zu sein: sie verfügt über etliche Filialen mit einem oder mehreren Terminals. Für den Zugriff wird lediglich erwünscht, dass man eine Tasse Kaffee bestellt. Günstig gelegene Cafés findet man in Admiralty (Queensway Plaza), Causeway Bay (Times Square L2), Central (IFC / X2, Bank of America, Citibank Plaza), Peak, ShunTak Centre (Macau Ferry Pier), KowLoon Tong (Festival Walk), Lantau (Discovery Bay), Quarry Bay (Dorset House, Devon House), Taikoo Shing und Wan Chai (nahe der Fähre).

Apps

› Für Tablet- und Smartphone-Nutzer sind diverse nützliche Downloads erhältlich. Von den kostenlosen Anwendungen (im iTunes-Store zur Suche „HongKong“ eingeben) sei an dieser Stelle besonders auf „HK Tram HD“, einen ordentlich aufgebauten Miniführer entlang der Tram auf HongKong Island, und „SCMP“, eine News-Zusammenstellung der oben genannten lokalen Tageszeitung, hingewiesen.
› Die Regierung stellt unter www.gov.hk/en/about/govdirectory/mobileapps.htm eine ganze Reihe interessanter Apps zu Spaziergängen, Events, Geschichte, Parks u. v. m. zur Verfügung.
› Die Tourismusbehörde bietet mit der DiscoverHK-Reihe (www.discoverhongkong.com/eng/plan-your-trip/travel-kit/mobile-apps.jsp) gleich mehrere umfangreiche Apps. Transport, Unterkunft, WLAN-Finder, vorgefertigte Rundgänge im Zentrum oder auf den Inseln, für alles gibt es rund 20 kostenlose, kleine Apps – wer mit einem GPS-fähigen Mobiltelefon unterwegs ist, kann sich per App sogar zur nächsten öffentlichen Toilette führen lassen.

Sicherheit

Grundsätzlich ist HongKong sehr sicher, da die Chinesen sehr gastfreundlich sind und gegenüber Ausländern nicht ihr Gesicht verlieren wollen. Aktuelle Reisehinweise und Hinweise zur Sicherheitslage erteilen:

› **Deutschland:** www.auswaertiges-amt.de (Länder- und Reiseinformationen), Tel. 030-5000-0

- Österreich: **www.bmaa.gv.at** (Bürgerservice), Tel. 05-01150-4411
- Schweiz: **www.eda.admin.ch** (Reisehinweise), Tel. 031-3238484

Kinder auf der Reise

Lange Zeit galt HongKong als reines Einkaufsparadies, in dem sich Kinder während ausgedehnter Einkaufsbummel eher langweilten. Die ehemalige Kronkolonie bemüht sich seit längerem, von diesem Image loszukommen, und stellt sich vermehrt als kinderfreundlich dar. In der Tat bietet HongKong nicht nur mit vielen hochinteressanten Museen zum Anfassen oder den zahlreichen gigantischen Vergnügungsparks (z. B. Ocean-Park, Disneyland) gerade den jüngeren Besuchern unvergessliche Spiel- und Freizeitmöglichkeiten. Allein die Fahrten durch die Stadt mit der klassischen Tram (Straßenbahn) oder der Star Ferry sind ein bleibendes Erlebnis. Familienfreundliche Pauschalarrangements, Kinderbetreuungsmöglichkeiten in größeren Hotels und vor allem die generelle Kinderfreundlichkeit der Chinesen machen HongKong zunehmend zu einem empfehlenswerten Städteziel für Familienreisen in Fernost. Hinzu kommt der hohe Hygiene- und Versorgungsstandard, sodass etwaige Befürchtungen über Erkrankungen oder nicht erhältliche Kindernahrung unbegründet sind.

Kosten

Die Tatsache, dass das **Pro-Kopf-Einkommen** in HongKong längst das **westeuropäische Niveau** erreicht hat, schlägt sich auch auf die Reisekosten nieder. HongKong liegt im jährlich erscheinenden Ranking der teuersten Städte der Welt des britischen „The Economist" seit Jahren unter den Top Five, betrachtet man nur die Kosten für „Expats", dann 2018 sogar auf Platz 1 (www.ingenieur.de)!

Der größte Brocken (vom Flugpreis abgesehen) ist die Unterkunft, Verpflegung und öffentliche Verkehrsmittel sind dagegen preiswert. Der alleinreisende Tourist muss – bei einfachster Übernachtung in Schlafsälen und einfacher Verpflegung – mit mind. 700 HK$ pro Tag rechnen. Zu zweit und bei Übernachtung im einfachen Doppelzimmer sind rund 500 HK$ pro Person anzusetzen. Wer will, kann aber durchaus auch 5000 € und mehr pro Tag in HongKong lassen.

114hk Abb.: mb

Viele Museen sind besonders für jüngere Besucher sehr attraktiv gestaltet

HongKong preiswert

Wer mit schmaler Brieftasche nach HongKong reist, braucht dennoch auf eine Vielzahl von Vergnügungen keineswegs zu verzichten. Phänomenal und kostenlos ist die allabendliche ***Symphony-of-Lights-Lasershow*** *an der Promenade* *(s. S. 84)**.*

Hafenrundfahrten kann man buchen - aber auch für umgerechnet 30 Cent bei einer ***Fahrt mit der Star Ferry*** *(s. S. 286)* *in ähnlich aufregender, zudem richtig klassischer Form erleben. Ähnlich kann man zum gleichen Preis stundenlang mit der* ***alten Tram*** *(s. S. 288)* *auf HongKong Island von Ost nach West bzw. umgekehrt durch die Hauptverkehrsadern auf HongKong Island zuckeln und dabei unvergessliche Eindrücke sammeln.*

Wer sich mehr ins kulturelle Leben der Großstadt stürzen möchte, sollte sich eines der großen ***städtischen Museen*** *ansehen, da die meisten von ihnen kostenlosen Eintritt bieten. Eine weitere Möglichkeit zum Sparen bietet sich durch den Ausdruck von Gutscheinen auf der HKTB-Webseite (Suchbegriff: Coupon).*

Bei bestimmten Unterkünften, Veranstaltungsorten, Museen, Tourveranstaltern etc. kann man Rabatt bekommen, wenn man einen internationalen Studentenausweises (ISIC) besitzt (www.isic.de).

Themenparks, Restaurants und Kaufhäuser werben durch Flyer, in Prospekten oder Tageszeiten oft mit Preisnachlässen.

Maße und Gewichte

In HongKong wird wie in der Volksrepublik China das **internationale metrische System** bei allen Maß- und Gewichtseinheiten verwendet.

Auf einigen Straßenmärkten, in alten chinesischen Geschäften (Gewürz- und Medizinläden) sowie in Juwelierläden werden **alte chinesische Gewichtseinheiten** verwendet. Gold wird in **Tael** (37,5 g), Gewürze und Medikamente in **Loong** (ebenfalls 37,5 g), Obst und Gemüse schließlich in **Jin** (600 g) abgewogen.

Die Angabe von **Etagen** erfolgt meist nach der englischen Zählweise (ground floor = EG, 1st floor = 1. Stock usw.).

Medien

Zeitungen

Eine der Hauptveränderungen, die HongKong nach der Rückgabe an China am 1.7.1997 traf, war die Einschränkung der bis dahin geltenden **Pressefreiheit.** Tatsächlich gibt es zwar in HongHong keine offizielle Nachrichtenagentur, welche den einzelnen Zeitungen die zu berichtenden Meldungen vorschreiben würde. Vielmehr konnte man schon lange vor dem eigentlichen Übergabetermin beobachten, wie sich die einzelnen Zeitungen eine freiwillige Zurückhaltung auferlegten. Dies weniger, weil sie etwa mit der Pekinger Politik im Einklang standen, sondern aus dem ganz banalen Kalkül heraus, dass sie als Zeitung wirtschaftlich überleben und Peking gar nicht erst herausfordern wollten. Politische Karikaturen und Kritik an der Zentralregierung oder der KPC sind heute jedenfalls aus dem Blätterwald verschwunden. Ob dies ein vorübergehender Zustand ist oder ob sich die HongKonger Presse jenem Medieneintopf der Volksrepublik annähert – oder umgekehrt –, muss die Zukunft erst noch zeigen. Die mittlerweile verwurzelten Freiheiten HongKongs lassen sich nicht mehr umkehren, auch wenn die politische Opposition nun nicht mehr primär die lokalen, sondern vermehrt ausländische Medien als Sprachrohr wählt (wie *Martin Lee,* ehemaliger Führer der peking-kritischen Democratic Party das *Wall Street Journal).*

Die für den Touristen wichtigsten **englischsprachigen Tageszeitungen,** die über Weltgeschehen, Lokales, TV-Programme und Wetter informieren, sind die *South China Morning Post* und *HongKong i-mail,* ehemalig *HK-Standard.* Hinzu kommen verschiedene internationale Zeitungen wie die *International Herald Tribune* oder *das Asian Wall Street Journal.* Zu den bekanntesten **Wochenzeitschriften,** die in HongKong erhältlich sind, zählen *Asiaweek, Newsweek, Far Eastern Economic Review* sowie das 14-tägig erscheinende kostenlose *HongKong Magazine* mit etlichen Hinweisen zu kulturellen Veranstaltungen, Konzerten, Shows, Sport usw. Insgesamt werden in HongKong rund 30 Tageszeitungen und über 250 Periodika verlegt.

Fernsehen

HongKong war bislang das größte Informationszentrum Ostasiens, damit einher gingen natürlich auch erhebliche wirtschaftliche Interessen – und diese zu gefährden liegt Peking fern. Pikanterweise wurde nämlich im April 1990 mit einer „rotchinesischen“ Rakete der erste asiatische TV-Satellit „ASIASAT 1“ im Auftrag der Hutchison Whampoa Group HongKong ins All geschossen. Als **STAR TV** sendet HongKong auf fünf Kanälen *(BBC, Sports, Star Plus, NTV, Chinese)* non stop in alle Teile Asiens mit potentiell 3 Milliarden Zuschauern, und natürlich können auch die HongKonger *Star TV* empfangen. Sind die Medien auf dem *Chinese-Kanal* schon immer vorsichtig im Umgang mit Peking gewesen, verschiebt sich der Blickwinkel seit 1997 mit der Rückgabe HongKongs an China noch deutlicher. Sollte *Star TV* jedoch ein „Sprachrohr“ Pekings werden, könnten etliche Medienkonzerne ihre Investitionen zurückziehen.

Gleiches gilt für den japanischen Sender **NHK,** der auf einem englisch- und einem japanischsprachigem Kanal über einen eigenen Satelliten kommerziell sendet. Die Durchdringung des HongKong-Marktes ist für die japanischen Betreiber von *NHK* natürlich wichtig, sodass eine offizielle Zensur auch aus internationalen Gründen nicht durchsetzbar wäre.

Die über normale Hausantenne zu empfangenden englischsprachigen Programme der lokalen **RTHK (Radio Television HongKong)** *ATV World* und *TVB Pearl* werden von chinesischsprachigen (kantonesischen) Sendern *(ATV Home, TVB Jade)* sowie den via Satellit oder über Kabel zu empfangenden englischsprachigen Sendern *Star TV, HBO* und etlichen anderen ergänzt. Pro Haushalt stehen in HongKong 1,5 TV-Empfänger, und es gibt kaum Hotelzimmer ohne Fernsehgerät (gilt auch für Billigunterkünfte). Auch in Jugendherbergen gibt es zumindest einen Gemeinschafts-Fernsehraum.

Radio

RTHK sendet sieben Hörfunkprogramme, von denen das englischsprachige *Radio 3* (1584 KHz, 97,9 MHz) mit sehr guten Programmen zu Wirtschaft, Politik und Alltag das für den Kurzzeitbesucher wichtigste sein dürfte.

Notfälle

Notruf

Für Notfälle ist die **zentrale Notrufnummer 999** (Polizei, Feuerwehr, Krankenwagen) gedacht.

Verlust von Geldkarten

Bei **Verlust der Debit-/Giro-, Kredit-** oder **SIM-Karte** gibt es für Kartensperrungen eine **deutsche Zentralnummer** (unbedingt vor der Reise klären, ob die eigene Bank bzw. der jeweilige Mobilfunkanbieter diesem Notrufsystem angeschlossen ist). **Aber Achtung:** Mit der telefonischen Sperrung sind die Bezahlkarten zwar für die Bezahlung/Geldabhebung mit der PIN gesperrt, nicht jedoch für das **Lastschriftverfahren mit Unterschrift.** Man sollte daher auf jeden Fall den Verlust zusätzlich **bei der Polizei zur Anzeige bringen,** um gegebenenfalls auftretende Ansprüche zurückweisen zu können.

In **Österreich** und der **Schweiz** gibt es keine zentrale Sperrnummer, daher sollten sich Besitzer von in diesen Ländern ausgestellten Debit- oder Kreditkarten vor der Abreise bei ihrem Kreditinstitut über den zuständigen Sperrnotruf informieren.

Generell sollte man sich immer die **wichtigsten Daten** wie Kartennummer und Ausstellungsdatum **separat notieren,** da diese unter Umständen abgefragt werden.

- **Deutscher Sperrnotruf:** Tel. +49 116116 oder Tel. +49 3040504050
- **Weitere Infos:** www.kartensicherheit.de, www.sperr-notruf.de

Geldnot

Wer dringend eine größere Summe aus dem Ausland überweisen lassen muss, kann sich weltweit über **Western Union** Geld schicken lassen. Man braucht dazu lediglich vorab die Person, die das Geld überweisen soll, zu benachrichtigen. Diese muss bei einer Western Union Vertretung (in Deutschland u.a. bei der Postbank) ein Formular ausfüllen und den Code der Transaktion (z.B. telefonisch) übermitteln. Mit diesem Code und dem Reisepass geht man zu einer beliebigen Vertretung von Western Union im Urlaubsgebiet. Nach Ausfüllen eines Formulares wird das Geld binnen Minuten ausgezahlt.

Die nächstgelegene Repräsentanz steht unter **www.westernunion.com.**

Ausweisverlust / dringender Notfall

Wird der Reisepass oder Personalausweis gestohlen, muss man dies bei der Polizei melden. Darüber hinaus sollte man sich an die diplomatische Auslandsvertretung seines Landes wenden, damit man einen Ersatz-Reiseausweis zur Rückkehr ausgestellt bekommt. (Ohne kommt man nicht an Bord eines Flugzeuges!). **Tipp:** Fotokopie im Gepäck mitführen, so sind behördliche Angaben leichter prüfbar und das Ersatzdokument wird schneller ausgestellt.

Auch in **dringenden Notfällen**, z. B. medizinischer oder rechtlicher Art, Vermisstensuche, Hilfe bei Todesfällen, Häftlingsbetreuung o. Ä. sind die **Konsulate** (s. S. 225) bemüht, vermittelnd zu helfen.

Öffnungszeiten

Banken und **Behörden** sind Montag bis Freitag von 9 bis 16.30 Uhr, Banken auch an Samstagen von 9–12.30 Uhr geöffnet. Für **Kaufhäuser** und **Geschäfte** gelten keine festgesetzten Öffnungszeiten (Richtzeiten s. S. 229).

Orientierung

Es ist sehr leicht, sich in HongKong zurechtzufinden, alle Straßen sind in **Englisch und Chinesisch beschildert.** Die Hauptverkehrsader in KowLoon erstreckt sich entlang der Nathan Road, auf Hong-Kong Island sind die Connaught Road und De Voeux Road im Stadtteil Central die wichtigsten Hauptstraßen. Wichtige Sehenswürdigkeiten sind zusätzlich für Fußgänger beschildert.

Sehr nützlich sind die kostenlosen Informationsbroschüren und **Stadtpläne** des HKTB, die in praktischen Tragebeuteln in der Ankunftshalle am Flughafen bereitstehen.

Wichtige Rufnummern

- Notruf 999
- Diebstahl, Betrug 25277177
- Verbraucherschutz 29292222
- Telefonauskunft 1081
- HKTB (9–18 Uhr) 25081234
- China-Fähren 28511700
- HK-Fähren 25251108
- Deutsches Konsulat 21058788
- Österr. Konsulat 25228086
- Schweizer Konsulat 25227147

Postwesen und Telefon

Post

Das **Porto** für Postkarten nach Europa beträgt 4,90 HK$ (Landweg), für Briefe 7,40–9,30 HK$ (Luftpost, bis 50 g), für Päckchen (Seeweg, 1 kg) 228 HK$. Die HongKonger Post arbeitet effektiv und schnell.

Post kann von allen Postämtern Hong-Kongs (geöffnet Mo–Sa von 9 bis 18 Uhr) abgeschickt werden, die **Hauptpost** liegt auf HongKong Island landseitig hinter dem IFC II.

Hier befindet sich auch ein „poste restante"- (**postlagernd**) Schalter, ein Reisepass oder Ausweis ist bei der Abholung vorzulegen. (NAME), POSTE RESTANTE, GPO, HongKong Island genügt als Anschrift.

Telefon

Innerhalb HongKongs sind Telefonate kostenlos, außer von öffentlichen Telefonzellen (1 HK$, ganz gleich wie lange) und Mobiltelefonen.

Nach Europa kann auch von öffentlichen Fernsprechern direkt telefoniert werden. Die Minute kostet, je nach Tageszeit, ca. 10 HK$, öffentliche Fernsprecher können mit Münzen oder Telefonkarten zu 50, 100 und 250 HK$ (erhältlich in 7/11-Supermärkten) betrieben werden. Etliche öffentliche Telefone akzeptieren inzwischen auch die Octopus-Karte (s. S. 285).

Die **Vorwahlnummern** nach Europa lauten für Österreich 00143, für Deutschland 00149 und für die Schweiz 00141. Die Null vor der Ortsvorwahl muss danach weggelassen werden.

HongKong gehört zwar zu China, hat aber seine eigene **Ländervorwahl.** Bei Anrufen vom Ausland (auch VR China und Macau) nach HongKong ist an 00852 die achtstellige Teilnehmernummer direkt anzuhängen.

Mobiltelefon

In HongKong nutzt man üblicherweise **900 MHz GSM** und **3G 2100** wie in Europa und auch 1800 MHz GSM.

Wegen hoher Gebühren sollte man bei seinem Anbieter nachfragen oder auf dessen Website nachschauen, welcher der Roamingpartner günstig ist und diesen per **manueller Netzauswahl** voreinstellen. Nicht zu vergessen sind die **passiven Kosten**, wenn man von zu Hause angerufen wird (Mailbox abstellen!). Der Anrufer zahlt nur die Gebühr ins heimische Mobilnetz, die teure Rufweiterleitung ins Ausland zahlt jedoch der Empfänger.

Wesentlich preiswerter ist es sich von vornherein auf **SMS** zu beschränken, der **Empfang** ist dabei in der Regel kostenfrei. Außerdem gibt es fast überall kostenlose **WLAN-Hotspots**, sodass auch Mails und Messenger-Dienste für die Kommunikation genutzt werden können.

Achtung: Die Einwahl in mitteleuropäische Netze funktioniert nicht immer! Teils gelingt es (z. B. für die Schweiz) mit „0041" statt „00141", wie beim Festnetz aus HongKong heraus eigentlich erforderlich.

Falls das Mobiltelefon SIM-Lock-free ist und man viele Telefonate innerhalb HongKongs führen oder das mobile Internet nutzen möchte, kann man sich eine **Tourist Sim Card** für 5 oder 8 Tage zulegen (HKTB Star Ferry, 88 bzw. 118 HK$), die unbegrenztes Surfen/Textnachrichten usw. sowie ein Guthaben von 30/48 HK$ für Auslandsgespräche (0,45 HK$/Min.) beinhaltet (gilt auch in Macau).

Kostenfalle Datenroaming

Viele Reisende nutzen auch im Ausland eine **mobile Datenverbindung.** Dies ist jedoch häufig mit hohen Kosten verbunden. Man sollte daher vor der Reise bei seinem Netzbetreiber Informationen über evtl. günstigere Auslandsdatenpakete einholen oder zur Sicherheit die Mobile-Daten-Option deaktivieren und nur über kostenlose WLAN-Netze ins Internet gehen.

Sicherheit

Wie China erweist sich auch HongKong als ein verhältnismäßig sicheres Reiseziel. In einer Metropole wie HongKong gibt es natürlich auch Kriminalität, und es versteht sich von selbst, dass am Flughafen und an den Häfen das Gepäck nie aus den Augen gelassen werden darf.

Ein Brustbeutel oder Geldgurt für Dokumente und Geld verringert das Risiko des **Taschendiebstahls**; wer im Schlafsaal wohnt, wird eher von abgebrannten westlichen Reisenden denn von einheimischen Chinesen bestohlen. Offener Straßenraub kommt dagegen sehr selten vor. Erfreulicherweise kommt es höchst selten vor, dass **alleinreisende Frauen** belästigt werden.

Grundsätzlich gilt: Gerade gegenüber Ausländern will man seitens der Behörden nicht das „Gesicht verlieren" und hat in den von Reisenden besonders besuchten Stadtteilen eine sehr hohe Polizeipräsenz (Streifen) angeordnet.

Die **HongKong Police**, die in nahezu unveränderter Besetzung seit der Übergabe ihren Dienst fortsetzt, ist äußerst zuverlässig und effektiv. Einst von Korruption verfilzt (Godber-Skandal 1973: Der hohe Polizeioffizier setzte sich mit knapp 5 Millionen HK$ Schmiergeldern ab, womit die Spitze des Eisberges aufgedeckt wurde), kehrte man die HongKong-Police mit eisernem Besen aus. Sie ist auch nach der Rückgabe der ehemaligen Kronkolonie an China weiterhin für alle inneren Angelegenheiten innerhalb der SAR HongKong zuständig und darf nicht mit den Angehörigen der Volksbefreiungsarmee verwechselt werden, die seit 1997 den Platz der Briten einnehmen und sich ausnahmslos aus Elitetruppen der Volksrepublik rekrutieren.

Die Adresse der **Polizei in HongKong** findet sich auf Seite 255.

Das Auswärtige Amt stellt ggf. **Sicherheitshinweise** zur Verfügung (s. S. 256).

Sprache

Kantonesisch, Mandarin und Englisch sind die drei offiziellen Sprachen der ehemaligen Kronkolonie.

LITERATURTIPP

Sprachhilfe und Sprachführer

Neben der **kleinen Sprachhilfe** (s. S. 296) bieten die Kauderwelsch-Sprachführer „Kantonesisch – Wort für Wort" und „Chinesisch kulinarisch – Wort für Wort" einen schnellen und einfachen Einstieg in das Chinesische.

Mit **Englisch** kommt der Tourist ausgezeichnet über die Runden, die HongKong-Chinesen, von älteren Bewohnern der New Territories und der Inseln einmal abgesehen, sprechen besser Englisch als die meisten Europäer.

Seit dem 1.7.1997 nimmt **Mandarin**, die Amtssprache der Volksrepublik, einen erhöhten Stellenwert ein. Dies wird langfristig auf Kosten der Englischausbildung gehen, schon vor der Übergabe der ehemaligen Kronkolonie wurde Englisch als Schulsprache stark eingeschränkt. Dies bedeutet, dass künftige Generationen schlechter Englisch sprechen werden und HongKong sich in touristischer und wirtschaftlicher Hinsicht eines Vorteils beraubt. Spürbar dürfte die Entwicklung allerdings erst mittel- bis langfristig werden.

Sprachaufenthalt und Studium

Bei Rankings der Universitäten Asiens stellte sich heraus, dass HongKong sich gleich mit drei Hochschulen wiederholt unter den „Top 10" plazieren konnte:

- **University of HongKong,** PokFuLam Rd. HongKong. Tel. 28592111, www.hku.hk. Die 1911 gegründete Elitehochschule behält Englisch als Unterrichtssprache bei, Maschinenbau und Architektur genießen einen ausgezeichneten Ruf.

- **Chinese University of HongKong**, ShaTin, New Territories, Tel. 26097000, www.cuhk.edu.hk, legt einen Schwerpunkt auf die Vermittlung traditioneller chinesischer Kultur (Literatur, Kalligrafie, Philosophie), weshalb einige Lehrveranstaltungen ausschließlich in chinesischer Sprache angeboten werden, viele allerdings wahlweise zweisprachig (englisch). Breitestes Angebot in HongKong, großer Campus mit Unterbringungsmöglichkeiten.
- **HongKong University of Science and Technology**, Clearwater Bay, New KowLoon, HongKong, Tel. 23586000, www.ust.hk. Erste Adresse für Biotechnologie, Kybernetik, Informatik. Erst 1988 gegründet, gilt die HKUST als Talentschmiede und Nervenzentrum HongKongs für moderne Technologien.

Die beiden erstgenannten bieten auf insgesamt zwei Jahre angelegte **Sprachkurse** für Mandarin und Kantonesisch an; die Kosten für die Studiengebühren belaufen sich insgesamt auf rund 100.000 HK$ (ohne Unterkunft). Wer **Kantonesisch** lernen möchte oder ein reguläres Studium anstrebt, trifft mit HongKong keine schlechte Wahl.

Für **Mandarin-Sprachkurse**, die chinesische Hochsprache also, ist dagegen unbedingt ein Sprachkurs im Norden der Volksrepublik oder in TaiWan zu empfehlen, da man im kantonesischen HongKong wesentlich weniger Mandarin-Sprachpraxis erfährt. Außerdem verwendet man in HongKong die traditionellen Langzeichen in der Schrift, was für eine spätere Anwendung in der Volksrepublik ebenfalls eine Umstellung mit sich bringt, da dort reformierte „Kurzzeichen" verwendet werden.

Sport

Trotz des beengten Platzes bietet HongKong eine große Palette an Sportmöglichkeiten. Wer ein vielfältiges Angebot ohne Mitgliedschaft in einem der zahlreichen Vereine sucht, dem bietet die **South China Athletic Association** (SCAA, www.scaa.org.hk), 88 Caroline Hill Road, Causeway Bay, Tel. 25776932) eine Reihe von Hallen- und Freiluftsportarten von Leichtathletik über Badminton bis zu Kegeln für eine geringe Kurzzeit-Mitgliedsgebühr an.

Wassersport

Bademöglichkeiten

Aufgrund der Insel-/Meereslage HongKongs und der geringen Landfläche gibt es eher wenige öffentliche **Schwimmbäder.** Das Hallenbad im KowLoon-Park liegt äußerst zentral und ist ausgezeichnet. Eine Übersicht aller Bäder bietet www.lcsd.gov.hk/en/index.html. Der Eintritt kostet überall 18 HK$ bzw. 25 HK$ an Wochenenden und Feiertagen.

Die vielen Inseln mit ihren teilweise hervorragenden und wochentags kaum besuchten **Stränden** laden ohnehin weit mehr zum Baden ein. Die Strände sind in den Ortsbeschreibungen jeweils gesondert aufgeführt. Während des Badehalbjahres (April–Oktober) werden die meisten Strände vom Rettungsdienst überwacht, außerhalb dieser Saison sind die Strände wie leergefegt. Einige gut erreichbare Badebuchten findet man auf der Südseite von HongKong Island (Repulse Bay, Deep Water Bay, Stanley Main Beach), auf LamMa Island, CheungChau Island sowie in MuiWo (LanTau Island).

Touristen sollten die Bedeutung der beiden eventuell am Strand aufgehängten **Warnflaggen** unbedingt kennen: Rot bedeutet zu starke Strömung oder Brandung, blau heißt schwimmen möglich, aber nur für gute Schwimmer.

Kanufahrten

Der Kanusport führt in HongKong ein eher stiefmütterliches Dasein, was auf den Mangel an geeigneten Flüssen zurückzuführen ist. Dennoch sind in Reservoir- und Marschgebieten teils sehr nette und gemütliche Kanutouren möglich. Buchungen in den New Territories unter:

- **ChongHing Water Sports Centre,** West Sea Coffer Dam, High Island Reservoir, SaiKung, NT, Tel. 27926810, Infos unter http://travelinsaikung.org.hk/en
- **TaiMeiTuk Water Sports Centre,** Regional Council, TaiMeiTuk, TaiPo, NT, Tel. 2665 3591, www.lcsd.gov.hk/en/watersport. Hier findet man auch Informationen zum
- **WongShek Water Sports Centre,** WongShek Pier, SaiKung, NT, Tel. 23282370

Bootssport

HongKong bietet sich auch für private Bootstouren an, an ein Leihboot zu kommen, ist nicht allzu schwierig.

- Marktführer vor Ort ist **Asia Yacht Services Ltd.,** Gold Coast Yacht & Country Club, Castle Peak Road 1, Tel. 28150404, https://ayss.org/project/asia-yacht-services.
- Eine weitere Quelle sind **Tageszeitungen,** in denen Boote zum Verleih angeboten werden.
- Wer Mitglied in einem **Klub** werden möchte, ist beim **Royal HongKong Yacht Club** (der einzige Klub, der bislang das „Royal" nicht streichen musste), Kellett Island, Causeway Bay, Tel. 28322817, www.rhkyc.org.hk, in allerbester Gesellschaft. Viele Ausländer, die in Discovery Bay wohnen, treten dem Discovery Bay Marina Club, Discovery Bay, LanTau, Tel. 29879591, bei.

Segeln

Der **Royal Hong Kong Yacht Club,** www.rhkyc.org.hk, gibt Auskünfte zu Segeltörns und Aufnahmebedingungen. In der Hauptsaison (Frühsommer) sind tolle Trips durch die HongKonger Inselwelt möglich. Die Kosten für ein Leihboot betragen ab 5000 HK$ pro Tag.

Angeln

Das Angeln in den Reservoirs der SAR ist von Sept. bis März möglich, bedarf aber einer Genehmigung. Diese kann unter www.esd.wsd.gov.hk/esd/cne/fishingLicence/displayFishingLicenceApplicationPageAction.do?pageFlag=1 beantragt werden. Das Seefischen unterliegt keinen Beschränkungen, bei den meisten Bootsverleihern kann man auch Angelausrüstungen ausleihen.

Surfen

An einigen Stränden gibt es im Sommer **Leihmöglichkeiten** für Surfbretter:

- ShaHa Beach hinter Sai Kung: **New Territories Windsurfing Centre,** Tel. 27925605
- Silvermine Beach (LanTau), Stanley Main Beach: **Wind Surf Pro Motion,** Tel. 28132372
- TungWan Beach, CheungChau: **Outdoor Café,** TungWan, Tel. 29818316

In den Sommermonaten werden auch **Surfkurse** und/oder Einzelstunden angeboten, Auskunft und allgemeine Informationen erteilt der lokale Dachverband:

- **Windsurfing Association of HongKong,** Zi. 801, Fortune Bldg., 13–15 Thomson Rd, WanChai, Tel. 28663232, www.windsurfing.org.hk.

Wasserski

ist an den Stränden HongKongs zunehmend „in". Ski und Boot nebst Fahrer können für 700 HK$ pro Stunde an den Anlegestellen in der Deep Water Bay (z.B. *Deep Water Bay Speedboat Company*, Tel. 28120391), auf LamMa oder auf TsingYi gemietet werden.

Sporttauchen

HongKong gehört wegen teilweise schlechter Sicht und registrierten Haiangriffen nicht zu den ganz großen Tauchrevieren auf dem Globus, dennoch gibt es einige schöne Tauchplätze wie *Breaker Reef, SaiKung, Crooked Island, Mirs Bay* und *Pedro Blanco* (ein kleines Felsriff 80 km östlich von HongKong Island). Von April bis Oktober (Tauchsaison) sind hier seltene Begegnungen mit u.a. Clownfischen, Barrakudas, Haien, Kraken, Nacktschnecken und Anemonen möglich. Besonders zu empfehlen sind:

- **Pro Dive,** 127–131 Lockhart Road, MTR WanChai, Ausgang C, Shop und Kontakt unter Tel. 28904889 und www.prodive.com.hk
- **Bunn's Diving Shop,** 188 WanChai Road, Wanchai, Tel. 28937899, www.bunnsdivers.com
- **YoYo Marine & Scuba Centre,** EG, 110 ApLeiChau Main Street, Aberdeen, Tel. 25524185
- **Sea Dragon Skindiving Club Ltd.,** GPO, Box 10014, HongKong, Tel. 25432226
- Infos zu den einzelnen **Tauchschulen** und Spots rund um HongKong: www.scuba.net.hk
- Wer genauer in die örtlichen Tauchgepflogenheiten einsteigen möchte, sollte zunächst das (kostenlose) **Taucherhandbuch** des Verbands unter www.hkua.org.hk/dl (dort Final_HKUA DSAEC Safety Manual_20090907.pdf) herunterladen.

Die Kosten für Kurse und Tauchgänge sind überdurchschnittlich hoch, da fast alle Tauchgänge per Boot durchgeführt werden. Vorab empfiehlt es sich für Interessierte, den **Dachverband** zu kontaktieren:

- **Underwater Association,** Zi. 910, Queen Elizabeth Stadium, 18 OiKwan Rd., WanChai, Tel. 25723792, www.hkua.org.hk.

Weitere Sportmöglichkeiten

Squash

Bei den Hotels noch nicht in Mode, wird noch meist in den verschiedenen Privatklubs betrieben.

- Der **Victoria Park** in Causeway Bay hat einige öffentliche Plätze, die täglich von 7 bis 21 Uhr geöffnet sind (ca. 100 HK$ pro Stunde); Buchungen unter Tel. 25706186.
- Weitere Plätze gibt es im **KowLoon Tsai Park** (Inverness Road, ShekKipMei, KowLoon, Tel. 2336-7878), **Central Squash Centre** (Tel. 25215072), im **Hong Kong Squash Centre** (Cotton Tree Drive, Central, Tel. 25215072) sowie im **Jubilee Sports Centre** (MTR East Rail Station FoTan, ShaTin, New Territories, Tel. 26051212).

Tennis

Die Reservierung eines Platzes scheint Glücks- oder Beziehungssache zu sein. Die Kosten betragen je nach Anlage 80–150 HK$ die Stunde. Probieren kann man es beim:

- **Victoria Park,** Causeway Road, Causeway Bay, Tel. 25706186 (geöffnet 7–23 Uhr).
- Die neuesten Plätze findet man an der **WongNaiChung Gap Rd.** zwischen Happy Valley und Repulse Bay (Tel. 25749122, geöffnet 7–23 Uhr).

- Auch im **KowLoon Tsai Park** an der Inverness Road im Norden KowLoons gibt es ein paar öffentliche Tennisplätze (Tel. 23367878, geöffnet 7–19 Uhr).

Auch als **Zuschauersport** hat Tennis hier einiges zu bieten. HongKong ist zwar kein Platz für Grand-Slam-Wettkämpfe, größere Turniere mit Spitzenspielern und -innen finden dagegen alljährlich (HongKong Open) statt. Da diese Turniere auch ein großes gesellschaftliches Ereignis sind, empfiehlt es sich, Karten über das HKTB oder (besser) direkt bei der *HongKong Tennis Association* im Victoria Park, Causeway Bay, Tel. 28901132, www.tennishk.org) frühzeitig zu reservieren. Auf dieser Verbandswebsite findet man unter „Membership", „Clubs and Facilities" eine komplette Adressdatenbank aller örtlichen Tennisklubs.

Tischtennis

Zwar gehört HongKong zu China, der Supermacht des Tischtennis, das Niveau und die Verbreitung hinken hier aber doch ein Stück hinterher. Öffentliche Tische gibt es bislang nur wenige, ein guter Erstkontakt sind www.meetup.com/de-DE/The-Hongkong-table-tennis-meetup-group für Kontakte und der HongKong Cricket Club www.hkcc.org/table-tennis.aspx für Spielgelegenheiten.

Badminton

Seltsamerweise wird Badminton weit häufiger gespielt als das platzsparendere Tischtennis. Hier einige öffentliche Plätze:

- **HongKong Park,** 1. Stock, Rawlinson House, Cotton Tree Drive, Central, Tel. 25215072
- **Queen Elizabeth Stadium,** 18 OiKwan Rd., WanChai, Tel. 25911331
- **HongKong Squash Centre,** Cotton Tree Drive, Central, Tel. 25215072
- Weitergehende Auskünfte erteilt der Dachverband **HongKong Badminton Association,** QE Stadium, 18 OiKwan Rd., WanChai, www.hkbadmintonassn.org.hk, Tel. 28384066. Hier kann man sich über alle Badminton-Aktivitäten in HongKong informieren oder sich zu ausgeschriebenen Turnieren anmelden.

Kampfsport

Nicht zuletzt durch zahlreiche HongKong-Actionfilme entstand das Bild von den hier gedrillten Fernost-Kampfmaschinen. Die ernsthaften Anhänger der fernöstlichen Kampfsportarten wehren sich zu Recht gegen derartige Pauschalisierungen, finden aber vor Ort eine Vielzahl von Trainingsmöglichkeiten. Eine Reihe von Kampfsportschulen lassen jedermann an ihrem Trainingsprogramm teilnehmen, egal, ob es sich nun um Neulinge oder geübte Faustkämpfer handelt.

- Die **South China Athletic Association,** 88 Caroline Hill Road, Causeway Bay, Tel. 25776932, www.scaa.org.hk, ist bei Anhängern von TaiJiQuan, Judo und Yoga sehr beliebt. Zu ShaoLin-WuShu-Kursen siehe TaiO, Insel LanTau auf S. 150.

Es scheint seltsam, aber nicht nur chinesische Kampfkunst, sondern auch Kurse im Löwentanz kann man besuchen. Anfragen und Anmeldungen sind zweckmäßigerweise generell vorab zu richten an:

- **HongKong Chinese Martial Arts Association,** 9. St., 687 Nathan Road, MongKok, KowLoon, Tel. 23944803, www.hkcmaa.com.hk

Reiten

Reitmöglichkeiten, die sich meist auf Dressur und Springen, weniger auf Ausritte konzentrieren, werden bei der **HongKong Riding Union**, ShaTin (Tel. 24886886) und der **PokFuLam Riding School**, 75 PokFuLam Rd., HK-Island (Tel. 25501359) angeboten. Die Kosten liegen bei rund 800 HK$ pro Stunde.

Weitere Details im Internet unter www.hkef.org und www.hkridingclub.com.

Bowling

Dieser Freizeitsport ist in HongKong trotz des langen englischen Einflusses längst nicht so weit verbreitet wie in Mitteleuropa. Aber auch in HongKong stehen einige moderne Bahnen zur Verfügung:

- **Energy Plaza,** Mody Road, KowLoon (Tel. 27826661)
- **South China Athletic Association,** 88 Caroline Hill Road, Causeway Bay (Tel. 25776932, www.scaa.org.hk)
- **Thunder Bowl,** Site II, Whampoa Gardens, HungHom (Tel. 21229822, www.thunderbowl.com.hk)

Auch das **„Lawn Bowling“ (Rasenkegeln)** ist sehr beliebt. Der lokale Dachverband (www.hklba.org) verfügt auch über ein sehr umfangreiches weiterreichendes Angebot (Tennis, Schwimmbad etc.).

Golf

Der **HongKong Golf Club** unterhält drei 18-Loch-Plätze in FanLing, New Territories (ab 1500 HK$ pro Tag, Tel. 26701211, www.hkgolfclub.org) sowie einen 9-Loch Platz an der Deep Water Bay (ab 600 HK$ je Runde, Tel. 28127070), wo auch Gäste von Montag–Freitag spielen können. Der **Discovery Bay Golf Club** auf LanTau (Tel. 29877273, www.dbgc.hk) kostet für Nichtmitglieder an Werktagen ab 1695 HK$ für eine 18er-Runde (sonn- und feiertags für Nichtmitglieder geschlossen).

Schließlich gibt es den **Clearwater Bay Golf & Country Club** in SaiKung (Tel. 27191595, www.cwbgolf.org), wo Gäste 2500 HK$ für eine Runde von 18 Löchern zu zahlen haben.

Viele Geschäfte werden in HongKong am Golfplatz gemacht, eine Klubmitgliedschaft ist daher **für Geschäftsleute** vor Ort sehr zu empfehlen. Viele der genannten Klubs bieten außerdem Tennis auf hauseigenen Plätzen an. Daneben betreiben manche zusätzlich auch Hotels, die sich ebenfalls auf dem Gelände befinden können

Wandern und Joggen

Eine der preiswertesten und gleichzeitig doch interessantesten Möglichkeiten, insbesondere die rückwärtigen Gebiete HongKongs kennenzulernen, bieten Wanderungen aller Art.

Über 40 % der Landfläche HongKongs wurden zu Naturparks erklärt, viele **Wanderwege** in den unterschiedlichsten Längen und Schwierigkeitsgraden angelegt. Es müssen ja nicht unbedingt die *big three* (MacLehose-Trail (s. S. 119) mit 100 km, LanTau-Trail (s. S. 151) mit 70 km und HongKong Trail (s. S. 73) mit 50 km) sein, doch selbst wer nur wenige Tage Zeit hat, sollte doch zumindest einmal am **Plover Cove Reservoir** in den New Territories eine Halbtagswanderung (Wilson Trail) unternehmen. Und wer sogar einen ganzen Tag übrig hat, sollte sich an den **HongKong Trail** (s. S. 73) wagen – es lohnt sich!

Bei Wanderungen sind einige Dinge zu beachten: Gute Schuhe, Getränke und (im Hochsommer) ein Kopfschutz sind unverzichtbar. Bei Regen – auch bei leichtem Nieselregen – sollte man eher einen Besichtigungs- oder Museumstag einlegen. HongKongs Berge steigen sehr steil an, vom Meeresspiegel bis auf knapp 1000 m, weshalb viele Wanderwege über Steilstücke führen, die **bei Regen zu wahren Rutschbahnen** werden können. Bei extremer Hitze (Juli, August) sind die Steigungen ebenfalls äußerst anstrengend, ein zusätzlicher Zeitbedarf für Pausen sollte eingeplant werden. Am schönsten sind die Wanderungen werktags, wenn man alleine unterwegs ist.

In Europa ist **Joggen** fast schon wieder out, in HongKong war es nie in – nur Arme gehen zu Fuß. Eine der wenigen guten Joggingstrecken führt rund um den Peak, mehrere Strecken von 3 bis 8 km Länge inklusive Trimm-Dich-Pfad stehen zur Auswahl. Nur muss man dazu jedesmal hinauf zum Peak fahren, ein eher umständliches Unterfangen. In den New Territories und auf den Inseln gibt es weniger Probleme, einen geeigneten Parcours zu finden.

Für **Frauen**, die ungern alleine joggen, sei der *Ladies Road Runners Club*, PO Box 20613, WanChai, Tel. 23175933, www.hklrrc.org.hk, für die Anfrage nach Laufpartnerinnen empfohlen.

Auch die Touristeninformation bietet kostenloses und brauchbares Wandermaterial an (auch als PDF) – sehr zu empfehlen.

Schlittschuh- und Rollschuhbahnen

- **Rollschuhbahnen** gibt es in den Telford Gardens, KowLoon (Sportsworld Association, Tel. 27572211) und im Cityplaza, 18 TaiKoo-Shing Rd., Quarry Bay (Tel. 28854697). In Letzterem befindet sich außerdem eine **Eislaufbahn,** geöffnet täglich 7–22 Uhr.
- Ein weiterer **Kunsteisplatz** befindet sich im LaiChiKok-Vergnügungspark (nahe Song-Dynasty Village, MTR Station MeiFoo), New KowLoon (Öffnungszeiten unter Tel. 2741 4281). Ferner gibt es Eislaufbahnen im Riviera Ice Chalet (Riviera Gardens, TsuenWan, New Territories, Tel. 24071100) und im Festival Walk (MTR KowLoon Tong). Die **Eintritte** variieren werktags zwischen 60 und 120 HK$, sonn- und feiertags zwischen 70 und 140 HK$.

Uhrzeit

Der **Zeitunterschied** zu Europa beträgt MEZ + 7 Stunden (bzw. MESZ + 6 Stunden), eine **Sommerzeit** gibt es in HongKong und in Macau nicht.

Unterhaltung

In HongKong scheint immer etwas los zu sein, 24 Stunden am Tag. Amüsierlustige werden voll auf ihre Kosten kommen und selbst spät in der Nacht immer noch Kneipen oder Snackbars finden, die noch lange nicht schließen wollen. Es sei daran erinnert, dass HongKong eine Weltstadt ist und die Preise dementsprechend hoch liegen.

Die Möglichkeiten der abendlichen Unterhaltung sind außerordentlich vielfältig und reichen von Pferderennen über Live-Konzerte bis hin zu gemütlichen Kneipen und Nachtbars. Nicht zu vergessen die romantisch-atemberaubenden Spaziergänge an der Uferpromenade/KowLoon oder am Peak/HK-Island, immer wieder ein günstiges Vergnügen!

Nachtmärkte

Einmal über einen Nachtmarkt in HongKong zu schlendern, ist beinahe obligatorisch. Vieles Merkwürdige und Exotische kann dort bestaunt, erworben und verzehrt werden. Der bekannteste und größte Nachtmarkt liegt in der **Temple Street/ShangHai Street** im Bezirk YauMaTei (s. S. 92). Ab 19 Uhr beginnt hier das bunte Treiben und endet nicht vor Mitternacht.

Kinos

Kinos mit englischsprachigen Filmen gibt es etliche, die Tageszeitungen geben einen Überblick über die aktuellen Programme und Anschriften. In KowLoon sitzen die meisten Lichtspielhäuser in YauMaTei, auf HongKong Island in Causeway Bay. Eine der neuesten und größten Kinowelten findet man im *Festival Walk* (MTR KowLoon Tong).

Wer gerne einen deutschsprachigen Film sehen möchte, sollte einmal beim **Goethe-Institut**, 14. Stock, HongKong Arts Centre, 2 Harbour Rd., WanChai (Tel. 28020088, www.goethe.de/ins/cn/hon) vorbeischauen.

Pubs und Bars

HongKongs Bars und Kneipen sind allemal einen Besuch wert; die Auswahl ist reichhaltig, sodass für jeden Geschmack etwas dabei sein sollte. Die Preise sind in den hier genannten Bars für eine Weltstadt in Ordnung, und zur *Happy Hour*, während derer die Getränke entweder zum halben Preis oder als *2-4-1* (two drinks for one payment, zwei zum Preis von einen) angeboten werden, wird man gewiss nicht arm. Und noch ein Tipp: Manche Bars und Discos bieten Frauen kostenlosen Eintritt und Freigetränke an bestimmten Tagen, Männer zahlen dann jedoch durchweg doppelt!

- Wer ein gemischtes Kneipenviertel mit über 100 guten Pubs und Snackbars sucht, ist mit dem **Viertel LanKwaiFong** in Central, welches man leicht in 5 Gehminuten durchstreifen kann, gut beraten. Hier liegen dicht gedrängt auf engem Raum in und auf den Parallelgassen der D'Aguilar Street (MTR Central, Ausgang D2, rechts zum Theater, dann links und immer geradeaus die D'Aguilar hinauf) Dutzende von Kneipen, Restaurants und Snackbars in allen Preisklassen.
- **Club Qing:** Der im zehnten Stock des LKF-Cosmos Building gelegene Pub ist ein gemütliches Refugium mit einer beeindruckenden Auswahl von über 150 Whiskys, darunter zahlreiche japanische Vertreter. Cosmos Bldg, 8–11 Lan Kwai Fong, Central, Tel. 93797628.
- **Employees Only:** Trendige Cocktailbar für Gäste, die raffinierte Getränke in einer anspruchsvolleren Umgebung von LanKwaiFong suchen. Die Atmosphäre ist großartig und die 1980er-Jahre-Melodien passen gut zu dem langen, schmalen Raum, der eine Bar im vorderen Bereich und einen Essbereich im hinteren Teil beherbergt. Unzählige Mixgetränk-Variationen und sehr gute kleinere, exquisite Mahlzeiten (handgeschnittenes Steak Tartar, Jakobsmuscheln ...) in großartigem Ambiente. 19 LanKwaiFong, Tel. 24682755, tgl. 18–4 Uhr.
- **FangFang:** schickes Restaurant mit Barbetrieb für trendgerechte asiatische Küche und Cocktails. Die Cocktails sind ein Genuss für alle Sinne, die Speisen reichen von Grünkohl mit Fischseide bis zu mongolischem Straußenfleisch. 33 Wyndham St.,

066hk Abb.: wl

8/F LanKwaiFong Tower, Tel. 29839083, tgl. 17–23.45 Uhr.

- Eine weitere Möglichkeit zur Einkehr ist das weltweit bekannte **Hard Rock Café**, LKF Tower, 55 D'Aguilar Street, Tel. 21113777. Ableger einer amerikanischen Kette mit rustikalen Menüs (Spareribs, Burger etc.) und guter Musik bis spät in die Nacht. Vor 21 Uhr tote Hose, am Wochenende bis 4 Uhr (sonst bis 2 Uhr) geöffnet. Die meisten Lokale locken mit einer Happy Hour (halbe Getränkepreise), meist 16–18 Uhr. Alle Bars und Events findet man unter www.lankwaifong.com und www.ilovelkf.hk.
- **Havanna Bar:** Günstig in Central gelegen ist das Havanna eine ruhige tropische Oase im Herzen von LanKwaiFong. Mit einer intimen Bar im Innenbereich mit hellem Interieur im modernen Kolonialstil, einer großen Außenterrasse und frischen Rum-Cocktails wurde sie als beste Newcomer-Bar der Stadt ausgezeichnet. Gehobeneres Ambiente, Snacks, gelegentliche „Rum & Cigar Nights". 21 D'Aguilar Street, 4/F The Plaza, Tel. 28514880.
- Ebenso beliebt für ein Bier nach Dienstschluss, aber auch zum Essengehen bis in die späten Abendstunden, ist das **Viertel Soho** südlich der Hollywood Rd. (SOuth of HOllywood = SOHO). Gemeint ist damit der Distrikt zwischen Hollywood Rd. und bergseitig Elgin St. bzw. den Central Escalators. Letztere fährt man am besten einfach einmal nach Einbruch der Dämmerung hinauf, dann sieht man schon, wo etwas los ist. Besonders empfehlenswert sind hier von den 125 registrierten Pubs und Restaurants derzeit das **Taco Loco** (Tel. 25221262, 9 Lower

Die Lasershow „Symphony of Lights" an der Promenade (s. S. 84)

HongKong für Cineasten

Bei uns weiß man in aller Regel recht wenig über das Filmwesen in Fernost, gehört hat man allenfalls von KungFu-Filmen von Direktoren wie Jackie Chan oder Kampfmaschinen à la Bruce Lee. In der Tat waren derartige, in kürzester Zeit und vergleichsweise billig produzierte Actionstreifen bis in die 1980er-Jahre nahezu ein Wahrzeichen des HongKonger Films. Diese Streifen wurden allerdings für den heimischen Markt gedreht, echte internationale Erfolge gab es praktisch nicht. In den 1990ern änderte sich dies insofern, als einige Hollywood-Streifen mit HongKonger Schauspielern mehr oder minder erfolgreich wurden (z. B. „Lethal Weapon 4" mit JetLi und ChowYunFat). Mitte der 1990er-Jahre änderte sich - vielleicht auch angesichts der Rückkehr HongKongs nach China - die Thematik, der HongKonger Film bietet heute weit mehr als billige „Eastern".

Für den Film in der Volksrepublik China auf der internationalen Bühne war zunächst die HongKong-volksrepublikanisch-taiwanesische Gemeinschaftsproduktion „Lebewohl, meine Konkubine" (PaWang PiehChi), 1995 im deutschen Fernsehen zu sehen, ein auch in Europa bekannter Meilenstein. Ein geniales Meisterwerk gelang Zhang Yuan 1999 mit der politisch brisanten Utopie „Crazy English", in welcher der Chinese LiYang, Freund der englischen Sprache und Besitzer der Firma Crazy, die Massen - auch in der verbotenen Stadt - in Englisch mit dem Motto „make your tongue muscle international" zu kommerziellen Zwecken mobilisiert.

Zunehmend werden auch bei uns Gemeinschaftsproduktionen HongKongs mit der Volksrepublik wie „Verführerischer Mond" (von Chen KaiGe, der auch „Lebewohl, meine Konkubine" drehte) oder „Blinder Schacht" des in Berlin zum Germanisten ausgebildeten Li Yang im Free-TV gezeigt. Li gewann mit seinem 2003 gedrehten Debütfilm übrigens den Silbernen Bären auf der Berlinale, sein Kollege Jia ZhangKe mit „Still Life" über das Schicksal einfacher Menschen beim Drei-Schluchten-Staudamm-Projekt am JangTse den Goldenen Löwen in Venedig (2006), 2007 wurde er in Bratislava für „Blind Mountain" nominiert.

Für Filmfreunde sollte das HongKong International Film Festival (Ende März bis Mitte April) mit einer ausgezeichneten Auswahl regionaler und internationaler Spitzenproduktionen obligatorisch sein. Nähere Informationen und Programmhefte gibt es beim Festivals Office, Urban Services Department, Level 7, HK Cultural Centre, 10 Salisbury Rd., Tel. 27342903.

Was - abgesehen von Jackie Chans Actionkommödien - bislang ein wenig fehlte, war Humor, der auch im Westen als solcher gut ankommt. Doch auch hier haben die Filme „Made in HongKong" mächtig zugelegt. Neben dem filmischen Leckerbissen „Ente gut, alles gut" zeigt auch der Streifen „Nicht ohne meine Leiche" (orig.: LuoYeGui, 2007), in dem ein Wanderarbeiter unauffällig seinen verstorbenen Freund in dessen Heimatdorf bringen will, dass der Film aus HongKong über reine Situationskomik längst hinaus ist.

Staunton St./Ecke Shelly St., direkt an den Escalators) mit mexikanischer Küche, guter Musik und rustikaler „englischer" Theke zum Abhängen, das **Ale House Mc Sorleys** (55 Elgin St., Tel. 23855515, Mo–Fr 12–2 Uhr, Sa/So 11–2 Uhr) mit einer breiten Palette irischer Biere, Restaurantbetrieb und Sportübertragungen. Außerdem die **Barco Bar** (41 Staunton St., Tel. 28574478, tgl. 15.30–1 Uhr, Sa./So. open end), nette Wein-/Bierbar mit Snacks (Chicken Wings!). MTR Central, Ausgang C oder AE HongKong; Hochgang auf Höhe IFC 1 zu den Mid Level Escalators.

Außerhalb dieser beiden absoluten Kneipenzentren HongKongs gibt es noch Hunderte weiterer guter Bars und Music-Halls, wobei sich die folgenden Locations besonderer Beliebtheit erfreuen:

- **Bahama Mama's**, 4–5 Knutsford Terrace, (siehe „Essenszonen" auf S. 246) TST, Tel. 23682121. Bar mit Terrasse im tropischen Flair; Samstag Gast-DJs, Happy Hour täglich 17.00–21.00 sowie Dienstag, Mittwoch und Donnerstag von Mitternacht bis 2 Uhr. Sonntag und Montag „2-4-1"-Tage (2 Drinks zum Preis von einem).
- **Cafe Deco**, 20. F The One, 100 Nathan Rd., The Peak (Tel. 28495111). Traditionelles Café im Herzen von TST. Täglich außer Montag guter Live-Jazz, kein Eintritt, aber hohe Getränkepreise (Bier ab 100 HK$), keine Happy Hour.
- **Carnegies Spa Center**, 53–55 Lockhart Rd., WanChai (Tel. 28666289). Eine Institution in HongKong mit guter Musik, Überraschungsshow jeden Donnerstag und specials wie „ladies' night", wo Frauen entweder „2-4-1" oder gratis Champgner bekommen – die Events wechseln immer wieder einmal. Sehr beliebt sind auch die „Crazy Hour" (18–19 Uhr) mit Getränken zum halben Preis oder bestimmte „Shot-Hours" (meist spät am Abend), wo dann Schnäpse für 30 HK$ zu haben sind.
- **ChinChin Bar**, Lobby Level, Hyatt Regency Hotel, 67 Nathan Rd., TST (Tel. 23111234). Klassisch traditionelle Bar mit Livemusik (Jazz bis Pop). Happy Hour Montag–Samstag 17–20 Uhr, geöffnet: 1–2 Uhr.
- **Delaney's** mit zwei Filialen in Capital Place, 18 Luard Rd., WanChai (Tel. 28042880) sowie 7 Pratt Ave, TST (Tel. 23013980). Tolle, stimmungsvolle Kneipe mit irischer Livemusik und Fußballübertragungen der British Premier League. Britische Snacks *(fish and chips)*, Happy Hour 15–20 Uhr, sehr empfehlenswert.
- **Dicken's Bar**, UG, Excelsior Hotel, 281 Gloucester Rd., Causeway Bay (Tel. 2837 6782). Livemusik täglich außer Sonntag. Bei sportlichen Großereignissen Übertragungen auf Großleinwand. Urenglische Küche.
- **Dragon-i**, 60 Wyndham St, HongKong Island, Tel. 31101222, nur Mo–Sa (außer Di) 12.15–4 Uhr, Restaurantbetrieb bis 23 Uhr, Bar/Musik ab 23.30 Uhr. Schick, jung, elegant. Prototyp des modernen chinesischen Multi-Amüsementbetriebes mit sehr gutem Restaurant, Bar und Musikklub. Kein Privatklub, sehr beliebt bei HongKonger Pärchen und Gruppen mit dem nötigen Kleingeld.
- **Drop**, B/F 39–43 Hollywood Road, Tel. 2548856, geöffnet Di–Sa 21–6 Uhr. Gilt in HongKong als Tempel für Housemusic, viele Besucher in der mittleren Altersgruppe, auch die DJs sind bekannte und erfahrene Meister ihrer Zunft. Gelegentlich Liveevents.
- **Jimmy's Sports Bar and Grill**, 55 Eastern Hospital Rd., Happy Valley (Tel. 28822165). Jimmy's ist eine alte englische Institution für Rugbyfreunde. Alle großen Spiele werden live übertragen, der *jug* (Kanne Bier, fasst etwa 2 l) kostet dann 200 HK$. Ansonsten Happy Hour 17–21 Uhr.

Gastro- und Nightlife-Areale
Bläulich hervorgehobene Bereiche in den Karten kennzeichnen Gebiete mit einem dichten Angebot an Restaurants, Bars, Klubs, Discos etc.

- **Ned Kelly's Last Stand,** 11a Ashley Rd., TST (Tel. 23760562). Australische Hochburg mit Hausband Ken Bennet and his KowLoon Honkers, die täglich von 11.30 bis 2.30 Uhr für Bomben-Stimmung sorgt. Musik: Dixie, Jazz.
- **The Bar** (im Peninsula), 1. St., Peninsula Hotel, Salisbury Rd., (TST, Tel. 23666251). HongKongs Jazz-Koriphäe Tony Payne spielt ab 18 Uhr Stücke von Earl Grant und Nat King Cole. Eintritt frei, Getränke dafür teurer.
- **The Wanch,** 54 Jaffe Rd., WanChai (Tel. 28611621). **Tipp:** Underground-Rock-Klub mit Live-Bands und Jam-Sessions (Funk bis Pop), kein Eintritt. Ist seit gut 30 Jahren beständig beliebt, gerade weil trotz täglicher Livemusik kein Eintritt genommen wird. Happy hour täglich 15–21 Uhr, Samstag ganztägig und Sonntag bis 18 Uhr.

Hostess-Bars

Zu HongKongs Nachtleben gehören natürlich auch die Amüsierbars, obwohl diese mittlerweile überwiegend Geschäftsleuten und Fahrern von Oberklasselimousinen vorbehalten sind, Normalsterbliche können sich diese Etablissements ohnehin kaum leisten. Die Preise für ein kleines Bier nebst leichter Bühnenunterhaltung liegen bei 500 HK$. In anderen kann auf Wunsch mit charmanten Hostessen am Tisch geplaudert werden – ab 1000 HK$ für eine Stunde harmloser Tischgespräche.

Noch immer kennen viele Touristen das Prinzip dieser Bars nicht, trinken ein Bier, plaudern mit einer Hostess ohne zu wissen, dass diese für die Bar arbeitet und wundern sich über die gigantische Rechnung. Schon mancher Urlaub wurde so durch „irrtümliche Ausgaben“ drastisch kürzer als geplant.

Theater und Konzerte

In HongKong finden fortlaufend Musik- und Theateraufführungen statt. Während Rock-Konzerte oft in Sportstadien stattfinden, werden Shows, Opern- und Theateraufführungen meist in den großen Hallen in TsimShaTsui/KowLoon wie dem HongKong Cultural Centre oder dem HongKong Arts Centre angeboten. Die Spannweite reicht von Broadway Musicals über klassische Konzerte bis zur Peking Oper.

Im **HongKong Convention and Exhibition Centre** werden nicht nur zahlreiche Ausstellungen und Messen abgehalten, sondern auch Theater- und Konzertaufführungen geboten. Im EG befindet sich ein **Kartenvorverkauf** (tgl. 11–19 Uhr, siehe auch www.hkcec.com.hk) für alle Veranstaltungen HongKongs, also auch für jene Events, die an anderen Orten stattfinden sowie für Rockkonzerte.

Noch günstiger liegt die **Verkaufsstelle im HongKong Cultural Center,** TsimShaTsui (im Souterrain, tgl. 10–21.30 Uhr, Tel. 37616661).

Viele Events können im Internet unter www.hkticketing.com und www.lcsd.gov.hk/en/ticket/index.html auch online gebucht werden.

Die **Tageszeitungen** informieren über das aktuelle Programm, auch das **HKTB** ist bei der Auswahl und der Kartenbeschaffung behilflich. Bei Rock-Großereignissen werden die telefonischen Vorverkaufsstellen auch in TV-Spots bekanntgegeben.

Pferderennen

Anders als in Macau wird die Spielleidenschaft der Chinesen in HongKong ziemlich eingeengt, die Pferdewetten gehören zu den großen Ereignissen (s. ShaTin S. 109 und Happy Valley S. 66, www.happyvalleyracecourse.com und www.sha-tin.com). Auch für Touristen lohnt es, einmal einen Renntag in Happy Valley mitzuerleben, die Stimmung ist wirklich ein Ereignis. Die Rennsaison geht in HongKong von September bis Juni, die Rennen finden meist mittwochs in ShaTin und samstags in Happy Valley statt. Der Eintritt kostet je nach Tribüne 20–50 HK$. Die „Come Horseracing Tour" des HKTB bietet die Möglichkeit, einen **Pferderenntag in der Ehrenloge** zu verbringen (Sept.–Juli, 7 Std., ca. 1200 HK$).

Neben Sieg oder Platz sind die wichtigsten **Turfbegriffe** bei Wetten *Quinella* (1. und 2. Platz), *Six Up* (auf Sieger oder Zweiten in 6 Rennen) und *Triple* (auf 3 Erstplazierte in 3 Rennen).

Der **HongKong Jockey Club** als Dachverband fungiert übrigens als Wohlfahrtsorganisation, ist HongKongs größter Arbeitgeber und auch der größte Steuerzahler. Mit den Einnahmen aus dem Turfgeschäft werden Altersheime und Krankenhäuser unterhalten, aber auch Jugendherbergen mitfinanziert (etwa Mount Davis). Seit 2007 hält übrigens der Deutsche Winfried Engelbrecht-Pesges die milliardenschweren Zügel des HKJC in der Hand.

Unterkunft

„Wer auf der Matte schläft, kann nicht tief fallen" (laotische Volksweisheit)

Während Pauschaltouristen ihr Zimmer bereits vorab gebucht haben, stellt sich für den Individualtouristen die entscheidende Frage: Wo bette ich mein Haupt am preiswertesten? Dies ist in HongKong ein keineswegs einfaches Unterfangen, da einerseits Schlafsäle rar sind, andererseits selbst winzige Einzel- und Doppelzimmerchen kaum unter 400 HK$ zu haben sind. Echte Einzelzimmer sind eher selten, fast alle Zimmer sind mit einem Doppelbett ausgestattet, sodass Einzelreisende entweder den vollen Preis zahlen oder auf ein Schlafsaalbett (engl.: *dormitory-bed*) zurückgreifen müssen.

Um während eines mehrtägigen HongKong-Aufenthaltes möglichst viel sehen zu können, empfiehlt es sich natürlich, möglichst zentral (TsimShaTsui/KowLoon oder Central/HK-Island) zu wohnen und nicht lange **Anfahrtzeiten** von der Unterkunft zum Zentrum in Kauf zu nehmen. TsimShaTsui bietet sowohl Hotels wie auch Guesthouses, auf HongKong Island dagegen liegen die meisten Hotels in Central, WanChai und Causeway Bay, einige günstigere Unterkünfte sind hier in WanChai konzentriert.

Da die **Unterkünfte auf den Inseln** weniger für den Stadtbesucher als vielmehr für den Wanderer und Erholungssuchenden geeignet sind, wurden sie hier nicht mit aufgenommen, sondern im jeweiligen Inselkapitel.

Grundsätzlich gilt: Eingecheckt wird, unabhängig von der Unterkunftsart/Preisklasse (Ausnahme: Jugendherbergen), ab 14 Uhr, ausgecheckt bis 12 Uhr.

Alle im Folgenden genannten Preise beziehen sich auf diese Hochpreisphasen (Weihnachten bis Chinesisch-Neujahr, aber auch Ostern und Pfingsten), außerhalb derer in den mittleren und oberen Kategorien Abschläge von 50 % die Regel sind. Wer nicht vorab gebucht hat, sollte für diese Preisklassen unbedingt den **Hotelreservierungsschalter am Flughafen** aufsuchen, wo das täglich aktualisierte Angebot vorliegt und unnötige eigene Anfragen abgenommen werden. Außerdem zeigt die Erfahrung, dass hier die besseren Preise erzielbar sind, als bei eigener Anfrage direkt im Hotel. Auch im **Macau Ferry Pier** (ShunTak Centre) haben die Reiseagenturen nicht nur zu Macau, sondern auch zu HongKong sehr interessante Hotelangebote der Kategorie ab etwa 500 HK$ im Angebot (stets pro Zimmer!). Preislich am kritischsten – wenn man überhaupt noch eine Unterkunft bekommen kann – ist die Zeit um das **chinesische Neujahrsfest.**

Noch ein **Hinweis** für preisbewusste Individualreisende zur Vorgehensweise: Man kann durchaus schon **vor der Reise** etwas arrangieren, auch Jugendherbergs- oder Billigunterkunft (siehe rechts). Dabei empfiehlt sich durchaus die jedermann zugängliche Jugendherberge – da hat man deutlich mehr Platz als in den Kammern/Parzellen in den Wohnblöcken. Letztere verfügen dagegen häufig über ein eigenes kleines Duschbad, und wer darauf ungern verzichtet, findet in den Chungking Mansions (s. S. 279) auch ohne Voraborganisation etwas.

☐ Günstige Unterkunft mit toller Aussicht – Jockey Club Mt. Davis (s. S. 280)

Jugendherbergen

Die folgenden Jugendherbergen sind in der *HongKong Youth Hostel Association* zusammengeschlossen. Sie bieten sehr gute Koch- und Waschmöglichkeiten wie auch Kühlschrank, Grillplatz und ähnliches. Bettwäsche wird gestellt.

Anfragen und **Reservierungen** über die Zentrale (HKYHA) Shop 1189 , 1st floor, Fu Cheong Shopping Centre, Sham-Mong Rd., ShamShuiPo, KowLoon, Tel. 27881638, www.yha.org.hk.

Es empfiehlt sich, für jede Person einen internationalen **Jugendherbergsausweis** vorzulegen, da sonst pro Person und Tag zusätzlich derzeit 30 HK$ Gebühren erhoben werden (Gruppen erhalten auf Antrag eine einjährig gültige Mitgliedschaftskarte).

Mit Ausnahme der Mt. Davis-Herberge kann man nur von 15/16 bis 23 Uhr **einchecken** und muss bis 9/10 Uhr **auschecken.** Außer Mt. Davis (s. S. 280) hat nur die Bradbury Lodge täglich geöffnet, die übrigen schließen gelegentlich unter der Woche für einen Tag. Aufgrund der jeweils recht isolierten Lage empfiehlt es sich, vorher per Mail oder nach der Ankunft telefonisch zu **reservieren,** um nicht auf ein volles Haus zu treffen.

Für den normalen Reisenden sind von den Jugendherbergen hauptsächlich Mt. Davis und das City Hostel in New Kow-Loon zu empfehlen.

- [S. 113] **Bradbury Hall,** ChekKeng, Sai-Kung East Peninsula, New Territories, Tel. 23282458. Dorm ab 120 HK$, DZ ab 380 HK$, Zeltplatz 40 HK$. Die Herberge verfügt über 100 Betten und 150 Zeltplätze an mehreren Plätzen. Mit dem Airport-Schnellzug bis KowLoon, dort 300 Meter die Jordan Rd. zur MTR-Station Jordan laufen. Bis zur MTR Stati-

020hk Abb.: wl

on ChoiHung fahren und von dort (Ausgang B: Clearwater Bay North Rd.) mit Bus 92 (ca. 20 Min. Fahrt) zur Endstation SaiKung. Von hier mit der 94 (Sonn- und Feiertags auch 96R) nach PakTamChung-Country Park. Schräg gegenüber der Parkverwaltung führt eine kleine Straße zur 300 Meter entfernten Herberge. Fahrtzeit bis KowLoon etwa 75 Minuten. Die Bradbury Hall hat noch eine nahegelegene **Außenstelle,** die auf zweierlei Art erreichbar ist: mit Bus 94 ab PakTamChung weiterfahren bis zur Haltestelle PakTamAu und dort dem teilweise asphaltierten Pfad 3 km lang folgen (= Mc Lehose-Trail). Oder ab KowLoon Tong (Bus XX) mit der East Rail Line bis University, dort den Schildern zur „Ferry" folgen (10 Minuten) und Boot (nur 8.30 und 15.15 Uhr) nach ChekKeng nehmen – die Herberge liegt gleich oberhalb vom Pier. Da nicht immer beide Filialen gleichzeitig geöffnet sind, unbedingt vorher anrufen.

› **City Hostel MeiHo House,** Block 41, Shek Kip Mei Estate, Sham Shui Po, New KowLoon, Tel. 37283500. Das Hostel wurde 2014 eröffnet. Allerdings kann man hier – ähnlich wie beim Salisbury YMCA (s. S. 284) – eher von einem Hotel denn von einer klassischen Jugendherberge sprechen. Hier gibt neben top-sauberen Doppelzimmern (ab 650 HK$) und Schlafsaalbetten (getrennt oder gemischt, ab 229 HK$) auch Familienzimmer (ab 1300 HK$), eine Cafeteria, ein kleines Museum (Ausstellungshalle) und Führungen zum MeiHo-House. Am einfachsten erreicht man das City Hostel mit der MTR (ShamShuiPo, Ausgang B2, geradeaus die PeiHo bis zum Ende, links die Berwick bis zur nächsten Kreuzung, dort oben rechts). Check-in ist ab 15 Uhr, ausgecheckt werden muss bis 11 Uhr.

■ [S. 114] **Jockey Club Bradbury Lodge,** TingKok Rd., TaiMeiTuk, New Territories, Tel. 26625123. Dorm ab 120 HK$, 4er-Zimmer 900 HK$, jeweils zzgl. 30 HK$ pro Person und Nacht für Nichtmitglieder (gilt für alle JH). Bis TaiPo Market mit der MTR East Rail Line fahren, von hier den Bus 75K (letzter Bussteig unter der Station) zur Endstation,

EXTRAINFO

Buchungsportale

Neben Buchungsportalen für **Hotels** (z. B. www.booking.com, www.hrs.de oder www.trivago.de) bzw. für **Hostels** (z. B. www.hostelworld.de oder www.hostelbookers.de) gibt es auch Anbieter, bei denen man **Privatunterkünfte** buchen kann. Portale wie www.airbnb.de, www.wimdu.de oder www.9flats.com vermitteln Wohnungen, Zimmer oder auch nur einen Schlafplatz auf einer Couch.

Hotelsuchmaschinen

Insbesondere die beiden erstgenannten bieten immer wieder gute Schnäppchen. Die Preise werden in US$ ausgewiesen und gelten pro DZ.

- www.hotelhk.com
- www.sinohotelguide.com/hongkong
- www.asiarooms.com/en/hong_kong (für den Oberklassebereich)
- www.german.hostelworld.com (für vernünftige, einfache Unterkünfte)

dort an der Promenade 150 m nach Süden (Meer rechts). Vom Flughafen fährt Bus E-41 direkt zu TaiPo Market, von dort wie beschrieben weiter. Bradbury Lodge liegt ruhig und eignet sich hervorragend für Wassersport- und Wanderfreunde. Fahrtzeit bis KowLoon inklusive Umsteigen ca. 45 Min.

- [S. 140] **YHA NgongPing** (ehem. S.G. Davis Youth Hostel), NgongPing, LanTau, Outlying Islands, Tel. 29855610, DZ 380 HK$, Dorm 150 HK$ (bis 17 J. 50 HK$), 4er-Zimmer 1000 HK$, Zeltplatz 85 HK$, inkl. Zelt/Zubehör ab 300 HK$. Da der Flughafen recht günstig vor der Nordküste LanTaus liegt, ist das Hostel eine brauchbare Alternativen zu KowLoon oder Central, wenn man ohnehin vorhat, auch auf LanTau Station zu machen – allerdings ist man dann vom eigentlichen HongKong ziemlich weit ab. Vom Flughafen nimmt man einen Bus nach TungChung und geht dort 300 Meter zur alten Straße (Richtung Fort), wo man den Bus 23 direkt nach NgongPing nimmt. Dort folgt man dem Pfad neben der großen Buddha-Statue gut 5 Minuten zum Hostel.

Es gibt noch **zwei weitere Jugendherbergen**, die allerdings sehr weit außerhalb liegen, nur mit mehrfachem Umsteigen und zusätzlichen einstündigen Fußmärschen erreichbar sind. Hier verbringen meist Schulgruppen ihre Schullandheim- und Wochenendausflüge. Für den, der länger bleibt und einmal eine Zeit in der Natur leben möchte. Anfragen über die HKYHA oder direkt bei:

- **PakShaO-Hostel,** HoiHa Rd., SaiKung/New Territories, Tel. 23282327, Dorm 100 HK$, 4er -Zimmer 1000 HK$, Zeltplatz 60 HK$, Zelt/Zubehör ab 300 HK$, ab SaiKung Bus 94 bis KoTong, von der Haltestelle 100 Meter die PakTam Rd. entlang, dann links in die HoiHa Rd., knapp 1 Std. Gehzeit.
- **SzeLokYuan**, TaiMoShan, TsuenWan, NT, Tel. 24888188, Dorm 100 HK$, Zeltplatz 85 HK$, MTR TsuenWan (Ausgang A, TaiHo Rd.), Bus 51 Richtung KamTin bis zur Parkverwaltung an der Kreuzung TaiMoShan Rd./ Route Twisk; dort ca. ¾ Std. die TaiMoShan Rd. hinauf bis zum Parkplatz kurz vor dem Gipfel, dann rechts auf dem befestigten Fußweg zum Hostel.

Guesthouses und Hostels in KowLoon

Während sich die Gäste der größeren Hotels oft darüber uneinig sind, ob man besser auf HongKong Island oder in KowLoon absteigen solle, landen die meisten

Individualtouristen sowieso in **TsimSha-Tsui.** Hier findet man die größere Auswahl an preisgünstigeren Zimmern als auf der Insel.

Etliche Guesthouses verfügen über Zimmer mit eigenem oder Gemeinschaftsbad. Darüber hinaus ist auch die Größe des Raumes und die Frage, ob es ein Fenster gibt oder nicht, preisrelevant. Bei den unten angegebenen Zimmerpreisen handelt es sich meist um „Feiertagspreise", d.h. außerhalb der Hauptreisezeiten sind spürbare Rabatte die Regel.

Trotz der geradezu Klaustrophobieanfälle auslösenden Enge der Zimmer sind fast alle mit dem obligatorischen Farbfernseher und Air-con ausgestattet, manche Guesthouses bieten zusätzlich auch einen Wäschereiservice an. Bis 12 Uhr spätestens muss man ausgecheckt haben, sonst wird der halbe (bis 18 Uhr) bzw. volle Übernachtungspreis erhoben. In vielen Guesthouses kann man bei Abflug am Abend sein Gepäck kostenlos aufbewahren lassen.

■ ChungKing Mansions (重慶大廈), 30 Nathan Rd., TsimShaTsui [S. 82]

Dieses Sammelsurium von Hostels und Schenken im absoluten Zentrum TsimShaTsuis sucht auf dem Globus vergeblich seinesgleichen. Eine perfekte **Mischung aus Mumbai und ShangHai** – besser kann man „The Mansions", wie sie von Travellern ehrfürchtig genannt werden, kaum beschreiben. Verwinkelt, düster, schmutzig, bedrohlich, auf der anderen Seite seltsam attraktiv als Hochburg der Individualtouristen. Von weitem ein dunkler, 17 Stockwerke hoher und 150 Meter breiter Block an der Nathan Road, dem Herzen KowLoons. Der normale Pauschaltourist denkt nicht im Traum daran, dass hier, oberhalb der indischen Garküchen und chinesischen Händler die größte Ansammlung von Unterkünften auf kleinem Raum weltweit liegt! Schätzungen zufolge liegen in den ChungKing Mansions nicht weniger als 150 offizielle oder private Guesthouses.

Der labyrinthische Komplex ist in fünf Blöcke gegliedert, die vom Erdgeschoss aus per Lift, vom offenen „Basar" des ersten Stockes (eine zentrale Treppe führt vom EG hinauf) aus auch durch fünf düstere Treppenaufgänge erreichbar sind. Zu den Stoßzeiten (8–9 und 16–19 Uhr) muss man mitunter 15 Minuten Wartezeit an den Liften in Kauf nehmen.

Vor dem Zugang und an den Liften (insbesondere A und B) halten sich häufig „Schlepper" auf, die den bepackten Touristen in „ihr" Guesthouse ziehen wollen. Sicherlich eine einfache Möglichkeit, rasch eine freie Unterkunft zu finden, allerdings steigt dadurch auch der Preis, da die Schlepper keineswegs die Besitzer des Guesthouses sind, sondern lediglich eine Provision für das Beschaffen eines neuen Kunden kassieren – die natürlich an den Gast weitergegeben wird.

Aufgrund der Vielzahl der Unterkünfte in den Mansions braucht niemand die Hilfe der Schlepper in Anspruch zu nehmen, man fährt am besten in den obersten Stock und arbeitet sich dann allmählich hinunter, bis man ein passendes Zimmer gefunden hat. Die Blöcke A und B waren immer die schmutzigsten (wohlgemerkt: die Blöcke und deren Treppenhäuser, nicht die Guesthouses), dafür sind hier die meisten Unterkünfte zu finden. Die Blöcke D und E liegen hinten, werden überwiegend von Privatleuten bewohnt und sind deutlich besser in Schuss. Nach etlichen erhobenen Zeigefingern des ehemaligen Urban Council sind die meisten Guesthouses heute, von wenigen Ausnahmen abgesehen, recht sauber und ordentlich, vor allem verglichen mit Restchina und der eigenen Vergangenheit. Jüngst wurden sogar die Treppenhäuser gefegt und vom Unrat, der vermutlich noch aus

EXTRATIPP

Preiswerter Panoramablick

Die famos gelegene **Jugendherberge** unterhalb des **Mount Davis** wird von Reisenden am häufigsten von allen Jugendherbergen frequentiert, wenngleich sie nicht im Zentrum liegt (15 Minuten den „Dschungelpfad" abwärts zur Tram/MTR Kennedy Town). Zwei Internetrechner (Münzautomaten), Grillplatz, famose Aussicht, Fernsehraum.

- [S. 46] **Jockey Club Mt. Davis,** Mount Davis Path, HongKong-Island, Tel. 28175715, Dorm 190 HK$, DZ ab 480 HK$, 4-Bett-Zi. 1000 HK$, 2er-Zelt (inklusive Ausrüstung) 300 HK$, tgl. 7–24 Uhr. Anfahrt: Vom Flughafen Airport Express oder Bus bis Central, dort MTR oder Tram bis Kennedy Town. Dort startet und endet der herbergseigene kostenlose Zubringerbus. (Fährt 7-mal tgl. in beide Richtungen, am Ausgang der MTR-Station Kennedy Town/Exit C links gehen und Schild mit Fahrplan beachten. Rechts (Smithfield) gibt es günstige westliche und östliche Lokale sowie einen Park-n'-Shop-Supermarkt.)

den Erbauerzeiten des Gebäudes stammte, befreit. Noch Ende der 1980er-Jahre konnte man im 15. Stock außen auf den Balustraden zum Innenhof Ratten auf der Jagd nach Kakerlaken entlang huschen sehen! Aber: Inzwischen ist hier vieles anders geworden. 2011 fand die vorläufig letzte umfassende Renovierung statt.

Im Erdgeschoss liegen zwischen den Geschäften und Ständen hintereinander auf der linken Seite die Aufzüge zu den Blöcken A, B und C, im Mittelgang der linken Seite die Lifte

EXTRATIPP

The Apple Inn

Wer eine Alternative zu Billighotels sucht, aber nicht in eine Jugendherberge mag, der ist bei **The Apple Inn** (http://appleinn.com.hk) richtig, das es zwei Mal in Kowloon gibt. Das Apple Inn ist eine moderne, freundliche Unterkunft mit Schlafsaal und DZ, dazu gibt es kostenlos Wäscheservice, WLAN, PC- und Druckernutzung, Stromadapter und Gepäckaufbewahrung. Dorm ab 85 HK$, EZ ab 300 HK$, DZ ab 320 HK$ und 4er-Zimmer ab 350 HK$. Das „ab" bedeutet hier: Preise unter der Woche, TST 20 % teurer als MongKok, Fr/Sa 50–100 % mehr.

- **The Apple Inn (1)** €, Sun Hing Building, 607 Nathan Road, MongKok, Tel. 81007557, MTR MongKok, Ausgang E1
- **The Apple Inn (2)** €, am Kowloon-Park in TST, 11/F, Hoi Phong Mansion, 55 Hoi Phong Road, MTR TST Ausgang A1

zu den Blöcken D und E. Infos zu den einzelnen Hostels: www.chungkingmansions.com.hk.

Eine der preiswertesten Unterkünfte in HongKong: das Jockey Club Mt. Davis Youth Hostel

083hk Abb.: wl

Mirador Arcade, 58 Nathan Rd., TsimShaTsui [S. 82]

Zwischen Mody Rd. und Carnavon Rd. (MTR TsimShaTsui, Ausgang D2.), nur wenige Meter nördlich der ChungKing Mansions, liegt – eher unscheinbar und etliche Nummern kleiner – der „kleine Bruder", die Mirador Arcade mit etlichen preiswerten und guten Guesthouses. Im Gegensatz zu den Mansions gibt es hier nur einen großen Block mit Zugang von drei Seiten, Bristol Ave (rotes Schild „Money Exchange"), Carnavon Rd. (Schilder „Bobby's Taylor") und Nathan Rd. (kleines Schild „Mirador Mansion Arcade"). Die Mirador Arcade ist längst nicht so verwinkelt und wirkt ruhiger und sauberer. Wer eine große Auswahl an Unterkünften auf engem Raum sucht, ist hier sicherlich gut beraten.

› Mehrere ehemals selbstständige Hostels wurden vom Eigentümer des **Lee Garden – Star Guest House** aufgekauft, sodass nunmehr 55 Zimmer in der Mirador Arcade (Tel. 27238951, www.starguesthouse.com.hk) zur Verfügung stehen. EZ oder DZ mit Bad ab 500 (EZ) bzw. 800 (DZ) HK$.

Hotels in KowLoon und New Territories

KowLoon ist nicht nur für Individualtouristen der beliebteste Anlaufpunkt für Unterkünfte. Traditionsreiche wie hypermoderne Mittelklasse- und Nobelhotels stehen dicht beieinander – es gilt zu beachten, dass zu den genannten Preisen zusätzlich 10 % **Service Charge** plus 5 % **Steuern** erhoben werden. Man sollte meinen, dass bei den gesalzenen Preisen der Service hinreichend bezahlt sei, doch mitnichten. Immerhin sind in KowLoon eher als auf HongKong Island noch einige Doppelzimmer unter 1500 HK$ zu finden.

Ein Hinweis für **Pauschalreisende:** Viele Reisebüros preisen ihre Hotels als „downtown KowLoon" an, doch nur TsimShaTsui oder TsimShaTsui-East liegen wirklich zentral. Anschriften wie „Nathan Rd., KowLoon" können einige Kilometer nördlich von TsimShaTsui liegen.

Wer kein Hotel vorab gebucht hat, sollte unbedingt den **Hotelreservierungs-**

schalter am Flughafen kontaktieren, wo man meist bessere Preise erhält als bei persönlicher Anfrage vor Ort.

- [S. 82] **Eaton-Astor** €€€, 380 Nathan Rd., KowLoon, www.eatonhongkong.com/en, Tel. 27821818. Relativ günstiges Oberklassehotel mit Shopping-Plaza, Arzt, Babysitter usw. Ähnelt übrigens optisch dem Museum of History.
- › **Evergreen Hotel** €€, 42–52 WooSung Street (Nähe MTR Jordan), Tel. 27804222, www.evergreenhotel.com. DZ inkl. Waschmaschinen, Trocknern, Bügeleisen und Internet PC-Nutzung. Interessante Langzeitangebote.
- [S. 82] **GuangDong** €€€, 18 Prat Avenue, TsimShaTsui, www.gdhotel.com.hk, Tel. 34108888. Für seine zentrale Lage mitten in TsimShaTsui ist das GuangDong günstig, allerdings nicht ganz so feudal wie das Eaton – bietet dafür des Öfteren tolle Rabatte.
- [S. 89] **Harbour Grand KowLoon** €€€€, 20 TakFung St., HungHom, https://kowloon.harbourgrand.com, Tel. 2621 3188. Eines der schönsten Hotels HongKongs (Marmorbäder!), direkt am Whampoa-Garden (Uferlage), etwas ab vom Zentrum.
- [S. 82] **HongKong Langham Hotel** €€€€, 8 Peking Rd., TsimShaTsui, http://hongkong.langhamhotels.com, Tel. 23751133. Das ehemalige Renaissance Hotel wurde vom (Kaufhaus-)Konzern Langham gekauft. Sehr nobel, das trifft auch auf die Preise zu (ab umgerechnet 200 €).
- [S. 82] **Hyatt Regency HongKong** €€€€€, 67 Nathan Rd., TsimShaTsui, Tel. 23111234, http://hongkongtsimshatsui.regency.hyatt.com, absolut zentral, bietet auch barrierefreie Zimmer und einige DZ zu 1800 HK$.
- [S. 82] **Imperial** €€€, 30–34 Nathan Rd., TsimShaTsui, www.imperialhotel.com.hk, Tel. 23662201. Stillos, aber günstig für die zentrale Lage. Online bereits ab 1000 HK$.
- [S. 82] **Intercontinental Grand Stanford HongKong** €€€€, 70 Mody Rd., TsimShaTsui East, Tel. 27215161, www.hongkong.intercontinental.com. Nahe der MTR-Station KowLoon an der Uferpromenade. Toller Hafenblick, Online-Schnäppchen möglich.
- [S. 82] **Intercontinental Regent** €€€€€, 18 Salisbury Rd., TsimShaTsui, Tel. 27211211, https://hongkong-ic.intercontinental.com, Suiten von 4700 bis (festhalten!) 90.000 HK$, das sind über 10.000 €, pro Nacht! Nachdem dem Peninsula durch den Bau des Space-Museum und Museum of Art das Panorama verbaut wurde, darf sich mittlerweile das Regent der absoluten Top-Lage in KowLoon an der Uferpromenade rühmen. Ein 5-Sterne-Hotel der Spitzenklasse.
- [S. 82] **Marco Polo** €€€€€, Harbour City, TsimShaTsui, Tel. 21130888, www.marcopolohotels.com. Direkt neben den Kreuzfahrtschiffen: Die Hotels Marco Polo und Prince wurden von der amerikanischen Omni-Gruppe primär für Kreuzfahrtreisende und Gruppen konzipiert. Beide Hotels sind keine Schnäppchen, liegen aber sehr zentral in TST.
- › **New King's** €€€, 46 Temple St., YauMaTei, www.kingshotelhk.com, Tel. 2780 1281.

Unterkunftskategorien

Für die auf dieser Seite und den foglenden Seiten genannten Hotels gelten folgende Kategorien

€	DZ bis 700 HK$
€€	DZ ab 700 HK$
€€€	DZ ab 1200 HK$
€€€€	DZ ab 2000 HK$
€€€€€	DZ ab 3000 HK$

Einfaches, aber gutes und preiswertes Mittelklassehotel. 900–1150 HK$.

- [S. 82] **New World Renaissance KowLoon** €€€€€, 22 Salisbury Rd., TsimShaTsui, Tel. 23694111, http://renaissance-hotels.marriott.com/renaissance-hong-kong-harbour-view-hotel. Neben dem berühmten Peninsula bestes Hotel in TsimShaTsui. Wirkt aber trotz der Traumlage an der Promenade etwas stillos.
- [S. 82] **New World Millennium** €€€€€, 72 Mody Rd., TsimShaTsui East, http://newworldmillenniumhotel.com, Tel. 27391111. Steht von seinen Annehmlichkeiten dem Renaissance in nichts nach, liegt aber nicht ganz so perfekt.
- [S. 80] **Novotel Nathan Rd.** €€€ (ehem. Majestic), 348 Nathan Rd., nördliches Ende von TsimShaTsui (200 Meter nördlich der Jordan MTR-Station), Tel. 39658888, www.novotel.com. Ausgezeichnetes Mittelklassehotel.
- [S. 82] **Peninsula** €€€€€, Salisbury Rd. TsimShaTsui, http://hongkong.peninsula.com, Tel. 29202888. Eines der ältesten, **besten und stilvollsten Hotels HongKongs** in unmittelbarer Nähe zur Star Ferry und der Uferpromenade. Nach den Geschichten der Pagen und Concierges zu urteilen, müsste längst ein historischer Roman zum legendären Peninsula geschrieben werden. Alle Angestellten werden seit Urzeiten in einem knochenharten Auswahlverfahren handverlesen, mit dem Ergebnis, dass im Peninsula **jeder Handgriff hundertprozentig sitzt.** Ein Job hier gilt als großer Glücksgriff – wo Unsummen für Suiten bezahlt werden, sind natürlich auch entsprechende Trinkgelder zu erwarten. Ein normaler Page verdient hier knapp 10.000 HK$, streicht aber in der Regel ebensoviel durch „Tipps" ein. Alles, was Rang und Namen hat, steigt im Peninsula ab, von **Rockstars** bis zur **Queen.** Nicht von Ungefähr verfügt das Peninsula über einen eigenen Fuhrpark, Rolls Royce versteht sich (der Transfer im Rolls vom und zum Flughafen wird mit 500 HK$ berechnet, einfach). Es lohnt sich unbedingt, einen Drink in The Bar (s. S. 274) zu nehmen – die unter anderem für die **schönsten Hoteltoiletten der Welt** gerühmt wird!
- [S. 82] **Prudential** €€€€€, 222 Nathan Rd., TsimShaTsui, www.prudentialhotel.com, Tel. 23118222. Gutes Oberklassehotel, liegt nördlich des KowLoon-Park und verfügt über einen eigenen Zugang zur MTR-Station Jordan.
- [S. 80] **Ritz-Carlton HongKong** €€€€€, ICC, 1 Austin Road West, KowLoon, Tel. 22632263, www.ritzcarlton.com/de/hotels/china/hong-kong. Höher als im Ritz Carlton in HongKong kann man momentan nicht logieren – selbst zum Schwimmbad muss der Lift 116 Etagen erklimmen! Das ICC ist mit 490 m Höhe eines der höchsten Gebäude weltweit. In den oberen Etagen liegt das Luxushotel mit Schwimmbad, vorzüglichem Restaurant sowie allen Annehmlichkeiten und superbem Ausblick.
- [S. 82] **Shamrock** €€€€, 223 Nathan Rd., YauMaTei, Tel. 27352271, www.shamrockhotel.com.hk. An der MTR-Station Jordan gegenüber vom Prudential gelegenes preiswertes Mittelklassehotel. Bei knapp 2000 HK$ für ein 3er-Zimmer eine echte Alternative für drei Personen zu den engen Guesthouses.
- [S. 82] **Sheraton HongKong** €€€€€, 20 Nathan Rd., TsimShaTsui, www.starwoodhotels.com/sheraton/hongkong, Tel. 23691111. Absolut zentrales Tophotel, dem aber das Flair des benachbarten Peninsula fehlt.
- [S. 82] **Stanford Hillview** €€€, 13–17 Observatory Rd., TsimShaTsui, Tel. 27228722, www.stanfordhillview.com. Wirbt mit „inklusive Minibar, Mobiltelefon und Busshuttle".
- [S. 91] **The Cityview** €€€, 23 Waterloo Rd., YauMaTei (MTR YauMaTei), Tel. 27833888, www.thecityview.com.hk. War wie das Salisbury YMCA ursprünglich eine Jugendher-

berge, die aber längst zum Luxushotel umgestaltet wurde und auch die Preise betreffend entsprechend angeglichen hat. Gute Onlineangebote.

- [S. 82] **The Salisbury YMCA** €€€, 41 Salisbury Rd., TsimShaTsui, www.ymcahk.org.hk, Tel. 22687000. Wie das benachbarte Peninsula wurde auch das YMCA zu einer Institution, allerdings ein paar Preisklassen niedriger. Bedingt durch die Toplage beginnen DZ auch hier erst bei 1400 HK$, ohne Seeblick. Dreibettzimmer mit Blick auf Hafen und Promenade kosten 1800 HK$, Suiten zu 3420 HK$ lassen die ursprüngliche Intention der YMCA-Gründer allerdings fraglich erscheinen.

Guesthouses und Hostels auf HongKong Island

Kingston Building

Nur einen Steinwurf von der MTR entfernt liegt das Kingston Building, 2–4 Kingston St., Causeway Bay, oberhalb der Geschäfte eigentlich ein reines Wohngebäude. Hier sind saubere und preiswerte Zimmer von privat oder in Guesthouses zu haben.

- **Ms. Chan Guestroom** (privat), monatl. ab 5500 HK$, tgl. ab 380 HK$, Tel. 25781775, 5. St, B4.
- **Inntide GH**, 5. Stock, Tel. 25781775, sieben 2er- und 3er-Zimmer mit Bad und a/c, vor Ort günstiger als über Hotelbuchungsseiten.
- **Mini Hotel Central**, 38 Ice House Street (nahe Kathedrale/LanKwaiFong), Tel. 21030999, www.minihotel.hk. Spartipp: Sehr modern, DZ mit U-Boot-Feeling ab 1200 HK$, wobei im Preis oft Aktionspakete (Wäschereigutschein, SIM-Karte, AE-Ticket ...) enthalten sind. Wenn man eine Unterkunft nur zum Schlafen sucht, sehr zu empfehlen.

Hotels auf HongKong Island

Auf HongKong Island – und hier konzentriert im Bezirk WanChai – liegt eine breite Auswahl hervorragender Mittel- und Oberklassehotels, die alle internationalen Standards entsprechen – alle Hotelketten der Welt von Rang und Namen sind auch in HongKong vertreten. Preislich beginnen die DZ bei etwa 1200–1500 HK$, nach oben sind keine Grenzen gesetzt. Wenn man nicht auf die günstigeren Guesthouses zurückgreifen möchte, empfiehlt es sich, entweder eine Pauschalreise über ein heimisches Reisebüro zu buchen, über eine der genannten Internetsites (s. S. 278) oder direkt bei einigen der Hotels ein Angebot einzuholen.

Außerhalb der Hauptreisezeiten (Weihnachten bis zum chinesischen Neujahr sowie Juli/August) kann man bei dem einen oder anderen Hotel auf schriftliche Anfrage durchaus erhebliche **Rabatte** bekommen. Die angegebenen DZ-Preise gelten für zwei Personen, eine Person zahlt nur unwesentlich weniger. **Achtung:** Alle Hotels verlangen zusätzlich 10 % **Service Charge** sowie 5 % **Steuern** – immer darauf achten, ob diese im Preis enthalten sind.

- **City Garden** €€€, 9 City Garden Rd., North Point, Tel. 28872888, www.sino-hotels.com/hk/city-garden/en, 300 HK$ extra für eine dritte Person im Doppelzimmer – zu dritt mit ca. 1200 HK$ (online) ein Schnäppchen, aber etwas weit ab.
- [S. 62] **Empire** €€€, 33 Hennessy Rd., WanChai, www.empirehotelsandresorts.com, Tel. 28669111, Pool, Fitness, Direktzugang zum HK Covention and Exhibition Centre – für Geschäftsleute und Messen wichtig.

- [S. 50] **Four Seasons HongKong** €€€€€, 8 Finance St., Central, Tel. 31968888, www.fourseasons.com. Top-Hotel am IFC mit tollen Zimmern und Suiten, wahlweise Hafen- oder Peakblick. Zahlreiche Annehmlichkeiten wie Hallenbad, Whirlpool, Wellness- und Fitnesszentrum usw.
- [S. 50] **Island Shangri-La HongKong** €€€€€, Pacific Place, Supreme Court Rd., Central, Tel. 28773838, www.shangri-la.com/hongkong/islandshangrila, zentrales Topp-Businesshotel in Admiralty, DZ ab umgerechnet ca. 400 € aufwärts.
- [S. 50] **JW Marriott HongKong** €€€€€, One Pacific Place, 88 Queensway, Central, Tel. 28108366, http://jwmariott.com. Eines der traditionellsten Hotels vor Ort, aller erdenklicher Luxus.
- [S. 62] **LukKwok** €€€€, 72 Gloucester Rd., WanChai, www.gloucesterlukkwok.com.hk, Tel. 28662166, Internet, Safe, Minibar- und Zimmertelefon (ab 1200 HK$).
- [S. 50] **Mandarin Oriental** €€€€€, 5 Connaught Rd., Central, www.mandarinoriental.com, Tel. 25220111. Eine der ersten Adressen in HongKong für Flitterwöchner und Spitzenfunktionäre gleichermaßen.
- [S. 62] **Novotel Century** €€€, 238 Jaffe Rd., WanChai, www.novotelhongkongcentury.com. Mittelklasse mit Annehmlichkeiten: Teil einer Kette von drei Hotels in HongKong, die anderen liegen in KowLoon und am Flughafen. Das Century verfügt über Health Club, Sauna, Pool, WLAN und mehrere Restaurants. Um die 2000 HK$.
- [S. 62] **Wharney** €€€€ (The Wharney Guang-Dong), 57–73 Lockhart Rd., WanChai, www.wharney.com, Tel. 28611000. Sehr günstige Nebensaisonangebote bei Onlinebuchung über die Hotelhomepage (unter 1000 HK$). Pool, Fitnessstudio, Sauna, westliches und chinesisches Restaurant, Internetanschluss, Business-Centre.

Verkehrsmittel

HongKongs öffentliches Verkehrsnetz ist so gut ausgebaut und seine Benutzung derart preiswert, dass es absolut sinnlos scheint, ein eigenes Fahrzeug zu besitzen. Dennoch gibt es in HongKong die weltweit meisten Rolls Royce (gerechnet pro Einwohner), deutsche und britische Nobelkarossen sind als Statussymbol so gefragt wie sonst kaum anderswo.

Selbst hochrangige Auslandsdelegierte verzichten in HongKong oft auf einen eigenen Wagen, da alles mit den öffentlichen Verkehrsmitteln bestens erledigt werden kann, Einkäufe ins Haus angeliefert werden usw. Für Touristen empfiehlt es sich, die öffentlichen Verkehrsmittel intensiv zu nutzen, um letztlich viel Zeit zu sparen.

Unverzichtbar: die Octopus-Karte

Angenehmer als die lästige Kleingeldsuche ist das Reisen mit dem „Octopus“: der Octopus ist kein Verkehrsmittel, sondern eine **vollautomatisierte Kredit-Fahrkarte,** die sich bereits bei Aufenthalten ab drei Tagen unbedingt lohnt – wird der Airport Express mit Octopus genutzt, dann lohnt die Karte sogar bei jeder Aufenthaltsdauer.

Am Flughafen (Schalter in der Ankunftshalle), AE- und großen Fährstationen sowie an allen größeren MTR-Stationen ist diese Karte für 150 HK$ erhältlich (150 HK$ sind das Minimum, es kann jeder beliebige höhere Betrag sein, Studenten 100 HK$, erm. 70 HK$, Kinder und Senioren erhalten eine andersfarbige Karte). Sie umfasst – bei 150 HK$ – ein **elektronisches Guthaben** von 100 HK$, 50 HK$ sind eine Art **Kaution,** das einmalige „Überziehen“ des Kartenkontos bis zu 35 HK$ ist erlaubt.

Mit dieser 100 HK$ Guthabenkarte (plus 50 HK$ Pfand, von dem 41 HK$ rückerstattet werden) können Airport Express, Peak-Tram, MTR, LRT, FF-Fähren (wichtig für Inseln), Tram, Star Ferry, LanTau-Busse sowie die meisten Stadtbusse genutzt werden (auch Minibusse). Die Karte wird in den Verkehrsmitteln beim Einstieg (Tram nur beim bzw. MTR auch vor dem Verlassen) kurz auf eine **Lichtfläche** gelegt – fertig. Man benötigt kein Kleingeld mehr, alles wird vollautomatisch registriert und „abgebucht“. Der Octopus kann an Automaten, Ticketschaltern (in MTR-Stationen), aber auch in Minimärkten (7/11) oder bei Mc Donald's in 50er- oder 100er-Schritten jederzeit aufgeladen/aufgestockt werden.

Es empfiehlt sich, die Octopus-Card am Flughafen mit 500 HK$ aufzuladen; sie bietet nämlich außerdem den Vorteil, dass damit auch u. a. in 7/11-Läden, bei McDonald's, Starbucks usw. gezahlt werden und die Karte dort auch aufgeladen werden kann. Diese Octopus-Manie geht inzwischen so weit, dass es den Octopus-Chip schon als Uhr zu kaufen gibt oder einige HongKonger sich diesen Chip sogar schon unter die Haut transplantieren ließen.

Es gibt inzwischen zahlreiche Octopus-Varianten, etwa Sonderausgaben für Sammler oder „Cross Border Octopus“ (damit können Pendler auch die MTR in ShenZhen/VR China nutzen) – für den normalen Reisenden genügt der **„Standard On Loan Octopus“** (bunt), Kinder erhalten eine rosafarbene, Senioren eine grüne Karte, jeweils mit einer liegenden 8 verziert. Den ermäßigten Octopus-Versionen wird automatisch ein geringerer Betrag bei der Nutzung öffentlicher Verkehrsmittel „abgebucht“ (www.octopus.com.hk).

Helikopter

- „Zeit ist Geld“ dachte sich Sky Shuttle und begann eine reguläre **Hubschrauberverbindung** zwischen HongKong und Macau sowie Macau und ShenZhen einzurichten. Geflogen wird täglich von 9–23 Uhr etwa alle 30 Minuten zwischen HongKong und Macau (4300 HK$/Person) bzw. zweimal tgl. zwischen Macau und ShenZhen (5900 HK$). Start-/Landepunkte sind die Fährhäfen (ShunTak-Center in HongKong/Central), Tel. 21089898, www.skyshuttlehk.com.

Fähren

Die **Schiffe** sind ein alltägliches Verkehrsmittel, alles läuft rasch und formlos. Ehe man in Deutschland eine Bahnfahrkarte auch nur gekauft hat, ist man in HongKong längst am Ziel angekommen.

Star Ferry

Diese seit 1898 operierende Stadtfähre verbindet TsimShaTsui/KowLoon mit Central und ist mittlerweile ein **Wahrzeichen HongKongs** geworden. Für 2,70 HK$ (Oberdeck, Wochenende 3,70 HK$) oder 2,20 HK$ (Unterdeck, Wochenende 3,10 HK$) genießt man nebenbei das fantastische Panorama an Bord eines der Fährschiffe, die allesamt Star im Namen tragen (z. B. Morning Star, Twinkling Star usw.). Von 6.30 bis 23.30 Uhr täglich verkehrt die Star Ferry etwa alle 10 Minuten. Am Eingang zum Pier werden Münzen (Kleingeld/Octopus-Karte parat halten) in einen Drehkreuzautomaten eingeworfen – und los geht's!

Pläne, die Star Ferry durch eine Brücke zu ersetzen, sind bislang gottlob gescheitert, die grün-weißen Boote bleiben vorerst eine der Attraktionen der Stadt – und das Ganze zu einem minimalen Obolus.

Neben der Strecke **TsimShaTsui/KowLoon – Central** wird noch die Route **TsimShaTsui/KowLoon – WanChai** (gleiche Preise), bedient.

Inselfähren

Ähnlich wie die Star Ferry operieren auch die orange-weißen First Ferries (FF) sowie die schwarz-weißen HongKong KowLoon Ferries (HKKF) als normales Verkehrsmittel des Inselstaates.

Beide Flotten fahren allerdings vor allem die **vorgelagerten Inseln** der SAR HongKong an. Die Piers hierfür liegen neben der Star Ferry/Central (3 Gehminuten), die Benutzung ist sehr einfach: An den Piers wird per Digitalanzeige (englisch) angeschrieben, welche Insel gerade angefahren wird. Tickets werden am Eingang (manuell, schneller geht es per Ootopus) verkauft, die Fahrpreise betragen je nach Insel 20–60 HK$ einfach.

Anders als bei der Star Ferry kann man Fahrräder und Mopeds auf den großen Fährschiffen mitnehmen (nicht auf Schnellbooten). Für den Nutzer spielt die Fährgesellschaft übrigens keine Rolle, man steigt einfach am richtigen Pier (siehe Karte S. 50) ein – fertig.

› Fahrpläne s. jeweilige Insel; für weitergehende Infos und Aktuelles s. offizielle Website www.td.gov.hk/en/transport_in_hong_kong/public_transport/ferries/index.html.

Bus

Stadtbusse

Eine Fahrt mit den stilvollen englischen Doppeldecker-Bussen durch die Straßen HongKongs ist faszinierend, schnell und preiswert – je nach Strecke zahlt man zwischen 2,50 und 35 HK$ (Zentrum) bzw. bis 48 HK$ (Flughafenbusse). Alle Busse funktionieren nach dem „OMO"-Prinzip *(one man operated)*, man zahlt den durch ein kleines Schild beim Fahrer angezeigten **passenden Betrag** beim Einstieg vorn per Einwurf in einen Kasten (kein Wechselgeld; besser: Octopus s. S. 285).

Von der **oberen Etage** aus genießt man dann herrliche Ausblicke und kann außerdem dem Routenverlauf gut folgen. Es gibt allerdings kaum Hinweise im Bus zu den Haltestellen, sodass man in etwa wissen muss, wo man aussteigen möchte. Im Bus sind etliche **Stopp-Knöpfe** angebracht, die man drücken muss, um den Fahrer auf den beabsichtigten Ausstieg aufmerksam zu machen (Ausstieg nur hinten).

Viele Busse, insbesondere auf HK-Island, sind klimatisiert und sehr neu, in KowLoon und den New Territories fahren noch manche ältere und nicht klimatisierte Busse, die dafür etwas billiger sind. Da mehrere Gesellschaften in HongKong operieren und die Karosserie oft als Werbefläche genutzt wird, gibt es **keine einheitliche Farbe** der Busse. Rot und beige sind häufige Grundfarben in KowLoon, rot-gelb-blau gestreift auf HK-Island. Meist aber gleichen die Doppeldecker fahrenden Litfasssäulen.

Die **Linien** sind durch Ziffern gekennzeichnet, manche tragen zusätzlich einen Buchstaben. Dabei bedeutet „X" Express (hält nur an großen Haltestellen), „R" Recreation (fährt nur an Sonn- und Feiertagen), „N" steht für Nachtbus, „K" hält an MTR-Stationen der East Rail oder West Rail (früher KCR, deshalb das K) und „M" hält an MTR-Stationen.

Die Benutzung des Bussystems ist denkbar einfach, da an den Haltestellen selbst die Routen mit allen Haltestellen auch in Englisch angeschrieben stehen. In den Beschreibungen der Sehenswürdigkeiten weiter vorn in diesem Handbuch wird die jeweils einfachste Verbindung angegeben; natürlich sind manchmal auch andere als die genannten Linien brauchbar, wer einen kompletten **Busplan** der Buslinien HongKongs benötigt, findet alle erdenklichen Buslinien HongKongs als PDF-Druckversionen unter www.td.gov.hk/en/transport_in_hong_kong/public_transport/index.html unter „buses". Interaktive Busroutenplaner bieten www.nwstbus.com.hk und www.kmb.hk.

Privatbusse

Neben den großen Stadtbussen bieten Privatfirmen einen **Minibus** und **Maxicab** genannten Linienservice an. Diese beige-roten (Bezahlen beim Ausstieg) bzw. beige-grünen Kleinbusse (Einwurf des angezeigten Preises beim Einstieg) fahren schneller, sind dafür allerdings auch teurer. Leider sind die Fahrtziele nicht immer in Englisch angeschrieben und die Routen auch nicht an den Haltestellen (anders als bei den Stadtbussen rund mit rotem oder grünem Rand) ersichtlich. Die Kleinbusse halten nicht an den „normalen" Bushaltestellen. Sofern notwendig oder praktisch, wird in den Ortsbeschreibungen genauer auf die Kleinbusse eingegangen.

Straßenbahn

Tram und Peak-Tram

Eines jener unnachahmlichen öffentlichen Verkehrsmitttel HongKongs verkehrt ausschließlich auf der Nordseite von HongKong Island: die alte Tram. Seit 1904 pendelt – besser zuckelt – die **Doppeldecker-Straßenbahn** im gemütlichen Tempo durch die Prachtstraßen der Stadt.

Man steigt in die Tram generell hinten ein, **bezahlt** dann **beim Ausstieg vorn** (2,60 HK$, passend in den Kasten werfen oder Octopus vorhalten). Wer Glück hat, ergattert einen Platz im „Obergeschoss", wo man eine schöne Aussicht genießen kann.

Sich zu verfahren ist nahezu unmöglich, man muss nur wissen, ob man nach Ost oder West möchte. Einzige Ausnahme ist **Happy Valley**, deren Linie zwischen Causeway Bay und Central nach Süden abzweigt und nur von Happy-Valley-Trams angefahren wird.

An den Trams stehen die jeweiligen Endstationen angeschrieben; von West nach Ost sind dies: Kennedy Town – Western Market (SheungWan) – (Central) – Happy Valley – Causeway Bay – North Point – ShauKeiWan.

Einfach einsteigen und herumfahren, die Tram ist eines der **billigsten und schönsten Vergnügen** in HongKong!

Die Tram in Sonderanfertigung mit offenem Dach kann übrigens auch für Parties, Hochzeiten u. Ä. ab 1000 HK$/Stunde gemietet werden (Tel. 23113621, 23113509).

Ähnlich klassisch, aber noch spektakulärer ist die Anfahrt zum Peak mit der legendären **Peak-Tram** (siehe hierzu HongKong Peak S. 59).

LRT

Mit der Entstehung der modernen neuen Wohngebiete in den New Territories wurde zwischen den Stadtteilen Tuen-Mun und YuenLong ein äußerst schnelles und effektives Straßenbahnnetz gebaut. Diese LRT *(Light Rail Transit)* genannte Straßenbahn dient vor allem den Berufspendlern für die Anfahrt zum Fährpier von TuenMun. Da einige interessante Tempel an der Strecke liegen, kann auch der Tourist auf die preiswerte LRT zurückgreifen (s. hintere Umschlagklappe).

Fahrten kosten zwischen 4,50 HK$ und 11 HK$, Tickets müssen am Automaten an den Haltestellen gekauft werden, wozu man einfach die Zielhaltestelle drückt, der Betrag leuchtet dann auf. Eine Entwertung des Fahrscheines wird in der Bahn nicht vorgenommen. Wochenkarten kosten 95 HK$, Monatskarten 345 HK$ und können an den Stationen Ferry Terminus, Town Centre und SiuHong gekauft werden. Oder: Octopus!

Bahn

Airport Express

HongKongs Flughafenzubringer verkehrt im Intervall von 10 Minuten **zwischen HongKong und Flughafen**, bietet ein umfassendes Informationsdisplay zu Flugdaten, Wetter usw. und vor allem den **schnellstmöglichen Transfer** zwischen Innenstadt und Flughafen (24 Minuten Fahrtzeit).

Gehalten wird nur in TsingYi, Kow-Loon-Station und HongKong Station, von wo aus Taxis oder kostenlose Zubringerbusse den Reisenden zum Ziel bringen.

Für viele Reisende wird dieser Zug der **erste Eindruck von HongKong** sein – und der ist wahrlich nicht schlecht.

Tickets gibt es am Schalter in der Ankunftshalle, Preisangaben s. S. 219.

Günstiger ist die Nutzung des Octopus, da hier eine zusätzliche MTR-Fahrt im Anschluss an die AE-Nutzung kostenlos zur Einzelfahrt gewährt wird.

Achtung! Zu MTR und AE: die Stationen „HongKong" (MTR), „Central" (MTR) und „Airport Express" (AE) in Central auf HK Island sind durch beschilderte Gänge verbunden, aber nicht identisch.

MTR

HongKongs MTR *(Mass Transit Railway)* zählt zu den effektivsten und dabei günstigsten weltweit. Mit keinem anderen öffentlichen Verkehrsmittel kommt man so zügig durch die Stadt, einschließlich der Unterquerung des Meeres zwischen KowLoon und Hong-Kong Island oder der Fahrt nach Nord-LanTau. Züge fahren alle 2–4 Minuten von ca. 6 bis 0.30 Uhr für – je nach Entfernung – 4 bis 18 HK$ in der erweiterten Innenstadt, bei Fahrten mit der East Rail zur Grenze bis zu max. 54 HK$. In den Zügen sind vorbildliche elektronische Tafeln angebracht, welche den gesamten MTR-Plan, die Fahrtrichtung, die nächste Station sowie die Ausstiegsseite für die nächste Station anzeigen. Die Nutzung der HongKonger U-Bahn ist damit absolut narrensicher. Es verkehren fünf Linien:

- von Kennedy Town nach ChaiWan auf HK-Island (Island Line),
- Central nach TsuenWan in den New Territories (TsuenWan Line),
- von YauMaTei (KowLoon) bis TiuKengLeng (KwunTong Line),
- von North Point nach PoLam bzw. LOHAS Park (östliche New Territories, TseungKwan-O Line),

EXTRATIPP

YesInn-Kette

YesInn (www.yesinn.com) ist eine mehrfach ausgezeichnete Hostelgruppe mit derzeit vier Standorten in HK:

- [S. 62] **Causeway Bay,** NanYip Bldg., 472 Henessy Rd. (MTR Causeway Bay, Ausgang C). Dorm ab 180 HK$, DZ ab 400 HK$, jeweils mit eigenem Bad. Gemeinschaftsküche, BBQ, Gepäckaufbewahrung, Wäschereiservice. An Wochenenden/Feiertagen/Messezeiten etwa doppelt so teuer, aber jeden Cent Wert.
- **Fortress Hill,** 15. Stock, Continental Mansion Block B, 294 King's Rd. (MTR Fortress Hill, Ausg. B, Flughafenbus A 11). Gemeinsamer Kühlschrank/Mikrowelle, Internetecke (inkl.), Wäschereiservice. EZ und DZ ab 400 HK$, 4er-Zimmer ab 750 HK$, Dorm ab 140 HK$.
- **West-Kowloon,** 4. Stock, 10 Anchor St., TaiKokTsui (günstig ab Airport Cityflyer Bus E21, Station MingKei College/Cherry Street oder schnell per AE bis TsingYi, dort MTR bis Olympic/Ausg. D). Hier nur Studios/Apartments für 5800–24.000 HK$ auf Monatsbasis.
- **YauMaTei,** 1 WingSing Lane (direkt am Temple Street Nachtmarkt; MTR YauMaTei, Ausg. C, oder Bus A 21, Halt ManMing Lane). Ehemaliges Hotel, Ende 2016 vollständig umgebaut. EZ/DZ und Dorm-Unterkunft ähnlich wie in Causeway Bay.
- **Wichtig:** Alle Filialen (außer Kowloon) verfügen über wahlweise gemischte oder nur für weibliche Gäste zugängliche Schlafsaalunterkünfte.

- von HongKong nach TungChung auf LanTau (TungChung Line).

Die MTR ist vollständig automatisiert, Am Automaten wird einfach die Zielstation gedrückt, der Preis leuchtet auf, das Ticket wird nach Münzeinwurf ausgeworfen. Hiermit passiert man dann die Drehkreuze zu den Gleisen, das Magnetstreifen-Ticket muss beim Verlassen der Zielstation ebenfalls an einem Drehkreuz wieder eingesteckt werden. Auch mit Umsteigen dauert keine Fahrt länger als etwa 20 bis 25 Minuten (nach LanTau je nach Abfahrtsort bis zu maximal 1 Stunde), die Karten sind 90 Minuten gültig, anschließend verfallen sie. Praktischer ist allerdings die Nutzung des Octopus (s. S. 285). **Preisbeispiele:** Kennedy Town – Admiralty 5,50 HK$, Kennedy Town – MongKok 14 HK$; mit Octopus Card jeweils ca. 15 % günstiger.

MTR East und West Rail (vormals KCR)

Ursprünglich ein eigenes Unternehmen, wurde die KCR 2008 **von MTR aufgekauft,** sodass das gesamte Schienennetz einheitlich als MTR läuft – und auch über die Grenze hinaus (ShenZhens Metro auf der anderen Seite der Grenze ist ebenfalls eine 100-prozentige MTR-Tochter).

Zwischen MTR und East bzw. West Rail kann an den Umsteigestationen beliebig gewechselt werden.

Die abzweigende **Nebenlinie** SheungShui – LokMaChau bedient den zweiten Grenzübergang zur Volksrepublik und ist damit (wie LoWu auch) an das MTR-Netz ShenZhen angebunden, sobald man zu Fuß die Grenze überquert hat.

Eine zweite Nebenlinie der East Rail führt als MaOnShan-Line von TaiWai bis WuKaiSha auf der SaiKung-Halbinsel.

EXTRATIPP

Apps und Downloads
Die MTR bietet auf ihrer Website www.mtr.com.hk mehrere nützliche Downloads und Apps, u.a. eine PDF-Gesamtbroschüre mit Preisen und Streckennetz, einen Reiseplaner und einen Exit-Finder (welcher Ausgang an welcher Station für welches Ziel).

Die Benutzung ist einfach, automatisiert und identisch mit der MTR. Die S-Bahn-Züge fahren alle 5–10 Minuten zwischen 6 und ca. 24 Uhr, die Direktzüge nach Kanton nur wenige Male am Tag.

Die **West Rail** führt von HungHom über NamCheong (Übergangsmöglichkeit zur MTR-TungChung-Linie) und MeiFoo (Übergangsmöglichkeit zur MTR-TsuenWan-Linie) bis nach TuenMun (LRT-Anschluss) in den westlichen New Territories.

Taxi

Die preiswerten Taxis sind ein weiterer Grund, warum viele auf ein eigenes Fahrzeug verzichten. Eine durchschnittliche Kurzstreckenfahrt auf HK-Island oder in KowLoon kostet in der Regel 80 bis 100 HK$, wobei die wichtigsten „Sammelplätze" sehr praktisch direkt an den großen Stationen (ShunTak Centre, HongKong Station, KowLoon-Station usw.) liegen. Achtung: Wegen der Trinkgeldoption akzeptieren Taxifahrer nur Bargeld!

Auf HongKong Island und in KowLoon sind die Taxis rot, in den New Territories grün und auf LanTau blau, jeweils mit hellem Dach. Der Fahrtpreis der „roten" beträgt 24 HK$ für die ersten 2 km (New Territories 20,50 HK$, LanTau 19 HK$) plus 1,70 HK$ für alle weiteren angefangenen 200 Meter. Wer in abgelegenen Regionen ein Taxi bestellen möchte, kann dies unter der allgemeinen Rufnummer 25747311 tun. Die Mitnahme von Gepäckstücken kostet 6 HK$ extra, bei Tunnelfahrten von KowLoon nach HK-Island und umgekehrt sind 30–50 HK$ (je nach Tunnel) extra zu entrichten. Fahrzeuge der drei genannten Bereiche dürfen nicht in anderen Abschnitten „wildern", außer beim Transport von Kunden von einem Distrikt in einen anderen (z.B. von KowLoon in die New Territories). Alle Fahrzeuge müssen mit **Taxameter** ausgerüstet sein, immer auf Einschalten bestehen! Taxis werden, wenn man nicht an einer großen Station einsteigt, einfach per Handzeichen herbeigewunken, gezahlt wird jeweils bei Fahrtende. Nicht alle Fahrer sprechen Englisch, führen aber eine mehrsprachige Liste mit den wichtigsten touristischen Zielen HongKongs mit sich.

Mogeleien gegenüber Fahrgästen wurden daher in den vergangenen Jahren zunehmend verdrängt. Sollte es allerdings zu berechtigten Klagen kommen, kann man sich unter Tel. 25277177 beschweren – Taxinummer notieren!

Zu Fuß

In den Zentren TsimShaTsui (KowLoon) und Central (HK-Island) kommt man prima zu Fuß zurecht, auf den kleineren Inseln oder Wanderwegen in den New Territories bleibt einem allerdings gar nichts anderes übrig, als sich auf Schusters Rappen zu verlassen.

Es ist sehr sicher, sich **als Fußgänger in HongKong** zu bewegen, Ampeln und eingehaltene Verkehrsregeln erleichtern das Gehen im Vergleich zu anderen

Großstädten Asiens sehr. Als Fußgänger kommt man „downtown" schnell voran, wenn man die teilweise kilometerlang oberhalb der Straßen miteinander verbundenen **Galerien** der Hochhäuser nutzt. In TsimShaTsui kann man so von der Star Ferry via Ocean Terminal, Harbour City und China Ferry Terminal (CFT) bis zum KowLoon-Park gehen.

Achtung: Zwischen Gateway und Royal Towers/CFT besteht keine Innenverbindung; vom Gateway zum CFT bzw. zur Fußgängerbrücke wie folgt gehen: aus dem Gateway auf die Canton Rd., die Tiefgarage passieren (Ampel), dann links in das Royal Towers Hotel zum Lift (hier im ground floor befinden sich nur Lifte, keinerlei Hotelbetrieb), dann zum 1. OG (CFT) oder 2. OG (Brücke zum KowLoon-Park). Es gibt keine andere Verbindung zwischen Park/CFT und Gateway!

In Central kann man vom Star-Ferry-Pier bis zum Macau-Ferry-Pier oder zum Pacific Place/Admiralty laufen, ohne auf die Straße zu müssen.

Mid-Level Escalators

Wer mit der Star Ferry nach HongKong Island übersetzt, sieht sofort, dass hinter der ersten Reihe gläserner Riesen und Wolkenkratzer zahlreiche Wohnhäuser in die Hügel dahinter gebaut sind. Es gibt nur wenige enge Straßen, die sich dort hinauf winden, daher gestaltet sich für die etwa 35.000 täglichen Pendler aus diesen „Mid-Level" genannten Wohngebieten der Weg zur Arbeit oft als umständlich und lang.

Dass die kürzeste Verbindung zwischen zwei Punkten die Gerade ist, weiß man auch in HongKong und baute 1993 die Mid-Level Escalators, eine knapp einen Kilometer lange **Kombination aus Treppe und Rolltreppe**, welche von der Conduit Rd. zum Central Market/DeVeux Rd., Central führt. Der Clou: Die Benutzung ist kostenlos, auf halber Strecke gibt es sogar einen **Octopus-Automaten** der 2 HK$ Guthaben auf die Octopus-Karte spendiert (einfach die Karte davorhalten)!

Für den Touristen dürfte dieser Fußgänger-Highway vor allem für das **Kneipenviertel Soho** (s. S. 271) von Interesse sein. Die Escalators fahren bis 10 Uhr abwärts, ab ca. 10.30 Uhr bis Mitternacht aufwärts!

Auto und Motorrad

Vor Ort besteht die Möglichkeit, bei international bekannten Verleihfirmen ein Motorrad oder einen Leihwagen (auf Wunsch auch mit Fahrer) zu **mieten.** Hiervon sei jedoch, außer zu wichtigen repräsentativen Zwecken, abgeraten. Freie Parkplätze sind extrem selten, der Verkehr in der Innenstadt entnervend, das öffentliche Nahverkehrsnetz hingegen exzellent und preiswert, und schließlich gibt es auch noch die kostengünstigen Taxis für die wenigen Fälle, in denen man auf ein Fahrzeug nicht verzichten kann.

Es herrscht nach wie vor wie in England – im Gegensatz zur Volksrepublik China – **Linksverkehr,** übrigens ein Riesenproblem bei der HongKong-Macau-Brücke! Die Polizei achtet strikt auf die Einhaltung der Verkehrsregeln und auch das Grün der Fußgängerampeln wird geachtet.

☒ Die Star Ferry – unbestritten ein Wahrzeichen HongKongs

Rikscha und Fahrrad

Viele Filme, die in HongKong spielen, vermitteln den Eindruck, man könne sich gemütlich in einer Fahrradrikscha an der Star Ferry/Central durch die Stadt strampeln lassen. Zwar gibt es noch ein, zwei **Rikschafahrer** vor dem Star-Ferry-Pier, doch die stehen hier nur, um den Touristen gegen Entgelt als Fotomotiv zur Verfügung zu stehen.

Vom **Radfahren** an sich ist eher abzuraten. In der Innenstadt ist es Unsinn, da es dort viel zu hektisch und somit stressreich ist, in den weniger besiedelten Gebieten ist es zu steil zum Radfahren (sonst wären sie besiedelt), auf den Inseln unnötig.

Versicherungen

Egal welche Versicherungen man abschließt, **hier ein Tipp:** Für alle abgeschlossenen Versicherungen sollte man die **Notfallnummern** notieren und zusammen mit der **Policenummer** gut aufbewahren, damit bei Eintreten eines Notfalles die Versicherung schnell telefonisch verständigt werden kann!

Auslandskrankenversicherung

Die Kosten für eine Behandlung in HongKong, Macau oder China werden von den gesetzlichen Krankenversicherungen in Deutschland und Österreich nicht übernommen, daher ist der Abschluss einer privaten **Auslandskrankenversicherung unverzichtbar.** Diese sind beispielsweise in Deutschland ab 5–10 € pro Jahr sehr günstig. Oft sind sie auch bei Kreditkarten enthalten oder werden von Automobilclubs preiswert angeboten. Bei Abschluss der Versicherung – die es mit bis zu einem Jahr Gültigkeit gibt – sollte auf einige Punkte geachtet werden. Zunächst sollte ein **Vollschutz ohne Summenbeschränkung** bestehen, im Falle einer Krankheit oder eines Unfalls sollte auch der **Rücktransport** übernommen werden. Wichtig ist, dass im Krankheitsfall der **Versicherungsschutz**

über die vorher festgelegte Zeit hinaus automatisch verlängert wird, wenn die Rückreise nicht möglich ist.

Schweizer sollten bei ihrer Krankenversicherungsgesellschaft nachfragen, ob die Auslandsdeckung auch für Hong-Kong, Macau oder China inbegriffen ist. Sofern man keine Auslandsdeckung hat, kann man sich kosenlos bei Soliswiss (Gutenbergstr. 6, 3011 Bern, Tel. 031-3810 494, www.soliswiss.ch) über mögliche Krankenversicherer informieren.

Für die Erstattung benötigt man **Quittungen** (mit Datum, Namen, Bericht über Art und Umfang der Behandlung, Kosten der Behandlung und Medikamente).

Der Abschluss einer **Jahresversicherung** ist in der Regel günstiger als mehrere Einzelversicherungen. Günstiger ist auch die **Versicherung als Familie** statt als Einzelpersonen. Hier sollte man die Definition von „Familie" genau prüfen.

Andere Versicherungen

Ob es sich lohnt, weitere Versicherungen abzuschließen wie eine Reiserücktrittsversicherung, Reisegepäckversicherung, Reisehaftpflichtversicherung oder Reiseunfallversicherung, ist individuell abzuklären. Wegen vieler **Ausschlussklauseln** machen sie nicht immer Sinn.

Die **Reiserücktrittsversicherung** lohnt sich nur für teure Reisen und für den Fall, dass man vor der Abreise einen schweren Unfall hat, schwer erkrankt, schwanger wird, gekündigt wird oder nach Arbeitslosigkeit einen neuen Arbeitsplatz bekommt, die Wohnung abgebrannt ist u.Ä. Nicht gelten hingegen: Terroranschlag, Streik, Naturkatastrophe etc.

Die **Reisegepäckversicherung** lohnt sich seltener, da z.B. bei Flugreisen verlorenes Gepäck oft nur nach Kilopreis und auch sonst nur der Zeitwert nach Vorlage der Rechnung ersetzt wird. Wurde eine Wertsache nicht im Safe aufbewahrt, gibt es bei Diebstahl auch keinen Ersatz. Kameraausrüstung und Laptop dürfen beim Flug nicht als Gepäck aufgegeben worden sein. Gepäck im unbeaufsichtigt abgestellten Fahrzeug ist ebenfalls nicht versichert, ebenso werden Mobiltelefone und Kameras meist ausgeschlossen. Die Liste der Ausschlussgründe ist endlos ... Überdies deckt häufig die Hausratsversicherung schon Einbruch, Raub und Beschädigung von Eigentum auch im Ausland. Für den Fall, dass etwas passiert ist, muss der Versicherung als Schadensnachweis ein Polizeiprotokoll vorgelegt werden.

Eine **Privathaftpflichtversicherung** ist meist vorhanden. Hat man eine **Unfallversicherung**, sollte man prüfen, ob diese im Falle einer Arbeitsunfähigkeit aufgrund eines Unfalls im Urlaub zahlt.

Anhang

115hk Abb.: mb

Sprachhilfe

Diese kleine Sprachhilfe vermittelt wichtige Begriffe und Redewendungen. Wer sich näher mit den chinesischen Sprachen beschäftigen möchte, sei auf die beiden für Anfänger konzipierten Sprachführer der Reihe **Kauderwelsch** verwiesen:

- **Hochchinesisch – Wort für Wort (Mandarin)**
- **Kantonesisch – Wort für Wort**

In der Provinz GuangDong (mit GuangZhou/Kanton, ShenZhen und ZhuHai) ist das nordchinesische **Mandarin** Amtssprache, als Muttersprache wird aber **Kantonesisch** gesprochen. In HongKong und Macau dagegen sind Kantonesisch und Englisch bzw. Portugiesisch die offiziellen Amtssprachen, Mandarin wird weitgehend verstanden.

Geschrieben wird ausschließlich in Charakteren (Zeichen), eine lateinische Umschrift gibt es nur selten und nicht immer einheitlich. Die geschriebene Sprache **(Schriftzeichen)** ist überall in China gleich, egal, ob die gesprochene Sprache Kantonesisch oder Mandarin oder noch eine andere ist. Ein Nordchinese wird sich daher nicht in seiner Muttersprache (Mandarin) mit einem Kantonesen unterhalten, wohl aber schriftlich verständigen können.

Für die folgende Sprachhilfe wird auf die beste **Umschrift**, das sogenannte (festlandschinesische) PinYin, zurückgegriffen.

Eine kleine Abweichung in der Schriftsprache wurde in der Volksrepublik mit der sogenannten Schriftreform vorgenommen, in der etliche wichtige Schriftzeichen deutlich „vereinfacht" wurden. Diese sogenannten reformierten oder **kurzen Schriftzeichen** *(JianTiZi)* werden ausschließlich in der Volksrepublik verwandt, während in HongKong und Macau (wie auch auf TaiWan) mit traditionellen **Langzeichen** *(FanTiZi)* geschrieben wird.

Es gibt daher in den in diesem Buch beschriebenen Regionen eine ganze Reihe von Kombinationen an Sprache und Schrift:

- **Mandarin/Kurzzeichen:** Amtssprache der Volksrepublik China, im Norden Muttersprache
- **Mandarin/Langzeichen:** in HongKong und Macau Fremdsprache (in TaiWan Amtssprache)
- **Kantonesisch/Kurzzeichen:** Provinz GuangDong (GuangZhou/Kanton, ZhuHai, ShenZhen)
- **Kantonesisch/Langzeichen:** HongKong

Die folgende Sprachhilfe berücksichtigt alle denkbaren Sprach-/Schriftkombinationen, wobei sich der normale Tourist in HongKong und Macau meist mit Englisch verständlich machen kann, ansonsten als Anfänger eher auf Mandarin (auch in GuangDong) zurückgreifen sollte, da dies für die Kantonesen auch nur eine erlernte „Fremd"-sprache ist und der Ausländer eher im Mandarin verstanden wird als im (schwierigeren) Kantonesisch.

◁ Vorseite: Jeden Mittag wird der Salutschuss der Noon Day Gun abgefeuert (s. S. 64)

Aussprache

Alle chinesischen Zeichen stehen prinzipiell für je eine Silbe. Diese Silbe beginnt jeweils mit einer Konsonantengruppe und endet auf einer Vokalgruppe oder den Konsonanten n und ng. Bei der Aussprache des PinYin kommen Vokale und Konsonanten der deutschen Aussprache sehr entgegen, unterschiedlich sind lediglich die folgenden Konsonanten und Vokale:

X – [chß], wie in „Milchsuppe"
Q – [tj], wie in „tja"
J – [dji], wie in „Jeep"
Zh – [dsch], wie in „Dschungel"
Ch – [tsch], wie in „deutsch"
C – [tz], wie in „Hitze"
Z – [ds], wie in „Rundsaal"
Sh – [sch], wie in „Schule"
H – [ch], wie in „ach"
R – [sh, r], wie in Journal bzw. am Wortende wie ein englisches „R" (Es ist übrigens ein Gerücht, die Chinesen sprächen kein „R". Es gibt allerdings einige südliche Dialekte, die kein „R" kennen.)
Yu – [ü], im Anlaut, lautgleich mit ü am Ende einer Silbe
Auslautende Vokalgruppen:
Ei – [ei], wie in „hey, Du!"
Ou – [ou], wie im englischen „go"
Ui – [uei], wie im englischen „way"
Alle übrigen Vokale sind mit der deutschen Aussprache in etwa identisch.

Es ist sehr wichtig, alle Konsonanten und Vokale sehr genau zu sprechen. Da alle Wörter einsilbig sind und nur rund 400 verschiedene Silben existieren, lauten sehr viele Wörter mit unterschiedlicher Bedeutung gleich und sind nur am Schriftzeichen zu unterscheiden. Um mit den wenigen Silben kommunizieren zu können, setzten die Chinesen fünf verschiedene Töne ein, anhand derer eine Silbe auf fünf verschiedene Weisen ausgesprochen werden kann.

- **1. Ton: mã,** gleichbleibend hoch, vergleichbar mit deutsch „Aal" in der Situation: „Ich esse heute Aal." „Was isst du?" „Aal esse ich!"
- **2. Ton: má,** von unten nach oben aufsteigend, etwa: „Was schenkst du ihm, ein Buch? Er hat schon so viele!" Oder: „Na, wie geht's?"
- **3. Ton: mâ,** erst von oben nach unten fallend, dann steigend (in der Praxis meist leicht vibrierender tiefer Ton), etwa deutsch: (fragendes, verblüfftes) „aha?", aber das h bleibt weg, die Betonung (erst abwärts dann aufwärts) liegt nur auf dem a.
- **4. Ton: mà,** Von oben nach unten fallend, etwa deutsch: „Jawoll!".
- **5. Ton: ma** (ohne Betonungszeichen), Der Vokal wird sehr kurz ausgesprochen, abrupt abgebrochen, etwa wie das erste O in „Otto", nur noch viel kürzer (beinahe erstickt, abgewürgt).

Ein Beispiel: Es gibt für die Silbe (das gesprochene Wort) „Shi" nicht weniger als 61 verschiedene Schriftzeichen, verschiedene (Grund-) Bedeutungen also. Mit Hilfe der Töne wird „Shi" 13-mal im ersten, neunmal im zweiten, siebenmal im dritten, 28-mal im vierten und zweimal im fünften Ton gesprochen – es bleibt also immer noch unheimlich schwierig, die genaue Bedeutung zu erschließen. Selbst wenn der Ausländer Aussprache und Ton genau trifft (was aber nur Profis gelingt), bleiben 28 verschiedene (Grund-)Möglichkeiten für „Shì" im vierten Ton! Jedes Schriftzeichen gibt dann wiederum eine Grundbedeutung mit verschiedenen Varianten je nach Zusammenhang wieder; Shì (nur im vierten Ton) kann demnach bedeuten:

- Als Zeichen No. 1 je nach Zusammenhang und Zusammensetzung „Junggeselle", „Gelehrter", „Leibwache", „Held", „Ritter", „Unteroffizier".
- Zeichen No. 2 wäre „Clan", „geborene..." oder ein Namenszusatz.
- Zeichen No. 3: „Markt", „Stadt" oder ein Zusatz bei Maßeinheiten.
- Usw. bis Zeichen No. 28!

Isoliert betrachtet ist es daher manchmal selbst für Muttersprachler schwierig bis unmöglich, ad hoc die richtige Bedeutung einer korrekt gesprochenen Silbe wiederzugeben. Es kommt also im Gespräch immer auf den Kontext an; zum anderen tendiert das moderne Mandarin zur Doppelsilbigkeit. Dies bedeutet, dass immer häufiger zwei ähnliche Begriffe, die ursprünglich einzeln gesprochen wurden, zusammengesetzt werden und erst dann ein Wort komplett ist.

Deutsch	Mandarin
Guten Tag	Nî Hâo
Wiedersehen	Zài Jiàn
Sprechen Sie Englisch?	Nî Hùi Shuõ YïngWén Ma
Ich verstehe kein Chinesisch	Wô Bù Dông ZhõngWén
Ich komme aus Österreich/	Wô Lâo Jiã Zài...
Schweiz/Deutschland	Wô Lâo Jiã Zài AòDìLì/RùiShì/DéGuó
Vielen Dank	DuõXiè
toll, gut, klasse	(Hên)Hâo
Entschuldigung	DuìBùQî
Wo ist denn bitte der Bahnhof	QîngWèn, NâLi Yôu HuôChëZhàn
.... der Busbahnhof	.... QìChëZhàn
.... die Post	.... YóuJú
.... die Polizei	.... Gõng'ãnJú
.... eine Toilette	.... CèSuô
.... ein Spital	.... YïYuàn
.... ein Hotel	.... LüDiàn
.... der Flughafen	.... JïChâng
.... der Hafen für Boote nach	.... Yôu Chuán Dào (Ort) De GângKôu
Ich möchte nach ... fahren	Wô Xiâng Qù ...
(Zahl) Fahrkarten nach ...	... ZhãngPiâo Dào (Ort)
Ich möchte das günstige	Wô Yào PiánYí De
Haben Sie ein billiges Zimmer?	Nî Yôu PiánYí De FángJiãn Ma?
Doppelzimmer	ShuãngRénFáng
Dreibettzimmer	SãnRénFáng
Ich will heute/morgen abreisen	Wô JïnTiãn / MíngTiãn Jiù Yào Zôu
Wecken Sie mich morgen um 05.00	Qîng ZâoChén WûDiân JiàoXïng Wô
Ich bleibe (Zahl) Nächte	Wô Zhù (Zahl) Ge WânShàng

So genügte früher das Wort „Shî" im dritten Ton für (historische) „Geschichte". Heute verwendet man „LìShî" als Zusammensetzung von „alte Ereignisse" (Lì) und „Historie" (Shî).

Noch etwas schwieriger ist das **Kantonesische**, welches in der Hochsprache sechs, in Dialekten noch mehr Töne kennt. Doch nicht nur die Töne, auch die Silben selbst sind oft ganz anders als im Mandarin und ähneln bisweilen eher südostasiatischen Sprachen (9 = „Gáu", Thai „Khao", Mandarin aber „Jiû"; 7 = Cëd, Thai Chet, Mandarin aber Qï)

Die Töne 1–6 im Kantonesischen wären demnach bei unserem Beispiel „Ma":

- **1. Mã** – wie im ersten Mandarin-Ton
- **2. Má** – wie im zweiten Mandarin-Ton
- **3. Ma** – gleichbleibender Ton in mittelhoher Stimmlage
- **4. Mà** – wie vierter Mandarin-Ton
- **5. Mâ** – wie dritter Mandarin-Ton
- **6. Ma** – gleichbleibender Ton in tiefer Stimmlage

Kantonesisch	Kurzzeichen (VR China)	Langzeichen (HongKong, Macau)
Nêi Hóu	你好	你好
Zɵi Gɨn	再见	再見
Nêi Góng YìngMèn Mã	你会说英文吗？	你會說英文嗎？
Ngô M Wûi Góng ZŷngMèn	我不懂中文。	我不懂中文。
Ngô Cùng ... LèiGë	我老家在	我老家在
OɵDeiLei/SeuXi/DëgGuɵg	澳地利/瑞士/德国	澳地利，瑞士，德国
DõZe	多谢	多謝
(Hóu)Hóu	很好	很好
DɵuYìmJiu	对不起	對不起
Qíng Men, Bìn Dou Hei FóCëZam	请问哪里有火车站？	請問哪裡有火車站？
.... BãXiZam	气车站	氣車站
.... YeòGug	邮局	郵局
.... GíngCad	公安局	公安局
.... XɨSó	厕所	廁所
.... YìYún	医院	醫院
.... LêuDɨm	旅店	旅店
.... GëiCèng	机场	機場
.... Yêo Xùn Dɵu (Ort) Gë Góng	有船到 ---的港口	有船到 ---的港口
Ngo Sèng Hɵu ...	我想去	我想去
... ZëngPiɨ Dɵu (Ort)	---张票到---	---張票到--
Ngô Séng Pèng Dî	我要便宜的	我要便宜的
Yeô Môu Pèng DîGë Fòng Mã	有便宜的房间吗？	有便宜的房間嗎？
SëngYènFòng	双人房	雙人房
SãmYènFong	三人房	三人房
Ngô GëmYed / TingYed Zéo	我今天/明天/就要走	我今天/明天/就要走
MGôi Nêi Tìng Jìu Ng Dím GiɵSéng Ngô	请早晨5点叫醒我	請早晨5點叫醒我
Ngô Ju (Zahl) Mân	我要住---个晚上	我要住---個晚上

Ich suche ein günstiges Lokal	Wô Zhâo Yï Jïa PíanYí De FànGuân
Ich möchte die Speisekarte	QîngNî GêiWô CàiDãn
Ich esse vegetarisch	Wô Chï SùCaì
Ich möchte (Zahl) Bier/Tee	WôXiãng ....PïJiú/Chá
(Zahl) Suppen	Tãng
Fisch	Yú
Fleisch	Ròu
Meeresfrüchte	HâiXiãn
gebratene Ente	YãRòuChâo
geschmortes Huhn	HâoYôu MènJï
Rindercurry	GãLî NiúRoù
Reisnudeln, Fleisch & Zwiebel	GãnChâo NiúHé
Gemüseplatte	DîngHú ShàngSù
TouFu in Sojasauce	HóngShão DòuFû
süßsaures Schweinefleisch	GûLâo Ròu
scharf	Là
süß & sauer	TángCù
eine Schale Reis	Yï WânMîFàn
Prost	GãnBëi
Bitte nicht so scharf	BùYào Taì Là
Das Essen ist sehr gut	Nî De Fàn Hên Hâo Chï
Ich möchte die Rechnung	Qîng Nî JiéZhàng
Kaffee/Tee	KãFëi / Chã
Milch	NiúNâi
Mineralwasser	KuàngQuánShûi
Reiswein	MîJiû
Coca Cola – Saft	KêKôu KêLè – Guô Zhï
Bier	PíJiû
wie teuer/wieviel kostet	DÿoShâo Qián
zu teuer	TàiGùi le
1, 2, 3, 4, 5	Yï, Er, Sãn, Sì, Wû
6, 7, 8, 9, 10	Liù, Qï, Bã, Jiû, Shí
11, 12, 13 ...	ShíYï, ShíEr, ShíSãn,
20, 30, 40	ErShí, SãnShí, SìShí
50, 60, 70	WûShí, LiùShí, QïShí
80, 90, 100	BãShí, JiûShí, YïBâi
101, 110	YïBâiYï, YïBâiShí
120, 121	YïBâi ErShí, YïBâi ErShíYï
200, 300, 400	LiângBâi, SãnBâi, SìBâi
Tausend	YïQiãn
Zehntausend	YïWàn

Ngô Wen PengDi Ge FanDim	我找一家便宜的饭馆	我找一家便宜的飯館
MGõi Nêi Béi Ngô CãnPaì	请给我菜单	請給我菜單
Ngô Xig SouCoi	我吃素菜	我吃素菜
Ngô Séng...BëZéo/Cà	我想要---个啤酒/茶	我想要---個啤酒/茶
Tõng	---碗汤	---碗湯
Yù	鱼	魚
Yug	肉	肉
Hói Xïn	海鲜	海鮮
Gïng Dõu Hão Ab	鸭肉炒	鴨肉炒
Hòu Yeò Mën Gëi	蚝油焖鸡	蚝油燜雞
Ga Lë Ngèo Yug	咖喱牛肉	咖喱牛肉
Gõn Cáo Ngêo Hó	干炒牛河	干炒牛河
DíngWù SengSou	鼎湖上素	鼎湖上素
HùngXïu DeoFu	红烧豆腐	红燒豆腐
Gÿ Lõu Ngèo	古老肉	古老肉
Lad	辣	辣
TimXÿn	糖粗	糖粗
Yëd Wún Fan	一碗米饭	一碗米飯
GõnBÿi	干杯	干杯
MGòi M Tài Lad	不要太辣	不要太辣
Nêi CãnFàn HóuHóu Xig	你的饭很好吃	你的飯很好吃
MGõi Nêi Gid Zeng	请你结帐	請你結帳
KãFëi/Cà	咖啡/茶	咖啡/茶
NgèoNâi	牛奶	牛奶
KongQùnSéu	矿泉水	礦泉水
MêiZéo	米酒	米酒
HóHóo HóLog	可口可乐/果汁	可口可樂/果汁
BëZéo	啤酒	啤酒
GéiDõ Qìn	多少钱	多少錢
TàiGuei	太贵了	太貴了
Yët, Yi, Sãm, Sei, Ng	一，二，三，四，五	一，二，三，四，五
Lok, Chãt, Ba, Gau, Sap	六，七，八，九，十	六，七，八，儿，十
SapYët, SapYi, SapSãm	十一，十二，十三，	十一，十二，十三，
YiSap, SãmSap, SeiSap	二十，三十，四十	二十，三十，四十
NgSap, LokSap, ChãtSap	五十，六十，七十	五十，六十，七十
BaSap, GáuSap, YëtBâ	八十，九十，一百	八十，九十，一百
YëtBâYët, YëtBâSap	一百零一，一百一十	一百零一，一百一十
YëtBâYiSap, YëtBâYiSapYët	一百二十，一百二十一	一百二十，一百二十一
LeûngBâ, SãmBâ, SeiBâ	两百，三百，四百	兩百，三百，四百
YëtChïn	一千	一千
YëtMan	一万	一萬

Glossar

Acht

Viele Zahlen nehmen in der chinesischen Symbolik eine besondere Rolle ein. Alle geraden sind weibliche (Yin-Zahlen), alle ungeraden männliche (Yang-Zahlen). Die Zahl acht ist die Zahl der Gelehrten und der Religionen, wie zum Beispiel die acht Unsterblichen des Taoismus oder die acht Kostbarkeiten im Konfuzianismus.

Acht Unsterbliche

Die acht taoistischen Heiligen, die durch Befolgung der taoistischen Lehren Unsterblichkeit erlangten und auf ihrem Weg vom Festland zur paradiesischen Insel PengLai im Pazifik auch Südchina passiert haben sollen. Jeder von ihnen hatte ein besonderes Utensil (Fächer, Schwert, Kürbis, Kastagnetten, Bambusrohr, Flöte, Lotus, Blumenkorb), welches ihm magische Fähigkeiten verlieh. Ferner symbolisieren sie je einen bestimmten Lebens- bzw. Gesellschaftstyp: Männlichkeit, Weiblichkeit, Alter, Jugend, Adel, Volk, Wohlstand und Armut. In taoistischen Tempeln werden sie oft an den Seitenwänden dargestellt.

Amitabha-Buddha

Nichthistorischer Buddha, der „Buddha des unendlichen Lichtes" genannt wird. Er lebt, umgeben von zahlreichen Boddhisatvas, im Paradies des Westens. Meist wird er in buddhistischen Tempeln rechts von Buddha (Mitte) als Buddha-Dreigestirn dargestellt.

Apfel

Da in der chinesischen Sprache nur wenige hundert Silben für den gesamten Wortschatz zur Verfügung stehen, lauten viele Begriffe und Worte gleich. Jede Frucht symbolisiert daher etwas, das gleich oder ähnlich ausgesprochen wird. Der Apfel *(Ping)* ist zwar ein gutes Mitbringsel, da er den Frieden *(Ping)* symbolisiert, darf aber keinem Kranken geschenkt werden (Krankheit = *Bing*). Die Zeit der Apfelblüte ist der Frühling, der Apfel ist daher auch ein Symbol für diese Jahreszeit.

Apfelsine

Die Orange *(JuZi)* ist wegen ihrer goldorangenen Farbe ein Symbol für Gold (Wohlstand) und daher stets ein positives Geschenk. Ähnlich gesprochen wird das chinesische *Zhu* (erbitten, wünschen), sodass das Verschenken von Orangen soviel wie „ich wünsche dir Wohlstand" bedeutet.

Aprikose

Eine gelbe Aprikose *(Xing)* symbolisiert den zweiten Monat des Mondjahres (etwa März), eine rote dagegen eine verheiratete Frau mit außerehelichen Beziehungen.

Auberginen

Die chinesischen Auberginen *(JieZi)* sind länglich und erinnern mit ihrem grünen Stengelansatz an einen stehenden Menschen mit Hut. Hutträger waren überwiegend nur Beamte, sodass die Aubergine den Wunsch „mögest du einen Beamtenrang erhalten" ausdrückt. In einer Nebenbedeutung steht die Aubergine in Fernost auch für Penis. In HongKong, Macau und TaiWan wird sie am Jahresende bevorzugt von Frauen gegessen, da sie angeblich verführerische rote Lippen macht.

Avalokitesvara

Indischer Boddhisatva der Barmherzigkeit, der als Zwitterwesen auf der Welt blieb, um den Menschen zu helfen. Die Allmacht wird durch Hunderte von Armen und mehrere Köpfe symbolisiert. In China wird Avalokitesvara als GuanYin (s. KwunYum, S. 306) verehrt.

Ball

Der Ball *(Qiu)* hat zwei symbolische Bedeutungen. Während des Herbstfestes am 15. Tag des achten Mondmonates (s. S. 248) warfen die heiratsfähigen jungen Mädchen einen Ball vom Balkon; wer ihn fing, wurde der Bräutigam. Zum anderen rollt der weiter östlich stehende Löwe vor taoistischen Tempeln einen Ball unter der linken Tatze. Der weiter westlich stehende Löwe ist ein Weibchen, welches aus der rechten Tatze ein Junges säugt. Der Ball beim Männchen wird oft als beim Liebesspiel ausgerissenes Haarknäuel interpretiert, der Ball an sich gilt daher auch als Fruchtbarkeitssymbol.

Bambus

Bambus ist ein innen hohles Grasgewächs, „sein Herz ist leer". Dies ist ein Zeichen für Bescheidenheit und Tugend. Der Bambus ist aber auch immergrün und daher ein Symbol für langes Leben. Er war traditionell bei der klassischen chinesischen Malerei äußerst beliebt und stellt eines der Leitmotive aller Landschaftsmalereien dar. Bambus, Pflaume, Chrysantheme und Orchidee sind die vier edlen Blumen Chinas (z. B. die Blumensteine beim MaJong-Spiel).

Banane

Das Bananenblatt symbolisiert im chinesischen Kulturkreis eine der vierzehn Kostbarkeiten, die Frucht selbst ist ein Symbol der Selbsterziehung.

Birne

Wegen des möglichen hohen Alters der Birnbäume wurde die Frucht zum Symbol für langes Leben, aber auch ein Zeichen für eine gute (langanhaltende) Ehe. Paare dürfen die Birne *(Li)* nicht aufschneiden, da dies gleichlautend mit Trennung *(Li)* wäre.

Blau

Blau *(Lan)* ist eine zwiespältige Farbe, die je nach Zusammenhang sowohl Erfolg wie auch Unglück bedeuten kann.

Boddhisatva

Jünger des historischen Buddha, der in seiner Entwicklung bis zum Nirwana (buddhistischen Paradies) angelangt ist. Er tritt allerdings nicht in das Nirwana ein, sondern verbleibt in der diesseitigen Welt, um andere Menschen auf dem Pfad des Buddhismus (siehe Mahayana, S. 307, und Hinayana, S. 306) zu unterstützen. Im religiös-spirituellen Alltag werden Boddhisatvas in China als götterähnliche Wesen angesehen.

Cathay

Alter Name für China, abgeleitet vom nordöstlichen Stamm der Kithan auf dem Festland, der 916 n. Chr. in der Region Mandschurei-Nordostchina die Liao-Dynastie gründete. Der Begriff Cathay wurde in die russische Sprache durch Kontakte sibirischer Pelzjäger zu China am Amur aufgenommen (*kitaj* = China).

DaoDeJing (TaoTeChing)

Von LaoZi (s. S. 307) im vierten Jahrhundert vor unserer Zeitrechnung verfasstes philosophisches Werk, auf welchem der Taoismus (s. S. 28) aufbaut. Zentrale Lehre ist das sogenannte *Wu-Wei* (nicht-handeln), durch welches der Mensch meditativ seine Umwelt erfasst und begreifen lernt.

Drache

Der Drache *(Long)* ist in der chinesischen Symbolik sehr vielschichtig. Im Gegensatz zum Westen ist er positiv und gutartig, seit der Han-Zeit (seit 206 v. Chr.) auch Sinnbild des Kaisers (daher „Drachenthron"). Der Drache ist nahezu allmächtig, kann sich unsichtbar machen, Regen erzeugen und sich in jede beliebige Größe verwandeln. So ist es nicht weiter verwunderlich, dass der Drache in Volkstänzen, Erntefesten (zum Dank für den Regen), im chinesischen Kalender und bei den sogenannten Drachenbootrennen traditionell eine Schlüsselrolle spielt. Oft wird der Drache mit der Zahl neun in Verbindung gebracht. Die neun symbolisiert die potenzierte drei (Zahl der Männlichkeit) und deutet besondere Fruchtbarkeit an. *YiLong JiuZi* (ein Drache, neun Kinder) wird Jungvermählten mit auf den Weg gegeben; auch in Ortsnamen wird diese Verbindung oft gewählt, z. B. JiuLong (kantonesisch: KowLoon), Stadtteil von HongKong.

Drei

Aus der ursprünglich religiös-spirituellen Bedeutung des Dreieckes Himmel-Erde-Mensch und dem häufigen Buddha-Dreigestirn (Buddha in der Mitte, Amitabha rechts und Shakyamuni links) ergab sich in der chinesischen Geschichte eine breite Palette von symbolischen Verwendungen der Zahl drei *(San)*. So bei den drei Lehren (Konfuzianismus, Taoismus, Buddhismus), dem „Drei-Zeichen-Klassiker" (Moralregeln in einfachen Sätzen zu je drei Zeichen in der klassischen Schule), den drei Alten (drei Dorfoberhäupter) oder den drei Augen der Frau (Augenpaar und Vagina). Die drei ist auch eine männliche Yang-Zahl und Sinnbild für Fruchtbarkeit.

Drei Erhabene (SanHuang)

Yao, Shen und *Yu* sind legendäre Urheroen der chinesischen Vorgeschichte, die in China als götterähnliche Urkaiser einer paradiesischen Zeit angesehen wurden.

Dreizehn

Die 13 *(ShiSan)* als unangenehme Zahl spielt in China – wenn überhaupt – nur im Buddhismus eine Rolle. Jener kam aus Indien, wo die 13 in der Zahlenmystik eine wesentlich größere Rolle spielt (und deren Negativdeutung bei uns im Westen ihren Ursprung hat). Vermutlich liegt dies am Mondjahr mit 12 Mondmonaten, welches kürzer als das Sonnenjahr ist. Nach einigen Mondjahren musste ein Schaltmonat (der dreizehnte) zwischengeschaltet werden, um den Kalender dem Sonnenstand wieder anzugleichen. Dieser Monat wurde „Monat der Bedrängnis" genannt und war unbeliebt. In China gibt es lediglich einige Schimpfausdrücke, die auf der Zahl 13 als Ausdruck des Negativen basieren.

Fisch

Der Fisch *(Yu)* ist gleichlautend mit Überfluss *(Yu)* und daher ein Symbol für Wohlstand. Beliebtester Fisch ist der Goldfisch *(JinYu)*, der wegen der Lautgleichheit als Zeichen für „Gold im Überfluss" verstanden wird (Gold = *Jin*). In chinesischen Lokalen (auch im Westen) spielt das Goldfischbecken am Eingang eine symbolhafte Rolle bei der Schutzgelderpressung: Die Zahl der Goldfische zeigt, wieviel man zu zahlen bereit ist.

Fo

chinesisch für Buddha

Fünf

Die Fünf *(Wu)* ist eine der wichtigsten Symbolzahlen der Chinesen. So kennt man fünf Himmelsrichtungen (N, O, S, W und Mitte), fünf Geschmacksrichtungen, fünf Töne im Mandarin, fünf Farben (Cyan, Magenta, Gelb, Schwarz, Weiß), fünf Beziehungen (Fürst-Diener, Vater-Sohn, Mann-Frau, Freund-Freund, ältere-jüngere Geschwister), fünf klassische Bücher, fünf Elemente, fünf buddhistische Verbote (töten, stehlen, Lust, unbuddhistische Nahrung, lügen), fünf Anzeichen der Wollust der Frau und vieles anderes mehr.

Fünf Elemente

(WuXing) Holz, Feuer, Wasser, Metall und Erde waren die fünf Grundelemente, aus denen sich alle Dinge ableiten lassen und die miteinander in Harmonie stehen sollen. Die fünf Elemente spielen auch in der traditionellen chinesischen Küche eine Rolle; so sollte man stets bemüht sein, alle fünf im Hause zu haben und bei einem Essen Anteile aller Elemente zu verarbeiten.

Fünf Herrscher

In der chinesischen Legende folgten auf die Drei Erhabenen (s.S. 304) die Fünf Urherrscher. Man geht heute davon aus, dass es sich bei ihnen in der Volksreligion um Götter handelte, die im Laufe der Zeit immer mehr als fiktive weltliche Herrscher verehrt wurden. Der bedeutendste von ihnen war *HuangDi,* von dessen Namen sich später der Titel „Kaiser" (*HuangDi* = göttergleich erhaben) ableitete.

Gelb

(Huang) Einer der wichtigsten Flüsse Chinas, der gelbe Fluss (HuangHe), führt Unmengen gelblichen Lössbodens mit sich und färbt die Böden am Flussverlauf. Gleichzeitig wird gelb als Farbe der Himmelsrichtung „Mitte" betrachtet und steht symbolisch für das „Reich der Mitte" (China). *QinShi HuangTi* war der erste gelbe Kaiser, im Laufe der Jahrhunderte wurde gelb auch die Farbe der Kaiser. Nur buddhistischen Mönchen und den Kaisern war es gestattet, gelbe Kleidung zu tragen. China wird auch heute noch gelegentlich als „gelber Drache" bezeichnet, die Farbe selbst steht im Alltag für Ruhm und Fortschritt.

Geomantik (FengShui)

Aus der Yin-Yang Theorie, die den Einklang der Dinge mit der Natur postuliert, ergab sich die Notwendigkeit, vor dem Bau eines Gebäudes die unsichtbaren Strömungen vor Ort zu erforschen. Nach bestimmten Regeln legt der Geomantiker fest, wie und wo ein Haus zu stehen hat, insbesondere die Geister dürfen nicht negativ vom Gebäude beeinflusst werden. Noch heute ist der Geomantiker ein wichtiger Beruf; er wird vor Baubeginn auch von modernen Großunternehmen zu Rate gezogen.

Grün

(Lü) Farbe des Frühlings und des Lebens. In der chinesischen Traumdeutung gilt grün als besonders positiv.

Hinayana

Die ältere und ursprüngliche altindische buddhistische Lehre vom Weg der Erlösung. Diese kann der Mensch nur in sich selbst und ohne äußere Hilfe durch Boddhisatvas finden. Die Hinayana-Strömung (Sanskrit: kleiner Wagen) verbreitete sich hauptsächlich in Südindien und Südostasien.

Jade

(Yu) Diese Kieselerde wurde in China in den Flüssen des Nordostens gefunden und wegen ihrer Seltenheit als sehr kostbar erachtet. Da man annahm, sie sei vom Himmel gekommen, schrieb man ihr auch magische Kräfte zu, wie zum Beispiel das Verhindern der Verwesung eines Leichnams. Bedeutende Kaiser wurden daher vor ihrer Bestattung oft mit Jade gefüllt und in Jadehemden gekleidet.

Jadekaiser

(YuHuangTi) Legendärer Urkaiser, der heute einer der wichtigsten Götter in der Volksreligion (taoistisch-schamanistisch) ist.

Kalligrafie

Kunstform des Schreibens chinesischer Zeichen mit schwarzer Tusche und Pinsel.

Kaidoo

Traditionelle Holz-Fähre für kleinere Inseln. Sie fahren entweder nach einem offiziellen Fahrplan oder „wenn voll".

Karpfen

Der Karpfen *(Li)* ist gleichlautend mit „Vorteil". Da der Fisch auf seiner Wanderung im gelben Fluss springend Schnellen flussaufwärts überwindet, setzte man ihn mit „Erfolg in der Beamtenprüfung" (Überspringen von Prüfungshürden) gleich. Der Karpfen wird gelegentlich mit Bart dargestellt, ein Zeichen für übernatürliche Kraft und besondere Beharrlichkeit.

Katze

Oft sind in Geschäften (künstliche) winkende Katzen zu sehen – sie gelten für Geschäftsleute als Glücksbringer.

Kiefer

(Sung) Wegen ihrer Unempfindlichkeit gegenüber Wind und Wetter dient sie als Symbol der Langlebigkeit; gemeinsam mit dem Kranich dargestellt, ist dies ein Zeichen für das Ende eines langen Lebens.

Konfuzius

Lateinischer Name des Philosophen und Staatstheoretikers *KungFuZi* (551 v. Chr.–479 v. Chr.). Die nach ihm benannte Lehre wurde erst lange nach seinem Tod von der Han-Dynastie (ab 206 v. Chr.) als Staatsphilosophie anerkannt. Zum Konfuzianismus siehe Kapitel „Glaubensrichtungen", S. 27.

Kranich

(He) Symbolvogel für langes Leben.

KwunYum (GuanYin, auch Kunlam, Kwanlum o. Ä.)

Der indische Boddhisatva *Avalokitesvara* („der das weltliche Bitten hört") wurde im Chinesischen mit GuanShiYin, kurz GuanYin, übersetzt. Als Boddhisatva ist die geschlechtliche Trennung überwunden, die Gottheit kann wahlweise als weiblich oder männlich auftreten. Im fernen Osten wird GuanYin als Gottheit der Barmherzigkeit und Schutzpatronin der Frauen betrachtet. Sie wird sowohl von Buddhisten (als Statue meist aufrecht stehend mit einer erhobenen Hand) als auch von Taoisten (hundertarmig als Zeichen der Allmacht) verehrt. GuanYin ist eine der häufigsten Figuren in südchinesischen Tempeln.

KuanTi (auch GuanYu oder WuDi)

GuanYu ist ein historisch belegter General während der Zeit der drei Reiche (222–265 n. Chr.), der zahlreiche Schlachten gewann und heldenhaften Ruhm erlangte. Dennoch war ihm ein tragisches Ende beschieden, er wurde durch eine List gefangengenommen und hingerichtet. Sein Leben und Heldentum diente vielen Soldaten als Vorbild, unter den Ming (1368–1644) wurde *GuanYu* schließlich zum Kriegsgott und Schutzpatron der Soldaten sowie zum Gott der Gerechtigkeit ernannt. Zahlreiche Tempelschreine erinnern an ihn, meist unter dem Namen WuShengMiao. Sowohl im Tempel wie auch als Figur der chinesischen Oper wird *GuanYu* mit auffälliger roter Gesichtsfarbe (Maske) dargestellt.

LaoZi (LaoTzu)

Verfasser des DaoDeJing und Begründer der darauf basierenden Lehre des Taoismus. Zu Leben und Werk siehe Kapitel „Glaubensrichtungen", S. 27.

Löwe

(*Shi*, persisch: *Sirr*) Der Löwe war in China bis zu Handelskontakten mit Persien unbekannt. Seine Stärke ließ ihn zum Fabeltier und Tempelwächter werden. Vor vielen (insbesondere taoistischen) Tempeln stehen ein männlicher Löwe mit einem Ball (S. 303) sowie ein weiblicher mit einem Löwenbaby. Übertragen bedeutet der Ausdruck „der Löwe wirft den Ball" den Beischlaf vollziehen. In den berühmten Löwentänzen an Festtagen sollen böse Geister vertrieben werden.

Lotusblüte

Der Lotus *(LienHua)* wächst auf schmutzigen Tümpeln, ohne selbst schmutzig zu sein und wird als Zeichen der Reinheit betrachtet. *Lien* ist außerdem lautgleich mit „Bescheidenheit", „lieben" und „ehelich verbinden", kann daher in zahlreichen symbolischen Varianten eingesetzt werden. Der Stengel stellt in der Sexualsymbolik das männliche, die Blüte das weibliche Geschlecht dar. Lotusblüte wurde daher zum Synonym für Frau an sich, der „Goldlotus" bezeichnete den durch straffes Umwickeln von Kindesalter an verkrüppelten Fuß der Frau, eine Praxis, die bis zum Ende der letzten Kaiserdynastie (in ländlichen Gegenden auch noch darüber hinaus) weit verbreitet war.

Mahayana

(Sanskrit: großer Wagen) Die in Nordindien, Nepal und China verbreitete Lehre des Buddhismus. Im Unterschied zur Hinayana-Strömung (s. S. 306) kann der Weg zur Erlösung des Menschen aus dem ewigen Kreislauf durch die Hilfe von Boddhisatvas (s. S. 303) erleichtert werden.

Maitreya

Diese nach Buddha zweithöchste Figur des Buddhismus kam während der Sung-Dynastie (960–1280) aus Indien nach China. Maitreya bedeutet „der noch nicht Erschienene" und wird im Chinesischen mit „MiLoFu“ wiedergegeben. MiLoFu ist keine historische Figur und symbolisiert durch seine stets lachende, gemütliche und dickbäuchige Gestalt den naiven Frohsinn. Dadurch stellte er nie eine politische Gefahr dar und konnte leicht in China Anhang finden. Er wird auch HuanXiFo, „Freuden-Buddha“ genannt, seine Beleibtheit drückt insgesamt Zufriedenheit aus; dicke Menschen erinnern in China an ihn und werden (im Gegensatz zum Westen) geschätzt. Einer anderen Interpretation zufolge spielt der Begriff „Freuden-Buddha“ nicht auf die Leibesfülle dieses Buddha, sondern auf Beischlaf an.

MaZi

Göttin des Meeres und Schutzpatronin der Fischer und Seeleute (kantonesisch **TinHau**, **TienHou** o. Ä.), die insbesondere in Südchina sowie auf TaiWan besonders verehrt wird. MaZu wird auch „TinHau“ (Himmelskaiserin) genannt, die zu ihren Ehren errichteten Tempel heißen daher entweder „TinHau Kung“ oder „MaZi Miao“. Ihr Geburtstag (am 14. April, angeblich 901 n. Chr.) wird in allen TinHau-Tempeln HongKongs und Macaus besonders gefeiert.

Ming-Dynastie

Das vorletzte Kaisergeschlecht von 1368 bis 1644 n. Chr. war gleichzeitig die letzte echte chinesische Dynastie und wird entsprechend verehrt. Die nachfolgende Qing-Dynastie (1644–1911 n. Chr.) wurde immer als Fremdherrschaft der Mandschuren gesehen. Unter den Ming entstanden der Kaiserpalast in BeiJing, die Ming-Gräber bei XiAn, kam die Porzellanverarbeitung und die Literatur zur Blüte.

Namensgebung

Ein Baby erhält zunächst einen Kindernamen, der bis etwa zum zehnten Lebensjahr getragen wird. Erst danach wird entsprechend der Persönlichkeit des Kindes der eigentliche Dauername vergeben. Namen werden in China und auf TaiWan mit besonderer Sorgfalt von den Eltern ausgewählt. Der Name soll bestimmte Charaktereigenschaften widerspiegeln, so werden Mädchen häufig mit blumigen oder positiven Adjektiven ausgezeichnet, Knaben dagegen mit Worten der Stärke, Tugend oder Tiernamen.

Die zweisilbigen Namen werden dem einsilbigen Familiennamen nachgestellt. Frauen behalten nach der Heirat ihren alten Familiennamen, werden aber als „Frau XY“ mit dem Familiennamen des Ehemannes angesprochen. Falls ein Mensch im Laufe seines Lebens eine Pechsträhne hat, kommt es sogar zu Namensänderungen, wobei häufig Astrologen zu Rate gezogen werden. Auch die Furcht vor Geistern spielt dabei eine Rolle, zumeist aber eher auf dem chinesischen Festland.

Nirwana

Eine Art buddhistisches Paradies oder die Endstation auf dem spirituell-religiösen Pfad. Wörtlich bedeutet Nirwana etwa „Ende der Bestrebungen“ und bezeichnet jenes Stadium in der Entwicklung eines Individuum, in dem es die Kette der unendlichen Wiedergeburten durchbricht.

Opiumkrieg

Auseinandersetzung zwischen Großbritannien und dem kaiserlichen China um die Öffnung Chinas für den britischen Handel mit Opium 1840–1842.

Pagode

Die Pagode *(BaoTa)* entspricht der indischen Stupa und bezeichnet entweder eine heilige Stätte oder ist ein Ort, an welchem Reliquien aufbewahrt werden. Pagoden befinden sich überwiegend in unmittelbarer Nähe buddhistischer Tempel und Schreine.

PakTai

Hüter der Gesellschaft mit besonderer Rolle als Patron auf HongKongs Insel CheungChau

PaoKung

Taoistische Gottheit der Justiz

Papagei

Der in Südchina und auf TaiWan beheimatete Papagei *(YingWu)* ist in seiner religiösen Bedeutung ein Begleiter des KwunYum-Boddhisatva und trägt dabei auf Darstellungen häufig eine Perle im Schnabel. Im Alltag meint man mit Papagei auch „junges Mädchen", und die Redewendung „mit dem Papagei Tee trinken" bedeutet, ein Freudenmädchen besuchen.

Pavillon

(Ting) Beliebtes Thema der chinesischen Landschaftsmalerei. Gemeinsam mit Kranichen ein Symbol der Zauberinsel im Ostmeer, dem Ziel der Reise der acht Unsterblichen.

Perle

(Ju) Symbol der Reinheit. Einer chinesischen Legende zufolge besitzen die tibetanischen Mönche eine Zauberperle. Wenn sie 60 Jahre unter deren Einfluss stand, kann sie jede Frau, die sie erblickt, liebestoll machen.

Pfirsich

Der Pfirsich *(Tao)* ist das bedeutendste Symbol der Langlebigkeit in China. Zum chinesischen Neujahrsfest wurden Pfirsichzweige vor die Türen gelegt, um Geister zu vertreiben und das eigene Leben zu schützen. Im KunLun-Gebirge auf dem Festland soll alle 9000 Jahre ein Pfirsichbaum blühen, dessen Früchte unsterblich machen. Auch der Affengott Sun (oder Hanuman, beides basiert auf dem Hinayana-Epos) kam auf seiner im legendären, im Roman „Reise nach dem Westen" (*XiYuJi,* 16. Jh.) beschriebenen Reise hier vorbei und verzehrte die Früchte dieses Baumes kurz vor ihrer Reife zum Entsetzen aller – und wurde unsterblich.

Pflaume

Die Pflaume *(Mei)* bezeichnet Winter und Jungfäulichkeit, die Bettdecke eines Brautbettes wird sinnigerweise „Pflaumenblütendecke" genannt. Eine Reihe anderer Bezeichnungen wird ebenfalls mit *Mei* gebildet, z. B. „Weiden-Pflaume-Krankheit" (Syphillis), „die Pflaume blüht zum zweiten Mal" (eine Nebenfrau nehmen oder zweiter Beischlaf einer Nacht) oder „Pfirsich-Pflaume" (*TaoLi* = Studenten).

Piktogramm

Bezeichnung für chinesische Schriftzeichen, die aus Bildern entstanden.

QinShi HuangDi

Erster chinesischer Kaiser, der über ganz China herrschte. Er regierte nur relativ kurz von 221 bis 206 v. Chr., viele der nachfolgenden Herrscherhäuser und selbst *MaoZiDong* orientierten sich an ihm. Sein zentraler Gedanke war es, das Land rigoros zu vereinheitlichen und mit alten Traditionen zu brechen. Einschneidendste Taten waren der Bau der großen Mauer und die Bücherverbrennung traditioneller Schriften durch seinen Minister *LiSi*.

Reich der Mitte

Heutiger Name Chinas *(ZhongGuo)*, der bereits während der Chou-Dynastie (1028–221 v. Chr.) entstand und den führenden Teilstaat Chou inmitten unterworfener Fürstentümer am Rande bezeichnete. Der Begriff ZhongGuo spiegelt auch das heutige Selbstverständnis Chinas und das sinozentrische Weltbild der politischen Führung in BeiJing wieder.

Republik China (R.o.C., ZhongHua MinGuo)

1912 von *Dr. SunYatSen* ausgerufene Republik als Nachfolgestaat des Kaiserreiches. Die „Republik China auf TaiWan" versteht sich als direkter Nachfolger der Republik *Suns*, die aber 1949 vor den Kommunisten „vorübergehend" nach TaiWan ausweichen musste.

Rosa

(FenHong) Farbe der Unzucht und Prostitution.

Rot

Rot *(Hong)* ist sowohl die Farbe des Kriegsgottes GuanYu, des Reichtums und des Lebens. In Kombination mit der Farbe grün gibt es noch heute einige interessante Wendungen wie „Lampen rot, Wein grün" (Kneipenleben), „roter Rock und grüne Socken" (Jungfrau), aber auch in Kombination mit weiß bedeutet „rot und weiß" ein Kompliment für die Schönheit einer Frau (rote Lippen, weiße Zähne).

Schildkröte

(Gui) Symboltier, welches die Geheimnisse des Himmels und der Erde vereint. Sie steht auch für Zähigkeit und Standfestigkeit. Andererseits bedeutet *GuiGong* (Schildkrötenherr) das Fluchwort „Vater einer Hure" und *WuGui* (dunkle Schildkröte) „Zuhälter".

Schlange

In Südchina ist die Bedeutung der Schlange *(She)* recht vielfältig. Sie wird gerne verzehrt, da ihr Genuss gut für die Augen sei. Andererseits sei das Schlangenfett gefährlich, da die Funktion des Penis beeinträchtigt werde. Träumt ein Chinese von einer Schlange, bedeutet dies den Verlust seines Wohlstandes oder aber eine neue Frauenbekanntschaft (wie sinnig!). Da man nicht genau sagen kann, welche Möglichkeit zutrifft, ist die Beratung durch traumdeutende Astrologen am Morgen danach (nach dem Traum) weit verbreitet. In der Praxis werden Schlangen mit Hilfe von – Damenunterwäsche gefangen, da sie durch den Geruch angeblich angezogen werden. Daher wird die Schlange in Südchina folgerichtig auch mit dem Penis gleichgesetzt.

Schwarz

(Hei) Symbolfarbe für Tod, Ehre und das Dunkel.

Sex

(Se) Die verhältnismäßig strikte Moral des Konfuzianismus (allerdings nach *Konfuzius* selbst) bedingte eine Tabuisierung, wenn auch nicht völlige Unterdrückung jedweder erotischer oder sexueller Handlung und Beschreibung in China. So entwickelte sich die beinahe aus-

schließliche symbolische Beschreibung erotischer Handlungen, wobei die Symbole zwar eindeutig waren, gemäß der strengen Moral die Dinge aber nie direkt beim Namen genannt wurden. In ländlichen Regionen des Festlandes ist es noch heute üblich, vollkommen bekleidet zu Bett zu gehen, auch im Ehebett. In HongKong und Macau weicht die Prüderie nicht zuletzt durch westliche Einflüsse erheblich auf.

Sieben

(Qi) Zahl des Lebens und des Todes. Mit sieben Jahren verliert das Mädchen die Milchzähne, mit vierzehn hat sie die erste Regel, mit 49 die letzte. Nach dem Tod werden Opfer an jedem siebenten Tag gebracht und nach sieben mal sieben Tagen geht die Seele ins Jenseits über.

Stein

(Shi) Berge, Felsen und Steine stehen für langes Leben. In Südchina und TaiWan liefern sich manche kleine Dörfer am fünften Tag des fünften Mondmonates regelrechte Steinschlach-ten, um die Fruchtbarkeit zu fördern und Krankheiten vorzubeugen.

SunYatSen

(SunZhongShan) Chinesischer Politikor (1866–1925), der mit seiner „Gesellschaft zur Erneuerung Chinas“ das chinesische Kaiserreich 1911 stürzte und die demokratische „Republik China“ gründete.

TaiJiQuan

Chinesisches Schattenboxen, eine meditative Leibesübung für Körper und Geist.

TaiZi

Der junge, götterähnliche Held TaiZi *(TaiTzu)* oder NaCha ist eine Art chinesischer Siegfried, der auf einem Feuerrad stehend mit Hilfe eines Zauberringes seine Feinde bekämpft. TaiZi ist der Sohn des nördlichen Himmelskönigs LiJing und ehrte nur Buddha, nicht aber seine Eltern. Obgleich inhaltlich eher eine buddhistische Figur, ist er in Südchina nur sehr selten (in HongKong nur in ShamShuiPo) zu sehen.

TamKung

Überwiegend in Südchina verehrte Figur eines Fürsten der südlichen Song-Dynastie (1127–1279), der vor den Mongolen nach Süden floh.

Tee

Das chinesische Nationalgetränk kam vermutlich im 3. Jh. aus Indien nach China. Im Süden heißt er *Ti* (Taiwanesisch, Fukienesisch), im Norden dagegen *Cha*. Das nordchinesische *Cha* (Gesprochen Tscha) kam als Lehnwort in die slavischen Sprachen (russisch, türkisch: *tschaj*), das südchinesische *Ti* als *tea*, Tee usw. auf dem Seeweg mit den Briten nach Westeuropa.

Wer oft in der Welt umherreist, wird gewiss schon die unterschiedlichsten Worte für „Tee“ – sei es im Hotel, im Restaurant, auf Verpackungen usw. – gelesen oder gehört haben. Dabei lässt sich das Wort Tee jedoch, aus welcher Sprache der Welt auch immer, auf zwei Grundformen zurückführen, beide in China origin. Das kantonesische „cha“ prägte nicht nur weite Teile der chinesischen Sprachen und Dialekte, sondern erstreckte sich über Handelsbeziehungen zu Lande quer durch Asien u.a. in die Sprachen

Thai, Hindi, Koreanisch, Japanisch, Tagalog, Vietnamesisch, Arabisch, und nicht zuletzt ins Russische und Portugiesische.

Anders die meisten westeuropäischen Sprachen: beispielsweise im Englischen, Deutschen, Niederländischen, Französischen, Spanischen und Italienischen wurde das jeweilige landessprachliche Wort für Tee aus dem Fukienesischen „tai" abgeleitet, hier durch Handelsbeziehungen der Seefahrernationen mit der Küstenprovinz Fukien.

Tempel

(allgemein: *SiMiao*) Ursprünglich war die Benennung chinesischer Tempel relativ klar gegliedert. So war ein *Si* immer buddhistisch, ein *Miao* taoistisch und konfuzianistisch, ein *Tan* eine Stätte der Volksreligion. In Südchina fand eine starke Vermischung der einzelnen Strömungen statt, sodass heute lediglich der *Si* relativ eindeutig und ausschließlich für buddhistische Tempel steht. Konfuziustempel sind immer *KongZiMiao*, aber auch taoistische und schamanistische (volksreligiöse) Tempel werden als *Miao* bezeichnet.

Tempelwächter

Steinerne Wächter an den Eingangstoren finden sich gelegentlich bei buddhistischen, nahezu immer bei taoistischen Tempeln. Meist dienen die vier bewaffneten und furchterregend blickenden Himmelskönige (Wen, Ma, Li und Zhao) als Tempelwächter, aber auch andere Figuren wie die Generäle *Fan* und *Xie* nehmen diese Aufgabe wahr.

Vier

(Si) Unglückszahl, da lautgleich mit sterben. In chinesischen Gebäuden wird der vierte Stock oft (in der Nummerierung) übersprungen, auf den dritten folgt unmittelbar der fünfte. Mit vier Geldscheinen oder 400/4000 HK$ als Geschenk macht man daher niemandem eine Freude, vier halbe, glasierte Birnen (s. S. 303) kommen schon beinahe einer Kriegserklärung gleich.

Volksrepublik China

Nachdem die kommunistischen Truppen *MaoZiDongs* 1949 die republikanischen Truppen *ChiangKaiSheks* samt Regierung nach TaiWan vertrieben hatten, rief *Mao* am 1. Oktober 1949 auf dem Platz des Himmlischen Friedens (TiAnAnMen) in BeiJing die „Volksrepublik China" aus.

WongTaiSin

Distriktgottheit im gleichnamigen HongKonger Stadtteil WongTaiSin. Wird wegen seiner Kenntnis eines Allheilmittels verehrt, kann zudem Gegenstände verwandeln.

Yin-Yang

Prinzip der Harmonie zwischen den universalen Polen Yin (weiblich, schattig, weich, negativ) und Yang (männlich, sonnig, hart, positiv), welches in der Volksreligion und der chinesischen klassischen Medizin von Bedeutung ist. Beide Pole ergänzen sich und können nur gemeinsam, im Idealfall in vollendeter Harmonie, existieren.

Yu (Fisch)

Der Fisch zählt zu den positiv besetzten Symboltieren, wegen der orangenen Farbe insbesondere der Goldfisch. Davon zeugen sowohl Privataquarien als auch Goldfischteiche in Parks.

Literaturhinweise

Geschichte

- *Menzies, Gavin:* **1421 – Als China die Welt entdeckte,** München, 2002. Eine unbedingt empfehlenswerte Darstellung der chinesischen Entdeckungsfahrten im frühen 15. Jh., als China den gesamten Erdball erschloss und kartografierte – 70 Jahre vor Kolumbus!
- *Fenby, Jonathan:* **Das chinesische Kaiserreich,** National Geographic, 2010. Übersichtliche Gesamtdarstellung zu den einzelnen Dynastien mit zahlreichen Abbildungen und zusammenfassenden tabellarischen Übersichten.
- *Hayes, James Jr.:* **The HongKong Region 1850–1911.** HongKong, 2012. Englischsprachige Gesamtdarstellung der spezifischen Kolonialgeschichte aus der Anfangszeit HongKongs unter den Briten.
- *Marshall, William:* **Last Exit HongKong und HongKong Crash.** Hamburg, 1994 bzw. 1998. Krimis, die in HongKong spielen.

Belletristik

- Als Krimitipp empfiehlt sich *Chan Ho Keis* **Das Auge von HongKong**, Atrium-Verlag, 2018. Kei beschreibt in brillianter Manier sechs Fälle eines Meisterermittlers der Megastadt und integriert dabei geschickt zahlreiche Örtlichkeiten und Hintergrundinfos.

Politik und Gesellschaft

- *Yu Hua:* **China in zehn Wörtern.** Bonn (bpb), 2013. Das in China verbotene Buch wird von der Bundeszentrale für politische Bildung herausgegeben. Anhand von zehn Schlüsselbegriffen werden Anekdoten, Analysen und persönliche Erinnerungen zu einem facettenreichen Einstieg ins heutige China verquickt.
- *Malhotra, Ingrid:* **Klassische und moderne Rezepte aus HongKong.** Kornmayer, 2010. Eine der ganz seltenen deutschsprachigen kulinarischen und gleichzeitig auch kulturkundlichen Einstimmungen auf die südchinesische Metropole.
- *Meyer, Ulf:* **Architekturführer HongKong,** Berlin, 2013. Hinter dem langweilig anmutenden Titel verbirgt sich eine kurzweilige Analyse von 100 spektakulären Wolkenkratzern in der Metropole HongKong.
- *Bolick-Zander, Christian:* **Wundersames China,** Bamberg, 2012. Kurzgeschichten, Informatives, Lehrreiches und viele bebilderte Anekdoten aus dem modernen China.
- *Chen, Simon & Chan, William:* **Umbrella Movement in HongKong.** Imperial College Press, 2017. Insideranalyse der (gescheiterten?) Regenschirm-Revolution und deren Weiterwirken in der aktuellen Gesellschaft (engl.).
- *Ng, Simon:* **Umbrellas in Bloom – Hong Kongs Occupy Movement Uncovered.** Blacksmith Books, 2016. Ebenfalls ein Insiderbericht zur Regenschirmbewegung, aber kompakter und als Taschenbuch deutlich preiswerter (engl.).
- *Vaughan, Grylls:* **HongKong Then and Now.** Pavilion Books, 2016. Bildband über die städtische Entwicklung der Megametropole.

Sprache

- *Eberhard, Wolfram:* **Lexikon chinesischer Symbole,** München, 2004. Beschreibung des Symbolgehaltes chinesischer Zeichen.
- *Karlgren, Bernhard:* **Schrift und Sprache der Chinesen,** Berlin, Heidelberg, 2008. Einführung in die Hintergründe und Geschichte der Sprache (keine Sprachlehre), ohne dass Vorkenntnisse notwendig wären.
- *Raab, Hans-Christoph:* **Chinesisch sprechen, lesen, schreiben,** Würzburg, 2004. Aufgrund der Zweiteilung in einen reinen

PinYin- und einen reinen Schriftzeichenteil, die unabhängig voneineinander (im selben Buch) abgearbeitet werden können, eines der besten Lehrbücher auf dem Markt. Hierfür sind auch sehr empfehlenswerte Begleit-CDs erhältlich.

- In der Reihe Kauderwelsch sind die Sprachführer **Hochchinesisch – Wort für Wort (Mandarin), Kantonesisch – Wort für Wort** und **Chinesisch kulinarisch – Wort für Wort** erschienen. Reise Know-How Verlag.

Wirtschaft

- *Li, KuiWai:* **Economic Freedom: Lessons of HongKong.** World Scientific Pub., 2012. Darstellung der besonderen mikro- und makroökonomischen Besonderheiten und deren Einfluss auf die heutige Sonderstellung HongKongs in China. Der Schwerpunkt liegt auf der Darstellung des ökonomischen Liberalismus der vielleicht freiesten Wirtschaft der Welt.

WanChai und Nancy Kwan alias „Suzie Wong“

Über das Ende der Kolonialzeit hinaus haftete HongKong im Allgemeinen und dem Stadtteil WanChai im Besonderen immer der Ruf eines regionalen Sündenbabels mit vielen Barbetrieben und Bordellen an.

Dieser zweifelhafte, und in HongKong selbst gar nicht erwünschte Ruf basiert fast ausnahmslos auf dem Buch Richard Masons „Suzie Wong“, welches 1957 erstmals erschien und sich in Großbritannien sowie den USA einer großen Beliebtheit erfreute.

Die Handlung ist vergleichsweise banal und beschreibt dabei den Distrikt WanChai als laszives Vergnügungsviertel, in dem der junge Maler Robert Lomax chinesische Barmädchen malt und sich schon bald in die Schönheit Suzie Wong verliebt.

Hollywoods Filmproduzent Ray Stark griff die Thematik bereitwillig auf und verfilmte den Stoff mit William Holden und der gebürtigen HongKongerin Nancy Kwan bereits im Jahr 1960 in „The World of Suzie Wong“.

Der Film wurde sehr erfolgreich. 1961 wurden die Filmmusik mit einem Golden Globe ausgezeichnet. Nancy Kwan erhielt für ihre Rolle der Prostituierten, die die Geliebte des weißen Malers wird, einen Golden Globe für die „Beste Nachwuchsdarstellerin“. Außerdem war sie für ihren Auftritt in „The World of Suzie Wong“ bei den Golden Globes auch noch als „Beste Hauptdarstellerin in einem Drama“ nominiert.

*Nancy Kwan (*1939), Tochter eines chinesischen Vaters und einer schottischen Mutter, wurde von Ray Stark für diesen Film entdeckt und machte anschließend in Hollywood Karriere. Sie heiratete übrigens 1962 den Hotelbesitzer P. Pock aus Österreich, in zweiter Ehe David Gilles und später in dritter Ehe den Regisseur Norbert Meisel, ebenfalls gebürtig aus Österreich. Seit 1979 lebt sie dauerhaft in den USA.*

1988 wurde James Clavells bekannter Roman „TaiPan“ als Fernseh-Mehrteiler „Noble House“ mit Pierce Brosnan verfilmt, in dem Nancy Kwan ebenfalls in einer größeren Rolle auftrat. Schauplatz ist das damals noch unter britischer Verwaltung stehende Hongkong.

- ***Mason, Richard: „Suzie Wong“.** Als TB im Unionsverlag, Zürich, 2011.*

Register

A
Aberdeen 71, 74
Aberdeen Market 73
Abkürzungen 6
Adventure Land 70
Ahnengedenktag 248
Airport Express 219, 289
Amazing Asian Animals 69
Angeln 265
Anlegestelle MaLiuShui 109
An- und Rückreise 214
Apps 256
Aqua City 69
Architektur 44
Art Gallery 109
Arzt 254
Asienkrise 19
Astrologie 34
Ausflüge 221
Auslandskranken-versicherung 293
Ausrüstung 223
Ausweisverlust 260
Auto 292
Avenue of Stars 84

B
Baden 150
Badminton 267
Bahn 289
Banken 253
Bank of China 54
Barrierefreies Reisen 224
Bars 270
Battery Path 57
Beilagen 237
Bekleidung 224
Bekleidungsgeschäfte 231
Big Wave Bay 67, 77
Bildung 38
Bird Garden 93
Boddhisatvas 110, 147
Bonham Strand West 55
Bonsai- und Blumengarten 103
Bootsrundfahrten 221
Bowling 268
Brauchtum 33
Bride's-Pool-Trail 115, 116
Bronzen 40
Brötchenfest 134
Buddhismus 30
Bun-Festival 134
Bürgerkrieg, chinesischer 16
Bus 287

C
Campingplatz 153
Canidromo, Macau 185
Casa Garden, Macau 174
Casas-Museu da TaiPa, Macau 189
Cat Street Flohmarkt 57
Causeway Bay 64
Cemitério Protestante, Macau 175
Central 52
Central Market 54
Central New Territories 106
Chan-Schule 32
Charles Elliott 56
Chater Garden 54
Check-in 216
CheKeiShan 59
ChekLapKok International 215
CheKungMiu 111
CheungChau 130
CheungLung Trail 101
CheungPoTsai-Höhle 135
Chi Lin Nunnery 96
Chinesische Küche 234
ChingChung-Koon-Tempel 103
Christentum 32
ChukLamSinYua 101
ChungKing Mansions 279
ChungYeung-Festival 251
Clansiedlung 105
Clearwater Bay 122
Clock Tower 84
Coastal Defence Museum 66
Coloane, Macau 193
CoTai 189

D
Deep Water Bay 71
DengXiaoPing 16
Der HongKong-Trail 73
Der Wilson-Trail 78
DimSum 238
Dinner-Bootstour 222
Diplomatische Vertretungen 225
Discovery Bay 144
Discovery Land 145
Disneyland-Resort 146
Drachenbootfest 249
Dragon's Back 77
Dr.-SunYatSen-Museum 55
Duddell Street 57
Durchschnittseinkommen 38

E
East Rail Line 290
EC-Karte 253
Einkaufen 227
Einkaufszentren 229
Ein- und Ausreise-bestimmungen 226
Einwanderung 255
Eisenbahnmuseum 106
Elektrizität 234
Elektronikartikel 230
Englisch 263
Ermida de Nossa Senhora da Penha, Macau 178
Essen mit Stäbchen 237
Essen und Trinken 234
Etagen 258

F
Fähren 286
Fährplan 127
Fährplan Central CheungChau 136

Register

Fahrrad 293
Family-Trail 114
FanLing 106
Farbsymbolik 35
Feiertage 248
FengShui 37
Fernsehen 259
Feste 248
Fisherman's Wharf, Macau 180
Flagstaff House 58
Flora und Fauna 13
Flugzeug 214
Fortaleza da Guia, Macau 183
Fortaleza do Monte, Macau 173
Foto 230, 252
Französische Gesandschaft 57
Freigrenze 227
Fremdenverkehrsamt 255
FukMoonLam Restaurant 154
FungWongShan 149
FungYin SinKwun Tempel 106

G
Garantiewesen 233
Garküchen LanTau 154
Garküchen MuiWo 142
Gastronomie 239, 269
Geburtstag des Konfuzius 251
Geburtstag des TamKung 251
Geistermonat (GuiYue) 249
Geld 252
Geldnot 260
Geografie 10
Geomantik 37
Gepäck 253
Gepäckaufbewahrung 253
Geschäftsleute, Dresscode 225
Geschenke 35
Geschichte 13
Gesellschaft 27
Gesundheit 254
Gesundheitsformular 226
Getränke 237
Gewichte 258
Glaubensrichtungen 27
Golf 268
Good Wish Garden 94
GuanYin-Pavillon 68

H
HacSa Beach, Macau 195
Hafenrundfahrten 222
Hafen von Aberdeen 71
Hakenkreuz 99
Hakka-Siedler 118
Handel 23
Handy 262
Han-Gräber 96
HapMunBay 160
Happy Valley 66
Hausboote 71
Heilige vier Wahrheiten 30
HeiLingChau 162
Helikopter 286
Herbstfest 250
Heritage Museum 111
Hinayana 31
Hipódromo da TaiPa, Macau 187
HKTB 255
Hollywood Road Park 56
HongKong Arts & Exhibition Centre 60
HongKong Convention & Exhibition Centre 61
HongKong Cultural Centre 87
HongKong Cultural Centre Complex 87
HongKong-Dollar 252
HongKong Heritage Museum 111
HongKong Jockey Club 66, 275
HongKong Museum of Art 87
HongKong Museum Pass 87
HongKong Park 58
HongKong Peak 59
HongKong & ShangHai Bank 54
HongKong Space Museum 87
HongKong Tourism Board 255
HongSheng-Tempel 64
Horoskop, chinesisches 35
Hostels 278, 284
Hostessen 274
Hotels 275, 281, 284
Hotelsuchmaschinen 278
HungHom 88
Hygiene 254

I
Igreja da Sé (DaSe), Macau 176
Igreja de Santo António, Macau 173
Igreja de São Domingos, Macau 171
Informationsquellen 255
Inselfähren 287
International Commerce Centre (ICC) 92
International Finance Center (IFC) 53
Internet 256

J
Jackie Chan 84
Jade 40, 232
Jademarkt 92
Jardim de LouLimloc, Macau 183
Jardim Luís de Camões, Macau 174
Jardines Lookout 75
Jet Li 84
JiangZiMin 18
Jin 258
Joggen 268
Jugendherbergen 276
Jugendherbergsausweis 276

K
Kalender, chinesischer 34
Kamikaze-Höhlen 128

Kampfsport 267
KamTin 105
Kanufahrten 265
Kartensperrung 260
KatHingWai (walled city) 105
Kaufhäuser 228
KauSaiChau 162
KCR 290
Khalsa-Diwan-Sikh-Tempel 64
Kinder 257
Kino 270
KiuTsuiChau 160
Klima 11
Klosterschule YuanXuan (YuenYuen) 100
Kneipen 270
Knoten 42
Kohlekraftwerk 124
KoLauWan 121
Konfuzianismus 27
Konfuzius 251
Kong Wetland Park 104
Konzerte 274
Kosten 257
KowLoon 80
KowLoon-Kanton-Railway 108
KowLoon-Park 81
KowLoon Promenade 86
KowLoon-Station 88, 92
KowLoon Walled City Park 96
Krankenhäuser 255
Kreditkarten 252
Kreditkartenverlust 260
Kulturrevolution 17
KungFuTzu 27
Kunlam-Statue, Macau 182
KunlamTong-Tempel, Macau 184
Kwan, Nancy 314
KwanTi 135
KwanTiKung-Pavillon 135
KwanTi-Tempel 149
KwanYum-Tempel 133

L

Lächeln 37
Lackwaren 41
Ladder Street 57
Ladies' Market MongKok 93
LaiChiChong-Bucht 120
LamMa 124
LanKwaiFong 240
LanTau 139
LanTau-Peak 149
LaoTzu 28
Largo do Senado mit Leal Senado, Macau 170
Laternenfest 248
Lebhaftigkeit (RiNao) 34
LegCo (Legislative Council) 54
Light Rail Transit 289
LinFungMiu-Tempel, Macau 186
LinZeXu Memorial Museum, Macau 186
Lions Nature Education Centre und Naturlehrpfad 120
LiYuan Kleidermarkt 54
LokMaChau 104
Loong 258
LoSoShing-Bucht 128
LRT 289

M

Macau 163
Macau Cultural Centre & Macau Museum of Art 181
Macau Science Center 181
Macau Tower 179
MacLehose-Trail 119
Madame Tussauds Wachsfigurenkabinett 60
Maestro-Karte 253
Mahayana 31
MahJong 93
MaiPo-Vogelschutzgebiet 104
Malerei 39
MaLiuShui 109, 120
Mandarin 263
Mangroven 120
ManMo-Tempel, HK Island 56
ManMo-Tempel, LanTau 142
ManMo-Tempel, New Territories 106
ManWa Lane 55
Marine World 70
Märkte 229
Maße 258
MaZi 90
Meerwasser-Entsalzungsanlage 102
Menschenkopf-Felsen 133
Mentalität 33
Mid-Level-Escalator 54
Mid-Level Escalators 292
MiLoFu 104
MingKee Seafood Restaurant 161
Mirador Arcade 281
MiuFat-Kloster 104
Möbel 232
Mobiltelefon 262
Mondfest 250
MongKok 93
Monte Penha, Macau 178
Moschee 81
MoTat 129
MoTatWan-Bucht 129
Motorrad 292
Mount Butler 75
Mount Nicholson 75
Mount Stenhouse 130
MTR 289
MuiWo 139
MuiWo Inn 153
Multimediashow NgongPing 360 148
Museen
  Bank of China 54
  Coastal Defence 66
  Dr.-SunYatSen-Museum 55
  Eisenbahnmuseum 106

Han-Gräber 95
HongKong Arts & Exhibition Centre 60
HongKong Cultural Centre 87
HongKong Wetland Park 104
Museum of History 88
Museum of Science 88
Racing Museum 66
SamTungUk 102
SheungYiu-Museum 120
Space Museum 87
Teemuseum 58
Museum of Art 87
Museum of History 88
Museum of Science 88
Musik, chinesische 43

N
Nachkriegsjahre 17
Nachtleben 269
Nachtmärkte 270
NamChung/LukKeng Trail 116
Namensstempel 41
NamTung 154
NAPE-Areal, Macau 180
Nathan Road 80
Nature Park Visitor Centre 115
Navaids Station 156
Neujahrstag 248
New KowLoon 94
New Town Plaza Shopping Mall 110
NgauWuTeng-Aussichtspavillon 161
NgongPing (PoLin-Kloster) 147
Noon Day Gun 64
North Point 66
Notfall 260
Notruf 260, 261

O
Observation Desk 92
Ocean Park 69
Octopus-Karte 220, 285
Öffnungszeiten 229
Oper, chinesische 43
Opiumhandel 14
Ostern 248
Östliche New Territories 112

P
Paisano's 154
PakKok 128
PakShing-Tempel 56
PakTai-Tempel 132
PakTamChung Besucherzentrum 118
PakTamChung-Nature-Trail 118
PakTsoWan 135
Parks 58, 65, 81, 90, 96, 110
Parque de SeacPaiVan, Macau 193
PatSinLeng-Country-Park 115
PatSinLeng Parks 112
PatSinLeng-Pool-Trail 115
Peak-Tower 60
Peak-Tram 59, 288
Peking-Oper 43
PengChau 137
Penha, Macau 176
Pferderennen 66, 222, 275
Pflanzen 13
PingChau 158
Platz des himmlischen Friedens 250
Plover Cove 112
Plover Cove Country Trail 114
Plover Cove Reservoir 112
PokFuLam 74
Polar Adventure 69
PoLin-Kloster 147
Politik 21
Polizei 255
Porzellan 39
Possession Street 56
Post 261
PoToi 160
PouTaiUn-Tempel, Macau 187
PoYueWan-Bucht 135
Preistipps 258
Privatbusse 288
Privatkliniken 255
Promenade (KowLoon) 84
Pubs 270

Q
QTS-Siegel 233
Quality Tourism Service 233
Queens Road 55

R
Racing Museum 66
Radio 260
Rain Forest 70
Rauchen 249
Räucherstäbchenläden 55
Reisegepäckversicherung 294
Reiserücktrittsversicherung 294
Reiseschecks 253
Reisezeit 11
Reiten 268
Religion 27
RenTouShi (Menschenkopf-Felsen) 133
Repulse Bay 71
Restaurants 239
Rikscha 293
RiNao (Lebhaftigkeit) 34
Ritz-Carlton HongKong 92
Rollschuhbahn 269
Rückgabe an China 17
Ruínas de São Paolo, Macau 171
Rundgang 49, 168

S
SaiKung 116
SaiKung-Country-Park 118
SaiVan Lake und NamVan Lake, Macau 179

SaiWan 136
Salutschuss 64
Sampan-Rundfahrt 71
SamTungUk-
Heimatmuseum 102
SanTaiZi-Tempel 95
Schattenboxen 42
Schiffsfahrten 222
Schließfächer 253
Schlittschuhbahn 269
Schmuck 232
Schwimmbad
(KowLoon-Park) 81
Seafood-Restaurants 124, 161
Segeln 265
Seilbahn 148
ShamChung-Bucht 120
ShamShuiPo-Straßenmarkt 95
ShangHai Street 92
ShaTin 109
ShaTin-Park 110, 111
ShauKeiWan 66
ShekO 67
ShekPaiWan-Bucht 129
ShekPik-Reservoir 150
SheungWan 52
SheungYiu-Museum 120
Shopping 227
Sicherheit 262
Siddharta Gautama 30
Siegelmacher 55
SikSikYuan-(Yuen-)Tempel 94
Silberschmuck 55
Silvermine Bay 150
Silvermine Beach Hotel 153
Silverstrand-Bay 122
SinGuFeng 115
Sino-British Joint
Declaration 18
Sky 100 92
Soho 240
SokKwuWan 128
Sommerzeit 269
Sonnenrad 99
Souvenirs 231
Soziales 38
Space Museum 87
Sport 264
Sporttauchen 266
Sportzentrum SaiKung 116
Sprachaufenthalt 263
Sprache 263
Sprachkurse 109
Spring-Pavillon 115
Squash 266
Stadtbusse 287
Stadtspaziergang 49, 168
Stadttouren 221
Stanley 67
Stanley Gap Road 78
Stanley Main Beach 68
Stanley Prison 68
Star Ferry 84, 286
Statue Square 53
Staudamm 150
St. John's Cathedral 58
St.-Josephs-Kapelle 158
Stockwerke 258
Stopover 215
Strände LanTau 150
Straßenbahn 288
Straßenmärkte
Bird-Market (Vogelmarkt) 93
Cat Street Flohmarkt 57
Central Market 54
Jademarkt 92
Ladies' Market 93
LiYuan Kleidermarkt 54
ShamShuiPo-
Straßenmarkt 95
Stanley Straßenmarkt 67
Straßenmarkt Reclamation
Street YauMaTei 92
TaiPo Straßenmarkt 108
TaiYuen-Straßenmarkt 65
Temple-Street Market 92
Western Market 55
Straßenmarkt KowLoon 92
Studentenausweis 258
Studium 263
Surfen 265
Suzie Wong 314
Svastik 99
Symphony-of-Lights-
Show 84, 258

T

Tael 258
Tag der Verliebten 250
TaiChienShan 155
TaiKwaiWan 132
TaiMeiTuk 112
TaiO 149
TaiPa 186
TaiPan 64
TaiPa Village, Macau 188
TaiPing Carpet-Factory 112
TaiPo 106
TaiPo-Straßenmarkt 108
TaiYuen-Straßenmarkt 65
Tanka 149
Taoismus 28
TapMunChau 156
Taxi 291
Teacher's day 28
Teemuseum 58
Telefon 261
Telefonieren 33
Tempel
CheKungMiu 111
Chi Lin Nunnery 95
ChukLamSinYuan 101
FungYin SinKwun 106
Klosterschule YuanXuan
(YuenYuen) 100
KwanTi-Tempel 149
KwanYum-Tempel 133
ManMo-Tempel 56, 106
ManMo-Tempel LanTau 142
PakShing-Tempel 56
PakTai-Tempel 132
PoLin-Kloster 147

SanTaiZi-Tempel 95
SikSikYuan-(Yuen-) Tempel 94
TianTan-Tempel 147
TienHou-Tempel 116
TinHau-Tempel Aberdeen 73
TinHau-Tempel Causeway Bay 65
TinHau-Tempel FanLau 151
TinHau-Tempel LamMa 129
TinHau-Tempel PengChau 137
TinHau-Tempel Ping Chau 158
TinHau-Tempel PoToi 160
TinHau-Tempel SokKwuWan 129
TinHau-Tempel Stanley 68
TinHau-Tempel TapMun-Chau 156
TinHau Temple YauMaTei 90
Trappistenkloster „Our Lady of Joy“ 143
WanFoShek 109
Westliches Kloster 100
YauMaTei 90
Tempel der 10.000 Buddhas 109
Temple-Street Night Market 92
Templo de AMa, Macau 177
Tennis 266
Theater 274
The Venue 154
Thrill Mountain 69
Tiere 13
TinHau 30
Tischsitten 236
Tischtennis 267
Toilette 254
ToLo-Harbour 120
TongChoi Street 93
ToTeiWan-Bucht 76
Touren, organisierte 221
Tourismus 25
Touristinformation 255
Trail 73, 78, 101, 114, 115, 116, 118, 119
Tram 288
Transitbereich 218
Trappistenkloster „Our Lady of Joy“ 143
TsimShaTsui 81
TsuenWan 99
TuenMun 102
TungCheeHwa 22
TungChung 145
TungLungChau 154
Tung Lung Fort Special Area 155
TungOWan-Bucht 129
TungTouTeng 160
TungWan 133
TungWanShan 132

U

Uhrzeit 269
Umwelt 26
University 109
Unterhaltung 269
Unterkunft 275
Urban Council SheungWan Complex 55

V

Verhaltenshinweise 33
Verkehr 26
Verkehrsmittel 285
Versicherungen 293
Victoria Park 65
Victoria Peak 59
Violet Hill 78
Visabestimmungen 223
Visitenkarten 33
Vogelmarkt 93
Vorwahl 8, 262
V PAY 253

W

Währung 252
WanChai 60
Wandern 160, 268
Wanderweg PoToi 160
WanFoShek 109
Wasserski 266
Wassersport 264
Wechselkurse 252
Western 52
Western New Territories 99
West-KowLoon 92
Westliches Kloster (XiFangSi) 100
West Rail Line 290
Whampoa Garden 88
Whiskers Harbour 69
Wiedergeburt 30
WingKut Street 55
Wirtschaft 23
Wisdom Path 148
WLAN 262
Wohnboote 71
WongNaiChung 75

Y

YauMaTei 90
YeungChau 162
YimTinTsai 158
Yin-Yang Schule 28
Yin-Yang-Schule 32
YueHwa-Kaufhaus 231
YuenYuen 100
YuHsuKung 132
YungShueWan 124
YWCA Sydney Leong Holiday Lodge 153

Z

Zahlensymbolik 35
Zeitungen 258
Zeitunterschied 269
Zentrale New Territories 106
Zoll 226
Zoologischer und Botanischer Garten 58
Zubringerbusse 221
Zweiter Weltkrieg 15

Der Autor

Nach abgeschlossenem Studium (Slawistik, Sinologie und Geschichte) arbeitete **Werner Lips** u.a. als Offizier im Balkaneinsatz, Manager bei Markenunternehmen und Betriebsleiter in der Baunebenbranche. Heute unterrichtet er an Gymnasium und Hochschule die Fächer Chinesisch, Russisch, Geschichte und Sport. Nebenbei beriet der gefragte Osteuropa- und Asien-Experte wiederholt Fernsehsender (WDR, VOX) und Behörden, darüber hinaus engagiert sich der lizensierte Handball-Trainer ehrenamtlich im Vereinssport.

Als Taucher, Motorradfahrer und Trekker ist er seit etlichen Jahren intensiv über und unter Wasser in Südeuropa und Südchina auf der Suche nach interessanten Reisezielen unterwegs. Dabei fiel ihm häufig echte Pionierarbeit zu, etwa als erster Reisejournalist überhaupt auf den taiwanesischen Militärinseln Kin-Men und MaTsu, mit dem ersten Reiseführer zu ausschließlich Nordzypern oder einem der ersten deutschsprachigen Reisebücher zu Montenegro.

Von ihm sind im Reise Know-How Verlag u.a. Reiseführer zu Taiwan und die CityTrips „HongKong" und „Macau" erschienen.

Danksagung

Mein Dank gilt allen Lesern, die sich die Mühe machten, zwischen den Auflagen auf Änderungen, eigene Erfahrungen und Ergänzungen hinzuweisen. Besonders hilfreich waren die Zuschriften/Mails von Wolfgang Maas und Karin Hetzinger.

Impressum

Werner Lips

Hongkong mit Macau
© Reise Know-How Verlag
Peter Rump GmbH 1998, 2000, 2002, 2004, 2007, 2009, 2012, 2015, 2017
10., neu bearbeitete und aktualisierte Auflage 2019

ISBN 978-3-8317-3255-5

Printed in Germany

Druck und Bindung:
mediaprint solutions GmbH, Paderborn

Layout: amundo media GmbH (Inhalt), G. Pawlak, P. Rump (Layout), amundo media GmbH (Realisierung)
Lektorat: amundo media GmbH
Karten: Ingenieurbüro B. Spachmüller, amundo media GmbH, der Verlag
Anzeigenvertrieb: KV Kommunalverlag GmbH & Co. KG, Alte Landstraße 23, 85521 Ottobrunn, Tel. 089 928096-0, info@kommunal-verlag.de

Kontakt: Osnabrücker Str. 79, 33649 Bielefeld, info@reise-know-how.de

Bildnachweis

Umschlagvorderseite: stock.adobe.com © rabbit75_fot | Umschlagklappen: Werner Lips | Umschlagrückseite: mgto
Soweit ihre Namen nicht vollständig am Bild vermerkt sind, stehen die Kürzel an den Abbildungen für die folgenden Fotografen, Firmen und Einrichtungen. Werner Lips (der Autor): wl | Markus Bingel: mb | Fotolia.com by adobe: fo | stock.adobe.com: as | Macau Government Tourist Office: mgto

Kartenverzeichnis

Übersicht Region 10
Übersicht HongKong Island 46
Central, Western
und SheungWan 50
The Peak 59
WanChai/Causeway Bay 62
Stanley 68
Aberdeen 72
Übersicht KowLoon 80
TsimShaTsui 82
HungHom 89
YauMaTei/MongKok 91
SikSikYuan/WongTaSin 96
Westliche New Territories 98
TsuenWan 101
TuenMun 103
Zentrale New Territories 107
Östliche New Territories 113
Plover Cove Country Park 114
SaiKung 117
LamMa 125
CheungChau 131
PengChau 138
LanTau 140
TungLungChau 155
TapMunChau 157
YimTinSai/KiuTsuiChau 159
PoToi 161

Diesem Reiseführer wurde hier ein herausnehmbarer Faltplan beigefügt. Sollte er beim Erwerb des Buches nicht mehr vorhanden sein, fragen Sie bitte bei Ihrem Buchhändler nach.

Zeichenerklärung

- Bank
- Busbahnhof
- Flughafen
- Friedhof
- Informationsstelle
- Kirche
- Krankenhaus
- Moschee
- Museum
- Parkplatz
- Postamt
- Schwimmbad
- Sehenswürdigkeit
- Stadtspaziergang
- Tempel, Kloster
- Theater
- Turm
- Tram
- MTR-Station
- Einkaufen
- Übernachtung
- Essen und Trinken
- Nachtleben
- Diverses

In der Liste der Unterkünfte ab Seite 275 im Kapitel „Praktische Reisetipps" sind jene Unterkünfte mit einem roten Quadrat versehen, die auf einer der Detailkarten im Buch verzeichnet sind. In eckigen Klammern ist die Seitenzahl der entsprechenden Karte angegeben:

[S. 50] **Mandarin Oriental Hotel**

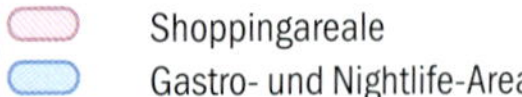

- Shoppingareale
- Gastro- und Nightlife-Areale